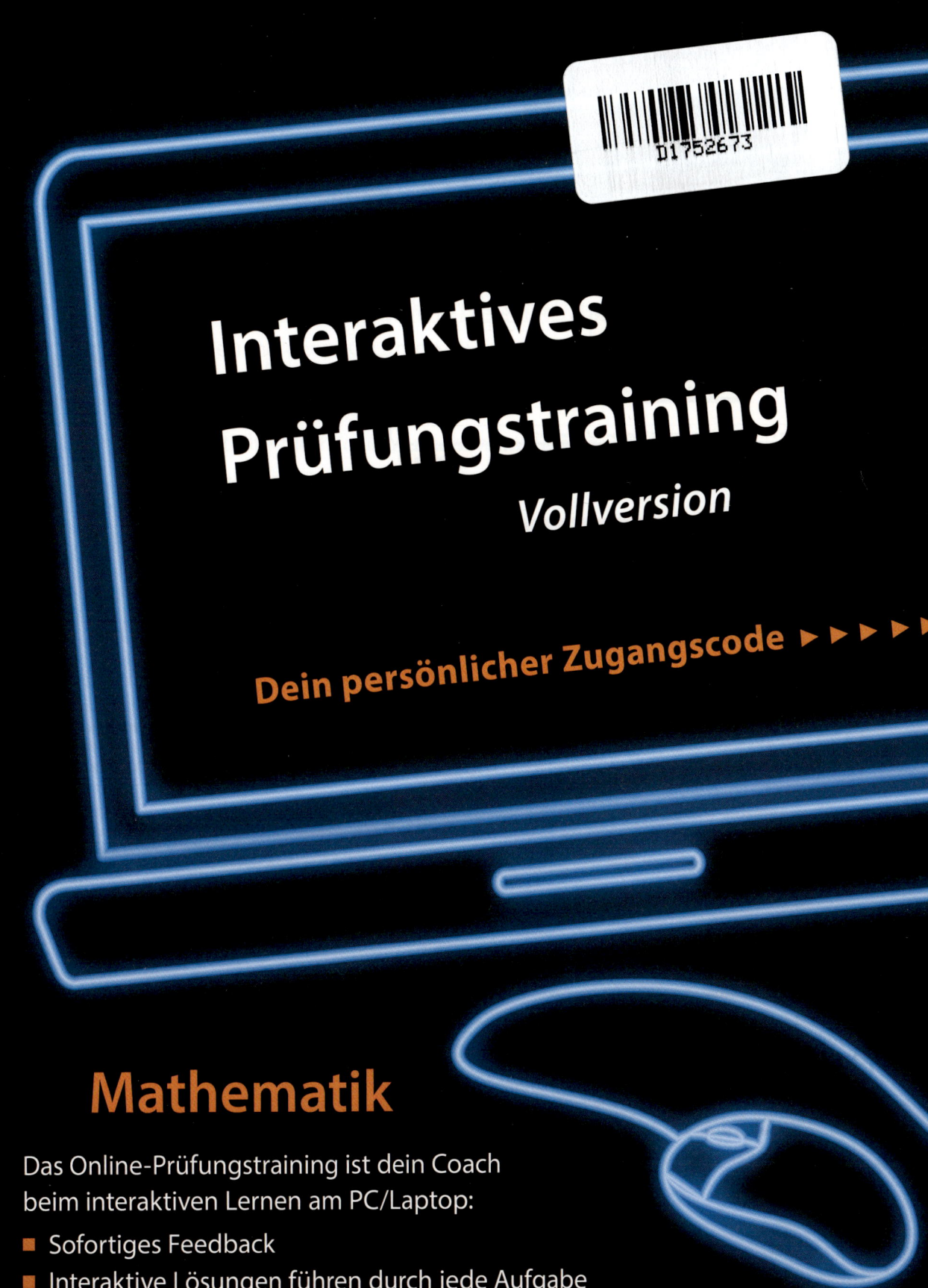

Mein Coach zum Erfolg!

Interaktives Prüfungstraining
Vollversion

Dein persönlicher Zugangscode ▶ ▶ ▶ ▶ ▶

Mathematik

Das Online-Prüfungstraining ist dein Coach beim interaktiven Lernen am PC/Laptop:

- Sofortiges Feedback
- Interaktive Lösungen führen durch jede Aufgabe
- Vorgerechnete Beispiele als zusätzliche Hilfe

Interaktives Prüfungstraining **online**

Registriere dich auf:

www.stark-verlag.de/mymathlab

Klicke im Bereich „Registrieren" auf <Schülerin/Schüler>. Gib deinen Zugangscode und deine Kontaktinformationen ein und wähle einen Benutzernamen und ein Passwort.

Nach Abschluss der Registrierung kannst du dich mit deinem Benutzernamen und deinem Passwort anmelden und mit den Aufgaben beginnen. Du erhältst eine E-Mail zur Bestätigung der Registrierung.

gültig bis 31. Juli 2016

Fragen, Lob oder Kritik?

Nutze das Feedbackformular unter
www.stark-verlag.de/mymathlab
oder
sende uns eine E-Mail an
info@stark-verlag.de

TRAINING 2016
Zentrale Prüfung

Mathematik 10. Klasse

Realschule · Gesamtschule EK
Nordrhein-Westfalen
2015

S. IX: © Wolfgang Matschke, Marc Möllers
S. 1: © Joe Gough/Dreamstime.com
S. 17: © Olga Vasilkova/Dreamstime.com
S. 18: © Raddiscount
S. 20: Fernseher: © Neckermann; Bücher: © Andrzej Tokarski/Dreamstime.com
Sparschwein: © PhotoCase.com
S. 23: © Marie Jeanne Iliescu/www.sxc.hu
S. 35: © Benis Arapovic/Fotolia.com
S. 39: © Redaktion
S. 47: © PhotoCase.com
S. 59: © Carmen Rother/www.carminaro.de
S. 76: © Weihenstephan
S. 77: © Adrian Wettenschwyler/Visipix.com
S. 79: Auto: © BMW Group; Teich: © PixelQuelle.de
S. 98: © Redaktion
S. 107: © Wolfgang Matschke, Marc Möllers
S. 122: © Redaktion
S. 145: © Wolfgang Matschke, Marc Möllers
S. 147: © Wolfgang Matschke, Marc Möllers
S. 152: Pyramide: © Fabrizio Turco/www.sxc.hu; Lkw: © Lars Christensen/Dreamstime.com
S. 159: Erde: © NASA/Visipix.com; Aasee: © Wolfgang Matschke, Marc Möllers
S. 164: © Redaktion
S. 182: © Wolfgang Matschke, Marc Möllers
S. 184: © CASIO Computer Co.,Ltd.
S. 193: © Florea Marius Catalin/Fotolia.com
S. 195: © Ralf Stadthaus/Dreamstime.com
S. 197: © Luca Ciardelli/www.sxc.hu
S. 202: © fotohansi/Fotolia.com
S. 203: © Redaktion
S. 205: © Redaktion
S. 206: © Redaktion
S. 209: © Wolfgang Matschke, Marc Möllers
S. 210: © 2010 Google – Kartendaten © 2010 Tele Atlas
S. 213: © NASA/Visipix.com

© 2015 by Stark Verlagsgesellschaft mbH & Co. KG
12. ergänzte Auflage
www.stark-verlag.de

Das Werk und alle seine Bestandteile sind urheberrechtlich geschützt. Jede vollständige oder teilweise Vervielfältigung, Verbreitung und Veröffentlichung bedarf der ausdrücklichen Genehmigung des Verlages.

Inhalt

Vorwort

Hinweise und Tipps		**I**
1	Hinweise zur zentralen Prüfung	I
2	Wie man für die Prüfung lernen kann	IV
3	Das Lösen einer mathematischen Aufgabe	VI

Training Grundwissen		**1**
1	**Wiederholung 5.–9. Klasse**	3
1.1	Terme	3
	Termumformungen	4
	Zerlegung von Termen in Produkte – Faktorisieren	9
	Bruchterme	10
1.2	Lösen von linearen Gleichungen und Ungleichungen	14
1.3	Proportionale und antiproportionale Zuordnungen	16
	Proportionale Zuordnungen	16
	Nicht-proportionale Zuordnungen	17
	Antiproportionale Zuordnungen	17
1.4	Prozent- und Zinsrechnung	18
1.5	Umrechnungen von Größen	23
1.6	Ebene Figuren	25
1.7	Potenzen	28
	Definitionen	28
	Gesetze für das Rechnen mit Potenzen	29
	Sehr große und sehr kleine Zahlen	29
	Gleichungen mit Potenzen der Form $x^n = a$	30
2	**Lineare Funktionen – Lineare Gleichungssysteme**	32
2.1	Lineare Funktionen	32
	Lineare Funktionen der Form f: $y = m \cdot x$	33
	Allgemeine lineare Funktionen f: $y = m \cdot x + t$	36
2.2	Lineare Gleichungssysteme	39
	Grafisches Lösungsverfahren	39
	Rechnerische Lösungsverfahren	40
3	**Quadratische Funktionen und Gleichungen**	45
3.1	Quadratische Funktionen	45
	Die quadratische Funktion f: $y = x^2$	45
	Quadratische Funktionen der Form f: $y = ax^2$	45

Inhalt

	Quadratische Funktionen der Form f: $y = ax^2 + n$	48
	Quadratische Funktionen der Form f: $y = a(x-m)^2$	50
	Quadratische Funktionen der Form f: $y = a(x-m)^2 + n$	52
3.2	Extremwertaufgaben	55
3.3	Quadratische Gleichungen	60
	Reinquadratische Gleichungen mit $b = 0$	60
	Quadratische Gleichungen mit $b \neq 0$	61
3.4	Nullstellen von Parabeln	63
3.5	Schnittpunkte zwischen Parabel und Gerade	65
4	**Exponentialfunktionen und Wachstumsprozesse**	68
4.1	Exponentialfunktionen	68
	Exponentialfunktionen mit der Gleichung f: $y = a^x$	69
	Exponentialfunktionen mit der Gleichung f: $y = c \cdot a^x$	70
	Allgemeine Exponentialfunktionen f: $y = c \cdot a^{x-m} + n$	71
4.2	Exponentialgleichungen	73
4.3	Wachstumsprozesse	75
5	**Grafische Darstellungen und Diagramme**	81
5.1	Interpretation von grafischen Darstellungen funktionaler Zusammenhänge	81
	Lineares Wachstum, lineare Abnahme	83
	Nicht lineares Wachstum	89
5.2	Analyse grafischer Darstellungen bei statistischen Datenerhebungen	92
6	**Ähnlichkeit**	98
6.1	Vergrößern und Verkleinern von Figuren – Ähnliche Figuren	98
6.2	Strahlensätze	104
7	**Sätze am rechtwinkligen Dreieck**	108
7.1	Der Satz des Pythagoras	108
7.2	Der Kathetensatz	110
7.3	Der Höhensatz	112
7.4	Der Satz des Thales	113
8	**Trigonometrie**	116
8.1	Trigonometrische Funktionen am rechtwinkligen Dreieck	116
8.2	Sinus- und Kosinussatz – Berechnungen an beliebigen Dreiecken	123
9	**Kreis**	127
9.1	Kreisfläche und Kreisumfang, Kreisring	127
9.2	Kreisbogen und Kreissektor, Berechnungen am Kreis und an Kreisteilen	130
10	**Körper**	134
10.1	Schrägbild und Netz eines Körpers	134
10.2	Prisma	138

Inhalt

10.3	Kreiszylinder	144
10.4	Pyramide	147
10.5	Kegel	153
10.6	Kugel	156
10.7	Rotationskörper, zusammengesetzte Körper und Restkörper	159
11	**Stochastik**	**165**
11.1	Statistische Grundbegriffe	165
11.2	Grundbegriffe der Wahrscheinlichkeitsrechnung	175
11.3	Die Wahrscheinlichkeit bei Zufallsexperimenten	175
11.4	Wahrscheinlichkeit und das Gesetz der großen Zahlen	178
11.5	Mehrstufige Zufallsexperimente	179
12	**Werkzeuge**	**184**
12.1	Arbeiten mit dem Taschenrechner	184
12.2	Arbeiten mit einer Tabellenkalkulation	187

Aufgaben im Stil der zentralen Prüfung — 193

Vorschlag 1 195
Vorschlag 2 200
Vorschlag 3 205
Vorschlag 4 209

Zentrale Prüfung — 213

Zentrale Prüfung 2015 2015-1

Autoren:
Christoph Borr, Olaf Klärner, Karl-Heinz Kuhlmann, Wolfgang Matschke, Marc Möllers, Dietmar Steiner

Vorwort

Liebe Schülerin, lieber Schüler,

mit vorliegendem Buch kannst du dich **schon ab der 9. Klasse** auf die **zentrale Prüfung** in Mathematik zum **mittleren Schulabschluss** vorbereiten.
Gerade bei einer zentral gestellten Prüfung ist das **Grundwissen** besonders wichtig. Denn es geht nicht um irgendwelche Spezialkenntnisse, die du vielleicht gut beherrschst, sondern die Aufgaben in der Prüfung werden auf einem möglichst breiten Grundwissen aufbauen. Es geht vor der Prüfung also um eine Gesamtwiederholung.

▶ Daher beginnt dieses Buch mit einem ausführlichen **Trainingsteil**. Im ersten Kapitel werden die wichtigsten Themen der 5. bis 9. Klasse so kurz wie möglich wiederholt, die Kapitel 2 bis 11 behandeln intensiv sämtliche prüfungsrelevanten Bereiche der 9. und 10. Klasse. In den einzelnen Kapiteln findest du insgesamt 220 Aufgaben, anhand derer du überprüfen kannst, ob du den Stoff sicher beherrschst. Wenn du dich bereits fit fühlst, kannst du direkt mit den **Anwendungsaufgaben** beginnen. Sollten dir diese Aufgaben noch Schwierigkeiten bereiten, kannst du die erforderlichen Stoffgebiete im Trainingsteil selbstständig erarbeiten und dich dann über die Lösung der Aufgaben zum **Grundwissen** erneut an die Anwendungsaufgaben machen.

▶ Wenn die einzelnen Themen „sitzen", du die Aufgaben also lösen kannst, geht es weiter mit den **Aufgaben im Stil der zentralen Prüfung**. Diese Aufgaben sind nicht mehr nach Themengebieten unterteilt, sondern – wie in der Prüfung – aus den verschiedensten Bereichen zusammengestellt. Es kommt also zunächst darauf an zu erkennen, *wie* die jeweilige Aufgabe gelöst werden könnte, welchem Themengebiet sie zuzuordnen ist. Der Rest sollte mit deinem Vorwissen aus dem Trainingsteil ganz einfach gehen. Ein wichtiger Gesichtspunkt in der Prüfung ist die **Bearbeitungszeit**. Daher solltest du *vor* der Prüfung schon unter echten Prüfungsbedingungen üben. In der Prüfung hast du **120 Minuten** Zeit, unterteilt in 30 Minuten für den 1. Teil und 90 Minuten für den 2. Teil. Auch wenn du anfangs die Aufgaben innerhalb dieser Zeit nicht schaffst, solltest du die „Prüfung" in Abständen wiederholen, bis du sicher bist und die Aufgaben richtig und in der vorgesehenen Zeit löst. Wenn du merkst, dass du immer wieder über dasselbe Problem stolperst, solltest du das entsprechende Trainingskapitel wiederholen.

▶ Jetzt kannst du dich an die **zentrale Prüfung von 2015** wagen. Schaffst du es diese in der vorgegebenen Zeitspanne und nur mit den zulässigen Hilfsmitteln zu bearbeiten, bist du optimal vorbereitet.

Zu allen Aufgaben gibt es in einem separaten Buch (Best.-Nr. 51500L) ausführliche **Lösungen**, in denen jeder Rechenschritt erklärt ist. Zahlreiche Skizzen zur Veranschaulichung helfen dir beim Nachvollziehen von Sachverhalten. Beachte: Du solltest immer versuchen, die Lösung selbst zu finden, und erst dann mit dem Lösungsbuch vergleichen.

Sollten nach Erscheinen dieses Bandes noch wichtige Änderungen in der zentralen Prüfung 2016 vom Schulministerium bekannt gegeben werden, findest du aktuelle Informationen dazu im Internet unter: **www.stark-verlag.de/pruefung-aktuell**

Wolfgang Matschke   Marc Möllers

Hinweise und Tipps

1 Hinweise zur zentralen Prüfung

Ablauf der Prüfung

In Nordrhein-Westfalen nehmen die Schülerinnen und Schüler aller Schularten am Ende der Klassenstufe 10 an der **zentralen Prüfung** teil. Die Prüfung umfasst je eine schriftliche Arbeit in den Fächern Deutsch, Mathematik und Englisch. In Mathematik findet die Prüfung am **19. Mai 2016** statt.

Im Fach Mathematik besteht die schriftliche Prüfung aus den Prüfungsteilen 1 und 2. Beide Prüfungsteile hat der Schüler innerhalb der **120-minütigen Arbeitszeit** zu bewältigen. In der Prüfung sind als Hilfsmittel zugelassen: Zirkel und Geodreieck, wissenschaftlicher Taschenrechner und Formelsammlung. (Die herausnehmbare Formelsammlung in diesem Buch ist auch zur Prüfung zugelassen.)

Prüfungsteil 1 enthält mehrere, voneinander unabhängige Aufgaben geringer Komplexität zu grundlegenden mathematischen Sachverhalten (Basiskompetenzen), darunter auch Aufgaben mit Auswahlcharakter (Multiple-Choice-Aufgaben). Zur Bearbeitung der Aufgaben von Prüfungsteil 1 sind **30 Minuten** vorgesehen. Hier werden die **Basiskompetenzen** abgefragt, die ihr in den Schuljahren 5 bis 10 erworben habt. Die Aufgabenformen kennt ihr schon aus der „Lernstandserhebung".

Prüfungsteil 2 beinhaltet Aufgaben mit höherem Komplexitätsgrad zu grundlegenden mathematischen Sachverhalten aus allen vier Themenbereichen (Funktionen, Arithmetik/Algebra, Geometrie und Stochastik) und deren Anwendung. Diesen Aufgaben liegen die Unterrichtsinhalte der Jahrgangsstufen 9 und 10 zugrunde. Der Arbeitszeitanteil umfasst hier **90 Minuten**.

Bei der Auswertung der Aufgaben wird sowohl der Umgang mit Maßeinheiten als auch die Nachvollziehbarkeit, formale Angemessenheit und Genauigkeit der Darstellung von Lösungen gesondert berücksichtigt und mit Extrapunkten bewertet. Qualitativ gleichwertige Lösungswege werden auch identisch bewertet.

Eine umfangreiche **Sammlung der Prüfungsaufgaben 2007 bis 2015** enthält übrigens das Buch „Zentrale Prüfung 2016, Mathematik 10. Klasse, Realschule/Gesamtschule EK/Hauptschule Typ B, Nordrhein-Westfalen" (Best.-Nr. 515001). Es ist insbesondere für die **Vorbereitungsphase unmittelbar vor der Abschlussprüfung** gedacht und hilft dir dabei, noch mehr Sicherheit im Umgang mit Prüfungsaufgaben zu gewinnen.

Aktuelle Informationen zur zentralen Prüfung und Antworten auf viele weitere Fragen, die du möglicherweise zur zentralen Prüfung hast, findest du im Internet unter:
www.standardsicherung.schulministerium.nrw.de/zp10/

Kompetenzen

In der zentralen Prüfung werden im **Prüfungsteil 1** sogenannte **Basiskompetenzen** geprüft. Nachfolgend sind Beispiele von Aufgaben aufgelistet, anhand derer diese Basiskompetenzen geübt werden können:

Basiskompetenzen	Beispiele
• Schätzen und Runden	• Prüfungsvorschlag 1: Prüfungsteil 1: Aufgabe 1 f
• Bestimmen von Längen, Flächen und Volumina sowie Winkeln bei Grundfiguren und –körpern (Dreiecke, Vierecke, Kreise, Quader, Prismen und Zylinder sowie daraus zusammengesetzte Figuren bzw. Körper)	• Training Grundwissen: Aufgabe 57 • Prüfungsvorschlag 2: Prüfungsteil 1: Aufgabe 1 c_1 • Prüfungsvorschlag 2: Prüfungsteil 1: Aufgabe 1 d_2 • Prüfungsvorschlag 3: Prüfungsteil 1: Aufgabe 1 e_1 • Prüfungsvorschlag 4: Prüfungsteil 1: Aufgabe 1 e
• Erkennen einfacher proportionaler und antiproportionaler Zuordnungen	• Prüfungsvorschlag 2: Prüfungsteil 1: Aufgabe 1 c_2
• Entnehmen mathematischer Informationen aus einfachen Texten, Grafiken und Diagrammen	• Training Grundwissen: Aufgabe 119 • Prüfungsvorschlag 3: Prüfungsteil 1: Aufgabe 1 f
• Bestimmen von elementaren Wahrscheinlichkeiten	• Training Grundwissen: Aufgaben 209, 210, 211 • Prüfungsvorschlag 1: Prüfungsteil 1: Aufgabe 1 b
• Umgehen mit Variablen, Termen, Gleichungen und Gleichungssystemen (auch im Zusammenhang mit einer Tabellenkalkulation)	• Training Grundwissen: Aufgaben 43, 70, 92 • Prüfungsvorschlag 1: Prüfungsteil 1: Aufgabe 1 a • Prüfungsvorschlag 4: Prüfungsteil 1: Aufgabe 1 c
• Wechseln der Darstellung (Situation, Tabelle, Graph, Term) bei funktionalen Zusammenhängen	• Training Grundwissen: Aufgaben 65, 116, 118, 119
• Erstellen und Vergleichen von Netzen zu vorgegebenen Körpern	• Training Grundwissen: Aufgaben 166, 172, 185, 187 c
• Beurteilen mathematischer Aussagen und Angaben von Beispielen oder Gegenbeispielen	• Training Grundwissen: Aufgabe 125 • Prüfungsvorschlag 1: Prüfungsteil 1: Aufgabe 1 c • Prüfungsvorschlag 2: Prüfungsteil 1: Aufgabe 1 f • Prüfungsvorschlag 3: Prüfungsteil 1: Aufgabe 1 c • Prüfungsvorschlag 4: Prüfungsteil 1: Aufgabe 1 h

Hinweise und Tipps

In der zentralen Prüfung können im **Prüfungsteil 2** sämtliche erworbenen **Kompetenzen** geprüft werden.

Kompetenzen	Beispiele
• **Arithmetik/Algebra**	
– Erläuterung mathematischer Zusammenhänge mit eigenen Worten und geeigneten Fachbegriffen beim Umgang mit linearen Gleichungen oder Gleichungssystemen bzw. quadratischen Gleichungen	• Training Grundwissen: Aufgaben 43, 70, 92
– Vergleich, Überprüfung und ggf. Verbesserung von vorgegebenen Aufgabenlösungen	• Training Grundwissen: Aufgabe 99 e
• **Funktionen**	
– Analyse und Bewertung funktionaler Zusammenhänge in authentischen Texten (z. B. Zeitungstexte oder Gebrauchsanweisungen)	• Prüfungsvorschlag 2: Prüfungsteil 2: Aufgabe 4
– Interpretation von grafischen Darstellungen funktionaler Zusammenhänge	• Prüfungsvorschlag 4: Prüfungsteil 2: Aufgabe 3 a–d
– Erstellung, Nutzung und Interpretation von Modellen aus den Bereichen Weg-Zeit-Zusammenhänge, Wachstumsprozesse (linear, quadratisch und exponentiell) und Prozent-, Zins- und Zinseszinsrechnung (z. B. Preisreduktion, Spar- und Kreditmodelle)	• Training Grundwissen: Aufgaben 72, 78, 104, 111, 113, 114, 115 • Prüfungsvorschlag 1: Prüfungsteil 2: Aufgabe 2
– Erkunden funktionaler Zusammenhänge (z. B. mithilfe eines Taschenrechners, eines Funktionenplotters oder einer Tabellenkalkulation)	• Training Grundwissen: Aufgaben 43, 70, 92, 208
• **Geometrie**	
– Bestimmung unbekannter Größen durch Zerlegen von Figuren oder mithilfe von Sinus, Kosinus und Tangens	• Training Grundwissen Aufgaben 147, 154
– Erstellung, Nutzung und Interpretation von Modellen aus den Bereichen Architektur (z. B. Formen von Gebäuden) und Verpackungen	• Prüfungsvorschlag 3: Prüfungsteil 2: Aufgabe 2
– Nutzung verfügbarer Werkzeuge zur Bearbeitung geometrischer Situationen (z. B. Nutzung von Zirkel und Geodreieck oder Geometriesoftware)	• Training Grundwissen: Aufgaben 166, 167 • Prüfungsvorschlag 4: Prüfungsteil 2: Aufgabe 4 d
• **Stochastik**	
– Auswerten, Beurteilen und Analysieren von grafischen Darstellungen statistischer Daten und deren Manipulation (z. B. aus Zeitungsartikeln)	• Training Grundwissen: Aufgabe 119 d, e • Prüfungsvorschlag 3: Prüfungsteil 1: Aufgabe 1 f
– Nutzung von Baumdiagrammen zur Beurteilung von Chancen und Risiken	• Training Grundwissen: Aufgaben 218, 220, 221
– Simulation von Zufallsexperimenten (z. B. mithilfe einer Tabellenkalkulation)	• Training Grundwissen: Aufgabe 221 d, e, f
– Auswertung und Darstellung von Daten (z. B. mithilfe einer Tabellenkalkulation)	• Prüfungsvorschlag 3: Prüfungsteil 2: Aufgabe 4

2 Wie man für die Prüfung lernen kann

Mit Tricks und Kniffen mag man vielleicht einmal einen Test oder gar eine Klassenarbeit hinbekommen, bei einer zentralen Prüfung dürfte dieses „Verfahren" aber wohl versagen. Gut: Ganz ohne Arbeit wird die Vorbereitung auf die Prüfung wohl keinem gelingen. Beherzigt man aber einige Grundregeln, dann fällt das Lernen leichter und es stellen sich rasch Erfolge ein – und Erfolg bringt meistens auch Spaß bei der Sache.

Vorbereitung auf die zentrale Prüfung

Wichtig ist die innere Einstellung: Betrachte die Mathematik nicht als deinen Gegner. Wer sich selbst etwas zutraut und mit gesundem Selbstvertrauen an eine Sache herangeht, wer sich positiv einer Aufgabe nähert, wer bereit ist zu lernen und sich anzustrengen, lernt leichter und erfolgreicher.
Wer immer an sich selbst zweifelt, lernt verunsichert, tut sich schwer und hat meistens weniger Erfolg.
Allerdings: Ein Überschätzen der Fähigkeiten – typische Aussage: „Alles kein Problem" – und die späte Erkenntnis, dass doch nicht alles sitzt, führen zu dem Ergebnis, dass die Prüfungsvorbereitung zu spät beginnt.

Ein realistischer Blick auf das, was zu leisten ist, sowie langfristiges, systematisches Lernen und Arbeiten, gepaart mit einer positiven inneren Einstellung – „Ich werde das schaffen" – führen am sichersten zum Erfolg.

Regeln zur Vorbereitung auf die zentrale Prüfung

▶ Rechtzeitig mit den Prüfungsvorbereitungen beginnen
 (ca. 12 Wochen vor dem Prüfungstermin)
 – Sichtung der Themengebiete
 – Persönliche Schwierigkeiten mit bestimmten Themengebieten selbstkritisch erkennen
 – Persönliches Zeitraster entwickeln – wann lerne ich was?

Strategien beim Lösen von Aufgaben – Vorbereitung auf die Prüfung

▶ Lerne nach dem „ICH-DU-WIR"-Prinzip
 – ICH: Beim Lösen von Aufgaben musst du dich immer zuerst selbst auf den Weg machen. Es gehört zu einer sicheren Prüfungsvorbereitung, Aufgaben und Problemstellungen alleine zu lösen. Versuche also immer zuerst selbst, ohne Hilfen, das Problem bzw. die Aufgabe zu lösen, das stärkt mit der Zeit dein Selbstvertrauen. Hilfen – in diesem Buch sind es die Lösungen und die Lösungswege – sind sparsam einzusetzen. Also: Nur dann in der Lösung nachschauen, wenn du nicht mehr weiterkommst.
 – DU: Um Fortschritte in den Themengebieten zu machen, ist es oft auch sinnvoll, mit einem Partner zu arbeiten. Ihr lernt dabei, über Aufgaben und Lösungswege zu diskutieren. Du kannst deine Lösungsideen mit den Ideen anderer vergleichen und merkst dabei, was man anders machen könnte.

Hinweise und Tipps

- WIR: Erst wenn du ein Themengebiet richtig erkundet und deine persönlichen Lern- und Lösungswege gefunden hast, ist es sinnvoll, in Gruppen – nicht mehr als vier oder fünf Personen – noch einmal spezielle Fragen zu besprechen.

▶ Lege dir einen eigenen Ordner für die Prüfungsvorbereitung an.

▶ Ständiges Wiederholen ist notwendig.
- Beim Üben und Vertiefen von Themengebieten musst du die bereits gelernten Themengebiete zwischendurch immer wiederholen. Hier helfen dir die Aufgaben zum Grundlagenwissen und die Anwendungsaufgaben.
- Sinnvoll ist auch immer wieder das Üben über einzelne Themengebiete hinaus – vernetztes Üben. Hier helfen dir die Aufgaben im Stil der zentralen Prüfung.

▶ Auswendig lernen?
- Wichtige Definitionen, Regeln und Formeln zu den einzelnen Themengebieten solltest du auswendig lernen – auch hier gilt: in kleinen „Portionen" speichern und immer wieder wiederholen.

3 Das Lösen einer mathematischen Aufgabe

Das Lösen einer mathematischen Aufgabe lässt sich in der Regel in vier Phasen unterteilen:

1. Phase — **Lesen und Verstehen der Aufgabe**

Habe ich alle Wörter verstanden?
- Ist die Aufgabe klar und deutlich?
- Finde ich in der Aufgabe eine Fragestellung?
- Was ist gegeben?
- Was ist gesucht?
- Sind bestimmte Informationen unwichtig?

2. Phase — **Suchen eines Lösungsweges und Entwerfen eines Lösungsplanes**

Für das Lösen von Aufgaben gibt es zwei Strategien, die auch miteinander kombiniert werden können:

- **Das Vorwärtslösen:** Der Lösungsweg geht davon aus, was **gegeben** ist.
- **Das Rückwärtslösen:** Der Lösungsweg geht davon aus, was **gesucht** ist.

Zwei Fragen können dir behilflich sein:

1. Welches **Themengebiet** wird angesprochen?
   (Welche Regeln, Sätze, Formeln kannst du bei der Lösung der Aufgabe verwenden?)

2. Wie kommst du vom Gegebenen zum Gesuchten?
   - Arbeite mit Skizzen, Figuren etc.
   - Markiere Größen/Stücke, die du berechnen willst, farbig.
   - Entwickle einen **Lösungsplan** und halte die einzelnen Schritte zur Lösung in der zu bearbeitenden Reihenfolge fest.

3. Phase — **Das Lösen der Aufgabe**

1. Bearbeite die Aufgabe nach deinem Lösungsplan.
2. Löse die Aufgabe sauber und klar strukturiert – lieber einen Zwischenschritt mehr machen.

4. Phase — **Kontrolle – Überprüfung der gefundenen Lösung**

Überprüfe, ob deine Lösung mit der Aufgabenstellung übereinstimmen kann. Führe, falls möglich, eine Probe durch. Schreibe zu Fehlern, die du gemacht hast, eine Korrektur und markiere sie deutlich.

Hinweise und Tipps | VII

Der Umgang mit Formeln

Alle vier Phasen zum Lösen einer Aufgabe sind ganz wichtig. Die meisten Schwierigkeiten und Probleme hast du vermutlich mit der 2. Phase (Suchen eines Lösungsweges und Entwerfen eines Lösungsplanes) und der 3. Phase (Lösen der Aufgabe), in der du häufig mit Formeln umgehen musst.

Damit du gezielt üben kannst, wollen wir an einem Beispiel zeigen, wie du mit **wenigen Schritten** zum Erfolg kommen kannst.

Schritt 1 — **Welcher Themenbereich?**

Überlege zunächst, zu welchem Themenbereich diese Aufgabe gehört. Nimm dir dann deine Formelsammlung vor (sie sollte Formeln und Beziehungen zwischen einzelnen Größen aller im Unterricht behandelten Themenbereiche umfassen) und suche die Formeln heraus, die zu diesem Themenbereich passen könnten. Als Hilfestellung bieten wir dir auf den letzten Seiten des Vorspanns eine Auswahl von wichtigen und nützlichen Formeln an.

Schritt 2 — **Welche Formel passt?**

Du musst aus der Formelsammlung eine geeignete Formel heraussuchen, die einen Zusammenhang zwischen den gegebenen und gesuchten Größen beschreibt.

Schritt 3 — **Muss ich die Formel anpassen?**

Häufig stimmen die Bezeichnungen in der Aufgabe und in der Formel nicht überein. Das liegt meistens daran, dass denselben Angaben unterschiedliche Namen gegeben werden können. Der eine sagt „Pyramidenhöhe", ein anderer spricht von „Höhe h des Körpers"; beide meinen das Gleiche.
Dann müssen die Bezeichnungen oder die Formel angepasst werden. Tipp: Benutze die Bezeichnungen, die du im Unterricht kennen gelernt hast. Manchmal muss die Formel zusätzlich nach einer anderen Variablen umgestellt werden.

Diese drei Schritte sollen an einer Beispielaufgabe verdeutlicht werden.

Beispiel — Berechne die Körperhöhe einer quadratischen Pyramide, deren Grundseiten je 6,0 cm und deren Seitenhöhen je 5,0 cm lang sind.

Schritt 1 — **Welcher Themenbereich?**
Klar, diese Aufgabe kommt aus dem Themenbereich Körperberechnung → Pyramiden → quadratische Pyramiden. Die Formelsammlung bietet uns allerdings keinen Zusammenhang zwischen a, h_S und h_K.
Beim farbigen Markieren der gegebenen und gesuchten Stücke stellst du fest, dass h_S, h_K und ein Teil von a ein rechtwinkliges Dreieck bilden. Jetzt sind wir im Themenbereich Flächen → Dreieck → rechtwinkliges Dreieck.

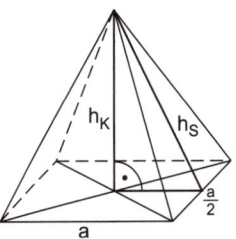

gegeben: $a = 6{,}0$ cm
$\quad\quad\quad h_S = 5{,}0$ cm
gesucht: $h_K = ?$

Schritt 2 **Welche Formel passt?**
In rechtwinkligen Dreiecken besteht zwischen den drei
Seitenlängen ein besonderer Zusammenhang. Du kennst
ihn unter dem Begriff „Satz des Pythagoras":
$a^2 + b^2 = c^2$

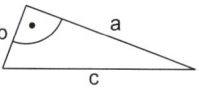

Schritt 3 **Muss ich die Formel anpassen?**
Die Bezeichnungen in der Formel stimmen nicht mit denen in der Aufgabe überein. Du musst die Formel also anpassen. Die Hypotenuse ist in diesem Fall nicht c, sondern h_S, die Katheten heißen in dieser Aufgabe dann h_K und $\frac{a}{2}$.

Deine Formel lautet also:

$$h_K^2 + \left(\frac{a}{2}\right)^2 = h_S^2$$

Jetzt musst du die Formel noch nach h_K umstellen.

$$h_K^2 + \left(\frac{a}{2}\right)^2 = h_S^2 \qquad \Big| -\left(\frac{a}{2}\right)^2$$

$$h_K^2 = h_S^2 - \left(\frac{a}{2}\right)^2 \qquad \Big| \sqrt{}$$

$$h_K = \sqrt{h_S^2 - \left(\frac{a}{2}\right)^2}$$

Jetzt kannst du die Zahlen einsetzen:

$$h_K = \sqrt{(5{,}0\,\text{cm})^2 - \left(\frac{6{,}0\,\text{cm}}{2}\right)^2}$$

$$h_K = 4{,}0\,\text{cm}$$

Die Pyramide hat eine Körperhöhe von 4,0 cm.

Der wichtigste – aber auch schwierigste – Teil der Lösung war die **Einordnung in den richtigen Themenbereich**, also der 1. Schritt.
Je mehr Aufgaben du bearbeitest, umso leichter wird dir die vollständige Lösung fallen.

In der Prüfung wirst du die Aufgaben jedoch in der Regel in Themengebieten gestellt bekommen, so dass du innerhalb einer Aufgabe die Einordnung in den richtigen Themenbereich gleich mehrfach vornehmen musst.

Bei der folgenden Aufgabe, die wie ein Aufgabenblock in der zentralen Prüfung aussieht, sollst du dich ganz besonders mit diesen drei Lösungsschritten befassen. Löse die Teilaufgaben und beschreibe jeden Schritt wie in der obigen Beispielaufgabe.

Hinweise und Tipps

Getreidemühle

Die beiden Bilder zeigen eine Getreidemühle. Der Trichter hat die Form einer auf dem Kopf stehenden quadratischen Pyramide mit einer 15 cm langen Grundseite und einer Körperhöhe von 15 cm.

a) Zeichne ein maßstabsgetreues Schrägbild des Trichters.

b) Die Mühle mahlt das Getreide gleichmäßig. Zeichne einen Grafen, der den Zusammenhang von Füllhöhe des Trichters und Zeit während des Mahlvorgangs beschreibt.

c) Paul überlegt: „Wie hoch ist die Mühle gefüllt, wenn noch die Hälfte der Getreidemenge des ursprünglich vollen Trichters gemahlen werden muss?"
Kennst du die Antwort?
Berechne zunächst die Getreidefüllmenge – der Trichter ist zu Beginn gestrichen voll (glatte Oberfläche).

d) Die Seitenteile des Trichters werden aus Rechteckplatten mit dem Maß 16 cm × 18 cm hergestellt.
Begründe, warum eine quadratische Platte von 15 cm × 15 cm dafür zu klein wäre.

Bedenke: Erst selbst lösen, dann mit der Musterlösung vergleichen.

Lösung:

a) Du solltest das Schrägbild einer auf den Kopf gestellten Pyramide zeichnen – beachte dabei, dass das Erscheinungsbild deiner Pyramide vom gewählten Maßstab abhängt. Hier ein Beispiel im Maßstab 1 : 3.

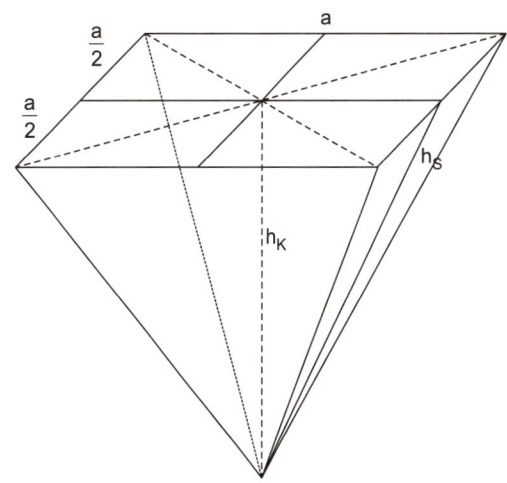

b) Diese Teilaufgabe kommt aus dem Themenbereich Zuordnung. Du solltest beachten: Der Trichter leert sich für das Auge zunächst sehr langsam, dann immer schneller (wobei man annimmt, dass in gleichen Zeitintervallen immer die gleiche Kornmenge gemahlen wird). Deshalb könnte der Graf wie nebenstehend aussehen.

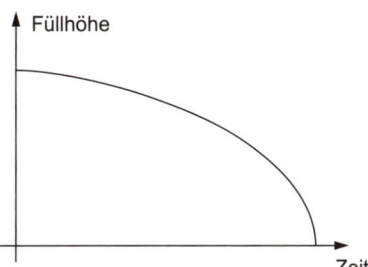

c) Berechne zunächst die Getreidefüllmenge bzw. das Volumen des vollen Trichters.

Schritt 1 — **Welcher Themenbereich?**
Diese Teilaufgabe kommt aus dem Themenbereich Körperberechnung → Volumen einer Pyramide.

Aus der Aufgabenstellung ist bekannt:
Grundseite a der Pyramide: Innenseitenlänge a = 15 cm
Körperhöhe h_K der Pyramide: Innenhöhe h_K = 15 cm

Schritt 2 — **Welche Formel passt?**
Die Formel für das Volumen einer Pyramide lautet: $V = \frac{1}{3} \cdot G \cdot h$

Schritt 3 — **Muss ich die Formel anpassen?**
Da die Pyramide eine quadratische Grundfläche hat, forme um zu:

$V = \frac{1}{3} \cdot a^2 \cdot h_K$

Durch Einsetzen der Werte erhältst du:

$V = \frac{1}{3} \cdot (15\,\text{cm})^2 \cdot 15\,\text{cm}$

$V = 1\,125\,\text{cm}^3$

Der Trichter fasst bei gestrichener Füllhöhe also $1\,125\,\text{cm}^3$ Getreide.

Eigentlich ist gesucht:
Die Füllhöhe, wenn noch die Hälfte Getreide gemahlen werden muss.

Schritt 1 — **Welcher Themenbereich?**
Diese Teilaufgabe kommt aus dem Themenbereich Ähnlichkeit → Verkleinern und Vergrößern von Figuren und wieder aus Körperberechnung → Volumen einer Pyramide.

Zeichne zunächst den Querschnitt durch den Trichter und beschrifte die notwendigen Abschnitte. Da es sich um eine zentrische Streckung mit der Pyramidenspitze als Zentrum handelt, werden $\frac{a}{2}$ und h_K um den gleichen Faktor k gestreckt:

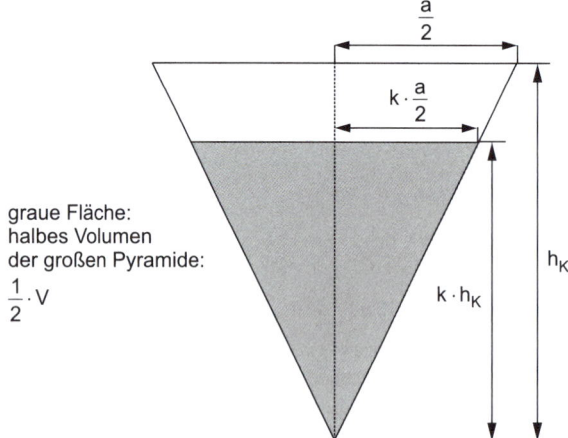

graue Fläche:
halbes Volumen der großen Pyramide:
$\frac{1}{2} \cdot V$

Schritt 2 — **Welche Formel passt?**
Benötigt wird die Volumenformel für Pyramiden:
$V = \frac{1}{3} \cdot G \cdot h$

Schritt 3 — **Muss ich die Formel anpassen?**

Für den noch halbvollen Trichter gilt folgende Volumenformel:

$$V_{\frac{1}{2}} = \frac{1}{3} \cdot G_{\frac{1}{2}} \cdot h_{K_{\frac{1}{2}}} \qquad V_{\frac{1}{2}}, G_{\frac{1}{2}} \text{ und } h_{K_{\frac{1}{2}}} \text{ stehen für die halbvolle Pyramide}$$

$$\frac{1}{2} \cdot V = \frac{1}{3} \cdot \left(2 \cdot k \cdot \frac{a}{2}\right)^2 \cdot (k \cdot h_K)$$

$$\frac{1}{2} \cdot V = \frac{1}{3} \cdot a^2 \cdot h_K \cdot k^3 \qquad \text{Umformen und 3. Wurzel ziehen}$$

$$k = \sqrt[3]{\frac{3 \cdot \frac{1}{2} \cdot V}{a^2 \cdot h_K}} \qquad \text{Einsetzen der Zahlenwerte}$$

$$k = \sqrt[3]{\frac{3 \cdot \frac{1}{2} \cdot 1125 \text{ cm}^3}{(15 \text{ cm})^2 \cdot 15 \text{ cm}}} \approx 0{,}79$$

Damit beträgt die Füllhöhe noch $k \cdot h_K \approx 15 \text{ cm} \cdot 0{,}79 \approx 11{,}9 \text{ cm}$.

Der Trichter muss noch ca. 11,9 cm hoch gefüllt sein. Anders ausgedrückt: Ist die Hälfte des Getreides gemahlen, so beträgt die Füllhöhe des Trichter noch ca. 80 %.

d) Gehe zur Lösung wieder schrittweise vor:

Schritt 1 — **Welcher Themenbereich?**

Diese Teilaufgabe gehört in den Themenbereich „Satz des Pythagoras". Du kannst die Aufgabe aber auch durch eine schlüssige und nachvollziehbare Argumentation lösen:
→ Argumentieren/Begründen

Da die Innengrundseite $a = 15$ cm beträgt und die Innenhöhe $h_K = 15$ cm beträgt, lässt sich ein Teildreieck der Mantelfläche nicht aus einem Quadrat der Seitenlänge 15 cm schneiden, da die Flächenhöhe h_S des Dreiecks größer als 15 cm sein muss und das Außenmaß der Holzplatte (Brettstärke) ebenfalls größer als 15 cm sein muss.

Wenn du Schwierigkeiten beim Argumentieren/Begründen hast, kannst du auch eine rechnerische Lösung erstellen:

Schritt 2 — **Welche Formel passt?**

Anwendung findet hier der Satz des Pythagoras: $a^2 + b^2 = c^2$

Schritt 3 — **Muss ich die Formel anpassen?**

Die Hypotenuse ist in diesem Fall nicht c, sondern h_S, die Katheten heißen h_K und $\frac{a}{2}$.

$$h_K^2 + \left(\frac{a}{2}\right)^2 = h_S^2$$

Jetzt kannst du die Zahlen einsetzen:

$h_S^2 = (15 \text{ cm})^2 + (7{,}5 \text{ cm})^2 \quad |\sqrt{}$

$h_S = \sqrt{225 \text{ cm}^2 + 56{,}25 \text{ cm}^2}$

$h_S \approx 16{,}77 \text{ cm}$

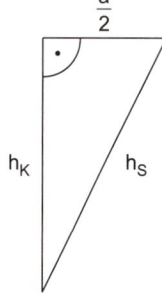

Man muss eine Rechteckplatte von 16 cm × 18 cm nehmen, da aus einer quadratischen Grundfläche von 15 cm × 15 cm nach obiger Berechnung keine genügend große Platte geschnitten werden kann. Außerdem sind die 15 cm nur das Innenmaß des Trichters, es kommt noch die Wandstärke des Holzes dazu.

Alternative Formulierung: Aus einer quadratischen Platte von 15 cm × 15 cm lässt sich kein Seitenteil schneiden, da die Dreieckshöhe h_S bereits ca. 16,8 cm lang ist.

► **Training
Grundwissen**

1 Wiederholung 5.–9. Klasse

1.1 Terme

Merke

> **Term**
>
> Jede sinnvolle Zusammenstellung aus Zahlen und Variablen mithilfe von Rechenzeichen nennt man **Term.**

Beispiele

Beispiele für Terme sind:
$15; \quad x+1; \quad 18:3-(2:5)\cdot 1\frac{1}{3}; \quad \frac{2+b}{2\cdot c}$
Keine Terme sind: Auto; 3+

Terme bezeichnen wir abkürzend mit einem T.
Treten in einem Term Variablen auf, geben wir diese nach dem T in runden Klammern an.

Beispiele

1. $T(x) = x + 1$
2. $T(x) = -7x^2 + 4x - 1$
3. $T(a) = a^2 - 1$
4. $T(c) = 25 - c - c^2$
5. $T(a;b) = a - b$
6. $T(x;y) = [x-(y-3)] - [x^2 - y + 5]$

Werden für die Variablen eines Terms Zahlen eingesetzt, kann man den **Wert des Terms** berechnen. Dabei müssen gleiche Variablen durch gleiche Zahlen ersetzt werden.

Beispiele

1. Berechne den Wert des Terms $T(x) = 3x + 11$ für $x = 2$.
   Lösung:
   $T(x) = 3x + 11$
   $T(2) = 3 \cdot 2 + 11$
   $T(2) = 6 + 11$
   $T(2) = 17$

2. Berechne den Wert des Terms $T(x) = 3x^2 - x + 7$ für die Werte
   a) $x = -1$ b) $x = \frac{1}{3}$ c) $x = -1\frac{3}{4}$

   Lösung:
   $T(x) = 3x^2 - x + 7$
   a) $T(-1) = 3 \cdot (-1)^2 - (-1) + 7$
   $T(-1) = 3 \cdot 1 + 1 + 7$
   $T(-1) = 11$

   b) $T\left(\frac{1}{3}\right) = 3 \cdot \left(\frac{1}{3}\right)^2 - \left(\frac{1}{3}\right) + 7$
   $T\left(\frac{1}{3}\right) = 3 \cdot \frac{1}{9} - \frac{1}{3} + 7$
   $T\left(\frac{1}{3}\right) = \frac{1}{3} - \frac{1}{3} + 7$
   $T\left(\frac{1}{3}\right) = 7$

c) $T\left(-1\frac{3}{4}\right) = 3 \cdot \left(-1\frac{3}{4}\right)^2 - \left(-1\frac{3}{4}\right) + 7$

$T\left(-1\frac{3}{4}\right) = 3 \cdot \left(-\frac{7}{4}\right)^2 - \left(-\frac{7}{4}\right) + 7$

$T\left(-1\frac{3}{4}\right) = 3 \cdot \frac{49}{16} + \frac{7}{4} + 7$

$T\left(-1\frac{3}{4}\right) = \frac{3 \cdot 49}{16} + \frac{7 \cdot 4}{4 \cdot 4} + \frac{7 \cdot 16}{16}$

$T\left(-1\frac{3}{4}\right) = \frac{147 + 28 + 112}{16}$

$T\left(-1\frac{3}{4}\right) = \frac{287}{16} = 17\frac{15}{16}$

Aufgaben

1 Gib einen Term an, mit dem man zu jeder möglichen Länge eines Rechtecks mit 30 cm Umfang die zugehörige Breite dieses Rechtecks ermitteln kann.

2 Stelle zu folgenden Vorschriften die Terme auf:
a) Zu 1,5x ist 2y zu addieren.
b) Vom Produkt aus x und y ist die Differenz aus x und y zu subtrahieren.
c) Der Quotient aus 0,5x und (x − y) ist von der Differenz aus 2y und x zu subtrahieren.

3 Berechne für folgende Terme T(2), T(−1) und $T\left(\frac{1}{2}\right)$:
a) $T(x) = 3x^2 - 2x + 5$
b) $T(x) = x^3 + 2x^2 - 7$
c) $T(x) = -2x^2 + 3x - 1$

4 Berechne für folgende Terme jeweils den Wert T(1; −1):
a) $T(x; y) = 3 \cdot x + \frac{y}{4} - 5 \cdot (x - 2,5)$
b) $T(x; y) = 2,7 \cdot x - (x + 1) : y - 1$

Termumformungen

Merke

Termumformungen
• In einem Summenterm dürfen die einzelnen Glieder des Terms **unter Mitnahme ihres Vorzeichens** beliebig umgestellt werden.
• In einem Summenterm dürfen gleichartige Glieder zusammengefasst werden. Der Wert des Terms bleibt dabei **unverändert.**

Beispiele

1. $T(x) = 2x - 6 + 12x + 17 - 5x$ Umstellung der einzelnen Glieder unter Mitnahme des Vorzeichens

   $T(x) = \underbrace{2x + 12x - 5x}_{9x} \underbrace{-6 + 17}_{11}$ Gleichartige Glieder zusammenfassen

   $T(x) = 9x + 11$

2. $T(a, b) = 10ab - 7a + 3a - 7ab$ jeweils gleichartige Glieder sind:
   10ab und −7ab; −7a und 3a

   $T(a, b) = 3ab - 4a$

Merke

> **Plusklammern**
>
> **Plusklammern** dürfen weggelassen werden.

Beispiele

1. $T(x) = 3x + (7a + 2x)$ Klammer weglassen
   $T(x) = 3x + 7a + 2x$
   $T(x) = 5x + 7a$

2. $T(a,b) = 5b + (9a - 3b)$ Klammer weglassen
   $T(a,b) = 5b + 9a - 3b$
   $T(a,b) = 2b + 9a$

Merke

> **Minusklammern**
>
> **Minusklammern** dürfen weggelassen werden, wenn man **alle Rechenzeichen in der Klammer ändert**.

Beispiele

1. $T(x) = 3x - (7a + 2x)$ Klammer weglassen und
   $T(x) = 3x - 7a - 2x$ **alle Rechenzeichen in der Klammer ändern:**
   $T(x) = x - 7a$ Aus 7a wird −7a, aus +2x wird −2x

2. $T(a,b) = 6b - (4a - b)$ Klammer weglassen und
   $T(a,b) = 6b - 4a + b$ **alle Rechenzeichen in der Klammer ändern**
   $T(a,b) = 7b - 4a$

Aufgaben

5 Fasse zusammen:

a) $2x + \dfrac{1}{2} - 4$

b) $0,5 - 3a - 4,7 - \dfrac{1}{8}$

c) $-x + 1\dfrac{1}{2} - 3\dfrac{1}{3} - \dfrac{1}{6}$

d) $6a - 14,08 - 7,4a + 8,02 - 5,12 - a$

6 Vereinfache:

a) $-3x + 4,8x - 6,8x$

b) $-\dfrac{2}{3}a - \dfrac{1}{6}a - 3\dfrac{1}{3}a$

c) $x^2 + \dfrac{6}{5}x^2 - \dfrac{3}{5}x^2 - 3x^2$

d) $2ab - 1 - 3ab + a - 4$

7 Vereinfache:

a) $(-2x + 4,5y) + (6x - 4y)$

b) $-2x + (4,6y - 3,4x) - 4y$

8 Fasse zusammen:

a) $5a - (3a + b)$

b) $5a - (-3a - 2b)$

Merke

> **Distributivgesetz**
>
> Wird eine Zahl mit einer Summe multipliziert, so muss die Zahl **mit jedem Glied der Summe** multipliziert werden (Distributivgesetz).
>
> $c \cdot (a + b) = c \cdot a + c \cdot b$

Training Grundwissen: 1 Wiederholung 5.–9. Klasse

Beispiele
1. $\mathbf{z}(a+b) = \mathbf{z}a + \mathbf{z}b$
2. $\mathbf{y}(a+b+c) = \mathbf{y}a + \mathbf{y}b + \mathbf{y}c$
3. $\mathbf{2x}(y-5a-3b) = \mathbf{2x} \cdot y - \mathbf{2x} \cdot 5a - \mathbf{2x} \cdot 3b = 2xy - 10ax - 6bx$
4. $\mathbf{-2b}(3a-4x) = (\mathbf{-2b}) \cdot 3a + (\mathbf{-2b})(-4x) = -6ab + 8bx$
5. $(\mathbf{x+y}) \cdot (a+b) = (\mathbf{x+y}) \cdot a + (\mathbf{x+y}) \cdot b = a \cdot (x+y) + b \cdot (x+y) = ax + ay + bx + by$

Merke

Multiplikation zweier Summen

Zwei Summen werden multipliziert, indem **jeder Summand** der ersten Klammer mit **jedem Summanden** der zweiten Klammer multipliziert wird und die Produkte addiert werden.
$$(\mathbf{a+b}) \cdot (c+d) = \mathbf{a} \cdot c + \mathbf{a} \cdot d + \mathbf{b} \cdot c + \mathbf{b} \cdot d$$

Beispiele
1. $(\mathbf{3x+2b})(5b+2x) = \mathbf{3x} \cdot 5b + \mathbf{3x} \cdot 2x + \mathbf{2b} \cdot 5b + \mathbf{2b} \cdot 2x$
$= 15bx + 6x^2 + 10b^2 + 4bx$
$= 19bx + 6x^2 + 10b^2$

2. $(x-1)(x-2) = x \cdot x - 2 \cdot x - 1 \cdot x - 1 \cdot (-2)$
$= x^2 - 2x - x + 2$
$= x^2 - 3x + 2$

3. $(2-x-y)(x+y-3) = 2 \cdot x + 2 \cdot y - 2 \cdot 3 - x \cdot x - x \cdot y - x \cdot (-3) - y \cdot x - y \cdot y - y \cdot (-3)$
$= 2x + 2y - 6 - x^2 - xy + 3x - yx - y^2 + 3y$
$= 5x + 5y - 6 - x^2 - 2xy - y^2$

Aufgaben

9 Multipliziere und fasse zusammen:
a) $2(3x-5y) + 3(8y-7x)$
b) $27a - 6 \cdot (2a-b-2c) + 3 \cdot (b-c)$
c) $2 \cdot (1,5x - 7,5y) - 6 \cdot (0,5x - y - 2,5)$
d) $133a - 7 \cdot (32a - 18b) + 105b$

10 Schreibe als Summe und fasse zusammen:
a) $x \cdot (1+x)$
b) $\frac{1}{2}x^2 + x \cdot (1+x)$
c) $x^2 + (1,2x + 0,4) \cdot x$
d) $x^2 + (1+x) \cdot 0,1x$

11 Multipliziere:
a) $3 \cdot \left(5x - 2 - \frac{1}{3}y\right)$
b) $3a \cdot (17a - 4,7b) - 1,5b \cdot (0,6a + 1,5b)$
c) $-(2x - y) \cdot (-2y)$
d) $7u \cdot (3u + 4v - 6) - 4v \cdot (7u - 3v + 14) + 14 \cdot (3u + 4v)$

Merke

Binomische Formeln

1. $(\mathbf{a+b})^2 = \mathbf{a^2 + 2ab + b^2}$
2. $(\mathbf{a-b})^2 = \mathbf{a^2 - 2ab + b^2}$
3. $(\mathbf{a+b}) \cdot (\mathbf{a-b}) = \mathbf{a^2 - b^2}$

Training Grundwissen: 1 Wiederholung 5.–9. Klasse

Beispiele

1. $(u+v)^2$

1. binomische Formel	$(a+b)^2$	$a^2 + 2\cdot a\cdot b + b^2$
Aufgabe	$(u+v)^2$	$u^2 + 2\cdot u\cdot v + v^2$
	↓ ↓	
	$a=u;\ b=v$	

   $= u^2 + 2uv + v^2$

2. $(x+3y)^2$

1. binomische Formel	$(a+b)^2$	$a^2 + 2\cdot a\cdot b + b^2$
Aufgabe	$(x+3y)^2$	$x^2 + 2\cdot x\cdot 3y + (3y)^2$
	↓ ↓	
	$a=x;\ b=3y$	

   $= x^2 + 2\cdot x\cdot 3y + (3y)^2 = x^2 + 6xy + 9y^2$

3. $(x^2 - 3y^2)^2$

2. binomische Formel	$(a-b)^2$	$a^2 - 2\cdot a\cdot b + b^2$
Aufgabe	$(x^2 - 3y^2)^2$	$(x^2)^2 - 2\cdot x^2\cdot 3y^2 + (3y^2)^2$
	↓ ↓	
	$a=x^2;\ b=3y^2$	

   $= x^4 - 6x^2 y^2 + 9y^4$

4. $(2x + y^2)\cdot(2x - y^2)$

3. binomische Formel	$(a+b)\cdot(a-b)$	$a^2 - b^2$
Aufgabe	$(2x+y^2)\cdot(2x-y^2)$	$(2x)^2 - (y^2)^2$
	↓ ↓	
	$a=2x;\ b=y^2$	

   $= 4x^2 - y^4$

Aufgaben

12 Berechne:
a) $(x-3y)^2$
b) $(4x+3y)^2$
c) $(2{,}5x - y)\cdot(2{,}5x + y)$
d) $(0{,}5a - 5b)^2$
e) $\left(\dfrac{1}{3}r + \dfrac{1}{5}s\right)^2$
f) $\left(2\dfrac{2}{3}u - \dfrac{3}{4}v\right)\cdot\left(2\dfrac{2}{3}u + \dfrac{3}{4}v\right)$

13 Forme in Summen um:
a) $(4a+3b)\cdot(4a-3b)$
b) $(7{,}5a+2b)\cdot(7{,}5a-2b)$
c) $\left(\dfrac{1}{4} - x\right)\cdot\left(\dfrac{1}{4} + x\right)$
d) $(2x-1)^2$
e) $\left(\dfrac{2}{3}a + b\right)^2$
f) $\left(\dfrac{ab}{3} + \dfrac{3a}{7}\right)^2$

14 Berechne unter Benutzung binomischer Formeln:
a) $(x-1)^2 - (1-x)^2$
b) $(5a+3b)\cdot(3b-5a) - (7a-4b)^2 + (7b-56a)\cdot b$
c) $[a+(3+2b)]\cdot[a-(3+2b)] + (3+b)\cdot 4b$
d) $(x^2+1)^2\cdot(x^2-1)^2$

Merke

Vorfahrtsregeln für das Vereinfachen von Termen

1. Potenzen haben Vorfahrt.
2. Klammern zuerst berechnen!
   Bei verschachtelten Klammern [( )] wird die innere Klammer ( ) zuerst berechnet.
3. Wo keine Klammer steht, geht Punktrechnung (·, :) vor Strichrechnung (–, +).

Beispiele

1. $10 - 3 \cdot (6 - 3^2) - (18 - 17 \cdot 2) =$
   $= 10 - 3 \cdot (6 - 9) - (18 - 34) =$

   ↑ 1. Potenzen haben Vorfahrt   ↑ 3. Punkt vor Strich

   $= 10 - 3 \cdot (-3) - (-16) =$

   ↑ ↑ 2. Klammern zuerst

   $= 10 + 9 + 16 =$

   ↑ 3. Punkt vor Strich

   $= 35$

2. $4x(a+b)^2 + 7x - 3x(a^2 - b^2) =$

   ↑ 1. Potenzen haben Vorfahrt   ↑ 3. Punkt vor Strich

   $= 4x(a^2 + 2ab + b^2) + 7x - 3a^2x + 3b^2x =$

   ↑ 2. Klammern zuerst

   $= 4a^2x + 8abx + 4b^2x + 7x - 3a^2x + 3b^2x =$
   $= a^2x + 7b^2x + 8abx + 7x$

Aufgaben

15 Berechne:

a) $\dfrac{7}{2} : 3{,}5$ b) $0{,}7 \cdot \dfrac{7}{10}$ c) $3{,}2 \cdot 1{,}3 + 6{,}8 \cdot 1{,}3$

16 Berechne:

a) $1{,}3 \cdot 10 + \dfrac{27}{9}$ b) $23 \cdot 0 + 17{,}4 \cdot 1$ c) $7 : 7 + 14 : 7$

17 Forme in kürzere Terme um:

a) $-4 \cdot 2ab + b \cdot 16a$ b) $a^2 : 2a - (-a) \cdot \left(-\dfrac{1}{2}\right) - \dfrac{1}{2} \cdot a$

18 Fasse zusammen:

a) $2a \cdot 3b + 6ab$ b) $-5c + 2c : c + c - c^2 : 4c - \dfrac{1}{2}c^2 : \left(c : \dfrac{1}{c}\right)$

c) $7b - 7ab : a + b^2 : 2b$ d) $4a - 4b : 4 + 16b + \left[\left(4a : \dfrac{1}{a^2}\right) : (-a^2)\right] b \cdot 15$

Zerlegung von Termen in Produkte – Faktorisieren

Merke

Ausklammern

Enthält in einer Summe jeder der Summanden den gleichen Faktor, so kann dieser als gemeinsamer Faktor ausgeklammert werden.

$$ax + ay - az = a \cdot (x + y - z)$$

Eine Summe wurde in ein Produkt zerlegt.
Der Wert des Terms ändert sich dabei nicht.
(Umkehrung des Distributivgesetzes)

Beispiele

1. $ax + ay = a(x+y)$ — gemeinsamer Faktor a
2. $3ax - 3ay + 3az = 3a(x-y+z)$ — gemeinsamer Faktor $3a$
3. $2a^2 + 2ab = 2a \cdot a + 2a \cdot b = 2a(a+b)$ — gemeinsamer Faktor $2a$
4. $3x^2y - 2xy^2 = 3x \cdot xy - 2y \cdot xy = xy(3x - 2y)$ — gemeinsamer Faktor xy
5. $3a^3 - 3a^2 = 3a^2 \cdot a - 3a^2 \cdot 1 = 3a^2(a-1)$ — gemeinsamer Faktor $3a^2$

Merke

Zerlegen einer Summe in ein Produkt

Auch die binomischen Formeln können zur **Zerlegung einer Summe** in ein **Produkt** verwendet werden.

1. $a^2 + 2ab + b^2 = (a+b)^2$
2. $a^2 - 2ab + b^2 = (a-b)^2$
3. $a^2 - b^2 = (a+b)(a-b)$

Der Wert des Terms bleibt dabei unverändert.

Beispiele

1. Faktorisiere $x^2 + 8x + 16$.

   Lösung:
   Versuche mithilfe der Formel $(a+b)^2 = a^2 + 2ab + b^2$ zu faktorisieren.
   Wir bestimmen zunächst a und b.

Binomische Formel	$a^2 + 2ab + b^2$
Term, der faktorisiert werden soll	$x^2 + 8x + 16$ ↓ ↓ $a = x$ $b = 4$

   Jetzt muss noch geprüft werden, ob das doppelte Produkt, also 2ab, mit dem entsprechenden Glied des gegebenen Terms übereinstimmt.
   Mit $a = x$ und $b = 4$ ergibt sich für $2ab = 2 \cdot x \cdot 4 = 2 \cdot 4 \cdot x = 8x$.
   Damit lässt sich der Term $x^2 + 8x + 16$ faktorisieren in:

Binomische Formel	$a^2 + 2ab + b^2 = (a+b)(a+b)$
Term, der faktorisiert werden soll	$x^2 + 8x + 16 = (x+4)(x+4)$

   Ergebnis: $x^2 + 8x + 16 = (x+4)^2$

2. Faktorisiere $81x^2 - 18xy + y^2$:

   Lösung:

Binomische Formel	$a^2 - 2ab + b^2$
Term, der faktorisiert werden soll	$81x^2 - 18xy + y^2$ ↓ ↓ $a = 9x$ $b = y$

Überprüfung Mittelglied:
Mit a = **9x** und b = **y** ergibt sich für das Mittelglied 2ab = 2 · **9x** · **y** = 18xy
Deshalb gilt: $81x^2 - 18xy + y^2 = (9x - y)(9x - y) = (9x - y)^2$

3. Faktorisiere $16x^2 - 12xy + 9y^2$:
   Lösung:

Binomische Formel	$a^2 - 2ab + b^2$
Term, der faktorisiert werden soll	$16x^2 - 12xy + 9y^2$ ↓ ↓ a = **4x** b = **3y**

   Überprüfung Mittelglied:
   2ab = 2 · **4x** · **3y** = 24xy. Das Mittelglied im Term ist jedoch nur 12xy.
   Der Term kann also mit der binomischen Formel **nicht faktorisiert** werden.

Aufgaben

19 Klammere aus:
a) $27x - 18y - 54z$
b) $26ax^2 - 39a^2x + 169a^3$
c) $x^3y^4z^2 + 5x^2yz^3 - 7x^4y^3z^4$
d) $-21r^5t^6 - 35r^2t^4 - 28r^3t^3$

20 Faktorisiere mithilfe der binomischen Formeln:
a) $u^2 + 6uw + 9w^2$
b) $x^2 - 8x + 16$
c) $4x^2 + 4xy + y^2$
d) $36x^2 - 60xy + 25y^2$

21 Klammere aus und faktorisiere weiter mithilfe der binomischen Formeln:
a) $20x^2 - 45y^2$
b) $3{,}6x^2 - 4{,}9y^2$
c) $6a^2 + 12ab + 6b^2$
d) $7x^2 + 1\frac{3}{4} - 7x$

Bruchterme

Bei Bruchtermen ist darauf zu achten, dass der Nenner von null verschieden ist. Es müssen also die Belegungen ausgeschlossen werden, für die der Nennerterm den Wert 0 annimmt. Für diese Werte ist der Bruchterm nicht definiert.

Beispiele

1. $\dfrac{a+b}{a-b}$ \quad $a \neq b$ \quad (Für a = b ist der Bruchterm nicht definiert)

2. $\dfrac{3a}{x}$ \quad $x \neq 0$ \quad (Für x = 0 ist der Bruchterm nicht definiert)

3. $\dfrac{a^2 + 2ab + b^2}{a^2 - b^2}$ \quad $a \neq b; a \neq -b$ \quad (Für a = b und a = −b ist der Bruchterm nicht definiert)

Merke

> **Vereinfachen von Bruchtermen durch Kürzen**
> 1. **Zerlegung** des Zählers und Nenners **in jeweils ein Produkt**.
> 2. **Gemeinsame Faktoren** des Zählers und des Nenners können **gekürzt** werden (sofern sie nicht den Wert null annehmen).

Training Grundwissen: 1 Wiederholung 5.–9. Klasse

Beispiele

1. $\dfrac{3a + 3b}{3x + 3y} = \dfrac{\mathbf{3(a + b)}}{\mathbf{3(x + y)}}$ Nicht definiert für x = –y.
   In Zähler und Nenner wird jeweils der gemeinsame Faktor 3 ausgeklammert.

   $= \dfrac{\cancel{3}(a + b)}{\cancel{3}(x + y)}$ Da 3 ≠ 0 ist, darf gekürzt werden.

   $= \dfrac{a + b}{x + y}$

2. $\dfrac{3a + 3b}{7a + 7b} = \dfrac{3\mathbf{(a + b)}}{7\mathbf{(a + b)}}$ Nicht definiert für a = –b.
   Ausklammern der gemeinsamen Faktoren 3 im Zähler und 7 im Nenner

   $= \dfrac{3}{7}$ Nur für a ≠ –b. Für a = –b darf nicht gekürzt werden.

3. $\dfrac{2x^2y - xy}{2xy - y} = \dfrac{x\mathbf{y(2x - 1)}}{\mathbf{y(2x - 1)}}$ Nicht definiert für y = 0 und x = $\frac{1}{2}$.
   Ausklammern der gemeinsamen Faktoren xy im Zähler und y im Nenner

   $= x$ Nur für y ≠ 0 und x ≠ $\frac{1}{2}$. Für y = 0 und für x = $\frac{1}{2}$ ist der Bruchterm nicht definiert und es darf nicht gekürzt werden.

Das Zerlegen des Bruchterms in Faktoren und das anschließende Kürzen (wenn möglich) bringt oft eine erhebliche Vereinfachung des Terms. Der Wert des Terms bleibt dabei unverändert, wenn die äquivalenten Umformungen zulässig sind.

4. $T_4 = \dfrac{x^2 + 2xy + y^2}{x^2 - y^2}$ T_4 ist für x = –y oder x = y nicht definiert.

   $T_4 = \dfrac{(x + y)^2}{(x + y)(x - y)}$ Zerlegung in Faktoren durch:
   1. binomische Formel
   3. binomische Formel

   $T_4 = \dfrac{(x + y)(x + y)}{(x + y)(x - y)}$ gemeinsamer Faktor: **(x + y)**

   $T_4 = \dfrac{(x + y)}{(x - y)}$ Kürzen nur für x ≠ –y erlaubt.

   $T_4 = \dfrac{x + y}{x - y}$ Nur für x ≠ y definiert.

Aufgaben

22 Zerlege Zähler und Nenner in Faktoren. Nenne alle gemeinsamen Faktoren des Zählers und des Nenners! Kürze, soweit dies möglich ist! Für welche Belegungen ist der Bruchterm jeweils nicht definiert?

a) $\dfrac{18a + 3b}{15a + 3b}$ b) $\dfrac{15x - 25y}{5x - 9y}$ c) $\dfrac{a^2 - ab}{a^2}$ d) $\dfrac{2a^3 + a^2}{3a^3 - 4a^4}$

23 Zerlege zuerst Zähler und Nenner in Faktoren. Kürze vollständig.

a) $\dfrac{4a + 4b}{3a + 3b}$ b) $\dfrac{22a + 11b}{14a + 7b}$ c) $\dfrac{2a + 4b - 6c}{3a + 6b - 9c}$ d) $\dfrac{2a^2 + 5ab + ac}{2ab + 5b^2 + bc}$

Merke

Addition und Subtraktion von Bruchtermen

1. **Suche nach dem Hauptnenner (HN)**
   Alle Nenner werden in Faktoren zerlegt. Der HN ist das Produkt der jeweils höchsten Potenzen aller vorkommenden Faktoren.

2. **Erweitern auf HN**
   Jeder Bruch wird so geschrieben, dass der Nenner bereits in seine Faktoren zerlegt ist. Jeder Bruch wird mit den zum HN fehlenden Faktoren erweitert.

3. **Zusammenfassen und vereinfachen**
   Alle Zähler werden auf einen Bruchstrich geschrieben (im Nenner steht der HN).
   Zähler ausmultiplizieren und zusammenfassen.
   Anschließend kürzen, wenn möglich.

Beispiel

$$\frac{4a+b}{4ab} + \frac{a-b}{b^2} - \frac{1}{4a}$$

$4ab = 2^2 \cdot a \cdot b$
$b^2 = b^2$
$4a = 2^2 \cdot a$

HN: $2^2 \cdot a \cdot b^2$

1. Suche nach HN:
   Als Faktoren kommen im Nenner 2, a und b vor.
   Der HN wird aus ihren höchsten Potenzen gebildet.

$$= \frac{(4a+b) \cdot b}{2^2 \cdot a \cdot b \cdot b} + \frac{(a-b) 2^2 \cdot a}{b^2 \cdot 2^2 \cdot a} - \frac{1 \cdot b^2}{2^2 \cdot a \cdot b^2}$$

2. Erweitern mit HN
   Jeder Nenner ist in seine Faktoren zerlegt. Mit den zum HN fehlenden Faktoren wird erweitert.

$$= \frac{(4a+b) \cdot b + (a-b) \cdot 4a - 1 \cdot b^2}{HN}$$

3. Zusammenfassen und vereinfachen

$$= \frac{4ab + b^2 + 4a^2 - 4ab - b^2}{HN}$$

4. Alle Zähler auf einem Bruchstrich ausmultiplizieren.

$$= \frac{4a^2}{2^2 \cdot ab^2} = \frac{2^2 \cdot a \cdot a}{2^2 \cdot a \cdot b^2} = \frac{a}{b^2}$$

5. Zusammenfassen und kürzen

Aufgabe 24

Fasse so weit wie möglich zusammen: („Nenner ungleich null" sei stets erfüllt.)

a) $\dfrac{1-3x^2}{4x} - \dfrac{x^2-6}{2x^2} + \dfrac{7+6x}{8} - \dfrac{9}{3x^2}$

b) $\dfrac{(1-a^2)a}{4a^4} - \dfrac{9-2a}{36a} + \dfrac{3+a^2}{9a^2} - \dfrac{4a+3}{12a^3}$

c) $\dfrac{9a-7}{20a} + \dfrac{ab-5a}{10a^2b} - \dfrac{4a^2-3b}{4ab^2} - \dfrac{b^2-5a}{5b^2}$

Merke

Multiplikation von Bruchtermen

Bruchterme werden multipliziert, indem jeweils die Zähler und die Nenner multipliziert werden.

Beispiele

1. $\dfrac{3a}{2b} \cdot \dfrac{x}{y} = \dfrac{3a \cdot x}{2b \cdot y} = \dfrac{3ax}{2by}$

Training Grundwissen: 1 Wiederholung 5.–9. Klasse

2. $\dfrac{x+y}{x-y} \cdot \dfrac{2x}{x+y} = \dfrac{(x+y) \cdot 2x}{(x-y) \cdot (x+y)} =$

$= \dfrac{\cancel{(x+y)} \cdot 2x}{(x-y) \cdot \cancel{(x+y)}}$

$= \dfrac{2x}{x-y}$

Die Bruchstriche haben hier die gleiche Funktion wie Klammern. Auf einen Bruchstrich geschrieben, **müssen Klammern gesetzt** werden.

gemeinsamer Faktor: **(x + y)**

Aufgabe 25

Gib die Bruchterme als einen einzigen gekürzten Bruchterm an.
Zerlege dazu, soweit nötig, Zähler und Nenner in Faktoren:

a) $\dfrac{3x^2y}{2ab^2} \cdot \dfrac{4ab}{5xy}$

b) $\dfrac{18a^3b}{11c^2} \cdot \left(-\dfrac{121a}{54b}\right)$

c) $\left(-\dfrac{2x}{3y}\right)^2 \cdot \dfrac{-6y^3z}{5x^3}$

Merke

Division von Bruchtermen

Ein **Bruchterm** wird durch einen **Bruchterm dividiert,** indem der erste Bruchterm mit dem **Kehrbruch** des zweiten **multipliziert** wird.

Beispiele

1. $\dfrac{a}{3x} : \dfrac{b}{y} = \dfrac{a}{3x} \cdot \dfrac{y}{b} = \dfrac{ay}{3bx}$

Kehrbruch zu $\dfrac{b}{y}$ ist $\dfrac{y}{b}$

2. $\dfrac{a+b}{a-b} : \dfrac{3}{a+b} = \dfrac{a+b}{a-b} \cdot \dfrac{a+b}{3}$

Kehrbruch zu $\dfrac{3}{a+b}$ ist $\dfrac{a+b}{3}$

$= \dfrac{(a+b)(a+b)}{(a-b) \cdot 3}$

$= \dfrac{(a+b)^2}{3(a-b)}$

Aufgabe 26

Gib als einen einzigen gekürzten Bruch an. Zerlege dazu, soweit nötig, Zähler und Nenner in Faktoren:

a) $\dfrac{15a}{8b} : \dfrac{9a^2}{10b}$

b) $\dfrac{18x^2}{5y} : \dfrac{27x}{20y^2}$

c) $\dfrac{0{,}3a^3b^2}{4c^2} : \dfrac{9a^2c^2}{0{,}8b^2}$

d) $\dfrac{\frac{11}{7}x^2y^4}{3z^3} : \dfrac{\frac{55}{6}y^2z}{x^2}$

e) $\dfrac{x+y}{x-y} : \dfrac{x}{x^2-y^2}$

f) $\dfrac{4x^2-9y^2}{3x+2y} : \dfrac{6y-4x}{6y+9x}$

1.2 Lösen von linearen Gleichungen und Ungleichungen

Merke

Lösung einer linearen Gleichung

Um eine lineare Gleichung zu lösen, muss diese umgeformt werden bis die gesuchte Variable (meistens x) alleine auf einer Seite der Gleichung steht.

Umformungsregeln:
- Auf beiden Seiten einer Gleichung darf man dieselbe Zahl oder denselben Term addieren oder subtrahieren.
- Auf beiden Seiten einer Gleichung darf man mit derselben Zahl oder demselben Term (ungleich 0) eine Multiplikation oder Division durchführen.

Diese Umformungen heißen **Äquivalenzumformungen** und verändern die Lösung einer Gleichung nicht. Die Lösung gibt man in der **Lösungsmenge** $\mathbb{L}$ an.

Beispiele

1. $x = 14$ Gleichung
   Nur das Element 14 macht die Gleichung $x = 14$ zu einer wahren Aussage, deshalb ist nur 14 ein Element der Lösungsmenge. Also: $\mathbb{L} = \{14\}$

2. $3x + 6 = 0$
   Durch Einsetzen verschiedener Werte für x ergeben sich wahre und falsche Aussagen:

   $$3 \cdot x + 6 = 0$$

$x = 1$ eingesetzt:	$3 \cdot 1 + 6 = 0$	(f) falsche Aussage:	$3 + 6 = 9$ ist nicht 0
$x = 2$ eingesetzt:	$3 \cdot 2 + 6 = 0$	(f) falsche Aussage	
$x = 0$ eingesetzt:	$3 \cdot 0 + 6 = 0$	(f)	

   Nur $x = -2$ macht diese Gleichung zu einer wahren Aussage:
   $x = -2$ eingesetzt: $3 \cdot (-2) + 6 = 0$ (w) wahre Aussage
   Also: $\mathbb{L} = \{-2\}$

3. $-27 - 28x = 37 - 29x$
   Zur Ermittlung der Lösungsmenge ist es zweckmäßig, die Gleichung so umzuformen, dass sich die Lösungsmenge wie im Beispiel 1 sofort ablesen lässt.

   $$-27 - 28x = 37 - 29x \quad | + 29x$$
   $$-27 - 28x + 29x = 37 - 29x + 29x$$
   $$-27 + x = 37 \quad | + 27$$
   $$-27 + x + 27 = 37 + 27$$
   $$x = 64$$
   $$\mathbb{L} = \{64\}$$

   Die Addition desselben Terms auf beiden Seiten der Gleichung ist eine Äquivalenzumformung.

4. Bestimme die Lösungsmenge der Gleichung $-3 - 11x = 30$.
   Lösung:

   $$-3 - 11x = 30 \quad | + 3 \qquad \text{Zuerst die Strichumformung \ldots}$$
   $$\underbrace{+3 - 3}_{0} - 11x = 30 + 3 \qquad \text{Zusammenfassen}$$
   $$-11x = 33 \quad | : (-11) \qquad \text{\ldots dann die Punktumformung.}$$
   $$\frac{-11x}{-11} = \frac{33}{-11} \qquad \text{Kürzen}$$
   $$x = -3$$
   $$\mathbb{L} = \{-3\}$$

Aufgaben

27 Bestimme die Lösungen der folgenden Gleichungen.

a) $3x - 17 = 19$
b) $\dfrac{9}{25} = \dfrac{x}{75}$

28 Bestimme die Lösungen der folgenden Gleichungen.

a) $2(x + 24) = 100$
b) $\dfrac{3}{2}(x + 4) = -12$

Merke

Lösung einer linearen Ungleichung

Um eine lineare Ungleichung zu lösen, muss diese umgeformt werden bis die gesuchte Variable (meistens x) alleine auf einer Seite der Ungleichung steht.

Umformungsregeln:
- Auf beiden Seiten einer Ungleichung darf man dieselbe Zahl oder denselben Term addieren oder subtrahieren.
- Auf beiden Seiten einer Ungleichung darf man mit derselben **positiven** Zahl eine Multiplikation oder Division durchführen.
- Auf beiden Seiten einer Ungleichung darf man mit derselben **negativen** Zahl eine Multiplikation oder Division durchführen, wenn man das **Ungleichheitszeichen umkehrt**.

Diese Umformungen heißen **Äquivalenzumformungen** bei Ungleichungen und verändern die Lösung nicht. Die Lösungen gibt man in der **Lösungsmenge** $\mathbb{L}$ an.

Beispiele

1. $x > 1$ Ungleichung
   Alle x-Werte größer als 1 machen die Ungleichung $x > 1$ zu einer wahren Aussage.
   $\mathbb{L} = \{x \mid x > 1\}$

   Grafische Darstellung der Lösungsmenge:

   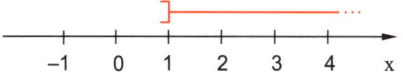

   Der Wert 1 gehört **nicht** zur Lösungsmenge

   Ungleichungen haben also in der Regel unendlich viele Lösungen.

2. Die Lösungsmenge der Ungleichung $-3 \leq x < 2$ ist $\mathbb{L} = \{x \mid -3 \leq x < 2\}$.

   Grafische Darstellung der Lösungsmenge:

   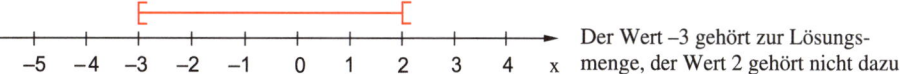

   Der Wert −3 gehört zur Lösungsmenge, der Wert 2 gehört nicht dazu.

3. $-27 - 28x \leq 37 - 29x$

   Zur Ermittlung der Lösungsmenge ist es zweckmäßig, die Gleichung so umzuformen, dass sich die Lösungsmenge wie im Beispiel 1 sofort ablesen lässt.

   $$-27 - 28x \leq 37 - 29x \qquad \mid +29x + 27$$
   $$-27 - 28x + 29x + 27 \leq 37 - 29x + 29x + 27$$
   $$x \leq 64$$
   $$\mathbb{L} = \{x \mid x \leq 64\}$$

   Statt die Strichumformungen $\mid +29x$ und $\mid +27$ hintereinander auszuführen, kann man sie auch gleichzeitig durchführen.

   Grafische Darstellung der Lösungsmenge:

   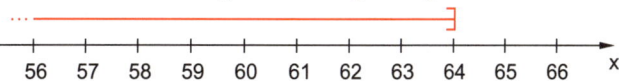

4. Gib die Lösungsmenge der Ungleichung an:

$$4x - 4 < 7x + 5$$
$$4x - 4 \;\color{red}{-7x} < 7x + 5 \;\color{red}{-7x} \quad | -7x$$
$$-3x - 4 < 5 \quad | +4$$
$$-3x - 4 \;\color{red}{+4} < 5 \;\color{red}{+4}$$
$$-3x < 9 \quad | : (-3) \quad \text{Division durch eine negative Zahl:}$$
$$\frac{-3x}{-3} > \frac{9}{-3} \quad \text{Das Ungleichheitszeichen muss umgekehrt werden}$$
$$x > -3$$
$$\mathbb{L} = \{x \mid x > -3\}$$

Grafische Darstellung der Lösungsmenge:

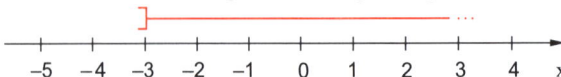

Aufgaben

29 Bestimme die Lösungsmenge.
a) $2x - 8 > 12$
b) $1 - x > -2$
c) $5 - 8x < x - 7$
d) $5{,}4 \cdot (2x - 1{,}8) < 2{,}7 \cdot (3x - 1{,}9)$
e) $\frac{2}{5}x - 1 < \frac{3}{5}$
f) $-11x + (17 - 3x) \cdot 3 < 7 - \frac{2}{5}\left(50x - 3\frac{4}{7}\right)$

30 Bestimme die Lösungsmenge.
a) $x + \frac{3}{4} \geq -2{,}75$
b) $1 - x \geq 16 - 16x$
c) $0{,}1x - 14{,}6 \geq 5{,}4 - 0{,}1x$
d) $(x - 2) \cdot x - (x + 3)(x + 2) \leq 0$

1.3 Proportionale und antiproportionale Zuordnungen

Merke

> **Proportionale Zuordnung**
>
> Eine Zuordnung heißt direkt proportional, kurz **proportional**, wenn dem
>   2, 3, ... k-Fachen einer Größe X
> das 2, 3, ... k-Fache einer anderen Größe Y entspricht.

Proportionale Zuordnungen

Beispiele

1. Preis im Verhältnis zur Menge (z. B. beim Tanken)

Preis in €	Menge in Litern
1,50	1
3,00	2
7,50	5
15,00	10
30,00	20
75,00	50

Grafische Darstellung von proportionalen Verhältnissen:

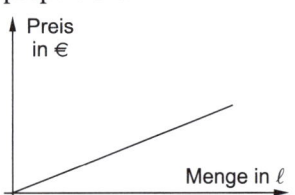

2. Das Volumen im Verhältnis zur Masse (z. B. beim Stapeln von gleich großen und gleich schweren Paketen)

3. Platzbedarf beim Verlegen von gleich großen Fliesen

Training Grundwissen: 1 Wiederholung 5.–9. Klasse

Nicht-proportionale Zuordnungen

Beispiele

1. Der Preis im Verhältnis zur Abnahmemenge, wenn Mengenrabatte gewährt werden

   Grafische Darstellung von nicht-proportionalen Zuordnungen:

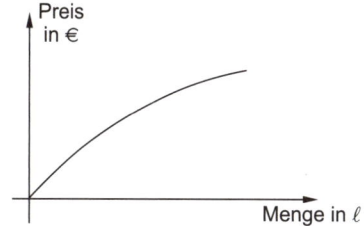

2. Die Länge des Bremswegs in Abhängigkeit von der Geschwindigkeit
3. Die Körpergröße in Abhängigkeit vom Alter

Antiproportionale Zuordnungen

Merke

> **Antiproportionale Zuordnung**
>
> Eine Zuordnung heißt **antiproportional** oder **indirekt proportional**, wenn dem
>   2, 3, …   k-Fachen einer Größe X
> der 2., 3., …   k-te Teil einer anderen Größe Y entspricht.

Beispiele

1. Zahl der Arbeitskräfte im Verhältnis zur erforderlichen Zeit

Anzahl der Arbeitskräfte	benötigte Zeit
1	6 h
2	3 h
3	2 h
4	1 h 30 min
6	1 h

   Grafische Darstellung von antiproportionalen Zuordnungen:

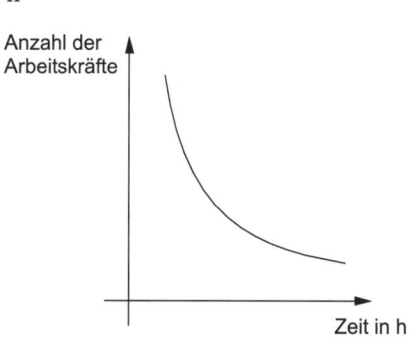

2. Geschwindigkeit eines Fahrzeugs und die für den Weg benötigte Zeit

Aufgaben

31 Wie viel kg Trauben erhält man für 16 €, wenn 25 kg dieser Trauben 20 € kosten?

32 Ein Auto fährt mit einer Durchschnittsgeschwindigkeit von 50 km/h und braucht für eine bestimmte Strecke 5 Stunden. Wie lange braucht es für dieselbe Strecke, wenn es mit doppelter Durchschnittsgeschwindigkeit fährt?

33 In der Tabelle sind die Elektroenergiepreise für eine Jahresabnahme von zwei Anbietern dargestellt. Das vom Kunden zu zahlende Entgelt setzt sich aus dem Arbeitspreis und dem Leistungspreis zusammen.

Tarifart	Verbrauch	Arbeitspreis (brutto) Cent/kWh		Leistungspreis (brutto) Euro/Jahr	
		Anbieter A	Anbieter B	Anbieter A	Anbieter B
H_0	0 bis 160 kWh/Jahr	28,71	31,52	26,46	24,47
H_1	160 bis 4250 kWh/Jahr	15,42	14,98	49,99	39,15

a) Welcher Anbieter liegt bei einem Jahresverbrauch von 50 kWh günstiger, welcher bei einem Verbrauch von 150 kWh? Begründe.
b) Familie Küster rechnet mit einem Jahresverbrauch von 3200 kWh. Für welchen Anbieter soll sie sich entscheiden? Begründe.
c) Wird ein gewisser Verbrauch im Tarif H_0 überschritten, ist einer der beiden Anbieter günstiger (siehe auch Frage a). Ermittle diesen Verbrauch (gerundet auf volle kWh).

1.4 Prozent- und Zinsrechnung

Merke

Prozentrechnung

Prozentwert P $\qquad P = \dfrac{G \cdot p}{100}$

Grundwert G (100 %) $\qquad G = \dfrac{P \cdot 100}{p}$

Prozentsatz p $\qquad p = \dfrac{P \cdot 100}{G}$

Beispiele

1. Sonja will sich ein neues Fahrrad für 857 € kaufen. Wegen eines kleinen Lackfehlers gewährt der Händler einen Preisnachlass von 18 %. Wie viel € spart Sonja?

   Lösung:
   Überlege: Was ist gegeben, was ist gesucht?
   Gegeben: G = 857 €; p % = 18 %
   Gesucht: P

   Lösen mit dem Dreisatz:
   100 % ≙ 857 €
   1 % ≙ 857 € : 100 = 8,57 €
   18 % ≙ 8,57 € · 18 = 154,26 €

   Lösen mit der Formel:
   $P = \dfrac{G \cdot p}{100}$
   $P = \dfrac{857\ € \cdot 18}{100} = 154,26\ €$

2. Sven kauft im Ausverkauf einen DVD-Player für 100,80 €. Das sind 70 % des ursprünglichen Preises. Wie viel € kostete der DVD-Player vor dem Ausverkauf?

Training Grundwissen: 1 Wiederholung 5.–9. Klasse

Lösung:
Überlege: Was ist gegeben, was ist gesucht?
Gegeben: P = 100,80 €; p % = 70 %
Gesucht: G

Lösen mit dem Dreisatz:

70 % ≙ 100,80 €
1 % ≙ 100,80 € : 70 = 1,44 €
100 % ≙ 1,44 € · 100 = 144 €

Lösen mit der Formel:

$$G = \frac{P \cdot 100}{p}$$

$$G = \frac{100,80 \text{ €} \cdot 100}{70} = 144 \text{ €}$$

Merke

Zinsrechnung

Die Zinsrechnung ist eine Anwendung der Prozentrechnung.

Der **Grundwert G** heißt **Kapital K.**	Der **Prozentwert P** heißt **Zinsen Z.**	Der **Prozentsatz p** heißt **Zinssatz p.**
$K = \dfrac{Z \cdot 100 \cdot 360}{p \cdot t}$	$Z = \dfrac{K \cdot p \cdot t}{100 \cdot 360}$	$p = \dfrac{Z \cdot 100 \cdot 360}{K \cdot t}$

(t = Anzahl der verzinsten Tage)

Wenn keine weiteren Angaben gemacht werden, beziehen sich die Zinsen auf 1 Jahr.
Bei der Berechnung der Monats- und Tageszinsen gilt folgende Vereinbarung:
1 Monat ≙ 30 Tage
1 Jahr ≙ 12 Monate ≙ 360 Tage

Werden die Zinsen am Ende eines Jahres dem Guthaben (Kapital) zugerechnet und in den Folgejahren mitverzinst, spricht man von **Zinseszinsen**. Dadurch wächst ein Guthaben stärker an, als wenn man die Zinsen am Ende eines jeden Jahres abheben würde.

Beispiel

1. Frau Schmidt nimmt einen Kredit in Höhe von 2 000 € auf, den sie nach einem Jahr zurückzahlen will. Dafür muss sie 115 € an Zinsen zahlen. Welchen Zinssatz berechnet die Bank?

   Lösung:
   Lösen mit dem Dreisatz:

   2 000 € ≙ 100 %
   1 € ≙ 0,05 %
   115 € ≙ 5,75 %

   Lösen mit der Formel:

   $$p = \frac{Z \cdot 100}{K} = \frac{115 \text{ €} \cdot 100}{2\,000 \text{ €}} = 5,75$$

   $$p \% = 5,75 \%$$

   Die Bank erhebt einen Zinssatz von 5,75 %.

2. Alex hat Geld für ein Jahr fest angelegt. Die Bank gewährte ihm einen Zinssatz von 2,75 %. Dafür erhielt er nach einem Jahr 99 € an Zinsen. Wie viel Geld hat Alex fest angelegt?

   Lösung:
   Lösen mit dem Dreisatz:

   2,75 % ≙ 99 €
   1 % ≙ 36 €
   100 % ≙ 3 600 €

   Lösen mit der Formel:

   $$K = \frac{Z \cdot 100}{p} = \frac{99 \text{ €} \cdot 100}{2,75 \%} = 3\,600 \text{ €}$$

   Alex hatte einen Betrag von 3 600 € fest angelegt.

3. Ein Kapital von 3 000 € wird für 60 Tage zu einem Zinssatz von 2 Prozent angelegt. Wie viel Euro Zinsen erhält man dafür? Auf welchen Betrag wächst das Kapital an?

Lösung:
Gegeben: K = 3 000 €
p % = 2 %
t = 60 Tage

Gesucht: Z (in €)
Lösen mit der Formel:
$$Z = \frac{K \cdot p \cdot t}{100 \cdot 360} = \frac{3\,000\,€ \cdot 2 \cdot 60}{100 \cdot 360} = 10\,€$$
Nach 60 Tagen werden 10 Euro Zinsen gutgeschrieben.
Damit erhöht sich das Kapital auf 3010 €.

4. Herr Müller hat 7 500 € auf seinem Sparbuch. Er bekommt für eine feste Anlage von 2 Jahren 3,5 % Jahreszinsen. Wie viel Zinsen erhält er am Ende der Laufzeit?

Lösung:
1. Jahr: **2. Jahr:** 7 500 € + 262,50 € = 7 762,50 €

	Prozent	Geld			Prozent	Geld	
: 100	100 %	7 500 €	) : 100	: 100	100 %	7 762,50 €	) : 100
· 3,5	1 %	75 €	) · 3,5	· 3,5	1 %	77,625 €	) · 3,5
	3,5 %	262,50 €			3,5 %	≈ 271,69 €	

262,50 € + 271,69 € = 534,19 €

Am Ende der Laufzeit erhält er 534,19 € Zinsen.

Bei manchen Aufgabenstellungen verändert sich der Grundwert, z. B. der Preis einer Ware. Dabei kann es sich um eine **Vermehrung des Grundwertes** (z. B. Aufschlagen der Mehrwertsteuer, Preiserhöhung) oder um eine **Verminderung des Grundwertes** (z. B. Rabatt oder Skonto) handeln.

Beispiele

1. Ein Fernsehgerät kostet einschließlich Mehrwertsteuer 595 €.
Wie hoch ist der Nettopreis (d. h. ohne Mehrwertsteuer von 19 %)?
Lösung:
Der Preis einschließlich Mehrwertsteuer entspricht einem Prozentsatz von 100 % + 19 % = 119 % (vermehrter Grundwert) des Nettopreises.

: 119 (119 % ≙ 595 €) : 119
· 100 (1 % ≙ 5 €) · 100
        100 % ≙ 500 €

Der Nettopreis beträgt 500 €.

Training Grundwissen: 1 Wiederholung 5.–9. Klasse

2. Auf einen Rechnungsbetrag wurden Herrn Maier 2 % Skonto gewährt. Er zahlt 245 €. Auf welchen Betrag lautete die Rechnung?

Lösung:
Der Betrag, den Herr Maier zahlt, entspricht 100 % – 2 % = 98 % des ursprünglichen Rechnungsbetrags (verminderter Grundwert).

:98 $\left(\begin{array}{rcl} 98\,\% & \hat{=} & 245{,}00\,€ \\ 1\,\% & \hat{=} & 2{,}50\,€ \\ 100\,\% & \hat{=} & 250{,}00\,€ \end{array}\right)$:98
·100 ·100

Der Rechnungsbetrag war 250 €.

Aufgaben

34 Die fehlenden Werte in der Tabelle sind zu berechnen.

Grundwert	320			240	300
Prozentwert	80	30			
Prozentsatz			20 %	5 %	120 %

35 a) 30 Bücher sind 25 % eines Buchbestandes. Wie viele Bücher sind insgesamt im Bestand?
b) 10 % sind 16 kg. Wie viel kg sind 25 %?
c) 102 % von 160 € sind?
d) Wie viel Prozent sind 20 m von 2 000 m?

36 a) Der Preis einer Ware ist von 600 € auf 750 € erhöht worden. Auf wie viel Prozent ist er gestiegen?
b) Der Preis einer Hose, die 60 € kostete, wird im Winterschlussverkauf um 20 % gesenkt. Welchen Preis hat die Hose nun?

37 $\alpha = 72°$
Wie viel % der Kreisfläche sind grau?

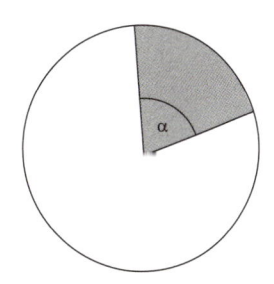

38 Monika hat 150 €. Davon gibt sie $\frac{1}{3}$ im Urlaub aus. Vom Rest, den Monika nicht ausgegeben hat, steckt sie 50 % in ihr Sparschwein. Wie viel Euro steckt Monika in das Sparschwein?

☐ 25 €   ☐ 50 €   ☐ 75 €   ☐ 100 €   ☐ 125 €

39 Bei Barzahlung werden 2 % Skonto gewährt. Wie viel Euro sind das, wenn die Ware 1 300 € kostet?

☐ 650 €   ☐ 1 298 €   ☐ 26 €   ☐ 260 €   ☐ 1 950 €

40 Ein Computerunternehmen hat 3 Teilhaber.
Der 1. Teilhaber ist mit 325 000 €, der 2. Teilhaber mit 275 000 €, der 3. Teilhaber mit 250 000 € beteiligt.
Es wird ein Jahresgewinn in Höhe von 212 000 € erzielt.
Die Verteilung erfolgt so, dass jeder zunächst 15 % davon erhält. Der Rest wird entsprechend den Einlagen verteilt.
a) Berechne die prozentualen Anteile der jeweiligen Einlagen und stelle diese in einem Diagramm dar!
b) Wie hoch ist der Gewinn für den 2. Teilhaber?

41 a) Tina zahlt einen Gewinn von 16 000 € auf ein Sparbuch ein. Der Zinssatz beträgt 3,75 %. Nach 147 Tagen löst sie das Sparbuch auf. Wie viel Geld bekommt sie ausbezahlt?
b) Frau Hutterly leiht sich bei der Bank 4 500 € zu einem Zinssatz von 8,5 %. Wie viel € an Zinsen muss sie nach 7 Monaten bezahlen?
c) Katrin freut sich nach 7 Monaten über 350 € Zinsen. Wie viel € hat sie bei 2 % angelegt?
d) Jessie leiht ihrem Bruder Leon 1 600 €. Nach 4 Monaten zahlt Leon 2 000 € zurück. Welchen Zinssatz verlangt Jessie?
e) In welcher Zeit bekommt Wendy für ein Guthaben von 5 580 € bei einem Zinssatz von 8,5 % Zinsen in Höhe von 289,85 €?

42 a) Wie viel € hat Susann geerbt, wenn sie nach 10 Monaten 6 000 € Zinsen bei einem Zinssatz von 5 % bekommt?
b) Angela und Joanna zahlen jeweils 6 000 € auf ein Sparbuch ein. Angela bekommt nach 4 Monaten 50 € Zinsen, Joanna erhält nach 100 Tagen 48 € Zinsen. Wer hat den besseren Zinssatz?
c) Tina leiht ihrer Schwester Katrin 5 € und verlangt nach einem Tag 5,20 € zurück. Welchen Zinssatz verlangt sie? Katrin ist sauer. Warum wohl?
d) Für einen Kleinkredit von 2 520 € muss Frau Brem bei einem Zinssatz von 8,5 % Zinsen in Höhe von 130,90 € bezahlen. Wie lange lief der Kredit?
e) Walter bekommt nach 7 Monaten 1,54 € Zinsen. Der Zinssatz beträgt 4 %. Wie hoch ist sein Guthaben?

43 Mithilfe einer Tabellenkalkulation wird untersucht, bei welcher Verzinsung ein Anfangskapital von 1 000 € innerhalb von 10 Jahren auf mehr als 1 500 € anwächst. In Zelle B2 (Zahlenformat: Prozent) werden dazu versuchsweise verschiedene Zinssätze (in der Abbildung 4,25 %) eingegeben. Die Zelle B6 enthält die Formel zur Berechnung des Kapitals nach 1 Jahr. Anschließend wurde diese Formel in die Zellen B7 bis B15 kopiert, sodass in diesen jeweils auf Grundlage des Vorjahreswertes die Höhe des verzinsten Kapitals zum gegebenen Zeitpunkt berechnet wird. Gib die so erhaltene Formel für den Stand nach 10 Jahren in der Zelle B15 an und erkläre sie.

	A	B
1	Kapital:	€ 1.000,00
2	Verzinsung:	4,25%
3		
4	Jahre	Kapital nach Verzinsung
5	0	€ 1.000,00
6	1	€ 1.042,50
7	2	€ 1.086,81
8	3	€ 1.133,00
9	4	€ 1.181,15
10	5	€ 1.231,35
11	6	€ 1.283,68
12	7	€ 1.338,24
13	8	€ 1.395,11
14	9	€ 1.454,40
15	10	€ 1.516,21

Training Grundwissen: 1 Wiederholung 5.–9. Klasse

44 Tanja und Daniel haben im Lotto gewonnen. Jeder bekommt 50 000 €. Beide zahlen den Gewinn auf ein Sparkonto ein. Der Zinssatz beträgt für beide 6,75 %.
a) Tanja hebt ihre Zinsen jeweils am Ende des Jahres ab. Wie viel € Zinsen sind das nach 5 Jahren?
b) Daniel lässt das Geld auf dem Konto liegen. Auf welchen Betrag ist sein Guthaben nach diesen 5 Jahren angewachsen?
Wie viel € hat er damit an Zinsen „verdient"?

45 Eine Familie (Vater, Mutter, Sohn) spart auf eine größere Urlaubsreise und zahlt dazu 4 Jahre lang am Jahresbeginn 3 000 € auf ein Konto ein. Die Verzinsung beträgt 4 %.
a) Auf welchen Betrag sind die Einzahlungen bis zum Ende des vierten Jahres angewachsen, wenn die Zinsen nicht abgehoben wurden?
b) Die Reise kostet für jeden Erwachsenen 4 800,00 €, für das Kind werden 30 % Ermäßigung gewährt.
Wie viel Geld verbleibt noch in der Reisekasse?

46 André und Andrea haben jeweils 2 300,00 € gespart. Da die Zinsen zurzeit niedrig sind, wollen beide das Geld für 5 Jahre fest anlegen.
André legt sein Kapital für 5 Jahre mit einem festen Zinssatz von 4,25 % an.

Andrea erhält   im 1. Jahr 3,25 %   im 3. Jahr 4,25 %
                    im 2. Jahr 3,70 %   im 4. Jahr 4,50 %
                                               im 5. Jahr 5,00 % Zinsen.

Wer hat sein Geld besser angelegt?
Nach wie vielen Jahren hat sich das Kapital von André verdoppelt?

1.5 Umrechnungen von Größen

Merke

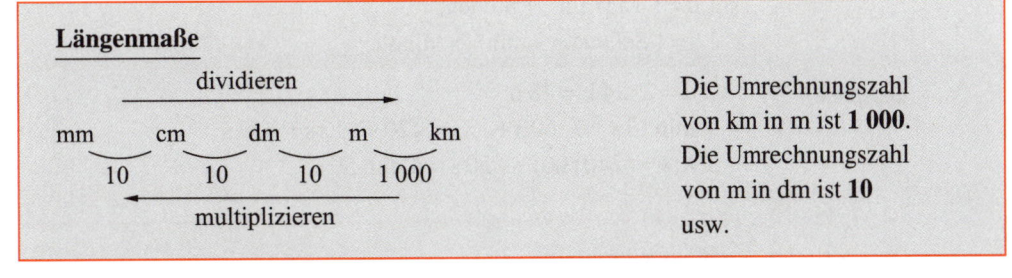

Längenmaße

dividieren →

mm — cm — dm — m — km
     10   10   10   1 000

← multiplizieren

Die Umrechnungszahl von km in m ist **1 000**.
Die Umrechnungszahl von m in dm ist **10**
usw.

Beispiele
600 mm = (600 : 10) cm = 60 cm
15,8 m = 15,8 · 100 cm = 1 580 cm

Merke

Flächenmaße

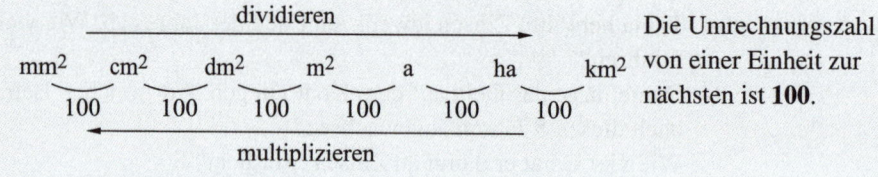

$$\text{mm}^2 \xrightarrow{} \text{cm}^2 \xrightarrow{} \text{dm}^2 \xrightarrow{} \text{m}^2 \xrightarrow{} \text{a} \xrightarrow{} \text{ha} \xrightarrow{} \text{km}^2$$

dividieren → / multiplizieren ← ; jeweils 100

1 ha = 1 Hektar; 1 a = 1 Ar

Die Umrechnungszahl von einer Einheit zur nächsten ist **100**.

Beispiele

$895\,410 \text{ cm}^2 = (895\,410 : 100) \text{ dm}^2 = 8\,954{,}1 \text{ dm}^2$

$7{,}15 \text{ m}^2 = 7{,}15 \cdot 100 \text{ dm}^2 = 715 \text{ dm}^2$

Merke

Raummaße (Volumeneinheiten)

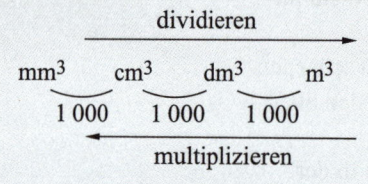

$$\text{mm}^3 \xrightarrow{} \text{cm}^3 \xrightarrow{} \text{dm}^3 \xrightarrow{} \text{m}^3$$

dividieren → / multiplizieren ← ; jeweils 1 000

$1\,\ell = 1 \text{ dm}^3$; $1\,m\ell = 1 \text{ cm}^3$

$1\,\ell = 1\,000\,m\ell$; $1\,h\ell = 100\,\ell$

Die Umrechnungszahl von einer Einheit zur nächsten ist **1 000**.

Beispiele

$4\,000\,\ell = 4\,000 \text{ dm}^3 = (4\,000 : 1\,000) \text{ m}^3 = 4 \text{ m}^3$

$1{,}3 \text{ m}^3 = 1{,}3 \cdot 1\,000 \text{ dm}^3 = 1\,300 \text{ dm}^3 = 1\,300\,\ell$

Merke

Zeiteinheiten

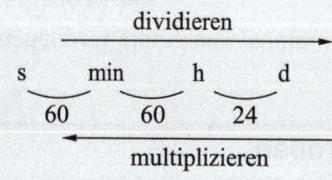

$$\text{s} \xrightarrow{} \text{min} \xrightarrow{} \text{h} \xrightarrow{} \text{d}$$

dividieren → / multiplizieren ← ; 60, 60, 24

1 d = 1 Tag; 1 h = 1 Stunde;
1 s = 1 Sekunde; 1 min = 1 Minute

Die Umrechnungszahl von h in min sowie von min in s ist **60**.

Die Umrechnungszahl von d in h ist **24**.

Beispiele

$2 \text{ d} = 2 \cdot 24 \text{ h} = 48 \text{ h}$

$7 \text{ min } 13 \text{ s} = 7 \cdot 60 \text{ s} + 13 \text{ s} = 420 \text{ s} + 13 \text{ s} = 433 \text{ s}$

$290 \text{ s} = (240 : 60) \text{ s} + 50 \text{ s} = 4 \text{ min } 50 \text{ s}$

Merke

Masseeinheiten

$$\text{mg} \xrightarrow{} \text{g} \xrightarrow{} \text{kg} \xrightarrow{} \text{t}$$

dividieren → / multiplizieren ← ; jeweils 1 000

Die Umrechnungszahl von t in kg, kg in g, g in mg ist **1 000**.

Beispiele

28 125 g = (28 125 : 1 000) kg = 28,125 kg
3,45 t = 3,45 · 1 000 kg = 3 450 kg

Für alle Größen gilt:
Einheit größer → Zahl kleiner, deshalb dividieren durch die Umrechnungszahl
Einheit kleiner → Zahl größer, deshalb multiplizieren mit der Umrechnungszahl

Aufgaben

47 Rechne in die in Klammern angegebene Einheit um.
a) 1,23 m (mm)   b) 17 cm (mm)   c) 0,3568 km (dm)   d) 437,5 m (km)
e) 2,72 dm (cm)   f) 0,0052 m (mm)   g) 2 019 mm (m)   h) 127,6 dm (m)

48 Rechne in die angegebene Einheit um.
a) 0,01 km² (m²)   b) 6,906 dm² (mm²)   c) 9,7 mm² (cm²)   d) 626 m² (ha)
e) 0,023 m² (mm²)   f) 0,0027 ha (m²)   g) 17 665 cm² (m²)   h) 3 027 a (m²)

49 Rechne in die angegebene Einheit um.
a) 0,063 m³ (ℓ)   b) 3 mℓ (dm³)   c) 12 829 cm³ (m³)   d) 1,024 m³ (dm³)
e) 825,6 dm³ (m³)   f) 3,2 cm³ (dm³)

50 Rechne in die angegebene Einheit um.
a) 3,25 h (min)   b) 6 d 7h (h)   c) 7,6 min (s)   d) 2 h 24 min (s)
e) 17 h 12 min (min)   f) 37 653 s (h)   g) 8 280 s (h)   h) 187 200 s (h)

51 Rechne in die angegebene Einheit um.
a) 23 g (kg)   b) 0,0672 kg (g)   c) 738 g (kg)   d) 6,7 kg (t)
e) 327 865 mg (kg)   f) 0,032 t (kg)   g) 52,3 g (mg)   h) 72,5 kg (t)

1.6 Ebene Figuren

Merke

Allgemeines Dreieck

Flächeninhalt des Dreiecks: $A = \frac{1}{2} \cdot g \cdot h_g$ oder: $A = \frac{g \cdot h_g}{2}$

Umfang des Dreiecks: $u = a + b + c$

Summe der Innenwinkel: $\alpha + \beta + \gamma = 180°$

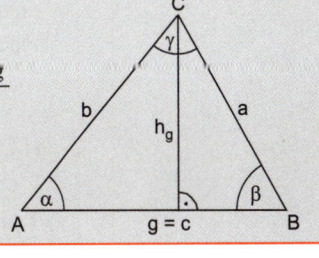

Beispiele

1. Gegeben: Seite c = 8 cm; Höhe h_c = 2,7 cm
   Flächeninhalt: $A = \frac{1}{2} \cdot c \cdot h_c = \frac{1}{2} \cdot 8 \text{ cm} \cdot 2{,}7 \text{ cm} = 10{,}8 \text{ cm}^2$

2. Gegeben: a = 5 cm; b = 6,5 cm; c = 8,6 cm
   Umfang: u = a + b + c
   u = 5 cm + 6,5 cm + 8,6 cm
   u = 20,1 cm

3. Gegeben: α = 42°; β = 67°
   γ = 180° − (α + β)
   γ = 180° − (42° + 67°)
   γ = 180° − 109°
   γ = 71°

Merke

Rechteck

Ein Rechteck besitzt vier rechte Winkel und zwei Paare von gleich langen Gegenseiten.

Flächeninhalt des Rechtecks: $A = a \cdot b$

Umfang des Rechtecks: $u = 2a + 2b = 2 \cdot (a+b)$

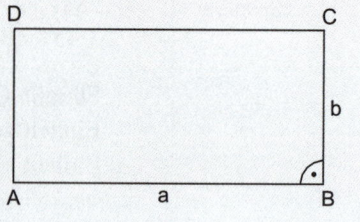

Quadrat

Ein Quadrat besitzt vier rechte Winkel und vier gleich lange Seiten.

Flächeninhalt des Quadrats: $A = a^2$

Umfang des Quadrats: $u = 4 \cdot a$

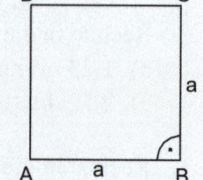

Parallelogramm

Beim Parallelogramm sind gegenüberliegende Seiten gleich lang und gegenüberliegende Winkel gleich groß.
Benachbarte Winkel ergänzen sich zu 180°: $\alpha + \beta = 180°$

Flächeninhalt des Parallelogramms: $A = a \cdot h_a$

Umfang des Parallelogramms: $u = 2a + 2b = 2 \cdot (a+b)$

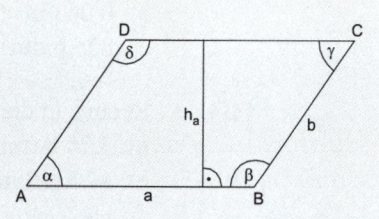

Raute

Eine Raute hat vier gleich lange Seiten.
Je zwei gegenüberliegende Winkel sind gleich groß.
Die Diagonalen e und f schneiden einander rechtwinklig.

Flächeninhalt der Raute: $A = a \cdot h_a$

oder $A = \dfrac{e \cdot f}{2}$

Umfang der Raute: $u = 4 \cdot a$

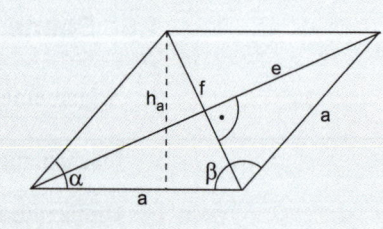

Trapez

Das Trapez hat ein Paar paralleler Seiten: $a \parallel c$

Mittellinie des Trapezes: $m = \dfrac{a+c}{2}$

Flächeninhalt des Trapezes: $A = \dfrac{1}{2} \cdot (a+c) \cdot h$

oder $A = m \cdot h$

Umfang des Trapezes: $u = a + b + c + d$

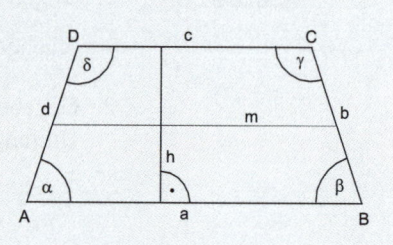

> **Drachen**
>
> Beim Drachen sind zwei Paare von Nachbarseiten gleich lang.
> Die Diagonalen schneiden sich im rechten Winkel.
>
> Flächeninhalt des Drachens: $A = \dfrac{e \cdot f}{2}$
>
> Umfang des Drachens: $u = 2 \cdot a + 2 \cdot b$

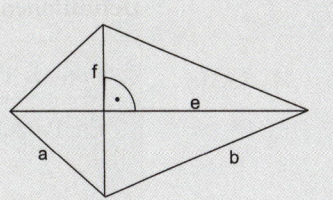

Aufgaben

52 Ein Dreieck hat die Seiten a = 5 cm, c = 7 cm und die Höhe h_c = 2,8 cm.
a) Berechne den Flächeninhalt des Dreiecks.
b) Berechne die Länge der Höhe h_a.

53 a) Ein Dreieck besitzt die Winkel α = 58° und β = 47°. Bestimme Winkel γ.
b) Gibt es ein Dreieck mit zwei stumpfen Winkeln?

54 Ein Rechteck hat einen Umfang von 42 cm. Seine Länge ist doppelt so groß wie die Breite.
a) Berechne die Längen der Seiten.
b) Berechne den Flächeninhalt des Rechtecks.

55 a) Ein Quadrat hat den Umfang 44 cm. Berechne die Seitenlänge und den Flächeninhalt.
b) Ein Quadrat hat den Flächeninhalt 90,25 cm². Berechne die Seitenlänge und den Umfang.

56 Ein Parallelogramm hat die Seiten a = 5 cm und b = 4,5 cm sowie den Flächeninhalt A = 20 cm².
a) Berechne die Höhe h_a.
b) Berechne den Umfang des Parallelogramms.

57 a) Ein Trapez hat die parallelen Seiten a = 7 cm und c = 3 cm und die Höhe h = 2,5 cm. Berechne seinen Flächeninhalt.
b) Ein Trapez hat die parallelen Seiten a und c, Seite a = 8 cm, die Höhe h = 4 cm und den Flächeninhalt 24 cm². Wie lang ist die Seite c?

1.7 Potenzen

Definitionen

Merke

> **Potenzen**
>
> Ein Produkt aus gleichen Faktoren kann auch als **Potenz** geschrieben werden:
>
> Basis Exponent
>
> $\underbrace{a^n}_{\text{Potenz}} = \underbrace{a \cdot a \cdot a \cdot \ldots \cdot a}_{\text{n-mal der Faktor a}}$
>
> Es gelten folgende Definitionen und Festlegungen:
> - Jede Potenz mit **Exponent 1** entspricht der Basis: $a^1 = a$
> - Jede Potenz mit **Exponent 0** ist gleich 1: $\qquad a^0 = 1 \qquad (a \neq 0)$
> - Potenzen mit **negativem Exponenten** lassen sich auch als Bruch schreiben:
>
> $a^{-n} = \dfrac{1}{a^n} \qquad (a \neq 0)$
>
> - Potenzen mit **Bruchzahlen im Exponenten** lassen sich als Wurzeln schreiben:
>
> $a^{\frac{1}{n}} = \sqrt[n]{a} \qquad (a > 0; n > 0)$
>
> $a^{\frac{m}{n}} = \sqrt[n]{a^m} \qquad (a > 0; m, n > 0)$

Beispiele

1. $3^5 = 3 \cdot 3 \cdot 3 \cdot 3 \cdot 3$ 5-mal der Faktor 3

2. $3^1 = 3$ Jede Potenz mit Exponent 1 entspricht der Basis.

3. $3^0 = 1$ Jede Potenz mit Exponent 0 ist gleich 1.

4. $3^{-2} = \dfrac{1}{3^2} = \dfrac{1}{9}$

5. $8^{\frac{1}{3}} = \sqrt[3]{8} = 2$

6. $x^2 = 25$
   $x_1 = \sqrt{25} = 5$
   $x_2 = -\sqrt{25} = -5$

7. $x^3 = 64 \qquad |\sqrt[3]{}$
   $x = \sqrt[3]{64}$
   $x = 4$

   Die Gleichung lässt sich durch Ziehen der dritten Wurzel lösen.

8. $8^{\frac{2}{3}} = \sqrt[3]{8^2} = \sqrt[3]{64} = \sqrt[3]{4^3} = 4$

Gesetze für das Rechnen mit Potenzen

Merke

> **Potenzgesetze** (für a, b ≠ 0)
>
> 1. Potenzen mit **gleicher Basis** werden multipliziert, indem die Exponenten addiert werden. $\quad a^m \cdot a^n = a^{m+n}$
>
> 2. Potenzen mit **gleicher Basis** werden dividiert, indem die Exponenten subtrahiert werden. $\quad \dfrac{a^m}{a^n} = a^{m-n}$
>
> 3. Potenzen mit **gleichem Exponenten** werden multipliziert, indem die Basen multipliziert werden. $\quad a^n \cdot b^n = (a \cdot b)^n$
>
> 4. Potenzen mit **gleichem Exponenten** werden dividiert, indem die Basen dividiert werden. $\quad \dfrac{a^n}{b^n} = \left(\dfrac{a}{b}\right)^n$
>
> 5. Eine Potenz wird potenziert, indem die Exponenten multipliziert werden. $\quad (a^n)^m = a^{n \cdot m}$

Beispiele

1. $3^2 \cdot 3^3 = 3^{2+3} = 3^5 = 243$ — Potenzen mit gleicher Basis werden multipliziert, indem die Exponenten addiert werden.

2. $\dfrac{3^5}{3^3} = 3^{5-3} = 3^2 = 9$ — Potenzen mit gleicher Basis werden dividiert, indem die Exponenten subtrahiert werden.

3. $3^3 \cdot 4^3 = (3 \cdot 4)^3 = 12^3 = 1\,728$ — Potenzen mit gleichem Exponenten werden multipliziert, indem die Basen multipliziert werden.

4. $\dfrac{6^5}{3^5} = \left(\dfrac{6}{3}\right)^5 = 2^5 = 32$ — Potenzen mit gleichem Exponenten werden dividiert, indem die Basen dividiert werden.

5. $(2^3)^2 = 2^{3 \cdot 2} = 2^6 = 64$ — Eine Potenz wird potenziert, indem die Exponenten multipliziert werden.

Sehr große und sehr kleine Zahlen

Sehr große und sehr kleine Zahlen werden oft in wissenschaftlicher Schreibweise als Produkt aus einer Zahl zwischen 1 und 10 und einer Zehnerpotenz mit ganzzahligem Exponenten geschrieben:

Merke

> **Normdarstellung einer Zahl**
>
> $z = a \cdot 10^k \quad$ mit $1 \leq a \leq 10 \quad (k \in \mathbb{Z})$

Beispiele

1. $187\,000\,000\,000 = 1{,}87 \cdot 10^{11}$ — Das Komma wurde um 11 Stellen nach links verschoben.

2. $0{,}000\,000\,037 = 3{,}7 \cdot 10^{-8}$ — Das Komma wurde um 8 Stellen nach rechts verschoben.

3. Masse der Erde: $\quad m = 5{,}98 \cdot 10^{24}$ kg
   Masse eines Elektrons: $m = 9{,}11 \cdot 10^{-31}$ kg
   1 Lichtjahr: $\quad 1\,\text{LJ} = 9{,}46 \cdot 10^{12}$ km

Training Grundwissen: 1 Wiederholung 5.–9. Klasse

Gleichungen mit Potenzen der Form $x^n = a$

Merke

Gleichung	Lösung	
$x^n = a$ (a > 0 und n ∈ ℕ)	für n gerade:	$x_1 = \sqrt[n]{a}$; $x_2 = -\sqrt[n]{a}$
	für n ungerade:	$x = \sqrt[n]{a}$

Beispiele

1. a) $x^2 = 144$ $\quad |\sqrt{}$

   $x_1 = +\sqrt{144} = 12$
   $x_2 = -\sqrt{144} = -12$

   b) $x^4 = 16$ $\quad |\sqrt[4]{}$

   $x_1 = +\sqrt[4]{16} = 2$
   $x_2 = -\sqrt[4]{16} = -2$

   c) $x^3 = 125$ $\quad |\sqrt[3]{}$

   $x = \sqrt[3]{125}$
   $x = 5$

2. $(2x + 3)^7 = 128$

   $(2x + 3)^7 = 2^7$ $\quad |\sqrt[7]{}$
   $2x + 3 = \sqrt[7]{2^7}$
   $2x + 3 = 2$ $\quad |-3$
   $x = -0{,}5$

3. $(20x + 15)^{\frac{2}{3}} = 25$ $\quad |\frac{3}{2}$

   $[(20x + 15)^{\frac{2}{3}}]^{\frac{3}{2}} = (5^2)^{\frac{3}{2}}$
   $20x + 15 = 5^3$
   $20x + 15 = 125$ $\quad |-15$
   $20x = 110$ $\quad |:20$
   $x = 5{,}5$

Aufgaben

58 Berechne, vereinfache und fasse so weit wie möglich zusammen.

a) Potenzgesetz 1:

$3^5 \cdot 3^2 \cdot 3^4$

$(-2)^3 \cdot (-2)^2 \cdot (-2)^3$

$(x + 2)^3 \cdot (x^2 + 4x + 4)$

$(x + 1)^2 \cdot (x - 1) \cdot (x^2 - 1)$

b) Potenzgesetz 2:

$\dfrac{x^{17}}{x^{12}}$

$\dfrac{(x + 1)^3}{x^2 + 2x + 1}$

$\dfrac{51 x^5 y^{14} z^9}{17 x^7 y^9 z^7}$

$\dfrac{32 x y^3}{2^4 x^4 y} \cdot \dfrac{64 x^5 y^2}{2^5 x y^4}$

c) Potenzgesetz 3:
$(-3)^4 \cdot (2)^4 \cdot (6)^4 \cdot (-9)^4$
$(x-3)^2 \cdot (3-x)^2$
$(a+b)^2 \cdot (a-b)^2$
$\left(\dfrac{x^2y^3}{3}\right)^4 \cdot \left(\dfrac{6}{xy}\right)^4$

d) Potenzgesetz 4:
$\dfrac{(x^2y)^4}{(xy^2)^4}$

$\dfrac{(64a^2b^3)^3}{(8b^2a)^3}$

$\dfrac{(x^2-xy)^{k-2}}{(2x-2y)^{k-2}}$

e) Potenzgesetz 5:
$(2^{-3})^5$
$(2a^3b^2)^4 \cdot (5ab^3)^3$
$\left(\dfrac{a^2b^{-1}c^3}{a^3b^2c^{-2}}\right)^2$
$\left(\dfrac{x^2y^{-3}}{xz^{-2}}\right)^{-2} : \left(\dfrac{y^3z^{-4}}{x^3y^2}\right)^2$

59 a) Schreibe jeweils als Produkt einer Zahl zwischen 1 und 10 und einer Zehnerpotenz.
375 000 000 000 000 000
180 000 000 000 000
0,000 000 000 123
0,000 0017

b) Der Durchmesser unserer Milchstraße beträgt $8 \cdot 10^{17}$ km. Gib den Durchmesser in Lichtjahren an.

c) Die Entfernung zu dem uns am nächsten gelegenen Fixstern α-Centauri beträgt 4,17 Lichtjahre. Wie lange braucht ein Raumschiff (theoretisch), das mit einem Drittel Lichtgeschwindigkeit fliegt, für diese Strecke?

60 Bestimme die Lösungsmenge zu den angegebenen Gleichungen ($\mathbb{G} = \mathbb{R}$).
a) $x^4 = 256$
b) $x^2 = 625$
c) $x^3 = 343$
d) $x^3 = -216$
e) $(x-2)^3 = 27$
f) $(x+3)^2 = 81$

2 Lineare Funktionen – Lineare Gleichungssysteme

2.1 Lineare Funktionen

Merke

Lineare Funktionen

- Eine Vorschrift f, durch die **jedem Element x** aus einer **Definitionsmenge** $\mathbb{D}$ **genau ein Element** y aus einer **Wertemenge** $\mathbb{W}$ zugeordnet wird, heißt **Funktion**.
  Die Elemente x aus der Definitionsmenge $\mathbb{D}$ heißen **Argumente**.
  Die Elemente y aus der Wertemenge $\mathbb{W}$ heißen **Funktionswerte**.
- Die Gleichung oder Zuordnungsvorschrift $y = f(x)$ wird als **Funktionsgleichung** bezeichnet. Ist diese Funktionsgleichung von der Form $y = f(x) = mx + t$, so spricht man von einer **linearen Funktion**.
- Eine **Wertetabelle** ist die Darstellung in Zahlen, ein **Graf** die Darstellung dieser Zuordnungsvorschrift als Bild.
- Jede Parallele zur y-Achse schneidet den Grafen einer Funktion in höchstens einem Punkt.

Beispiel

Zuordnungsvorschrift bzw. Funktion **f: y = 2x + 3**

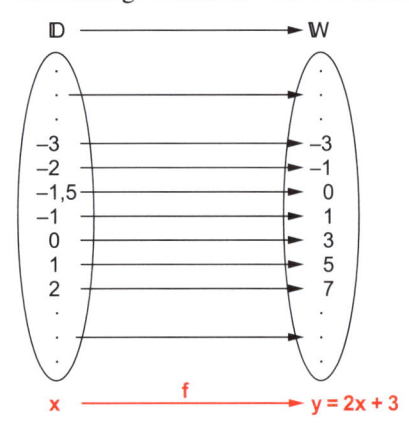

Jedem Element x aus der Definitionsmenge $\mathbb{D}$ wird genau ein Element y aus der Wertemenge $\mathbb{W}$ zugeordnet.

Wertetabelle

x	−6	−5	−4	−3	−2	−1	0	1	2	3	4	5
y = 2x + 3	−9	−7	−5	−3	−1	1	3	5	7	9	11	13

Graf

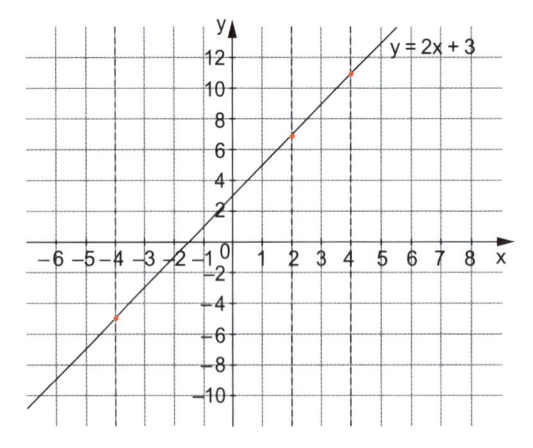

Jede Parallele zur y-Achse schneidet den Grafen von f in höchstens einem Punkt.

Training Grundwissen: 2 Lineare Funktionen – Lineare Gleichungssysteme

Lineare Funktionen der Form f: $y = m \cdot x$

Merke

Lineare Funktionen f: $y = m \cdot x$

- Die Grafen aller linearen Funktionen mit der Funktionsgleichung $y = mx$ sind Geraden, die durch den Koordinatenursprung $O(0|0)$ gehen: **Ursprungsgeraden** (siehe Abbildung).

- Der Wert von m bestimmt, wie steil der Graf der zugehörigen Geraden verläuft.

$m = 0$:	Die Gerade verläuft auf der x-Achse: $y = 0$
$m = 1$:	Winkelhalbierende des I. und III. Quadranten: $y = x$
$m = -1$:	Winkelhalbierende des II. und IV. Quadranten: $y = -x$
$m > 1$:	Die Gerade verläuft steiler als die Winkelhalbierende $y = x$
$0 < m < 1$:	Die Gerade verläuft flacher als die Winkelhalbierende $y = x$
$m < -1$:	Die Gerade verläuft steiler als die Winkelhalbierende $y = -x$
$-1 < m < 0$:	Die Gerade verläuft flacher als die Winkelhalbierende $y = -x$

- Der Faktor **m** heißt **Steigung** der Geraden mit der Gleichung $y = mx$.

Beispiele

a) $y = x$ mit $m = 1$ b) $y = 2x$ mit $m = 2$

c) $y = \frac{1}{2}x$ mit $m = \frac{1}{2}$ d) $y = -x$ mit $m = -1$

e) $y = -2x$ mit $m = -2$ f) $y = -\frac{1}{2}x$ mit $m = -\frac{1}{2}$

Wertetabelle

m	f	x	–5	–4	–3	–2	–1	0	1	2	3	4	5
–2	$y = -2x$	y	10	8	6	4	2	0	–2	–4	–6	–8	–10
–1	$y = -x$	y	5	4	3	2	1	0	–1	–2	–3	–4	–5
$\frac{1}{2}$	$y = \frac{1}{2}x$	y	$-\frac{5}{2}$	–2	$-\frac{3}{2}$	–1	$-\frac{1}{2}$	0	$\frac{1}{2}$	1	$\frac{3}{2}$	2	$\frac{5}{2}$
1	$y = x$	y	–5	–4	–3	–2	–1	0	1	2	3	4	5
2	$y = 2x$	y	–10	–8	–6	–4	–2	0	2	4	6	8	10

Graf

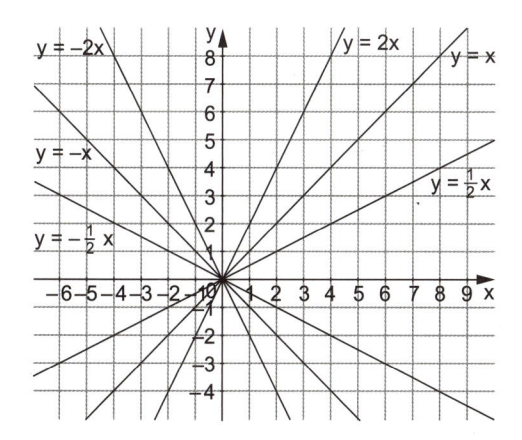

Training Grundwissen: 2 Lineare Funktionen – Lineare Gleichungssysteme

Der Graf einer Geraden lässt sich mithilfe eines **Steigungsdreiecks** zeichnen.
Das Steigungsdreieck gewinnt man aus der Steigung m der Geraden: $m = \frac{\Delta y}{\Delta x}$

Beispiele

1. Geradengleichung: $y = \frac{1}{2}x$ Steigung: $m = \frac{1}{2}$
   Steigungsdreieck: $\Delta y = 1$
   $\Delta x = 2$

   Zeichnen der Geraden:
   Trage in einem beliebigen Punkt P der Geraden ein Steigungsdreieck an. Gehe dabei vom Punkt P aus um Δx LE in x-Richtung bis R und dann um Δy LE in y-Richtung bis Q.
   Zeichne die Gerade durch die Punkte P und Q.
   Da alle Geraden mit der Gleichung $y = mx$ durch den Ursprung $O(0|0)$ verlaufen, ist es günstig, für P den Ursprung O zu wählen.

Graf

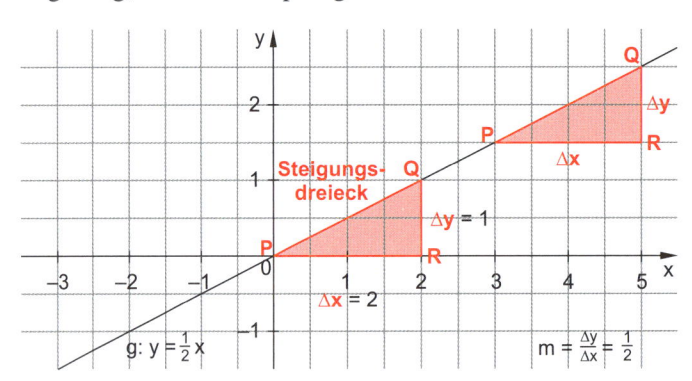

2. Zeichne die Geraden mit der Funktionsgleichung
   a) $y = -2x$; $m = -2 = \frac{-2}{1}$

   Steigungsdreieck: $\Delta y = -2$; $\Delta x = 1$
   1 LE in x-Richtung oder 1 LE nach rechts, –2 LE in y-Richtung oder 2 LE nach unten

   oder: $m = -2 = \frac{2}{-1}$

   Steigungsdreieck: $\Delta y = 2$; $\Delta x = -1$
   –1 LE in x-Richtung oder 1 LE nach links, 2 LE in y-Richtung oder 2 LE nach oben

   b) $y = \frac{3}{2}x$; $m = \frac{3}{2}$

   Steigungsdreieck: $\Delta y = 3$; $\Delta x = 2$
   2 LE in x-Richtung oder 2 LE nach rechts, 3 LE in y-Richtung oder 3 LE nach oben

Grafen

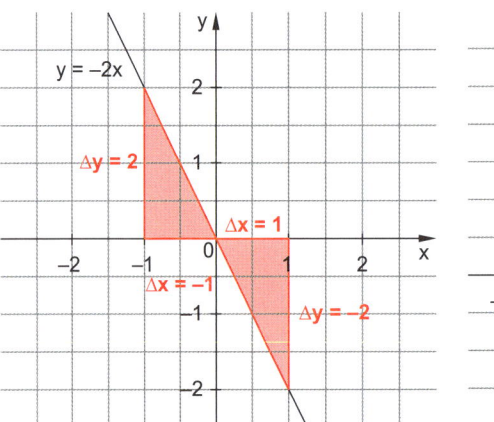

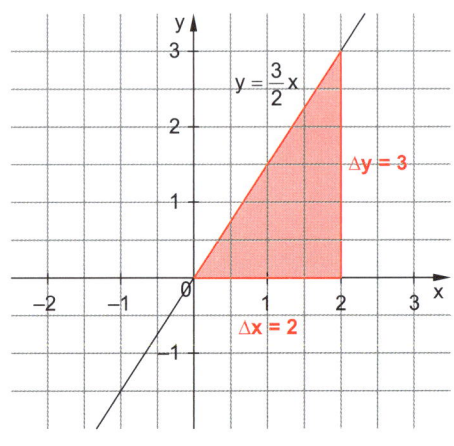

Training Grundwissen: 2 Lineare Funktionen – Lineare Gleichungssysteme

Aufgaben

Grundwissen

61 Erstelle für die den gegebenen Gleichungen entsprechenden Grafen jeweils eine Wertetabelle ($-4 \leq x \leq 4$ und $\Delta x = 1$) und zeichne die Grafen in ein Koordinatensystem ein.

a) $y = 3x$ b) $y = -\frac{1}{3}x$ c) $3x - 4y = 0$ d) $y = |x|$

62 Überprüfe, welche der angegebenen Punkte auf der Geraden mit der Gleichung $y = \frac{3}{2} \cdot x$ liegen.

A(6|9) B(–5|–7,5) C(4|–6) D(–4|–6) E(0,5|0,75)

63 Bestimme in der Funktionsgleichung $y = mx$ die Steigung m so, dass die zugehörige Gerade durch den Punkt

a) P(–4,5|3)

b) Q(6|4,5) verläuft.

Anwendungsaufgaben

64 **Obstkauf**

An einem Obststand gibt es Äpfel zu kaufen. Erstelle mithilfe des Bildes eine Wertetabelle, zeichne einen entsprechenden Grafen und gib die zugehörige Funktionsgleichung vom Typ $y = m \cdot x$ an.
Welche Information enthält der Faktor m?

65 **Taxifahrt**

Die Taxitarife in Köln (Stand September 2005) gibt die folgende Tabelle wieder:

Gefahrene Strecke	Tagsüber von 6 Uhr bis 22 Uhr (Normaltarif)	Nachts von 22 Uhr bis 6 Uhr (Nachttarif)
1.–5. Kilometer	1,45 € pro Kilometer	
ab dem 6. Kilometer	1,30 € pro Kilometer	1,40 € pro Kilometer

Vor Antritt der Fahrt wird immer eine Grundgebühr von 2,20 € angesetzt. Mit dieser Grundgebühr werden die Kosten der Anfahrt vom Taxistand zum Kunden berechnet.

a) Wie teuer ist vormittags eine Fahrt von 3,8 Kilometern Länge?

b) Der Zähler im Taxi springt in 0,10 €-Schritten, zum ersten Mal direkt beim Losfahren von 2,20 € auf 2,30 €. Wie muss also der Fahrpreis in Teilaufgabe a gerundet werden? Begründe.

c) Wie teuer ist um 13.30 Uhr eine Fahrt von 11,8 km Länge?

d) Eine Fahrt im Normaltarif unter 5 km Länge kostete laut Zähler 5,10 €.
Welche Strecke wurde gefahren? Warum ist das Ergebnis nicht eindeutig? Begründe.

e) Eine Fahrt von genau 5 Kilometern kostet zwischen 22 Uhr und 6 Uhr exakt 9,95 €, weil nachts ein höherer Kilometerpreis als tagsüber verlangt wird.
Wie hoch ist dieser Nachttarif pro Kilometer?

Training Grundwissen: 2 Lineare Funktionen – Lineare Gleichungssysteme

Allgemeine lineare Funktionen f: y = m · x + t

Merke

> **Lineare Funktionen f: y = m · x + t**
>
> - Der Graf der linearen Funktion **f: y = m · x + t** ist eine Gerade mit der **Steigung m** und dem **y-Achsenabschnitt t**.
> - Die Gerade mit der Gleichung **f: y = m · x + t** erhält man, indem man den Grafen zu f: y = m · x um den y-Achsenabschnitt t parallel verschiebt, sodass dieser durch den Punkt T(0|t) auf der y-Achse geht.

Beispiele

f: $y = \frac{1}{2} \cdot x$ $\qquad \left(m = \frac{1}{2}\right)$

f_1: $y = \frac{1}{2} \cdot x + 3$ $\qquad \left(m = \frac{1}{2}; t = 3\right)$

f_2: $y = \frac{1}{2} \cdot x - 2$ $\qquad \left(m = \frac{1}{2}; t = -2\right)$

Wertetabelle

	x	−4	−3	−2	−1	0	1	2	3	4	5	t
f	y	−2	−1,5	−1	−0,5	0	0,5	1	1,5	2	2,5	+3 −2
f_1	y	1	1,5	2	2,5	3	3,5	4	4,5	5	5,5	
f_2	y	−4	−3,5	−3	−2,5	−2	−1,5	−1	−0,5	0	0,5	

Grafen

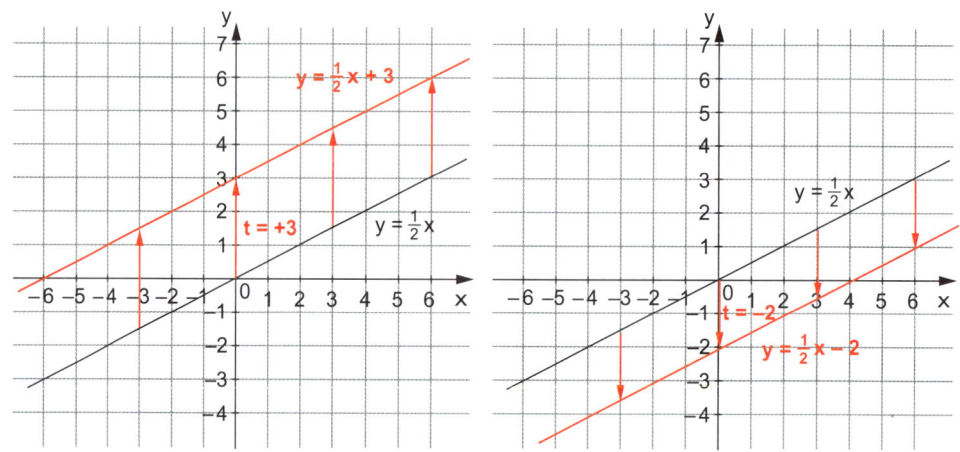

Vergleiche die Funktionswerte und den Grafen der linearen Funktion f: $y = \frac{1}{2} \cdot x$ mit denen der Funktionen f_1: $y = \frac{1}{2} \cdot x + 3$ und f: $y = \frac{1}{2} \cdot x - 2$.

Mithilfe von Achsenabschnitt t und Steigungsdreieck kann man allgemeine lineare Funktionen zeichnen.

Beispiel

Gegeben ist eine Gerade mit der Funktionsgleichung g: $y = -\frac{3}{2} x + 4$.

Um den Grafen der Geraden g zeichnen zu können, bestimmen wir zunächst die Schnittpunkte von g mit den Koordinatenachsen.

y-Achsenabschnitt: t = 4 → Die Gerade geht durch den Punkt T(0|4) auf der y-Achse.

Nullstelle von g: $y = 0 \rightarrow -\frac{3}{2} x + 4 = 0 \rightarrow x = \frac{8}{3}$

Die Gerade schneidet die x-Achse im Punkt $S\left(\frac{8}{3} \middle| 0\right)$.

Training Grundwissen: 2 Lineare Funktionen – Lineare Gleichungssysteme   37

Da eine Gerade durch 2 Punkte festgelegt ist, können wir die Gerade g durch die Punkte T und S zeichnen. Wir können die Gerade g auch mithilfe der Steigung m zeichnen. Wir zeichnen ein Steigungsdreieck, indem wir vom Punkt T aus 3 Einheiten nach unten (–3) und 2 Einheiten nach rechts (+2) gehen. Damit erhalten wir neben T einen zweiten Punkt P und können g durch T und P zeichnen.

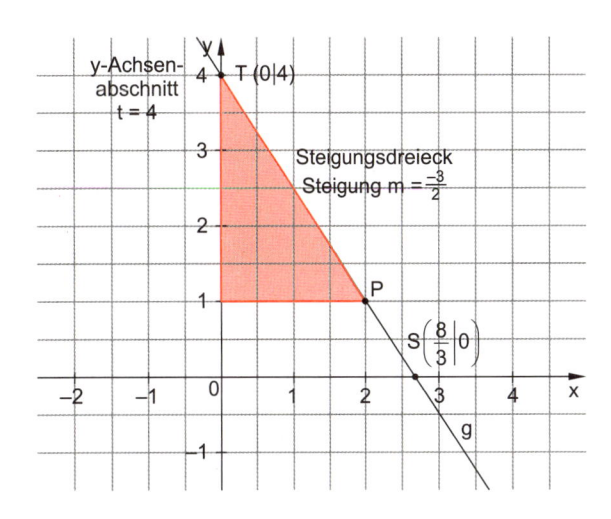

Liegen die Punkte A(2|3) und B(–2|7) auf der Geraden g?

$3 = -\dfrac{3}{2} \cdot 2 + 4$

3 ≠ 1   **A liegt nicht auf g.**

$7 = -\dfrac{3}{2} \cdot (-2) + 4$

7 = 7   **B liegt auf g.**

Aufgaben

Grundwissen

66 Bestimme die Geradengleichung und zeichne die Gerade in ein Koordinatensystem ein.

a) $m = -\dfrac{1}{2}$; P(2|–3)   b) $m = \dfrac{4}{3}$; P(–3|1)

67 Prüfe rechnerisch, ob jeweils der Punkt P auf der Geraden g liegt.

a) g: y = 2x – 3; P(–2|–7)   b) g: $y = -\dfrac{3}{2}x + 3$; P(2|–1)

68 Zeichne die Gerade g: $y = -\dfrac{3}{2}x + 3$

a) indem du den Schnittpunkt S von g mit der x-Achse (Nullstelle) berechnest und in S ein Steigungsdreieck anträgst.

b) mithilfe eines beliebigen Geradenpunktes P(x|y) und des y-Achsenabschnitts t.

69 Bestimme die Steigung m und den y-Achsenabschnitt einer Geraden, die durch die beiden Punkte A und B verläuft. Gib die Geradengleichung an und zeichne die Gerade in ein Koordinatensystem ein.

a) A(–4|–2) B(6|8)   b) A(2|–2) B(8|6)

70 a) Mithilfe eines Tabellenkalkulationsprogramms werden die Tankkosten in Abhängigkeit von der getankten Menge Benzin in einer Wertetabelle dargestellt. Zur Berechnung des Preises in Abhängigkeit von der getankten Menge wurde in Zelle B5 eine Formel eingetragen und diese anschließend in die Zellen B6 bis B11 kopiert. Wie lauten bei einem Benzinpreis von 1,46 € pro Liter die Formeln in den Zellen B5 und B11?

	A	B
1	Steigung m:	1,46
2		
3	Wertetabelle	
4	Menge x in ℓ	Preis y in €
5	0,00	0,00
6	10,00	14,60
7	20,00	29,20
8	30,00	43,80
9	40,00	58,40
10	50,00	73,00
11	60,00	87,60

b) Für eine Taxifahrt muss neben einer Grundgebühr von 2,50 € ein fester Kilometerpreis von 1,50 € bezahlt werden. Mithilfe eines Tabellenkalkulationsprogramms werden für verschiedene Wegstrecken die Preise berechnet. Dazu wurde die Formel zur Berechnung des Preises nur einmal in Zelle B6 eingetippt und danach in die Zellen B7 bis B26 kopiert.
- Welche Zelle muss verändert werden, wenn sich der Kilometerpreis ändert?
- Für 9 km muss man 16,00 € bezahlen. Wie lautet die Formel in Zelle B15? Begründe.

	A	B
1	Steigung m =	1,50
2	Achsenabschnitt t =	2,50
3		
4	Wertetabelle	
5	Weg in km	Preis in €
6	0,00	2,50
7	1,00	4,00
8	2,00	5,50
9	3,00	7,00
10	4,00	8,50
11	5,00	10,00
12	6,00	11,50
13	7,00	13,00
14	8,00	14,50
15	9,00	16,00
16	10,00	17,50
17	11,00	19,00
18	12,00	20,50
19	13,00	22,00
20	14,00	23,50
21	15,00	25,00
22	16,00	26,50
23	17,00	28,00
24	18,00	29,50
25	19,00	31,00
26	20,00	32,50

Anwendungsaufgaben

71 **Der Wasserdruck**

Der normale Luftdruck, der durch die Luftsäule über uns erzeugt wird, beträgt auf der Meeresoberfläche 1 bar. Das ist circa der Druck, den eine Masse von 1 kg auf eine Fläche von 1 cm² bewirkt.

Beim Tauchen steigt der Druck gleichmäßig an, alle 10 m um 1 bar. Das erklärt sich wie folgt: Eine 1 m hohe Wassersäule mit einer Fläche von 1 cm² fasst 100 g Wasser, somit fasst eine gleiche 10 m hohe Wassersäule 1 000 g also 1 kg. So wird alle 10 m Wassertiefe ein Zusatzdruck von 1 bar erzeugt.

Beantworte folgende Aufgaben mithilfe des abgebildeten Druckdiagramms für Wasser.

a) Schreibe eine Funktionsgleichung auf, die zu dem Text und dem Diagramm passt.

b) Beim Tauchen im Schwimmbad spürt man „Druck auf den Ohren". Wie groß ist dieser Druck in einer Tiefe von 3,60 m?

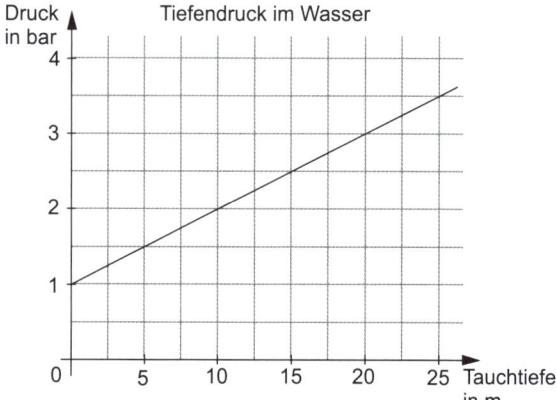

c) Ein Taucherteam ist mit einem geschlossenen Atemluft-Kreislaufsystem auf eine Tiefe abgetaucht in der ein Druck von 23,45 bar herrscht. In welcher Tiefe befindet sich das Taucherteam?

d) Der Marianengraben im Pazifik nördlich von Australien ist 11 034 m tief. Bestimme das Gewicht der Wassersäule, die auf das kreisförmige Bullauge einer Tauchkugel in dieser Tiefe drückt. Das Bullauge hat einen Durchmesser von 25 cm.

Training Grundwissen: 2 Lineare Funktionen – Lineare Gleichungssysteme 39

72 **Sauna-Sanduhr**

Zu Beginn eines Saunagangs wird häufig eine Sauna-Sanduhr betätigt.
Sie zeigt dem Saunabesucher an, wie lange er schon schwitzt.
Das Durchrieseln des Sandes in der Sanduhr kann mit der Funktionsgleichung $y = -\frac{3}{5} \cdot x + 9$ beschrieben werden.

(Dabei ist x die Zeit in Minuten und y die zugehörige Füllstandshöhe des Sandes in Zentimetern im oberen Teil der Sanduhr.)

a) Wie hoch steht der Sand zu Beginn des Saunagangs im oberen Teil der Sanduhr?

b) Wie hoch steht der Sand noch nach 6 Minuten?

c) Wie lange läuft diese Sanduhr insgesamt? – Begründe.

d) Im unteren Teil der Sanduhr steht der Sand 5,5 cm hoch. Wie lange läuft die Uhr schon?

e) Was müsste man an der Sanduhr verändern, damit sie doppelt so lange läuft? – Beschreibe eine Möglichkeit.

2.2 Lineare Gleichungssysteme

Beim Vergleich von zwei (oder mehr) linearen Funktionen sind mehrere lineare Gleichungen gleichzeitig zu lösen. Zur Lösung solcher Gleichungssysteme kennt man in der Mathematik neben dem grafischen Lösungsverfahren noch drei rechnerische Lösungsverfahren.

Tipp
- Für die Prüfung wird es egal sein welches Rechenverfahren du benutzt,
- denn alle führen zum gleichen Ergebnis.

Grafisches Lösungsverfahren

Merke

> **Methode der grafischen Lösung**
>
> - Zeichne die beiden Geraden, die den Gleichungen des linearen Gleichungssystems entsprechen.
> - Bestimme aus dem Diagramm die Koordinaten des Schnittpunktes. Falls ein Schnittpunkt existiert, bilden dessen Koordinaten das Lösungselement.
> - Mache die Probe, indem du die Koordinaten des Schnittpunktes in beide Gleichungen des Systems einsetzt.

Beispiele Gib die Lösung folgender Gleichungssysteme an:

1. I. $-x + y = 2$ $\quad | g_1$
   II. $2x - y = 1$ $\quad | g_2$

   Es existiert genau ein Schnittpunkt und damit ein Lösungselement.

   $\mathbb{L} = \{(3|5)\}$

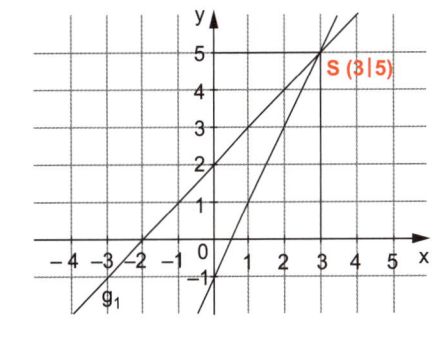

   S (3|5)

2. I. $x + 2y = 6$ $\quad | g_1$
   II. $2x + 4y = -4$ $\quad | g_2$

   Die beiden Geraden sind parallel. Da kein Schnittpunkt existiert, hat das Gleichungssystem keine Lösung.
   $\mathbb{L} = \emptyset$ oder $\mathbb{L} = \{\}$

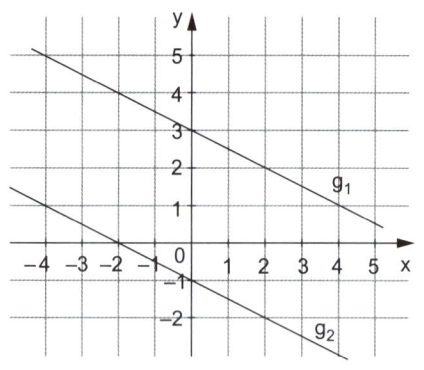

3. I. $2x + 3y = 12$ $\quad | g_1$
   II. $3x + 4{,}5y = 18$ $\quad | g_2$

   Die beiden Gleichungen sind äquivalent: Man erhält die 2. Gleichung, indem man die 1. Gleichung mit dem Faktor 1,5 multipliziert. Die beiden Geraden g_1 und g_2 sind identisch, sie fallen zusammen bzw. liegen aufeinander. Zur Lösungsmenge $\mathbb{L}$ gehören deshalb alle Lösungselemente $(x|y)$, die die erste Gleichung ($\mathbb{L}_1$) oder die zweite Gleichung ($\mathbb{L}_2$) des Systems erfüllen.
   $\mathbb{L} = \mathbb{L}_1 = \mathbb{L}_2$
   $\mathbb{L} = \{(x|y) \,|\, 2x + 3y = 12\} = \{(x|y) \,|\, 3x + 4{,}5y = 18\}$

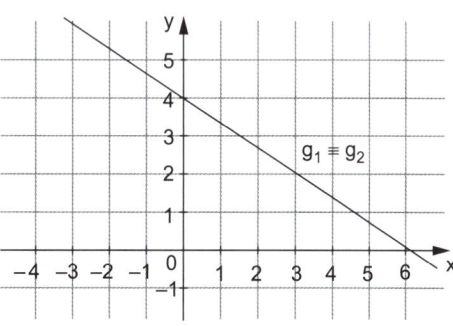

Rechnerische Lösungsverfahren

Merke

> **Gleichsetzungsverfahren**
>
> - Löse beide Gleichungen nach der Variablen y auf.
> - Setze die beiden erhaltenen Terme gleich. Dadurch erhältst du eine lineare Gleichung, die nur noch die Variable x enthält.
> - Löse die erhaltene Gleichung. Ergebnis: x
> - Setze x in eine der beiden Gleichungen ein und berechne y.
> - Lösungsmenge: $\mathbb{L} = \{(x|y)\}$

Beispiel

I. $x - 3y = -6$
II. $3x - 2y = 10$

Löse beide Gleichungen des Gleichungssystems nach y auf:

I. $x - 3y = -6$ $\quad | -x \quad | :(-3)$
II. $3x - 2y = 10$ $\quad | -3x \quad | :(-2)$

I'. $y = \frac{1}{3}x + 2$ $\quad (y_{g1})$

II'. $y = \frac{3}{2}x - 5$ $\quad (y_{g2})$

Training Grundwissen: 2 Lineare Funktionen – Lineare Gleichungssysteme

Gleichsetzen:

$\frac{1}{3}x + 2 = \frac{3}{2}x - 5 \quad | \cdot 6$

$2x + 12 = 9x - 30 \quad | -9x - 12$

$-7x = -42 \quad | :(-7)$

$x = 6$

Setze $x = 6$ in eine der beiden Gleichungen des Systems ein, um y zu berechnen:

$\mathbf{6} - 3y = -6 \quad | -6 \quad | :(-3)$

$\mathbf{y = 4}$

Lösungsmenge des Gleichungssystems: $\mathbb{L} = \{(6|4)\}$

Probe: I. $\mathbf{6} - 3 \cdot \mathbf{4} = -6$ (wahr)
        II. $3 \cdot \mathbf{6} - 2 \cdot \mathbf{4} = 10$ (wahr)

Merke

> **Additionsverfahren**
> - Multipliziere beide Gleichungen so mit je einer Zahl ungleich null, dass bei der anschließenden Addition beider Gleichungen eine der beiden Variablen eliminiert wird und eine lineare Gleichung mit nur einer Variablen entsteht.
> - Löse diese Gleichung. Ergebnis: Wert einer der beiden Variablen
> - Setze den Wert dieser Variablen in eine der beiden Gleichungen ein.
>   Ergebnis: Wert der zweiten Variablen

Beispiel

Wähle als Beispiel wieder das lineare Gleichungssystem:

I. $x - 3y = -6 \quad | g_1$

II. $3x - 2y = 10 \quad | g_2$

Multipliziere die erste Gleichung (für g_1) mit –2 und die zweite Gleichung (für g_2) mit 3. Damit erhältst du das äquivalente lineare Gleichungssystem:

I'. $-2x + 6y = 12 \quad | g_1$

II'. $9x - 6y = 30 \quad | g_2$

Addierst du beide Gleichungen dieses Systems, so erhältst du eine lineare Gleichung mit nur mehr einer Variablen:

I'. $\boxed{-2x} \; \boxed{+6y} = \boxed{12} \quad | g_1$

II". $\boxed{9x} \; \boxed{-6y} = \boxed{30} \quad | g_2$

$\;\boxed{7x} \; \boxed{+0} = \boxed{42}$

$\;7x = 42 \quad |:7$

$\;\mathbf{x = 6}$

Bestimme den zu $x = 6$ gehörigen y-Wert von g_1 bzw. g_2, indem du für x den Wert 6 in eine der beiden Geradengleichungen einsetzt:

$\mathbf{6} - 3y = -6 \quad | -6 \quad |:(-3)$

$\mathbf{y = 4}$

Lösungsmenge des Gleichungssystems: $\mathbb{L} = \{(6|4)\}$

Training Grundwissen: 2 Lineare Funktionen – Lineare Gleichungssysteme

Merke

Einsetzungsverfahren

- Löse eine der Gleichungen nach einer Variablen, z. B. x, auf.
- Setze den Ausdruck für diese Variable, also etwa x, in die andere Gleichung ein. Dadurch ergibt sich eine Gleichung, die nur noch eine Variable, z. B. y, enthält.
- Löse die so erhaltene Gleichung. (Ergebnis: y)
- Setze diese Lösung in eine der beiden gegebenen Gleichungen ein und berechne die andere Variable, hier x.
- Gib die Lösungsmenge $\mathbb{L} = \{(x|y)\}$ an.

Beispiel

Betrachte noch einmal das lineare Gleichungssystem:

I. $x - 3y = -6 \quad |g_1$
II. $3x - 2y = 10 \quad |g_2$

Die erste Gleichung wird nach x aufgelöst:
I'. $x = 3y - 6$

Nun wird der für x erhaltene Term in die zweite Gleichung eingesetzt:
II'. $3 \cdot (3y - 6) - 2y = 10$

Die Klammer wird aufgelöst, dann zusammengefasst:
$9y - 18 - 2y = 10$
$7y - 18 = 10 \quad |+18$
$7y = 28 \quad |:7$
$\mathbf{y = 4}$

Nun wird der zu y = 4 gehörende x-Wert durch Einsetzen in den Term für x bestimmt:
$x = 3 \cdot 4 - 6$
$\mathbf{x = 6}$

Lösungsmenge des Gleichungssystems: $\mathbb{L} = \{(6|4)\}$

Aufgaben

Grundwissen

73 Bestimme die Lösungsmengen der folgenden linearen Gleichungssysteme.

a) I. $3x - 4y = 16$
   II. $5x + 2y = 44$

b) I. $2x - 3y = -15$
   II. $x - 1,5y = 1,5$

c) I. $2x - 4y = -10$
   II. $y = 2x - 4$

74 Zwei Orte A und B liegen 360 km voneinander entfernt. Ein Auto fährt um 10.00 Uhr mit einer durchschnittlichen Geschwindigkeit von $90\,\frac{km}{h}$ von A nach B. Eineinhalb Stunden später fährt ein zweites Auto mit einer Durchschnittsgeschwindigkeit von $75\,\frac{km}{h}$ von B nach A. Wann und wie weit von A entfernt begegnen sich die beiden Autos?

75 Bei der 4×400-m-Staffel hat der Schlussläufer der Staffel A nach dem letzten Wechsel der Staffel B einen Vorsprung von 15 m. Der Schlussläufer der Staffel A läuft die 400 m in 47,8 s, der Schlussläufer der Staffel B in 45,7 s.

a) Zeige rechnerisch, dass die Staffel B gewinnt. Wo wird der Läufer von A vom Schlussläufer der Staffel B ein- bzw. überholt?

b) Welche Zeit müsste der Schlussläufer von Staffel A auf 400 m laufen, damit er gerade nicht eingeholt wird, Staffel A also das Rennen gewinnt?

Anwendungsaufgaben

76 **Ein neuer Handyvertrag**

Eine Telefongesellschaft bietet zwei verschiedene Handytarife an.

Tarif 1		Tarif 2	
Alle Preise in € inkl. MwSt.		Alle Preise in € inkl. MwSt.	
**Grundgebühr	4,95 €	**Grundgebühr	9,95 €
Mindestumsatz	5,00 €	Mindestumsatz	5,00 €
Verbindungskosten in alle Handynetze und Festnetz/Minute – deutschlandweit	16 ct	Verbindungskosten in alle Handynetze und Festnetz/Minute – deutschlandweit	14 ct
Verbindungskosten anbieterintern/Minute	6 ct	Verbindungskosten anbieterintern/Minute	4 ct
SMS	11 ct	SMS	14 ct
Taktung	60/1	Taktung	60/1
**24 Monate Vertragsdauer		**24 Monate Vertragsdauer	

a) Beurteile folgende Aussagen:
- Tarif 1 ist immer günstiger.
- Tarif 2 ist viel zu teuer.
- Tarif 1 ist für Vieltelefonierer (mehr als 4 Stunden im Monat) besonders geeignet.

b) Für Handytarif 1 lautet eine Rechenvorschrift: $y = 0{,}16 \cdot x + 4{,}95$.
Wie lautet die entsprechende Rechenvorschrift für den Tarif 2? Kannst du die Gleichung auch mit sinnvollen Einheiten angeben?

c) Bis zu welcher Nutzungsdauer ist Tarif 1 günstiger als Tarif 2? Löse mit einem linearen Gleichungssystem.

d) Vor dem Tarifabschluss lässt sich Lisa mit ihren Eltern im Handyshop beraten. Der Anbieter rät Lisa und ihren Eltern zu Tarif 1. Schreibe kurz auf, warum dieser Vorschlag für jugendliche Handynutzer in Ordnung ist.

77 **Hotel**

Das Hotel „Goldener Schwan" bietet nur Doppel- und Einzelzimmer an. Insgesamt sind dort 54 Gästezimmer vorhanden.

a) Stelle eine Funktionsgleichung für die mögliche Anzahl von Doppel- und Einzelzimmern auf.

Tipp ✏ Die Anzahl der Doppelzimmer sei x; die Anzahl der Einzelzimmer y.

b) Wenn das Hotel ausgebucht ist können dort insgesamt 85 Personen übernachten. Stelle diesen Sachverhalt mit einer Funktionsgleichung dar.

c) Ermittle mithilfe eines Gleichungssystems die Anzahl der Doppel- und Einzelzimmer im „Goldenen Schwan".

d) Herr Müller bucht per Internet für eine kleine Reisegruppe 5 Doppelzimmer und 3 Einzelzimmer. Er soll dafür 485 € bezahlen.
Frau Schmitt reserviert zu gleichen Bedingungen 3 Doppelzimmer und 1 Einzelzimmer und muss dafür 255 € bezahlen.
Wie teuer sind das Doppelzimmer und das Einzelzimmer pro Übernachtung bei diesen Konditionen?

78 Kerze

Eine brennende Kerze (Kerze 1), die einmal 25 cm lang war, wird beobachtet. Zu Beginn der Beobachtung ist sie 12 cm lang. Nach 20 Minuten ist sie nur noch 10 cm lang. Nach einer weiteren Stunde beträgt ihre Länge nur noch 4 cm.

Tipp
- Stelle die Situation grafisch dar: x: Zeit seit Beobachtungsbeginn
- y: Höhe der Kerze

a) Wie lange brennt die Kerze noch nach Beobachtungsbeginn?
b) Wie lange kann solch eine Kerze insgesamt brennen?
c) Wie groß müsste eine gleich dicke Kerze sein, die 5 Stunden brennen kann?

Zu Beginn der Beobachtung wurde auch eine 15 cm lange, dünnere Kerze (Kerze 2) angezündet, die innerhalb einer Stunde um 11 cm niederbrennt.
Die Funktionsgleichungen für die beiden Kerzen lauten:

Kerze 1: $y_1 = -0,1 \cdot x + 12$ 	 Kerze 2: $y_2 = -\frac{11}{60} \cdot x + 15$

d) Wie lang ist die Kerze 2 nach 20 Minuten?
e) Wann haben beide Kerzen die gleiche Höhe?
f) Wann hätte die zweite Kerze angezündet werden müssen, damit beide Kerzen zum gleichen Zeitpunkt erlöschen?

3 Quadratische Funktionen und Gleichungen

3.1 Quadratische Funktionen

Merke

> **Quadratische Funktionen**
>
> Funktionen mit der Funktionsgleichung **f: $y = ax^2 + bx + c$** heißen **quadratische Funktionen**. (Wegen des quadratischen Terms ax^2 muss dabei $a \neq 0$ gelten.)

Die einfachste Form einer quadratischen Funktion erhält man für $a = 1$, $b = 0$ und $c = 0$.

Die quadratische Funktion f: $y = x^2$

Wertetabelle

x	–5	–4	–3	–2	–1	0	1	2	3	4	5
y	25	16	9	4	1	0	1	4	9	16	25

Graf

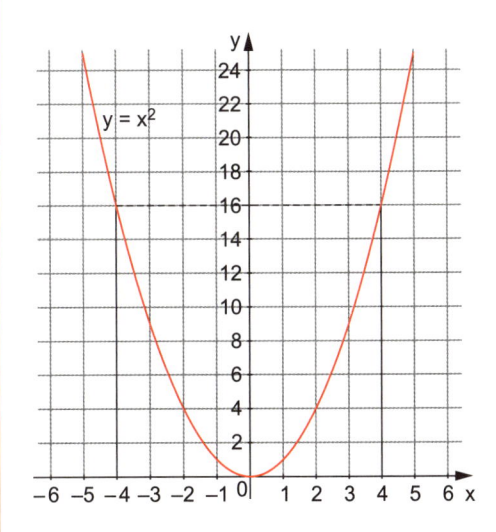

Der Graf der quadratischen Funktion f: $y = x^2$ ist die **Normalparabel**.
Die Normalparabel hat den **Scheitel S(0|0)** im Koordinatenursprung und die **y-Achse** als **Symmetrieachse**.

Quadratische Funktionen der Form f: $y = ax^2$

Merke

> **Quadratische Funktionen der Form f: $y = ax^2$**
>
> - Die Funktionswerte der quadratischen Funktion $y = ax^2$ ergeben sich aus den entsprechenden Funktionswerten von $y = x^2$ durch **Multiplikation mit dem Faktor a** (vergleiche Wertetabelle, letzte Spalte).
> - Die Grafen der Funktionen $y = ax^2$ sind Parabeln mit dem **Scheitel S(0|0)**, die durch **Streckung** ($a > 1$ oder $a < -1$) oder **Stauchung** ($-1 < a < 1$) und ggf. **Spiegelung an der x-Achse** ($a < 0$) aus der Normalparabel entstehen.
> - Für positive Werte von a ist die Parabel nach oben, für negative Werte von a nach unten geöffnet.

3 Quadratische Funktionen und Gleichungen

Beispiele

$a = 0{,}5 \quad f_1: y = 0{,}5x^2$
$a = 2 \quad f_2: y = 2x^2$
$a = -0{,}5 \quad f_3: y = -0{,}5x^2$
$a = -1{,}5 \quad f_4: y = -1{,}5x^2$

Wertetabelle

	x	−4	−3	−2	−1	0	1	2	3	4	a · f
f	y	16	9	4	1	0	1	4	9	16	1 · f
f_1	y	8	4,5	2	0,5	0	0,5	2	4,5	8	**0,5** · f
f_2	y	32	18	8	2	0	2	8	18	32	**2** · f
f_3	y	−8	−4,5	−2	−0,5	0	−0,5	−2	−4,5	−8	**−0,5** · f
f_4	y	−24	−13,5	−6	−1,5	0	−1,5	−6	−13,5	−24	**−1,5** · f

Grafen der Funktionen f_1, f_2, f_3 und f_4

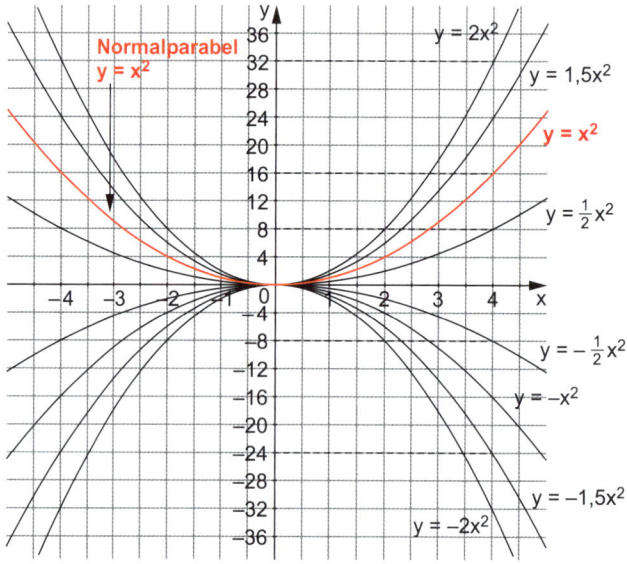

Vergleiche die Funktionswerte von f_1, f_2, f_3 und f_4 mit denen der Funktion f sowie deren Grafen mit dem Grafen von f.

Aufgaben

Grundwissen

79 Bestimme den Faktor a so, dass der Graf der Funktion $y = ax^2$ durch den Punkt
a) P(2|−2) b) Q(−5|12,5) c) A(−2,5|−18,75) d) B(2|−4)
verläuft.

80 Die Grafen der Funktionen $y = ax^2$ sind Parabeln mit dem Scheitel S(0|0). Form und Öffnung der Parabeln hängen jedoch vom Wert des Faktors a ab. Fülle die Tabelle aus.

Faktor	Öffnung	Form der Parabel	Beispiel
a > 1			
a = 1			
0 < a < 1			
−1 < a < 0			
a = −1			
a < −1			

Training Grundwissen: 3 Quadratische Funktionen und Gleichungen

Anwendungsaufgaben

81 Für den Bremsweg s eines ICE in Abhängigkeit von der Geschwindigkeit v gilt näherungsweise:
$s = 0{,}042 \cdot v^2$ (s in m und v in $\frac{km}{h}$).

a) Erstelle für den Bremsweg s in Abhängigkeit von der Geschwindigkeit v für $0\,\frac{km}{h} \leq v \leq 240\,\frac{km}{h}$ in Schritten von $30\,\frac{km}{h}$ eine Wertetabelle und zeichne den zugehörigen Grafen.

b) Entnimm der grafischen Darstellung die Bremswege für $v_1 = 40\,\frac{km}{h}$ und für $v_2 = 200\,\frac{km}{h}$.

c) Überprüfe dein Ergebnis aus Teilaufgabe b rechnerisch.

82 Die Länge des Bremswegs eines Fahrzeugs kann näherungsweise mit der Faustformel $y = a \cdot x^2$ berechnet werden. Dabei gibt x die Geschwindigkeit des Fahrzeugs in $\frac{km}{h}$ an, y die Länge des Bremswegs in m. Der „Bremsfaktor" a hängt vom Straßenzustand und vom Fahrzeugtyp ab.
Das Diagramm zeigt die Länge y des Bremswegs in Abhängigkeit von der Geschwindigkeit x.

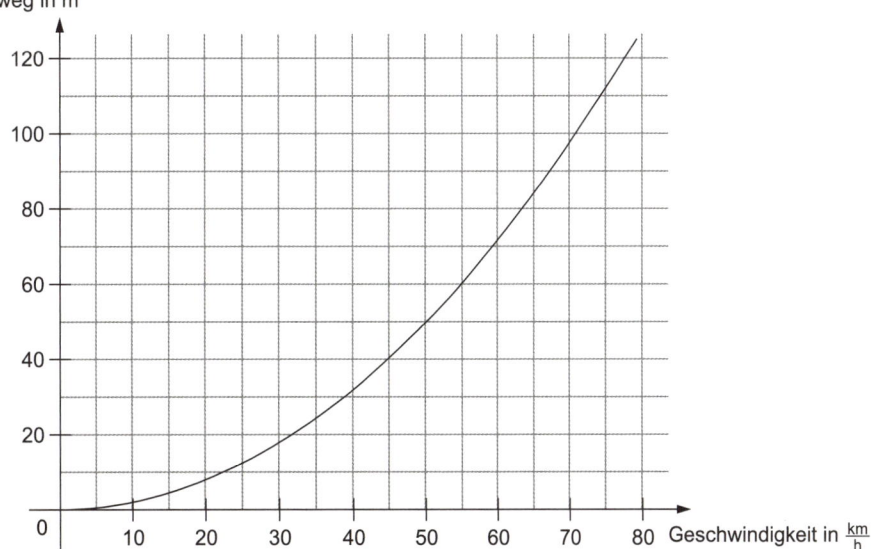

a) Wie lang ist der Bremsweg bei einer Geschwindigkeit von $50\,\frac{km}{h}$?

b) Ein Pkw benötigt einen Bremsweg von 80 m. Gib mithilfe des Grafen die maximale Geschwindigkeit des Pkws vor dem Bremsen an.

c) Erkläre, wie man mithilfe des Grafen den Bremsfaktor a bestimmen kann.

d) Für diese (trockene) Straße und diesen Pkw ist der Faktor $a = 0{,}02$. Berechne die Länge des Bremswegs für Geschwindigkeiten von $30\,\frac{km}{h}$, $80\,\frac{km}{h}$ und $130\,\frac{km}{h}$.

e) Der Faktor a hat für diesen Pkw und für eine nasse Straße einen anderen Wert. Gib einen möglichen Wert für a an und zeichne einen möglichen Bremsgrafen für eine nasse Straße ein. Begründe deine Entscheidung.

f) Für ein anderes Fahrzeug (Lkw) ergibt sich ein neuer Bremsfaktor a. Bei einer Geschwindigkeit von 60 $\frac{km}{h}$ beträgt der Bremsweg nun 100 m.
Berechne den Bremsfaktor a.

g) Stelle für den Lkw den Bremsweg y in Abhängigkeit von der Geschwindigkeit x für den Bereich $0 \frac{km}{h} \leq x \leq 80 \frac{km}{h}$ grafisch dar.

Quadratische Funktionen der Form f: y = ax² + n

Merke

Quadratische Funktionen der Form f: y = ax² + n

- Die Funktionswerte der quadratischen Funktion $y = ax^2 + n$ ergeben sich aus den entsprechenden Funktionswerten von $y = ax^2$ **durch Addition von n**.
- Den Grafen der Funktion $y = ax^2 + n$ erhält man, indem man den Grafen von $y = ax^2$ **längs der y-Achse um n (LE) verschiebt**.
- Die Grafen der Funktionen $y = ax^2 + n$ sind Parabeln mit dem Scheitel **S(0 | n)**.

Beispiele

$n = 0$ f: $y = \frac{1}{2}x^2$

1. $n = 3$ f_1: $y = \frac{1}{2}x^2 + 3$

2. $n = -2$ f_2: $y = \frac{1}{2}x^2 - 2$

Wertetabelle

	x	−3	−2	−1	0	1	2	3	4
f	y	4,5	2	0,5	0	0,5	2	4,5	8
f_1	y	7,5	5	3,5	3	3,5	5	7,5	11
	y	4,5+3	2+3	0,5+3	0+3	0,5+3	2+3	4,5+3	8+3
f_2	y	2,5	0	−1,5	−2	−1,5	0	2,5	6
	y	4,5−2	2−2	0,5−2	0−2	0,5−2	2−2	4,5−2	8−2

Grafen der Funktionen f_1 und f_2:

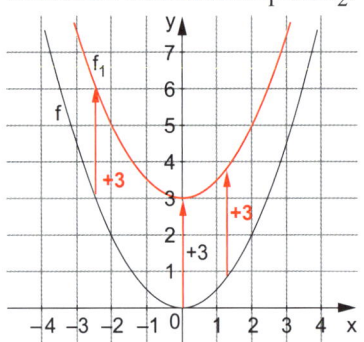

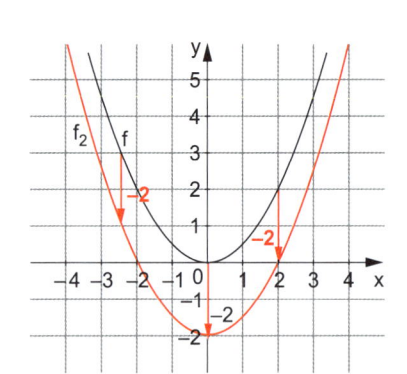

Vergleiche die Funktionswerte von f_1 und f_2 mit denen der Funktion f sowie deren Grafen mit dem Grafen von f.

Training Grundwissen: 3 Quadratische Funktionen und Gleichungen

Aufgaben

Grundwissen

83 Erstelle jeweils für die Funktion f: $y = ax^2 + n$ eine Wertetabelle und zeichne den zugehörigen Grafen. ($-5 \leq x \leq 5$ und $\Delta x = 1$)

a) $a = \dfrac{3}{4}$ $n = -3$ \qquad b) $a = -\dfrac{1}{2}$ $n = 5$ \qquad c) $a = 2$ $n = -3$

84 Bestimme die Parameter a und n der quadratischen Funktion f: $y = ax^2 + n$ so, dass der Graf von f durch die Punkte P(3|12) und Q(−2|−3) verläuft.

85 Die vier Bilder zeigen Grafen von Funktionen der Form $y = ax^2 + n$.
Bestimme jeweils die Koeffizienten a und n und gib die Funktionsgleichung an.

a)

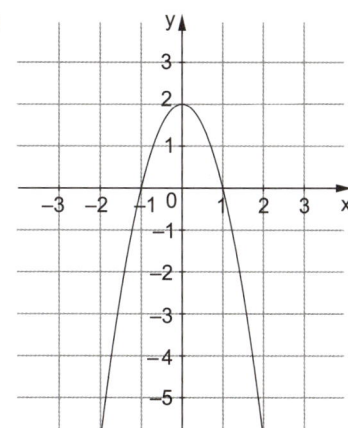

b)

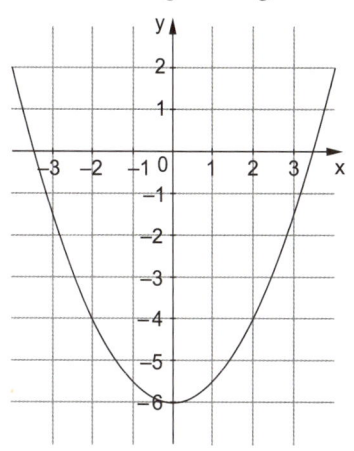

c)

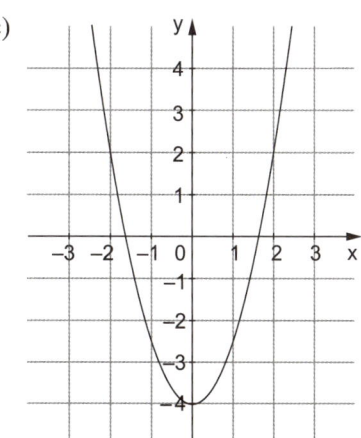

d)

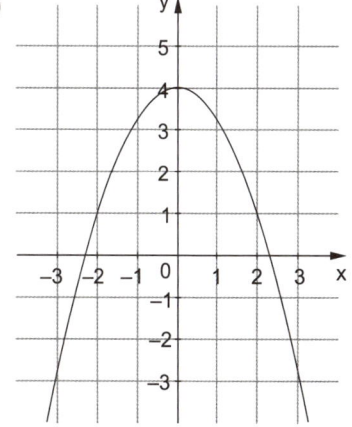

3 Quadratische Funktionen und Gleichungen

Quadratische Funktionen der Form $f: y = a(x - m)^2$

Merke

> **Quadratische Funktionen der Form** $f: y = a(x - m)^2$
> - Den Grafen der Funktion $y = a(x-m)^2$ erhält man, indem man den Grafen von $y = ax^2$ **längs der x-Achse um m (LE) verschiebt**.
> - Die Grafen der Funktionen $y = a(x-m)^2$ sind Parabeln mit dem Scheitel **S(m|0)**.

Beispiele

$$f: y = \frac{1}{2}x^2$$

1. $m = 3 \quad f_1: y = \frac{1}{2}(x - 3)^2$

x	−5	−4	−3	−2	−1	0	1	2	3	4	5
f(x) y	12,5	8	4,5	2	0,5	0	0,5	2	4,5	8	12,5
$f_1(x)$ y	32	24,5	18	12,5	8	4,5	2	0,5	0	0,5	2

Wir erkennen, dass $f(-5) = 12,5 = f_1(-2) = f_1(-5 + 3)$ oder $f_1(-2) = 12,5 = f(-2 - 3) = f(-5)$
$\qquad\qquad\qquad f(0) = 0 = f_1(3) = f_1(0 + 3)$ oder $f_1(3) = 0 = f(3 - 3) = f(0)$

Allgemein ist: $\quad f(x) = f_1(x + 3) \qquad\qquad\qquad f_1(x) = f(x - 3)$

2. $m = -2 \quad f_2: y = \frac{1}{2}(x + 2)^2$

x	−5	−4	−3	−2	−1	0	1	2	3	4	5
f(x) y	12,5	8	4,5	2	0,5	0	0,5	2	4,5	8	12,5
$f_2(x)$ y	4,5	2	0,5	0	0,5	2	4,5	8	12,5	18	24,5

Wir erkennen, dass $f(-2) = 2 = f_2(-4) = f_2(-2 - 2)$ oder $f_2(-4) = 2 = f(-4 + 2) = f(-2)$
$\qquad\qquad\qquad f(4) = 8 = f_2(2) = f_2(4 - 2)$ oder $f_2(2) = 8 = f(2 + 2) = f(4)$

Allgemein ist: $\quad f(x) = f_2(x - 2) \qquad\qquad\qquad f_2(x) = f(x + 2)$

Grafen der Funktionen f_1 und f_2:

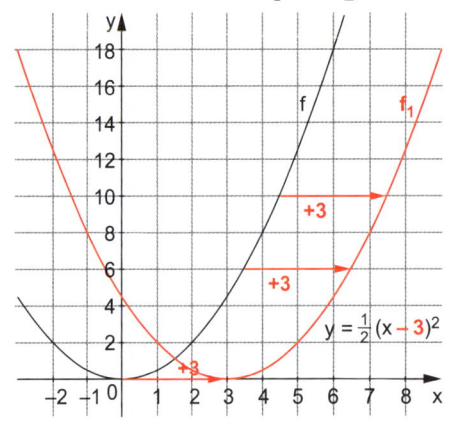

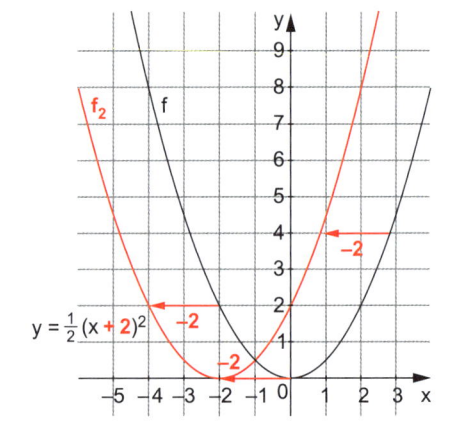

Vergleiche die zu gleichen y-Werten (Ordinaten) von f_1 und f sowie von f_2 und f gehörigen x-Werte (Abszissen).
Vergleiche die Grafen von f_1 und f_2 mit dem von f.

Training Grundwissen: 3 Quadratische Funktionen und Gleichungen

Aufgaben

Grundwissen

86 Erstelle jeweils für die Funktion f: $y = a(x-m)^2$ eine Wertetabelle und zeichne den zugehörigen Grafen.
($-5 \leq x \leq 5$ und $\Delta x = 1$)

a) $a = -\dfrac{1}{2}$ $m = -1$
b) $a = \dfrac{3}{2}$ $m = 2$
c) $a = -2$ $m = \dfrac{3}{2}$

87 Die Parabel p mit der Gleichung $y = a \cdot (x-m)^2$ hat die Gerade g: $x = 4$ (Parallele zur y-Achse im Abstand von 4 LE) als Symmetrieachse und verläuft durch den Punkt P(6|−6). Gib den Scheitel und die Funktionsgleichung von p an.

88 Bestimme die Parameter a und m der beiden Parabeln p: $y = a \cdot (x-m)^2$.
Gib jeweils die Funktionsgleichung an.

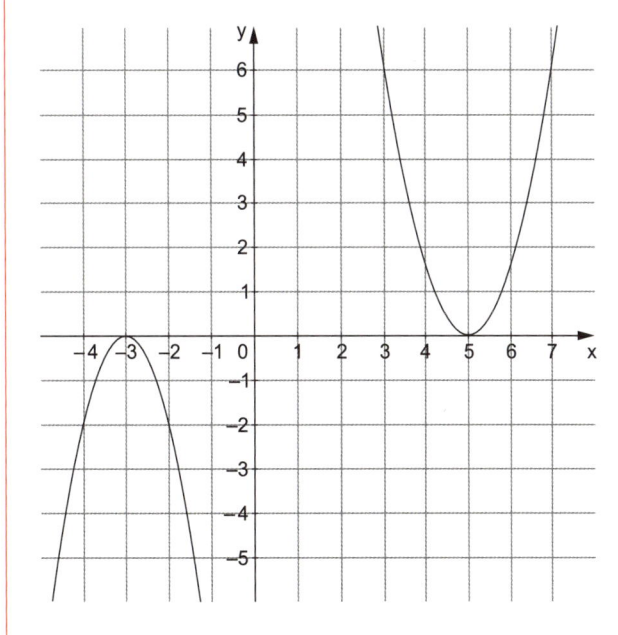

3 Quadratische Funktionen und Gleichungen

Quadratische Funktionen der Form $f: y = a(x - m)^2 + n$

Merke

> **Quadratische Funktionen der Form** $f: y = a(x - m)^2 + n$
>
> - Den Grafen der Funktion $y = a \cdot (x-m)^2 + n$ erhält man, indem man den Grafen von $y = ax^2$ **längs der x-Achse um m (LE) und längs der y-Achse um n (LE)** verschiebt.
> - Die Form $y = a \cdot (x - m)^2 + n$ heißt Scheitelform, weil man daraus die Koordinaten des Parabelscheitels direkt ablesen kann:
>
> $$y = a \cdot (x - \mathbf{m})^2 + \mathbf{n}$$
> $$\downarrow\downarrow$$
> $$S(\mathbf{m} \mid \mathbf{n}) \qquad \text{Scheitel der Parabel}$$

Beispiele

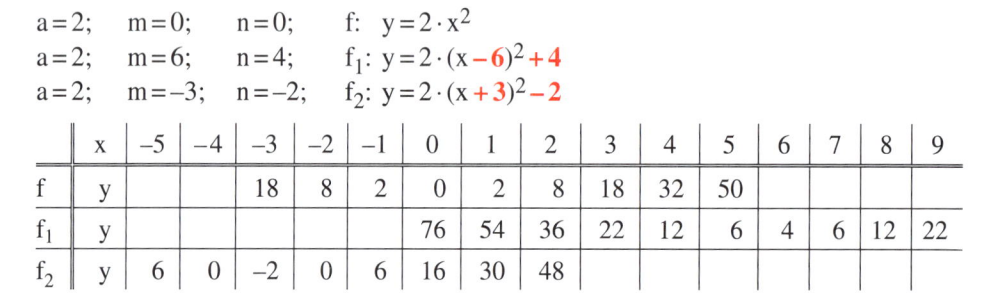

$a = 2;\quad m = 0;\quad n = 0;\qquad f: y = 2 \cdot x^2$
$a = 2;\quad m = 6;\quad n = 4;\qquad f_1: y = 2 \cdot (x - 6)^2 + 4$
$a = 2;\quad m = -3;\quad n = -2;\qquad f_2: y = 2 \cdot (x + 3)^2 - 2$

x	−5	−4	−3	−2	−1	0	1	2	3	4	5	6	7	8	9
f y			18	8	2	0	2	8	18	32	50				
f_1 y								76	54	36	22	12	6	4	6	12	22
f_2 y	6	0	−2	0	6	16	30	48							

Grafen der Funktionen f_1 und f_2:

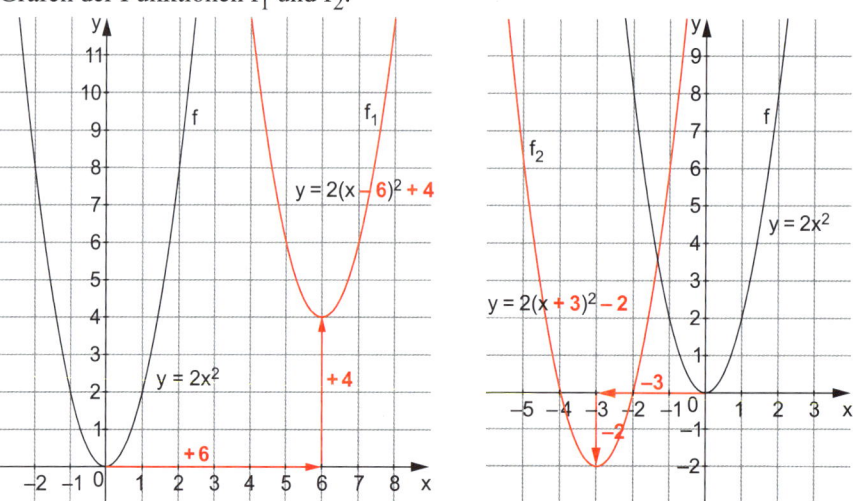

Multipliziert man das Binom in der Scheitelform aus und fasst zusammen, so erhält man die **allgemeine Form** $y = ax^2 + bx + c$ der quadratischen Funktion.

$y = 2 \cdot (x - 6)^2 + 4 \qquad\qquad\qquad y = 2 \cdot (x + 3)^2 - 2$
$\downarrow\downarrow \qquad\qquad\qquad\qquad \downarrow\downarrow$
$\qquad S(6 \mid 4) \qquad\qquad\qquad\qquad\qquad S(-3 \mid -2)$

$y = 2 \cdot (x - 6)^2 + 4 \qquad\qquad\qquad y = 2 \cdot (x + 3)^2 - 2$
$y = 2 \cdot (x^2 - 12x + 36) + 4 \qquad\qquad y = 2 \cdot (x^2 + 6x + 9) - 2$
$y = 2x^2 - 24x + 76 \qquad\qquad\qquad\quad y = 2x^2 + 12x + 16$

Umgekehrt kann man jede quadratische Funktion, die in allgemeiner Form gegeben ist, durch die Methode der quadratischen Ergänzung in die Scheitelform überführen.

Training Grundwissen: 3 Quadratische Funktionen und Gleichungen

Beispiele

Methode der quadratischen Ergänzung:

1. $y = \frac{1}{2}x^2 - 4x + 11$ — Allgemeine Form

   $y = \frac{1}{2} \cdot [x^2 - 8x + 22]$

   $y = \frac{1}{2} \cdot \left[x^2 - 8x + \left(\frac{8}{2}\right)^2 + 22 - \left(\frac{8}{2}\right)^2\right]$

   $y = \frac{1}{2} \cdot [\underbrace{x^2 - 8x + 16}_{\text{Binom}} + 22 - 16]$

   $y = \frac{1}{2} \cdot [(x-4)^2 + 6]$

   $y = \frac{1}{2} \cdot (x-4)^2 + 3$ — Scheitelform

   Scheitel: $S(4|3)$

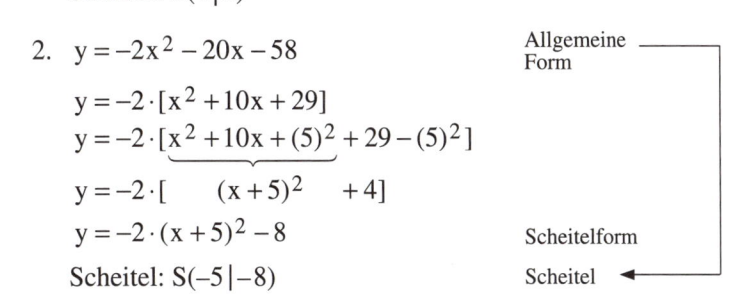

2. $y = -2x^2 - 20x - 58$ — Allgemeine Form

   $y = -2 \cdot [x^2 + 10x + 29]$

   $y = -2 \cdot [x^2 + 10x + (5)^2 + 29 - (5)^2]$

   $y = -2 \cdot [(x+5)^2 + 4]$

   $y = -2 \cdot (x+5)^2 - 8$ — Scheitelform

   Scheitel: $S(-5|-8)$ — Scheitel

Merke

> **Der Scheitel einer allgemeinen quadratischen Funktion**
>
> **Quadratische Funktion:** $y = ax^2 + bx + c$
>
> **Scheitelkoordinaten:** $x_{\text{Scheitel}} = -\frac{b}{2a}$ $y_{\text{Scheitel}} = c - \frac{b^2}{4a}$

Wichtiger Hinweis:
Quadratische Funktionen treten in zwei Erscheinungsformen auf:
- in der Scheitelform $y = a(x-m)^2 + n$
- in der allgemeinen Form $y = ax^2 + bx + c$

Beide Erscheinungsformen haben ihre Vorteile: An der Scheitelform der quadratischen Funktion kann man direkt den Scheitelpunkt ablesen. Das ist z. B. für Extremwertaufgaben wichtig. An der allgemeinen Form kann man direkt den Schnittpunkt mit der y-Achse ablesen. $S_y(0|c)$.

Aufgaben

Grundwissen

89 Bringe die Funktionsgleichung auf die Scheitelform und gib den Scheitel S an.
Erstelle eine Wertetabelle für $x_S - 3 \leq x \leq x_S + 3$ und zeichne die Parabel in ein Koordinatensystem.

a) $f_1: y = 2x^2 - 8x + 8$ b) $f_2: y = -\frac{1}{2}x^2 + x - 1$

90 Die Punkte $P_1(2|-3)$ und $P_2(6|5)$ liegen auf dem Grafen einer verschobenen Normalparabel mit der Gleichung $f: y = x^2 + px + q$. Bestimme die Koeffizienten p und q der Funktionsgleichung sowie den Scheitel der Parabel.

91 Bringe die gegebene allgemeine Form auf die Scheitelform und gib den Scheitel S sowie die Symmetrieachse an. Gib die Definitions- und die Wertemenge der gegebenen quadratischen Funktion an.
Wie geht die zugehörige Parabel aus der Normalparabel $y = x^2$ hervor?

a) $f_1: y = \frac{3}{4}x^2 + 6x + 11{,}5$ b) $f_2: y = -3x^2 + 12x - 14$

92 Die Wertetabelle für eine Funktion des Typs $y = ax^2 + px + q$ ist hier mithilfe der Kopierfunktion generiert worden. Welche Formel steckt somit hinter dem Zahlenwert $y = 63{,}00$ in der Zelle B24? Entscheide, welche der folgenden Formeln richtig ist.

I =E1*A24*A24+E2*A24+E3

II =$E$1*A24*A24+$E$2*A24+$E$3

III =$E$1*A24*A24+$E$2*A24+E3

Begründe, warum die beiden anderen Formeln nicht durch die Kopierfunktion entstanden sind.

93 Bringe die Funktionsgleichung von der Scheitelform in die allgemeine Form.

a) $f_1: y = (x-5)^2 + 3$ b) $f_2: y = \frac{1}{2}(x+2)^2 - 12$ c) $f_3: y = -4(x-1)^2 + 12$

3.2 Extremwertaufgaben

Die Frage nach dem größten Gewinn, der kürzesten Entfernung, dem geringsten Materialaufwand oder der größten Fläche sind Beispiele, bei denen eine bestimmte Größe in Abhängigkeit von einer Einflussgröße einen Extremwert (Maximum oder Minimum) annehmen soll.
Kann diese Abhängigkeit durch eine quadratische Funktion beschrieben werden, so ist die Lösung des Problems relativ einfach. Der Extremwert ergibt sich dann aus den Scheitelkoordinaten des zugehörigen Grafen (Parabel).

Merke

> **Verfahren zur Bestimmung des Extremwerts**
>
> 1. Stelle die **Funktionsgleichung** auf, durch die das Problem beschrieben wird:
> $y = ax^2 + bx + c$ ($a \neq 0$)
>   Dabei ist y die Größe, die in Abhängigkeit von x einen Extremwert annimmt.
>
> 2. a) Zeichne den der Funktionsgleichung entsprechenden Grafen (Parabel).
>   b) Bringe die Funktionsgleichung durch quadratische Ergänzung auf die **Scheitelform**.
>
> 3. Die Koordinaten des Parabelscheitels $S(x_S | y_S)$ liefern den **Extremwert**:
>   Für $x = x_S$ wird der Extremwert $y = y_S$ angenommen.
>   Parabel nach unten geöffnet: Der Extremwert ist ein **Maximum**.
>   Parabel nach oben geöffnet: Der Extremwert ist ein **Minimum**.

Beispiele

1. Ein Unternehmen verkauft ein Produkt an seine 1 000 Kunden mit einem Gewinn von 60 € pro Kunde. Marktuntersuchungen liefern das Ergebnis, dass **50 · x** neue Kunden hinzugewonnen werden, wenn der Gewinn pro Kunde um x € verringert wird.

   Analyse des Problems:

Gewinn pro Kunde in €	Anzahl Kunden	Gesamtgewinn G in €
60	1 000	60 000
(60 – **5**)	1 000 + 50 · **5**	68 750
(60 – **10**)	1 000 + 50 · **10**	75 000
(60 – **40**)	1 000 + 50 · **40**	60 000
(60 – **x**)	1 000 + 50 · **x**	(60 – x) · (1 000 + 50 · x)

   Der Gesamtgewinn G ist von der Gewinnsenkung x pro Kunde abhängig.
   Er steigt mit zunehmendem x zunächst, um dann wieder abzunehmen.
   Für das Unternehmen stellt sich die Frage, wie weit der Gewinn pro Kunde gesenkt werden muss, damit der Gesamtgewinn maximal wird.

   Lösung:
   Gesamtgewinn: $G = (60 - x) \cdot (1\,000 + 50 \cdot x)$
   $G = 60\,000 + 3\,000x - 1\,000x - 50x^2$ Ausmultiplizieren
   $G = -50x^2 + 2\,000x + 60\,000$ Zusammenfassen
   $G = -50 \cdot [x^2 - 40x - 1\,200]$ Ausklammern
   $G = -50 \cdot [x^2 - 40x + 400 - 1\,200 - 400]$ Quadratische Ergänzung
   $G = -50 \cdot [(x - 20)^2 - 1\,600]$
   $G = -50 \cdot (x - 20)^2 + 80\,000$ Gewinnfunktion
   Scheitelkoordinaten: $S(20 | 80\,000)$
   Der zur Gewinnfunktion G gehörige Graf ist eine nach unten geöffnete Parabel mit dem Scheitel $S(20 | 80\,000)$.

3 Quadratische Funktionen und Gleichungen

Auch aus der grafischen Darstellung lassen sich der maximale Gesamtgewinn G sowie die zugehörige Gewinnreduzierung x ablesen.
Für eine Gewinnreduzierung von x = 20 € ergibt sich für das Unternehmen der größtmögliche Gesamtgewinn G = 80 000 €.

Graf

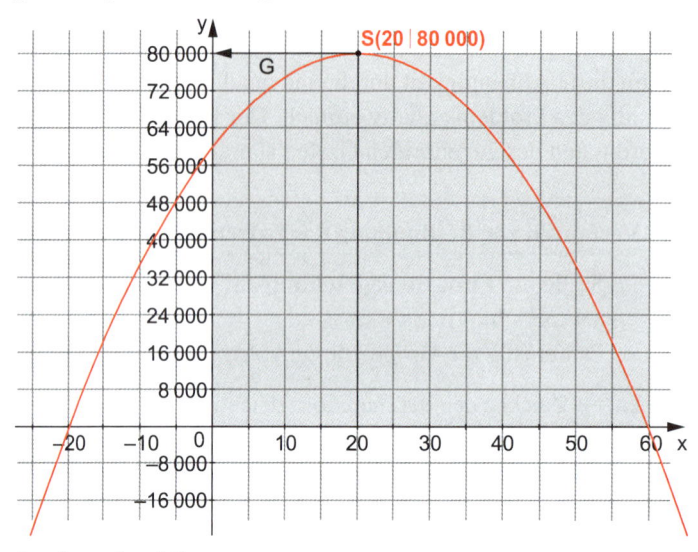

Analyse der Lösung:
- Der grafischen Darstellung kann man entnehmen, dass für x = −20 und x = 60 der Gesamtgewinn 0 € beträgt. Im ersten Fall ist die Kundenzahl, im zweiten Fall der Gewinn pro Kunde jeweils null.
- Für x < −20 und x > 60 wird der Gesamtgewinn G negativ (Verlust).
- Geht man davon aus, dass es für das Unternehmen nur dann wirtschaftlich sinnvoll ist, wenn es mit Gewinn produziert, so kommen nur Gewinnreduzierungen x mit −20 < x < 60 infrage.
- Beachtet man ferner noch die Absicht des Unternehmens, mit einer Gewinnreduzierung neue Kunden zu gewinnen, so kommen Werte für x mit x < 0 ebenfalls nicht infrage, denn x < 0 würde ja eine Erhöhung des Gewinns pro Kunde bedeuten.
- Sinnvolle Werte für x und G sind demnach: $0 < x < 60 \,\wedge\, 0 < G \leq 80\,000$
- Für $0 < x < 20$ steigt der Gesamtgewinn G mit zunehmender Gewinnreduzierung x bis zum Maximalwert von 80 000 €. Für $20 < x < 60$ nimmt der Gesamtgewinn G mit zunehmendem x wieder ab.

2. Auf einer Wiese soll an eine geradlinig verlaufende Felswand angrenzend ein rechteckiges Spielgelände eingezäunt werden. Für die drei Seiten stehen insgesamt 400 m Zaunmaterial zur Verfügung. Wie sind die Seitenlängen des Spielgeländes zu wählen, damit dessen Fläche möglichst groß (maximal) wird?

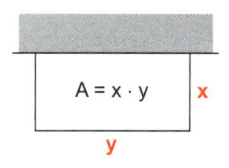

Lösung:
Fläche des Spielgeländes: $A = x \cdot y$
Die Fläche A hängt von zwei Variablen, den Seiten des Rechtecks x und y, ab. Durch die Nebenbedingung, dass die Längen der drei Seiten zusammen 400 m ergeben sollen, können wir eine der beiden Variablen durch die zweite ausdrücken:
$\ell = 2x + y$
$y = \ell - 2x$
$y = 400\,\text{m} - 2x$

Training Grundwissen: 3 Quadratische Funktionen und Gleichungen

Damit erhalten wir für die Fläche A in Abhängigkeit von x:

$A(x) = x \cdot (400 - 2x)$ Quadratische Funktion
$A(x) = -2x^2 + 400x$
$A(x) = -2 \cdot (x^2 - 200x)$
$A(x) = -2 \cdot [x^2 - 200x + 100^2 - 100^2]$ Quadratische Ergänzung
$A(x) = -2 \cdot [(x-100)^2 - 10\,000]$
$A(x) = -2 \cdot (x-100)^2 + 20\,000$ Scheitelform
Scheitel $S(100 \mid 20\,000)$

Für x = 100 m und damit y = 200 m erhält man das Rechteck mit der größten Fläche A = 20 000 m².

Da Rechtecke mit negativem Flächeninhalt A nicht infrage kommen, gelten für die
Seitenlänge x: 0 m ≤ x ≤ 200 m
Seitenlänge y: 0 m ≤ y ≤ 400 m
Flächeninhalt A: 0 m² ≤ A ≤ 20 000 m²

Für x = 0 m (y = 400 m) und x = 200 m (y = 0 m) ergeben sich so genannte entartete Rechtecke mit dem Flächeninhalt 0 m².

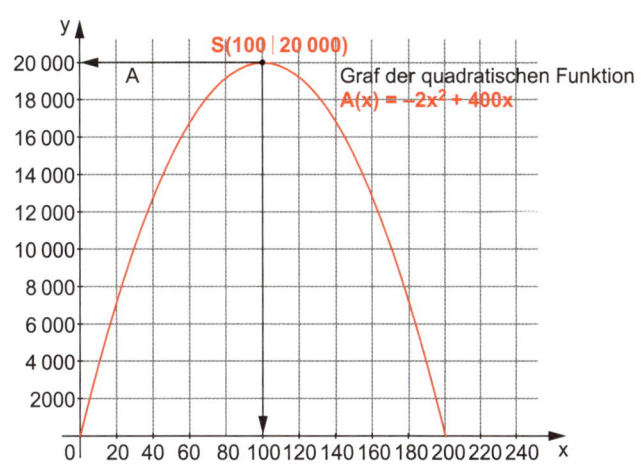

Graf

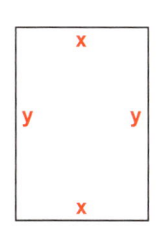

3. Unter allen Rechtecken mit gleichem Umfang (z. B. u = 36 LE) hat das Quadrat den größten Flächeninhalt.

    Lösung:
    Umfang der Rechtecke:
    $u = 2x + 2y$
    $2y = u - 2x$
    $y = \frac{1}{2}u - x$

    Flächeninhalt der Rechtecke:
    $A = x \cdot y$
    $A(x) = x \cdot \left(\frac{1}{2}u - x\right)$
    $A(x) = -x^2 + \frac{u}{2} \cdot x$

    Grafische Lösung:
    Für u = 36 LE erhält man: $A(x) = -x^2 + 18x$

    Der Flächeninhalt A(x) in Abhängigkeit von x ist eine quadratische Funktion, deren Graf eine nach unten geöffnete Normalparabel ist.

Den Koordinaten des Scheitels kann man entnehmen:
Für x = 9 LE erhält man den größten Flächeninhalt $A_{max} = 81$ FE.
$y = \frac{1}{2}u - x \Rightarrow y = 18\text{ LE} - 9\text{ LE} = 9\text{ LE}$

Da x = y, ist das Rechteck mit dem größtem Flächeninhalt ein Quadrat.

Graf

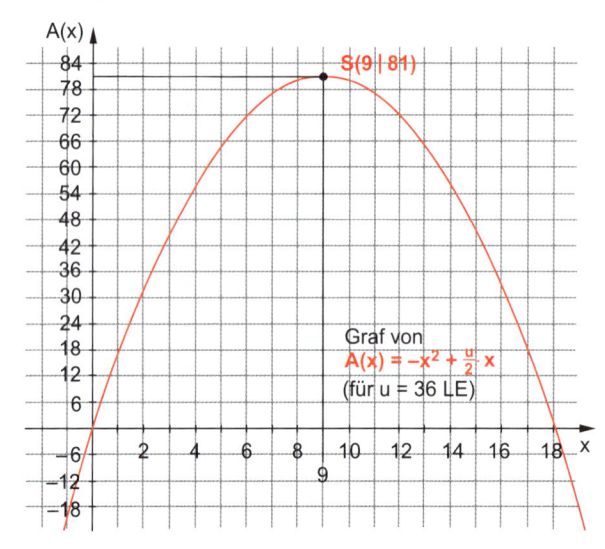

Rechnerische Lösung:

$A(x) = -x^2 + \frac{u}{2} \cdot x$

$A(x) = -\left[x^2 - \frac{u}{2} \cdot x + \frac{u^2}{16} - \frac{u^2}{16}\right]$ Quadratische Ergänzung

$A(x) = -\left(x - \frac{u}{4}\right)^2 + \frac{u^2}{16}$ Scheitelform

Der Graf der Flächeninhaltsfunktion ist eine nach unten geöffnete Normalparabel mit dem Scheitel $S\left(\frac{u}{4} \mid \frac{u^2}{16}\right)$.

Rechteck mit maximalem Flächeninhalt $A = \frac{u^2}{16}$ FE:

$x = \frac{u}{4}$ LE

$y = \frac{1}{2}u - x$

$y = \frac{1}{2}u - \frac{u}{4}$

$y = \frac{u}{4}$ LE

Da **x = y**, ist das Rechteck mit dem größten Flächeninhalt ein Quadrat.

Für u = 36 LE erhält man:

$A(x) = -(x-9)^2 + 81$ FE
Scheitel: S(9|81)

Das Rechteck mit dem größten Flächeninhalt $A_{max} = 81$ FE ist das Quadrat mit der Seitenlänge 9 LE.

Training Grundwissen: 3 Quadratische Funktionen und Gleichungen

Aufgaben

Grundwissen

94 Welche Art von Extremum (Minimum oder Maximum) weisen die folgenden quadratischen Funktionen auf? Begründe deine Aussage.
Bestimme jeweils grafisch und rechnerisch das Extremum.

a) $y = -2x^2 + 8x - 2$ b) $y = \frac{1}{2}x^2 - 6x + 14$ c) $y = -\frac{1}{3}x^2 - 2$

95 Ein Punkt C(x|y) bewegt sich auf der Parabel p: $y = x^2 - 8x + 22$.
Durch die Punkte A(−2|−2), B(8|−2) und C werden Dreiecke ABC bestimmt.

a) Bestimme den Flächeninhalt A(x) der Dreiecke ABC in Abhängigkeit von der Abszisse (x-Koordinate) des Punktes C.

b) Bestimme die Koordinaten des Punktes C sowie den Flächeninhalt des Dreiecks ABC mit dem kleinsten Flächeninhalt.

Anwendungsaufgaben

96 Beim idealen Kugelstoß mit einem optimalen Abwurfwinkel von 45° lässt sich die Flugkurve der Kugel angenähert durch eine quadratische Funktion mit der Gleichung $y = -\frac{g}{v_0^2} \cdot x^2 + x + h$ beschreiben.

Dabei bedeuten

g: Erdbeschleunigung $\left(10 \frac{m}{s^2}\right)$

v_0: Anfangsgeschwindigkeit, mit der die Kugel die Hand des Athleten verlässt

h: Abwurfhöhe, in der die Kugel die Hand verlässt

Bestimme für $v_0 = 13{,}5 \frac{m}{s}$ und h = 2,20 m grafisch und rechnerisch den höchsten Punkt (y_{max}) der Flugkurve sowie die Stoßweite x.

97 Eine Schulklasse will ein Theaterstück aufführen. Bei einem Besuch von x zahlenden Zuschauern erzielt die Schule einen Gewinn in Höhe von y Euro.
Ein Theatermanager berät die Schule im Vorfeld und erklärt, dass sich der Gewinn mit einer quadratischen Funktion ziemlich gut vorhersagen lässt. Gewinn bedeutet hier, dass alle entstandenen Kosten (Reinigung der Aula, Personal, Werbung, …) bereits abgezogen wurden.
Die Funktion lautet: $y = -0{,}01x^2 + 6x - 250$

a) Berechne den Gewinn für verschiedene Besucherzahlen und zeichne den Grafen in ein Koordinatensystem.

b) Bei welcher Besucherzahl x erzielt die Theatergruppe den höchsten Gewinn?

c) Wie kann man erklären, dass der Gewinn bei höheren Besucherzahlen wieder abnimmt?

3.3 Quadratische Gleichungen

> **Quadratische Gleichungen**
>
> Gleichungen der Form $ax^2 + bx + c = 0$ ($a \neq 0$) heißen **quadratische Gleichungen**.

Reinquadratische Gleichungen mit b = 0

> **Reinquadratische Gleichungen**
>
> Quadratische Gleichungen mit $b = 0$ und der Form $ax^2 + c = 0$ heißen **reinquadratische Gleichungen**.

Beispiele für reinquadratische Gleichungen

1. $\frac{1}{2}x^2 - 2 = 0$ 2. $3x^2 + 21 = 0$ 3. $(x+4)^2 - 2x = 6x + 16$

Lösung:

1. $\frac{1}{2}x^2 - 2 = 0 \quad |+2$ Reinquadratische Gleichung

   $\frac{1}{2}x^2 = 2 \quad |\cdot 2$ Äquivalente Umformung

   $x^2 = 4$ Äquivalente Umformung

   $x_1 = +\sqrt{4};\ x_2 = -\sqrt{4}$ Es gibt 2 verschiedene Werte für x, die die Gleichung erfüllen.

   $x_1 = +2;\ x_2 = -2$

   $\mathbb{L} = \{-2; +2\}$ Lösungsmenge

2. $3x^2 + 21 = 0 \quad |:3\ |-7$ Reinquadratische Gleichung

   $x^2 = -7$ Äquivalente Umformung

   $\mathbb{L} = \varnothing$ oder $\mathbb{L} = \{\}$ Keine Lösung, weil es keinen reellen Wert für x gibt, der die Gleichung erfüllt.

3. $(x+4)^2 - 2x = 6x + 16$ Klammer auflösen

   $x^2 + 8x + 16 - 2x = 6x + 16 \quad |-6x - 16$ Zusammenfassen und äquivalente Umformungen

   $x^2 = 0$

   $x = 0$ Es gibt nur eine Lösung.

   $\mathbb{L} = \{0\}$ Nur $x = 0$ erfüllt die gegebene Gleichung.

Aufgaben

Grundwissen

98 Löse die Gleichungen ($\mathbb{G} = \mathbb{R}$). Gib zunächst die Definitionsmenge an.

a) $2x^2 - 98 = 0$ b) $3x^2 - \frac{108}{169} = 0$

c) $(x-2)^2 + 12x = -3x^2 + (x+4)^2$ d) $5x^2 + 45 = 0$

Training Grundwissen: 3 Quadratische Funktionen und Gleichungen

Quadratische Gleichungen mit b ≠ 0

Merke

Allgemeine quadratische Gleichungen

Quadratische Gleichungen mit b ≠ 0 und der Form $ax^2 + bx + c = 0$ heißen **gemischt-quadratische Gleichungen** oder **allgemeine quadratische Gleichungen**.

Beispiele

für gemischtquadratische Gleichungen

1. $x^2 + 2x + 3 = 0$ mit $a = 1$; $b = 2$; $c = 3$
2. $3x^2 - x - 9 = 0$ mit $a = 3$; $b = -1$; $c = -9$
3. $-\frac{3}{2}x^2 + 8x = 10$ mit $a = -\frac{3}{2}$; $b = 8$; $c = -10$

Um die Lösungen einer allgemeinen quadratischen Gleichung zu bestimmen, bringen wir die Gleichung durch Division mit dem Koeffizienten des quadratischen Gliedes auf die Form $x^2 + px + q = 0$. (Da $a \neq 0$, ist dies immer möglich.)

$$a \cdot x^2 + b \cdot x + c = 0 \xrightarrow{\text{Division durch a}} x^2 + \frac{b}{a}x + \frac{c}{a} = 0$$

Mit $p = \frac{b}{a}$ und $q = \frac{c}{a}$ erhält man: $x^2 + p \cdot x + q = 0$

Merke

Lösung der allgemeinen quadratischen Gleichung $x^2 + p \cdot x + q = 0$

$$x_{1/2} = -\frac{p}{2} \pm \sqrt{\left(\frac{p}{2}\right)^2 - q}$$

Der Ausdruck $D = \left(\frac{p}{2}\right)^2 - q$ heißt **Diskriminante**. Der Wert von D entscheidet, ob die quadratische Gleichung zwei, eine oder keine reelle Lösung hat.

D > 0: 2 verschiedene Lösungen x_1 und x_2
D = 0: 1 Lösung (zwei zusammenfallende Lösungen $x_1 = x_2 = -\frac{p}{2}$)
D < 0: keine Lösung

Beispiele

Gib jeweils die Lösungsmenge der quadratischen Gleichungen an:

1. $x^2 + 2x - 8 = 0$ allgemeine quadratische Gleichung mit $p = 2$; $q = -8$

$x_{1/2} = \left(-\frac{2}{2}\right) \pm \sqrt{1^2 - (-8)}$

$x_{1/2} = -1 \pm \sqrt{9}$

$x_1 = -1 + 3$; $x_2 = -1 - 3$

$x_1 = 2$; $x_2 = -4$

$\mathbb{L} = \{2; -4\}$

2. $9x^2 - 19x - 10 = 2 \cdot (x^2 + 4x + 4) + x \cdot (x - 15)$ Klammern auflösen

$9x^2 - 19x - 10 = 2x^2 + 8x + 8 + x^2 - 15x \quad |-3x^2 + 7x - 8$ Zusammenfassen und Äquivalenzumformungen

$6x^2 - 12x - 18 = 0 \quad |:6$

$x^2 - 2x - 3 = 0$ Quadratische Gleichung mit $p = -2$ und $q = -3$

Diskriminante:

$$D = \left(\frac{p}{2}\right)^2 - q$$ Werte für p, q einsetzen

$$D = (-1)^2 - (-3)$$

$$D = 4$$

D > 0: Die Gleichung hat 2 Lösungen x_1 und x_2.

Lösungen:

$$x_{1/2} = -\left(\frac{-2}{2}\right) \pm \sqrt{4}$$ Werte für p und D einsetzen

$$x_{1/2} = 1 \pm 2$$

$$x_1 = 3; \quad x_2 = -1$$

$$\mathbb{L} = \{-1; 3\}$$

3. $-\frac{1}{3}x^2 - 2x - 3 = 0 \quad |\cdot(-3)$ Äquivalenzumformungen

$$x^2 + 6x + 9 = 0$$ Quadratische Gleichung mit p = 6; q = 9

$$D = \left(\frac{6}{2}\right)^2 - 9$$ Werte für p und q einsetzen

D = 0: Die Gleichung hat genau eine Lösung x.

Lösung:

$$x = -\frac{6}{2} \pm \sqrt{9-9}$$ Werte für p und D einsetzen

$$x = -3$$

$$\mathbb{L} = \{-3\}$$

4. $3x^2 - 6x + 5 = 0 \quad |:3$

$$x^2 - 2x + \frac{5}{3} = 0$$ Quadratische Gleichung mit p = −2; q = $\frac{5}{3}$

$$D = \left(\frac{p}{2}\right)^2 - q$$

$$D = 1 - \frac{5}{3}$$

$$D = -\frac{2}{3}$$

D < 0: Die Gleichung hat keine Lösung.

$$\mathbb{L} = \varnothing \quad \text{oder} \quad \mathbb{L} = \{\,\}$$

5. $\quad x^2 - 5x - 24 = 0 \qquad |+24$

$$x^2 - 5x = 24 \qquad \left|+\left(\frac{5}{2}\right)^2\right.$$ Äquivalenzumformung

quadratische Ergänzung

$$x^2 - 5x + \left(\frac{5}{2}\right)^2 = 24 + \left(\frac{5}{2}\right)^2$$

$$\left(x - \frac{5}{2}\right)^2 = \frac{94}{4} + \frac{25}{4}$$

$$\left(x_{1/2} - \frac{5}{2}\right) = \pm\sqrt{\frac{121}{4}} \qquad \text{2. binomische Formel}$$

$$x_{1/2} = \frac{5}{2} \pm \frac{11}{2} \quad \Big| + \frac{5}{2} \qquad \text{Wurzel ziehen}$$

$$x_1 = \frac{5}{2} + \frac{11}{2} = 8$$

$$x_2 = \frac{5}{2} - \frac{11}{2} = -3$$

$$\mathbb{L} = \{-3;\, 8\}$$

Aufgaben

Grundwissen

99 Gib für die folgenden quadratischen Gleichungen jeweils die Lösungsmenge an ($\mathbb{G} = \mathbb{R}$). Stelle zunächst jeweils die Anzahl der Lösungen fest.

a) $2x^2 + 6x - 20 = 0$

b) $x^2 - 2x - 15 = 0$

c) $(2x - 5)^2 = x(x - 9) + 19$

d) $3x(x - 1) - 2(10 - x) = 40 + 2x$

e) Überprüfe den Lösungsweg und die Lösung und korrigiere gegebenenfalls.

I $\quad \frac{1}{3}x^2 - 3 = 0$

$\quad\quad \frac{1}{3}x^2 = 3$

$\quad\quad x^2 = 9$

$\quad\quad x = 3$

II $\quad \frac{4}{9}x^2 - 9 = 81$

$\quad\quad \frac{2}{3}x - 3 = 9$

$\quad\quad \frac{2}{3}x = 6$

$\quad\quad x = 9$

Anwendungsaufgabe

100 Die Länge ℓ eines rechteckigen Grundstücks ist um 20 m größer als dessen Breite b. Die Länge wird um 5 m verkürzt und zugleich wird die Breite verdoppelt. Der Flächeninhalt des so entstandenen Grundstücks ist um 936 m² größer als der des ursprünglichen Grundstücks. Wie groß sind Länge und Breite des ursprünglichen Grundstücks?

3.4 Nullstellen von Parabeln

Die x-Koordinaten der Schnittpunkte einer Parabel mit der x-Achse werden als Nullstellen bezeichnet.
Setzt man die Nullstelle in die Parabelgleichung ein, erhält man: $y = 0$

Bestimmung der Nullstellen einer Parabel

- Setze den die Parabel bestimmenden **Funktionsterm gleich null**.
- Bestimme die Lösungen der entsprechenden **quadratischen Gleichung**.
- Entsprechend der **Anzahl der Lösungen** gibt es drei Fälle:
  Die Parabel hat **zwei, eine oder keine Nullstellen**.

3 Quadratische Funktionen und Gleichungen

Beispiele

1. Bestimme die Nullstellen der Parabel mit der Gleichung $y = \frac{1}{2}x^2 - 4x + 6$.

   Rechnerische Lösung:

   $\frac{1}{2}x^2 - 4x + 6 = 0 \qquad | \cdot 2$

   $x^2 - 8x + 12 = 0 \qquad | -12 \qquad$ Normalform

   $x^2 - 8x = -12 \qquad | +16 \qquad$ quadratische Ergänzung: $\left(\frac{8}{2}\right)^2 = 16$

   $x^2 - 8x + 16 = -12 + 16$

   $(x-4)^2 = 4 \qquad\qquad\qquad$ 2. binomische Formel

   $x_{1/2} - 4 = \pm\sqrt{4} \qquad | +4$

   $x_{1/2} = 4 \pm 2$

   $x_1 = 6; \; x_2 = 2$

   Die Parabel schneidet die x-Achse bei $x = 2$ und $x = 6$.

   Grafische Lösung:

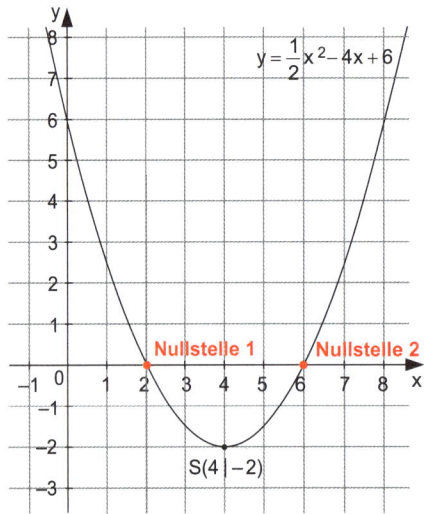

2. Nullstellen der Parabel p_1: $y = \frac{1}{4}x^2 - 2x + 4$

   $\frac{1}{4}x^2 - 2x + 4 = 0 \qquad | \cdot 4$

   $x^2 - 8x + 16 = 0 \qquad p = -8; q = 16$

   $D = \left(-\frac{8}{2}\right)^2 - 16$

   $D = 0$: Eine Lösung, eine Nullstelle.

   $x = -\left(-\frac{8}{2}\right) \pm \sqrt{0}$

   $x = 4$

   Bei der Parabel p_1 fallen Scheitel S und Nullstelle zusammen; die Parabel berührt die x-Achse in der Nullstelle $x = 4$.

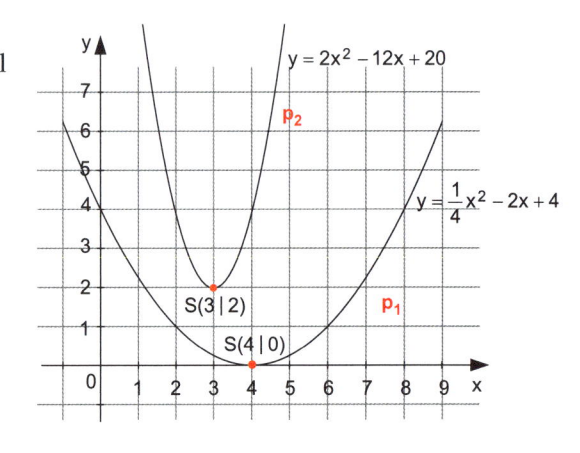

3. Nullstellen der Parabel p_2: $y = 2x^2 - 12x + 20$

$2x^2 - 12x + 20 = 0 \quad |:2$

$x^2 - 6x + 10 = 0 \quad p = -6; q = 10$

$D = \left(-\dfrac{6}{2}\right)^2 - 10$

$D = -1$: Keine Lösung, keine Nullstelle.

Aufgabe 101

Grundwissen

Ermittle für die durch die angegebenen Funktionsgleichungen bestimmten Parabeln jeweils die Nullstellen. Prüfe jeweils zunächst, ob und wie viele Nullstellen gegebenenfalls vorliegen.

a) p: $y = \dfrac{1}{2}x^2 + x + 2$ b) p: $y = \dfrac{1}{2}x^2 - 3x - 3$ c) p: $y = -x^2 - 2x + 1$

d) p: $y = \dfrac{1}{2}x^2 - 4x + 5$ e) p: $y = 2x^2 - 9x + 9$ f) p: $y = x^2 + 6x + 9$

3.5 Schnittpunkte zwischen Parabel und Gerade

Bestimmung der Schnittpunkte zwischen Parabel und Gerade

- **Setze die Funktionsterme** von Parabel und Gerade **einander gleich**.
- Führe die Gleichung durch **äquivalente Umformungen** in eine quadratische Gleichung der Form $x^2 + px + q = 0$ über.
- Berechne die **Diskriminante D** dieser quadratischen Gleichung.
  D > 0: 2 Lösungen → 2 Schnittpunkte
  D = 0: 1 Lösung → 1 Berührpunkt: Die Gerade ist Tangente an die Parabel.
  D < 0: Keine Lösung → Kein Schnittpunkt
- Löse die quadratische Gleichung. Die Lösungen sind die **Abszissen (x-Koordinaten)** der Schnittpunkte bzw. des Berührpunktes.
- Berechne die **Ordinaten (y-Koordinaten)** der Schnittpunkte bzw. des Berührpunktes. Setze dazu deren Abszissen in die Geraden- oder Parabelgleichung ein.

Beispiele

1. **Parabel p:** $y = \dfrac{1}{4}x^2 - 2x + 6$ **Gerade g:** $y = \dfrac{1}{2}x + 2$

Gleichsetzen der Funktionsterme und Umformen:

$\dfrac{1}{4}x^2 - 2x + 6 = \dfrac{1}{2}x + 2 \quad \left| -\dfrac{1}{2}x - 2 \right.$

$\dfrac{1}{4}x^2 - 2x + 6 - \dfrac{1}{2}x - 2 = 0$

$\dfrac{1}{4}x^2 - \dfrac{5}{2}x + 4 = 0 \quad |\cdot 4$

$x^2 - 10x + 16 = 0 \quad p = -10, q = 16$

$D = \left(\dfrac{-10}{2}\right)^2 - 16$

$D = 9$: 2 Lösungen, 2 Schnittpunkte.

$$x_{1/2} = -\left(-\frac{10}{2}\right) \pm \sqrt{9}$$

$$x_{1/2} = 5 \pm 3$$

$$x_1 = 2; \quad x_2 = 8$$

Berechnung der Schnittpunkte:

$x_1 = 2:\quad y_1 = \frac{1}{2} \cdot 2 + 2 = 3 \quad S_1(2|3)$

$x_2 = 8:\quad y_2 = \frac{1}{2} \cdot 8 + 2 = 6 \quad S_2(8|6)$

Grafische Darstellung:

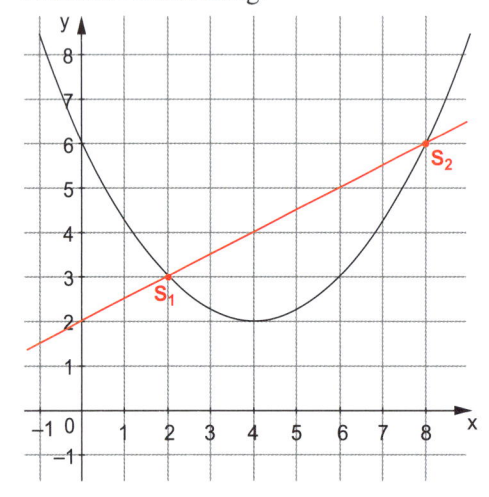

2. Die Gerade g: $y = 4x + 2$ ist eine Tangente an die Parabel p: $y = x^2 + 6x + 3$.
   a) Überprüfe diese Behauptung rechnerisch.
   b) Ermittle die Koordinaten des Berührpunktes.

Lösung:

a) $\quad x^2 + 6x + 3 = 4x + 2 \qquad$ Gleichsetzen der Funktionsterme

$\quad\quad x^2 + 2x + 1 = 0 \qquad$ äquivalente Umformung

$$D = \left(\frac{2}{2}\right)^2 - 1$$

$$D = 0$$

$$x = \frac{-2}{2}$$

$$x = -1$$

oder:

1. binomische Formel:

$x^2 + 2x + 1 = 0$

$\quad (x+1)^2 = 0$

$\quad\quad x + 1 = 0$

$\quad\quad\quad x = -1$

Eine Lösung, d. h. *ein* Schnitt- bzw. Berührpunkt.

Training Grundwissen: 3 Quadratische Funktionen und Gleichungen

b) $y = 4 \cdot (-1) + 2 = -2$ Einsetzen in Geradengleichung

Berührpunkt: $B(-1|-2)$

Grafische Darstellung:

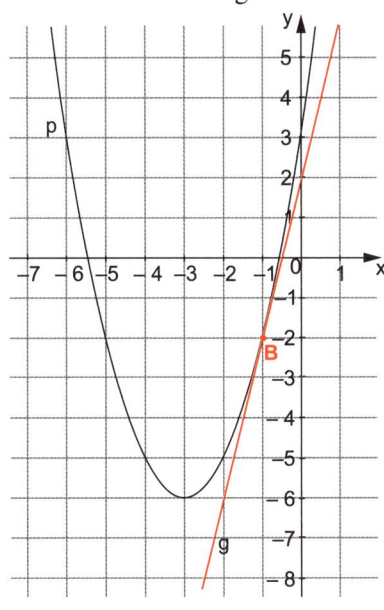

Aufgaben

Grundwissen

102 Bestimme rechnerisch die Schnittpunkte der Parabel p: $y = \frac{1}{4}x^2 + 2x - 3$ und der Geraden g: $y = \frac{5}{4}x + 1{,}75$. Prüfe zunächst, wie viele Schnittpunkte es gibt.

103 Bestimme jeweils die Schnittpunkte bzw. den Berührpunkt der Parabeln p_1 und p_2. Überprüfe dein Ergebnis jeweils auch grafisch.

a) $p_1: y = -\frac{1}{2}x^2 - 2x + 3$ $p_2: y = 2x^2 - 4{,}5x - 2$

b) $p_1: y = -\frac{1}{2}x^2 - 2x - 2$ $p_2: y = 0{,}5x^2 - 6x + 2$

Anwendungsaufgabe

104 Zwei Fahrzeuge machen ein Wettrennen. Die Bewegung der beiden Fahrzeuge kann jeweils durch eine Funktion beschrieben werden. Die Zeit x wird in Sekunden angegeben, der zurückgelegte Weg y in Metern.
Fahrzeug 1 fährt (bei fliegendem Start) mit konstanter Geschwindigkeit. Die zugehörige Funktion lautet: $y = 12x$
Fahrzeug 2 beschleunigt, fährt also mit zunehmender Geschwindigkeit. Die zugehörige Funktion lautet: $y = 2x^2$

a) Stelle die Situation in einem Diagramm dar.

b) Peter behauptet: „Nach 5 Sekunden hat Fahrzeug 2 das andere schon überholt!"
   Beweise oder widerlege Peters Behauptung durch eine Rechnung.

c) Nach welcher Zeit sind beide gleich weit gefahren?

4 Exponentialfunktionen und Wachstumsprozesse

4.1 Exponentialfunktionen

Bei radioaktiven Elementen erfolgt der Zerfall der Atomkerne (radioaktiver Zerfall) in Abhängigkeit von der Zeit t nach einem gesetzmäßigen Zusammenhang: In einer bestimmten Zeitspanne zerfällt jeweils die Hälfte der zu Beginn dieser Zeitspanne vorhandenen Kerne. Diese Zeitspanne wird als Halbwertszeit T bezeichnet. Sie ist für verschiedene radioaktive Elemente unterschiedlich, jedoch charakteristisch für ein bestimmtes Element. Der gesetzmäßige Zusammenhang zwischen der Anzahl n_t der zur Zeit t noch nicht zerfallenen Kerne in Abhängigkeit von der Zeit t lässt sich folgendermaßen schreiben:

$$n_t = n_0 \cdot \left(\frac{1}{2}\right)^{\frac{t}{T}}$$

n_t: Anzahl unzerfallener Kerne nach der Zeit t
n_0: Anzahl der zur Zeit t = 0 unzerfallenen Kerne
t: Zeit
T: Halbwertszeit

Zählt man die Zeit t in Halbwertszeiten und geht man von 1 000 anfänglich vorhandenen Atomkernen aus, so erhält man:

t = T	0	1	2	3	4	5	...
n_t	1 000	500	250	125	63	31	...

Beispielsweise sind von den ursprünglich zum Zeitpunkt t = 0 vorhandenen Kernen nach 2 Halbwertszeiten noch 250, nach 5 Halbwertszeiten noch 31 Kerne nicht zerfallen.

Ein Anfangskapital k_0 wächst bei einem Prozentsatz von p % in Abhängigkeit von der Anzahl x der Jahre nach folgendem gesetzmäßigen Zusammenhang:

$$k(x) = k_0 \cdot \left(1 + \frac{p}{100}\right)^x$$

Für ein Anfangskapital von 10 000 € und einem Zinssatz von 4,5 % erhält man dann z. B.:
$k(x) = 10\,000\,€ \cdot 1,045^x$

Anzahl Jahre x	0	1	2	5	10
Kapital in €	10 000	10 450	10 920	12 462	15 530

Funktionen dieser Art, bei denen die unabhängige Variable (im ersten Beispiel die Zeit t, im zweiten Beispiel die Anzahl der Jahre x) im Exponenten einer Potenz steht, bezeichnet man als **Exponentialfunktionen**.

Training Grundwissen: 4 Exponentialfunktionen und Wachstumsprozesse

Exponentialfunktionen mit der Gleichung f: y = a^x

Merke

Exponentialfunktionen f: y = a^x ($a > 0$ und $a \neq 1$)

- Die Grafen aller Exponentialfunktionen mit der Gleichung f: y = a^x verlaufen durch den Punkt (0|1).

- Die Grafen aller Exponentialfunktionen mit der Gleichung f: y = a^x haben die x-Achse als Asymptote.

- Für $a > 1$: Die Grafen sind monoton steigend:
  Exponentielle Zunahme oder **exponentielles Wachstum**
  Für $0 < a < 1$: Die Grafen sind monoton fallend:
  Exponentielle Abnahme oder **exponentieller Zerfall**

- Die Grafen von $y = \left(\frac{1}{a}\right)^x$ ergeben sich aus den Grafen von $y = a^x$ durch Spiegelung an der y-Achse.

Beispiele

$f_1: y = 2^x$

$f_2: y = 4^x$

$f_3: y = \left(\frac{1}{2}\right)^x$ oder $y = 2^{-x}$

$f_4: y = \left(\frac{1}{4}\right)^x$ oder $y = 4^{-x}$

Wertetabelle

x	−3	−2	−1	0	1	2	3
f_1 y	0,125	0,25	0,5	1	2	4	8
f_2 y	0,016	0,063	0,25	1	4	16	64
f_3 y	8	4	2	1	0,5	0,25	0,125
f_4 y	64	16	4	1	0,25	0,063	0,016

Grafen

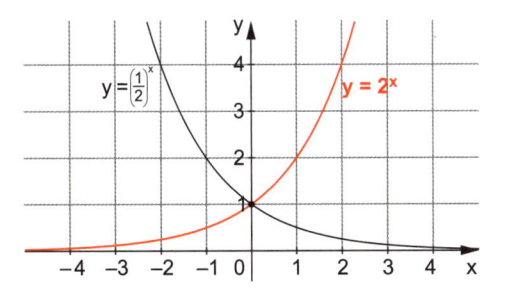

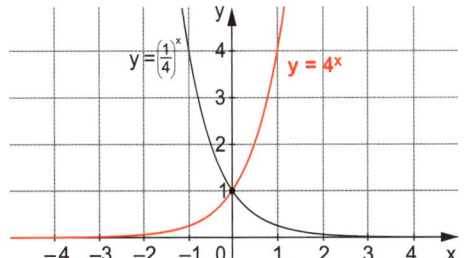

Training Grundwissen: 4 Exponentialfunktionen und Wachstumsprozesse

Exponentialfunktionen mit der Gleichung f: $y = c \cdot a^x$

Merke

<u>**Exponentialfunktionen f: $y = c \cdot a^x$** ($a > 0$ und $a \neq 1$ und $c \neq 0$)</u>

- Die Grafen aller Exponentialfunktionen mit der Gleichung f: $y = c \cdot a^x$ verlaufen durch den Punkt $(0 | c)$.
- Der Graf von $y = -c \cdot a^x$ ergibt sich aus dem Grafen von $y = c \cdot a^x$ durch Spiegelung an der x-Achse.

Beispiele

1. Wählt man für die Wertetabelle einer Exponentialfunktion f: $y = c \cdot a^x$ eine konstante Schrittweite s für x, so erhält man den Funktionswert $f(x+s)$ an der Stelle $x+s$ aus dem vorausgegangenen Funktionswert $f(x)$ an der Stelle x durch Multiplikation mit dem Faktor a^s.
   Dies ist so, weil $c \cdot a^{x+s} = c \cdot a^x \cdot a^s$ ist (nach dem 1. Potenzgesetz).
   Für f: $y = 4^x$ (siehe Wertetabelle zur Funktion f_2) erhält man:
   $f(1) = 4 \quad f(2) = 16 \quad f(3) = 64$
   $f(2) = 16 = f(1+1) = f(1) \cdot 4^1 = 4 \cdot 4^1$
   $f(3) = 64 = f(1+2) = f(1) \cdot 4^2 = 4 \cdot 4^2$

2. Wie müssen die Konstanten a und c gewählt werden, damit der Graf der zugehörigen Exponentialfunktion f: $y = c \cdot a^x$ durch die Punkte $A(2|1)$ und $B(-3|243)$ verläuft?

   $A(2|1)$: $\qquad\qquad$ $B(-3|243)$:
   $1 = c \cdot a^2$ $\qquad\qquad$ $243 = c \cdot a^{-3}$
   $c = \dfrac{1}{a^2}$ $\qquad\qquad$ $243 = a^{-2} \cdot a^{-3}$
   $c = a^{-2}$ $\qquad\qquad$ $a^{-5} = 243 \qquad |\text{1. Potenzgesetz}$
   $\qquad\qquad\qquad\quad\; a^5 = \dfrac{1}{243}$
   $\qquad\qquad\qquad\quad\; a^5 = \left(\dfrac{1}{3}\right)^5$
   $\qquad\qquad\qquad\quad\; a = \dfrac{1}{3}$

   $c = \left(\dfrac{1}{3}\right)^{-2}$
   $c = \dfrac{1}{\left(\dfrac{1}{3}\right)^2}$
   $c = 9$
   Funktionsgleichung: $y = 9 \cdot \left(\dfrac{1}{3}\right)^x$

Training Grundwissen: 4 Exponentialfunktionen und Wachstumsprozesse

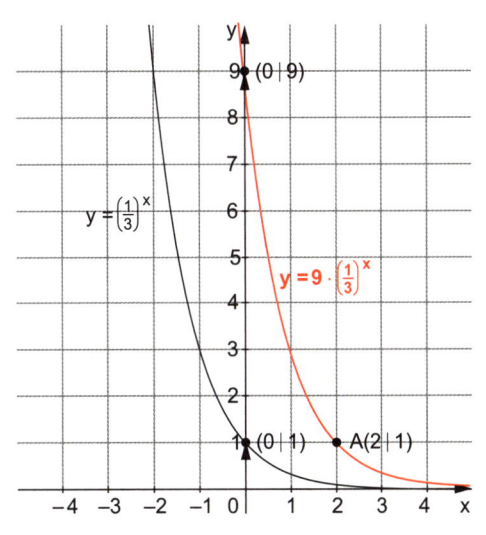

Aus der grafischen Darstellung können wir ablesen, dass wir wieder die Funktionswerte von $y = 9 \cdot \left(\frac{1}{3}\right)^x$ aus den entsprechenden Funktionswerten von $y = \left(\frac{1}{3}\right)^x$ durch Multiplikation mit c bzw. mit 9 erhalten.

Allgemeine Exponentialfunktionen f: $y = c \cdot a^{x-m} + n$

Merke

> **Allgemeine Exponentialfunktionen f: $y = c \cdot a^{x-m} + n$** (a > 0 und a ≠ 1 und c ≠ 0)
>
> Ausgehend von der Funktion $y = a^x$
> - bewirkt die Multiplikation mit dem Faktor c eine Streckung (c > 1 oder c < −1) oder eine Stauchung (−1 < c < 1) bzw. für negative c (c < 0) eine zusätzliche Spiegelung an der x-Achse.
> - führt m zu einer Verschiebung des Grafen in x-Richtung und n zu einer Verschiebung des Grafen in y-Richtung.

Beispiele

Wir betrachten die Grafen der Exponentialfunktionen

f_0: $y = 2^x$ $\qquad$ f_1: $y = 3 \cdot 2^x$ $\qquad$ f_2: $y = \frac{1}{3} \cdot 2^x$

f_3: $y = -3 \cdot 2^x$ $\qquad$ f_4: $y = 2^{x-4}$ $\qquad$ f_5: $y = 2^x + 2$

f_6: $y = 2^{x-4} + 2$ $\qquad$ f_7: $y = 3 \cdot (2^{x-4} + 2)$

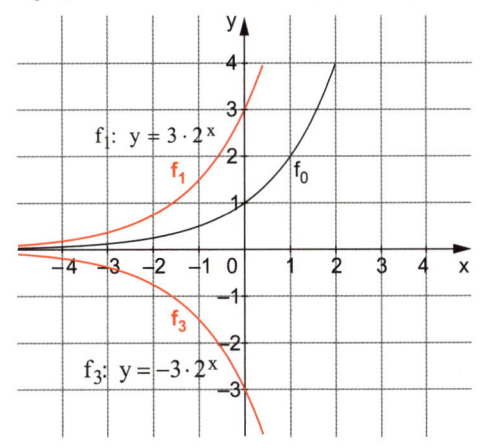

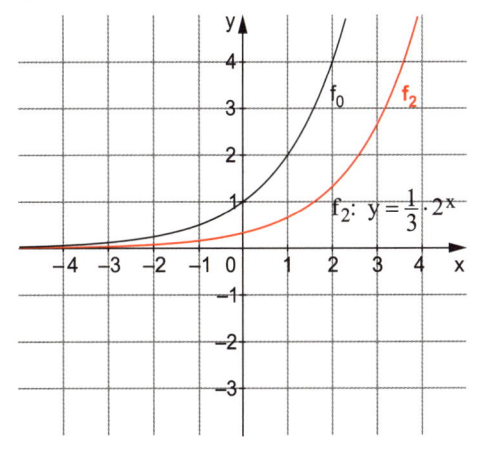

Training Grundwissen: 4 Exponentialfunktionen und Wachstumsprozesse

$f_4: y = 2^{x-4}$

$f_5: y = 2^x + 2$

$f_6: y = 2^{x-4} + 2$

$f_7: y = 3 \cdot (2^{x-4} + 2)$

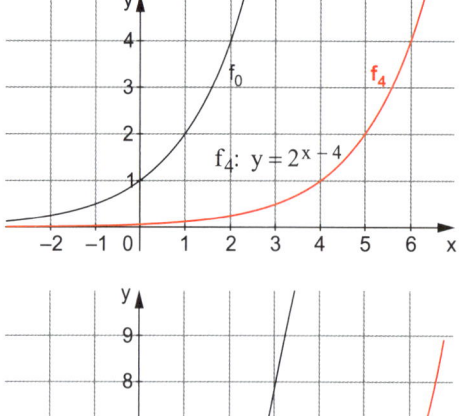

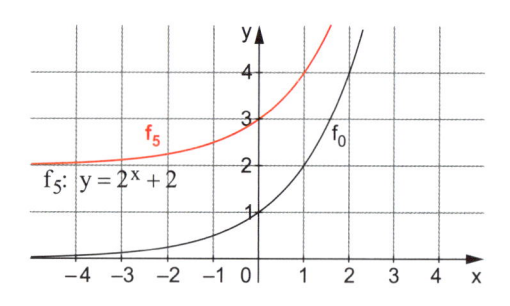

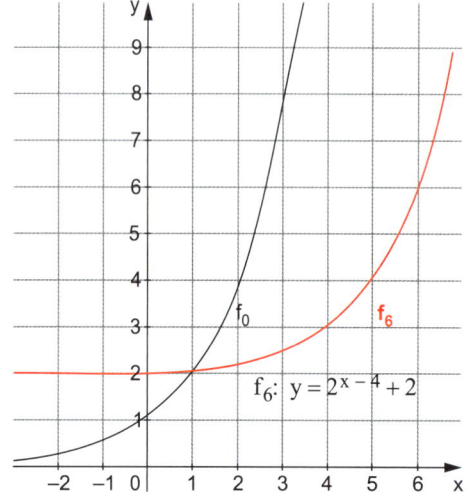

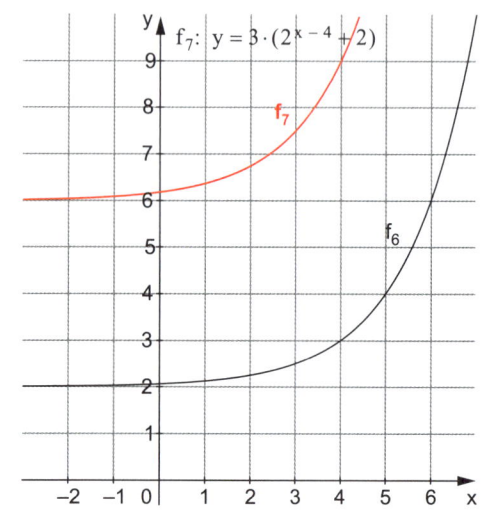

Aufgaben

Grundwissen

105 Erstelle jeweils eine Wertetabelle für ein geeignetes x-Intervall und zeichne den Grafen in ein Koordinatensystem.

a) $y = \frac{1}{2} \cdot 3^x$

b) $y = 4^{x+1} - 2$

c) $y = \frac{1}{2} \cdot 2^{x+2} + 3$

d) $y = -\frac{1}{2} \cdot \left(\frac{1}{2}\right)^x + 3$

e) $y = 3^{-(x-2)} - 2$

f) $y = 2^{1{,}5 \cdot x}$

106 Wie müssen die Konstanten a und c gewählt werden, damit der Graf der zugehörigen Exponentialfunktion f: $y = c \cdot a^{x-2}$ durch die Punkte A(2|0,25) und B(6|64) verläuft?

107 Prüfe, ob die angegebene Wertetabelle zu einer Exponentialfunktion gehört. Begründe deine Aussage. Falls es sich um eine Exponentialfunktion handelt, gib deren Funktionsgleichung an.

x	−3	−2	−1	0	1	2	3	4
y	0,037	0,11	0,33	1	3	9	27	81

4.2 Exponentialgleichungen

An welcher Stelle x hat die Funktion $y = \left(\frac{1}{2}\right)^x$ den Funktionswert $f(x) = 16$?

In welchem Punkt schneiden sich die Grafen der Funktionen $y = 2x$ und $y = 2^x$?
Derartige Fragestellungen führen auf Gleichungen, bei denen die gesuchte Größe x im Exponenten einer Potenz steht. Wir nennen diese Art von Gleichung deshalb **Exponentialgleichung**.

Beispiele

1. $f: y = \left(\frac{1}{2}\right)^x$; $f(x) = 16 \rightarrow \underbrace{16}_{(2)^4} = \underbrace{\left(\frac{1}{2}\right)^x}_{(2^{-1})^x}$

$$(2)^4 = (2)^{-1 \cdot x}$$
$$4 = -x$$
$$x = -4$$
$$\mathbb{L} = \{-4\}$$

Nicht alle Exponentialgleichungen können wir so einfach lösen. Für die meisten Exponentialgleichungen fehlen uns derzeit noch die mathematischen Mittel zur Lösung.
Rechnerisch können wir nur Exponentialgleichungen lösen, bei denen sich beide Seiten der Gleichung als Potenzen zur gleichen Basis schreiben lassen.

2. Schon die Exponentialgleichung, die sich in unserem zweiten Eingangsproblem ergibt, können wir rechnerisch nicht lösen.
Wir können aber die Lösung durch Probieren oder auf grafischem Weg finden.
Setzt man die Funktionsterme gleich, so erhält man: $2^x = 2 \cdot x$
Man erkennt, dass die Lösung $x = 1$ ist, weil $2^1 = 2 \cdot 1$. Damit schneiden sich beide Grafen im Punkt $S(1|2)$.

3. Wesentlich schwieriger wird die Lösungssuche, wenn wir den oder die Schnittpunkte der Grafen der Funktionen $f_1: y = 2^x + 1$ und $f_2: y = -\left(\frac{1}{2}\right)^x + 5,25$ ermitteln wollen.
Setzen wir dazu die beiden Funktionsterme gleich, so erhalten wir die Exponentialgleichung

$$2^x + 1 = -\left(\frac{1}{2}\right)^x + 5,25 \quad \text{oder} \quad 2^x + \left(\frac{1}{2}\right)^x = 4\frac{1}{4}$$

Wir bestimmen die Lösung auf grafischem Weg, indem wir die Grafen zu f_1 und f_2 zeichnen.

Graf

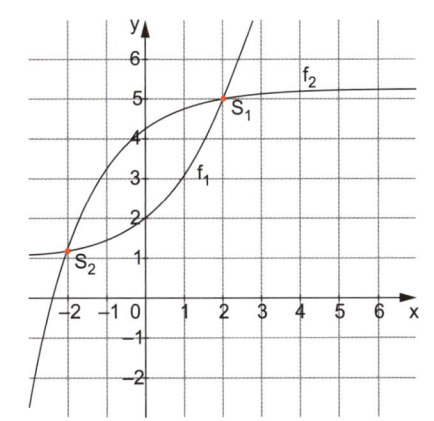

Wir können die beiden Schnittpunkte $S_1(2|5)$ und $S_2(-2|1,25)$ ablesen.

Wir müssen noch prüfen, ob die aus der Zeichnung abgelesenen Koordinaten der Schnittpunkte die beiden Funktionsgleichungen erfüllen.

$S_1(2|5)$ in f_1:

$5 = 2^2 + 1$

$5 = 5$ (wahr)

$S_1(2|5)$ in f_2:

$5 = -\left(\dfrac{1}{2}\right)^2 + 5,25$

$5 = -\dfrac{1}{4} + 5\dfrac{1}{4}$ (wahr)

$S_2(-2|1,25)$ in f_1:

$1,25 = 2^{-2} + 1$

$1\dfrac{1}{4} = \dfrac{1}{4} + 1$ (wahr)

$S_2(-2|1,25)$ in f_2:

$1,25 = -\left(\dfrac{1}{2}\right)^{-2} + 5,25$

$1\dfrac{1}{4} = -4 + 5\dfrac{1}{4}$ (wahr)

Da die Koordinaten von S_1 und S_2 die Funktionsgleichungen f_1 und f_2 erfüllen, müssen S_1 und S_2 die Schnittpunkte beider Grafen sein.

Dies bedeutet aber auch, dass wir als Lösungsmenge der gegebenen Exponentialgleichung $\mathbb{L} = \{2; -2\}$ erhalten.

4. Bestimme die Schnittpunkte des Grafen zur Funktion $f: y = \dfrac{1}{2} \cdot 3^{(x-1)} - \dfrac{1}{2}$ mit den Koordinatenachsen sowie den zu $x = 4$ gehörigen Funktionswert $f(4)$.

- Schnittpunkt T mit der y-Achse:

    $x = 0$: $y = \dfrac{1}{2} \cdot 3^{(0-1)} - \dfrac{1}{2}$

    $y = \dfrac{1}{2} \cdot \dfrac{1}{3} - \dfrac{1}{2}$ $\quad \Big| \; 3^{0-1} = 3^{-1} = \dfrac{1}{3}$

    $y = -\dfrac{1}{3}$

    $T\left(0 \Big| -\dfrac{1}{3}\right)$

- Schnittpunkt S mit der y-Achse:

    $y = 0$: $\dfrac{1}{2} \cdot 3^{(x-1)} - \dfrac{1}{2} = 0 \quad \Big| +\dfrac{1}{2}$

    $\dfrac{1}{2} \cdot 3^{(x-1)} = \dfrac{1}{2} \quad \Big| \cdot 2$

    $3^{(x-1)} = 1$

    $3^{(x-1)} = 3^0$

    $x - 1 = 0$

    $x = 1$

    $S(1|0)$

- Funktionswert für $x = 4$:

    $f(4) = \dfrac{1}{2} \cdot 3^{(4-1)} - \dfrac{1}{2}$

    $f(4) = \dfrac{1}{2} \cdot 3^3 - \dfrac{1}{2}$

    $f(4) = 13$

Training Grundwissen: 4 Exponentialfunktionen und Wachstumsprozesse

5. Bestimme die Lösung der Exponentialgleichung.

   a) $1{,}5^x = 3\frac{3}{8}$
   b) $3^x = \frac{1}{3}$
   c) $2 \cdot 3^{x+1} - 54 = 0$

Lösung:

a) $1{,}5^x = \frac{27}{8}$

$\left(\frac{3}{2}\right)^x = \left(\frac{3}{2}\right)^3$

$x = 3$

$\mathbb{L} = \{3\}$

b) $3^x = \frac{1}{3}$

$3^x = 3^{-1}$

$x = -1$

$\mathbb{L} = \{-1\}$

c) $2 \cdot 3^{x+1} - 54 = 0 \quad |+54 \quad |:2$

$3^{x+1} = 27$

$3^{x+1} = 3^3$

$x + 1 = 3 \quad |-1$

$x = 2$

$\mathbb{L} = \{2\}$

Aufgaben

Grundwissen

108 Bestimme die Lösungsmenge der folgenden Exponentialgleichungen:

a) $2^x = \frac{1}{16}$
b) $3^{(2-x)} = 243$
c) $4 \cdot 2^{(x+2)} + 2 = 18$
d) $3^{(x-5)} = \frac{1}{81}$

109 Bestimme grafisch die Lösungen der folgenden Exponentialgleichungen:

a) $4 \cdot \left(\frac{1}{2}\right)^{x+4} + 8 = 10$
b) $4 \cdot \left(\frac{1}{2}\right)^{x+4} + 8 = 24$

110 Bestimme grafisch den Schnittpunkt der Grafen von

$f_1: y = 8 \cdot 2^{x+1}$ und $f_2: y = \left(\frac{1}{2}\right)^{x+2}$

4.3 Wachstumsprozesse

Vorgänge, bei denen die Zunahme Δy (oder auch die Abnahme) einer Größe y in Abhängigkeit von der Zeit proportional zum jeweiligen Wert dieser Größe erfolgt, bezeichnet man als **exponentielle Wachstumsprozesse**.

Derartige Vorgänge können mathematisch durch eine Exponentialfunktion beschrieben werden:

$f: y = c \cdot a^x$

für a > 1:   Exponentielle Zunahme oder exponentielles Wachstum
               Vergleiche: Beispiel 1 (Verzinsung eines Kapitals) und
               Beispiel 2 (Wachstum einer Pilz-Kultur)

für 0 < a < 1:   Exponentielle Abnahme oder exponentieller Zerfall
               Vergleiche: Beispiel 3 (Radioaktiver Zerfall) und
               Beispiel 4 (Luftdruckabnahme mit der Höhe)

Beispiele

1. Ein Kapital $k_0 = 15\,000\,€$ wird mit einem Zinssatz von 4,5 % pro Jahr und einer Laufzeit von 10 Jahren verzinst.
   a) Wie hoch ist das Guthaben nach 10 Jahren?
   b) Welchen Betrag müsste man anlegen, damit man nach 10 Jahren ein Guthaben von 30 000 € hat?

Lösung:

a) Das Kapital in Abhängigkeit von der Anzahl x der Jahre berechnet sich nach der Exponentialfunktion

$$k = k_0 \cdot \left(1 + \frac{p}{100}\right)^x$$

$$k = 15\,000\,€ \cdot \left(1 + \frac{4,5}{100}\right)^{10}$$

$k = 15\,000\,€ \cdot (1,045)^{10}$

k = 23 295 €

Nach 10 Jahren ist das Anfangskapital von 15 000 € auf 23 295 € angewachsen.

b) $30\,000\,€ = k_0 \cdot \left(1 + \frac{4,5}{100}\right)^{10}$

$30\,000\,€ = k_0 \cdot (1,045)^{10}$

$$k_0 = \frac{30\,000\,€}{(1,045)^{10}}$$

k_0 = 19 318 €

Legt man 19 318 € als Startkapital an, so hat man nach 10 Jahren ein Guthaben von 30 000 € (bei dem vereinbarten Zinssatz von 4,5 %).

2. Bei der Herstellung von Joghurt wird der Pilz Lactobacillus bulgaricus verwendet. Diese Pilze vermehren sich durch Zellteilung, wobei innerhalb einer bestimmten Zeit, der Generationszeit, aus einer Zelle zwei Tochterzellen entstehen. Die Generationszeit für den Joghurtpilz beträgt 30 Minuten.
   a) Auf wie viele Pilze wächst eine Pilzkultur von 100 Pilzen in 24 Stunden an?
   b) Wie viele Pilze waren es 1 Stunde vor Beobachtungsbeginn?

   Lösung:
   a) Die Funktionsgleichung für dieses exponentielle Wachstum lautet:
   $y = y_0 \cdot a^x$ x: Zeit in Std.
   y_0: Anzahl der Pilze zur Zeit t = 0 Std.
   y: Anzahl der Pilze nach der Zeit x

   Zur Bestimmung der Basis a müssen wir bedenken, dass eine Verdoppelung des Pilzbestandes nach jeweils 30 Minuten oder 0,5 Stunden erfolgt:
   $a^{0,5} = 2$ $(a^{0,5})^2 = 2^2$ $a = 4$
   Exponentialgleichung: $y = 100 \cdot 4^x$
   Anzahl Pilze nach 24 Stunden: $y = 100 \cdot 4^{24}$
   $y = 2,8 \cdot 10^{16}$

   b) Wir stellen die Frage anders: Wie viele Pilze waren anfänglich vorhanden, wenn ihre Zahl nach 1 Stunde auf 100 angewachsen ist?
   $100 = y_0 \cdot 4^1$
   $y_0 = \frac{100}{4}$
   $y_0 = 25$
   Eine Stunde vor Beobachtungsbeginn waren es 25 Pilze.

3. Nach dem Reaktorunfall von Tschernobyl hatte das radioaktive Nuklid Jod-131 einen sehr großen Anteil an der Strahlenbelastung in Deutschland. Jod-131 hat eine Halbwertszeit von 8,08 Tagen.
   a) Nach wie vielen Halbwertszeiten ist die Menge A des Nuklids Jod-131 auf 1,5625 % der anfänglichen Menge A_0 abgesunken?
   b) Bei einer Probe aus Jod-131 waren nach 4,0 Tagen noch $7,1 \cdot 10^3$ Kerne nicht zerfallen. Wie viele unzerfallene Kerne waren zu Beginn des Beobachtungszeitraums vorhanden?

Lösung:

a) $$A = A_0 \cdot \left(\frac{1}{2}\right)^{\frac{t}{T}}$$

$$A = A_0 \cdot \left(\frac{1}{2}\right)^{\frac{n \cdot T}{T}}$$

$$A = A_0 \cdot \left(\frac{1}{2}\right)^n$$

$$\left(\frac{1}{2}\right)^n = \frac{A}{A_0}$$

$$\left(\frac{1}{2}\right)^n = \frac{0{,}015625 \cdot A_0}{A_0} \qquad 1{,}5625\,\% \text{ entspricht } 0{,}015625$$

$$\left(\frac{1}{2}\right)^n = 0{,}015625$$

$$0{,}015625 = \frac{1}{64} = \frac{1}{2^6} = \left(\frac{1}{2}\right)^6$$

$$\left(\frac{1}{2}\right)^n = \left(\frac{1}{2}\right)^6$$

$$n = 6$$

Nach 6 Halbwertszeiten oder 48,5 Tagen ist die Menge von Jod-131 auf 1,5625 % der Anfangsmenge abgesunken.

b) $$n = n_0 \cdot \left(\frac{1}{2}\right)^{\frac{t}{T}}$$

$$7{,}1 \cdot 10^3 = n_0 \cdot \left(\frac{1}{2}\right)^{\frac{4{,}0\,d}{8{,}08\,d}}$$

$$7{,}1 \cdot 10^3 = n_0 \cdot 0{,}71$$

$$n_0 = 10\,000$$

Zu Beginn des Beobachtungszeitraums waren 10 000 Kerne vorhanden.

4. Der Luftdruck nimmt mit zunehmender Höhe über dem Meeresspiegel ab. Der Zusammenhang zwischen dem Luftdruck y (in hPa) und der Höhe x (in km) über dem Meeresspiegel wird durch folgende Gleichung beschrieben:

$$y = c \cdot 10^{-0{,}0565\,\frac{1}{km} \cdot x}$$

Die Konstante c bedeutet dabei den Normalluftdruck auf Meeresniveau.

a) In Münster, das 60 m über dem Meeresspiegel liegt, wird zu einem bestimmten Zeitpunkt ein Luftdruck von 1005 hPa gemessen. Bestimme den Wert der Konstanten c.

b) Welcher Luftdruck herrscht am Gipfel des 4 477 m hohen Matterhorns?

c) In welcher Höhe beträgt der Luftdruck nur noch 10 % des Wertes auf Meeresniveau?

d) Stelle den Grafen der Luftdruckfunktion in einem Koordinatensystem dar, sodass man zu jeder Meereshöhe den zugehörigen Luftdruck ablesen kann.

Lösung:

a) $1005 \text{ hPa} = c \cdot 10^{-0,0565 \frac{1}{km} \cdot 0,060 \text{ km}}$
$1005 \text{ hPa} = c \cdot 0,9922$
$c = 1013 \text{ hPa}$

b) $y = 1013 \text{ hPa} \cdot 10^{-0,0565 \frac{1}{km} \cdot 4,477 \text{ km}}$
$y = 565,79 \text{ hPa}$

Der Luftdruck auf dem Matterhorngipfel beträgt **566 hPa**.

c) $\frac{1}{10} \cdot 1013 \text{ hPa} = 1013 \text{ hPa} \cdot 10^{-0,0565 \frac{1}{km} \cdot x} \quad |:1013 \text{ hPa}$

$10^{-1} = 10^{-0,0565 \frac{1}{km} \cdot x}$ Die Potenzen haben gleiche Basis. Deshalb müssen die Exponenten gleich sein.

$-1 = -0,0565 \frac{1}{km} \cdot x \quad \left|:\left(-0,0565 \frac{1}{km}\right)\right.$

$x = \dfrac{-1}{-0,0565 \frac{1}{km}}$

$x = 17,7$

In einer Höhe von 17,7 km über Meeresniveau beträgt der Luftdruck mit 101 hPa nur noch $\frac{1}{10}$ (10 %) des Luftdrucks auf Meereshöhe (1 013 hPa).

d) Wertetabelle und grafische Darstellung

Höhe x in km	Luftdruck in hPa	Höhe x in km	Luftdruck in hPa
0	1 013	11	242
1	889	12	213
2	781	13	187
3	686	14	164
4	602	15	144
5	529	16	126
6	464	17	111
7	407	18	97
8	358	19	86
9	314	20	75
10	276		

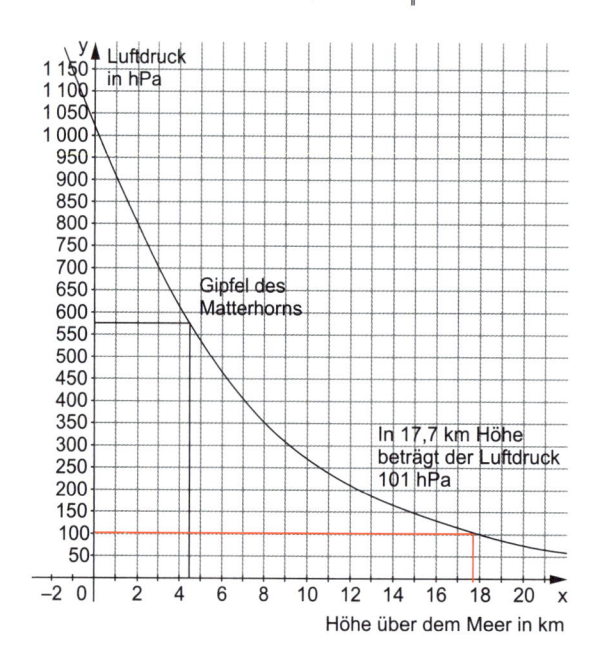

Graf

Training Grundwissen: 4 Exponentialfunktionen und Wachstumsprozesse 79

Aufgaben Anwendungsaufgaben

111 **Kapital**
Ein Kapital von 1 000 € wird mit 8 % Zinsen angelegt.
a) In welcher Zeit verdoppelt sich das Kapital?
b) Zeige, dass die Verdopplungszeit nicht davon abhängt, wie groß das Anfangskapital ist.
c) Ist folgende Aussage richtig: „Wenn der Zinssatz verdoppelt wird, halbiert sich die Zeit, in der sich das Kapital verdoppelt."? – Begründe durch eine Rechnung.

112 **Wertverlust eines Neuwagens**
Der Neupreis eines Autos beträgt 45 600 €. Im ersten Jahr ist der Wertverlust 25 % des Neupreises. In den folgenden Jahren beträgt der Wertverlust jährlich 10 % vom jeweiligen Restwert an Ende des Vorjahres.
a) Berechne den Restwert nach dem ersten Jahr. Stelle dann eine Funktion auf, die den Restwert y des Fahrzeugs in Abhängigkeit von der Anzahl x der Jahre (x > 1) beschreibt.
b) Wie groß ist der Restwert des Autos nach 3, 5, 10 Jahren?

113 **Kernzerfälle**
Für das radioaktive Nuklid Bi-210 (Wismut) werden zu einem bestimmten Zeitpunkt 800 Kernzerfälle pro Sekunde registriert. Der Versuch wird 15 Tage später wiederholt, wobei jetzt 100 Kernzerfälle pro Sekunde gezählt werden.
a) Bestimme die Halbwertszeit von Bi-210. (Die Halbwertszeit ist die Zeit, in der die Anzahl der registrierten Kernzerfälle auf die Hälfte abnimmt.)
b) Nach wie viel Tagen werden noch 25 Kernzerfälle pro Sekunde registriert?
c) Welcher Bruchteil der ursprünglich vorhandenen Kerne ist nach 60 Tagen noch nicht zerfallen?

114 **Wachstum von Wasserlinsen**
Auf Seen und Teichen rund um den Erdball wächst die anspruchslose kleine Schwimmpflanze – auch Entengrütze genannt – oft in dichten Teppichen. Sie sind in der Regel kreisförmig und haben einen Durchmesser von 2–3 mm. Die explosionsartige Vermehrung der Wasserlinsen erfolgt folgendermaßen: die Pflanzen teilen sich einfach und bilden Tochtersprossen. Auf diese Art verdoppelt sich die Wasserlinse täglich.
Paul will in den Sommerferien 4 Wochen wegfahren. Sein Gartenteich hat eine Fläche von 7 Quadratmetern. Da er nicht alle Wasserlinsen aus seinem Teich heraussammeln kann, überlegt er, welche Fläche seines Gartenteiches mit Wasserlinsen bedeckt sein wird, wenn sich am Tage seiner Abreise noch insgesamt eine Handfläche voll auf dem Teich befindet.
a) Welche der folgenden Aussagen sind richtig?
 (1) Der Teich ist längst zugewuchert.
 (2) Der Teich ist erst zur Hälfte zugewuchert.
 (3) Der Teich ist erst zu drei Vierteln zugewuchert.
 (4) Der Teich ist erst nach fünf Wochen zugewuchert.
Begründe deine Entscheidung durch Berechnung. Berechne zur Beurteilung der Aussagen auch, nach wie vielen Tagen der Teich komplett mit Wasserlinsen bedeckt ist?

b) Paul hat beobachtet: „Gestern war der Teich etwa eine Handfläche groß mit Wasserlinsen bewachsen, heute sind es schon zwei Handflächen voll." Er behauptet: „Wenn ich in 28 Tagen aus dem Urlaub wiederkomme sind weitere 28 Handflächen hinzugekommen und der Teich ist noch lange nicht zugewuchert!"
Erkläre von welcher Art Wachstum bei dieser Überlegung ausgegangen wird.

115 **Bevölkerungsentwicklung**

Seit einigen Jahren nimmt die Gesamtzahl der in Deutschland lebenden Menschen ab. Im Jahr 2005 lebten noch etwa 83 Millionen Menschen in Deutschland, im Jahr 2050 werden es nach Prognose des Statistischen Bundesamtes nur noch zwischen 69 und 74 Millionen Menschen sein.

Wir gehen bei unseren Berechnungen von einem exponentiellen Wachstum (hier: exponentielle Abnahme) aus.

a) Gib für die beiden Extremalwerte der Prognose eine exponentielle Funktionsgleichung der Form $y = c \cdot a^x$ an, die den Prozess der Bevölkerungsabnahme für Deutschland bis 2050 beschreibt.
b) Begründe, dass der Wert für a kleiner als 1 sein muss.
c) Ein Mitschüler behauptet, dass die jährliche prozentuale Abnahme der Bevölkerung in Deutschland dann bei ca. 1 % liegen muss. Beweise oder widerlege seine Behauptung durch eine Rechnung.
d) Wenn die Bevölkerung in Deutschland – ähnlich wie in manchen Staaten in Asien oder Afrika – seit 2005 jährlich um 2 % zunehmen würde, wie viele Menschen würden dann 2050 in Deutschland leben?

5 Grafische Darstellungen und Diagramme

Grafische Darstellungen und Diagramme sind Hilfsmittel, die möglicherweise komplizierte Zusammenhänge bildlich verdeutlichen sollen. Man kann im Wesentlichen zwei Arten unterscheiden:
- grafische Darstellungen funktionaler Zusammenhänge
- grafische Darstellungen statistischer Daten

Gelegentlich werden auch beide Arten miteinander vermischt. Dies wird anhand von Beispielen erläutert.

5.1 Interpretation von grafischen Darstellungen funktionaler Zusammenhänge

Hier geht es darum, aus grafischen Darstellungen auf Sachverhalte zu schließen. Dazu achtet man auf Eigenschaften des Grafen: Ist er gerade oder gekrümmt, fällt oder steigt er? Verläuft er glatt oder hat er einen Knick? Die folgende Übersicht hilft bei der Interpretation eines gegebenen Grafen:

Merke

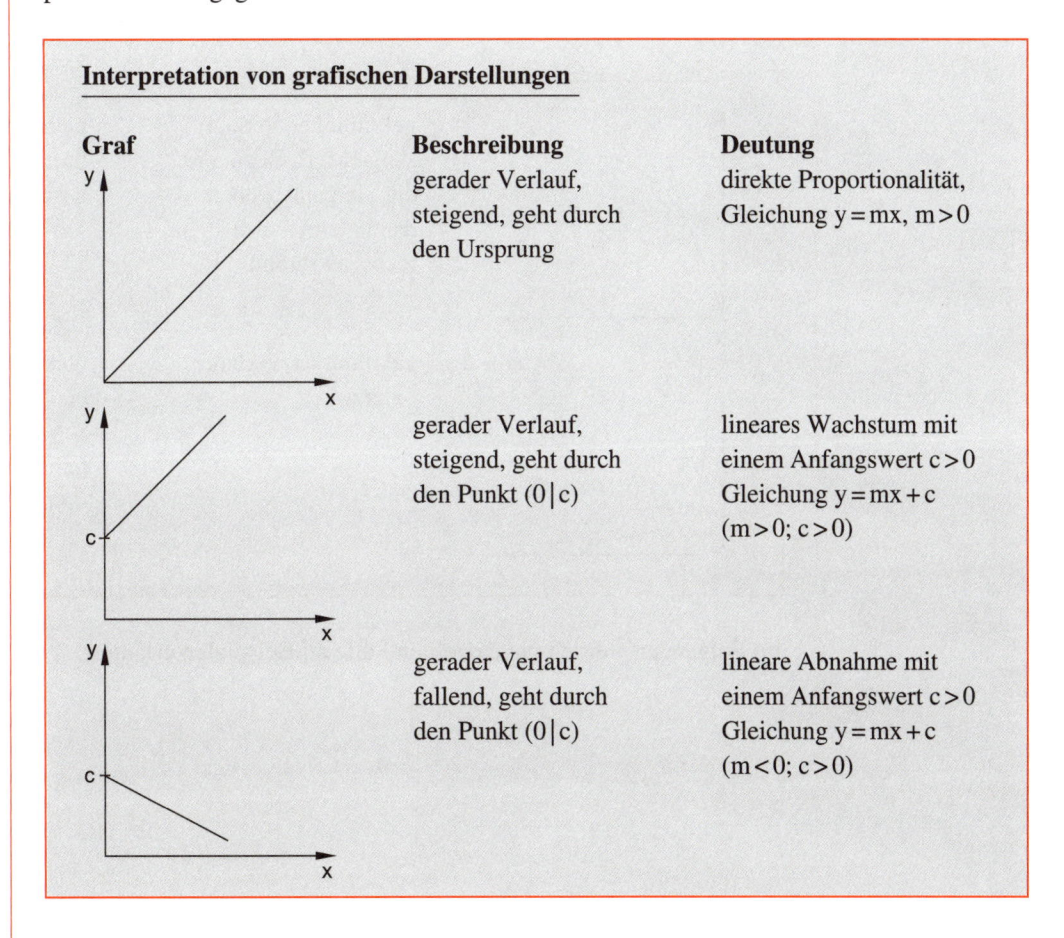

Interpretation von grafischen Darstellungen

Graf	Beschreibung	Deutung
	gerader Verlauf, steigend, geht durch den Ursprung	direkte Proportionalität, Gleichung $y = mx$, $m > 0$
	gerader Verlauf, steigend, geht durch den Punkt $(0\,|\,c)$	lineares Wachstum mit einem Anfangswert $c > 0$ Gleichung $y = mx + c$ ($m > 0$; $c > 0$)
	gerader Verlauf, fallend, geht durch den Punkt $(0\,|\,c)$	lineare Abnahme mit einem Anfangswert $c > 0$ Gleichung $y = mx + c$ ($m < 0$; $c > 0$)

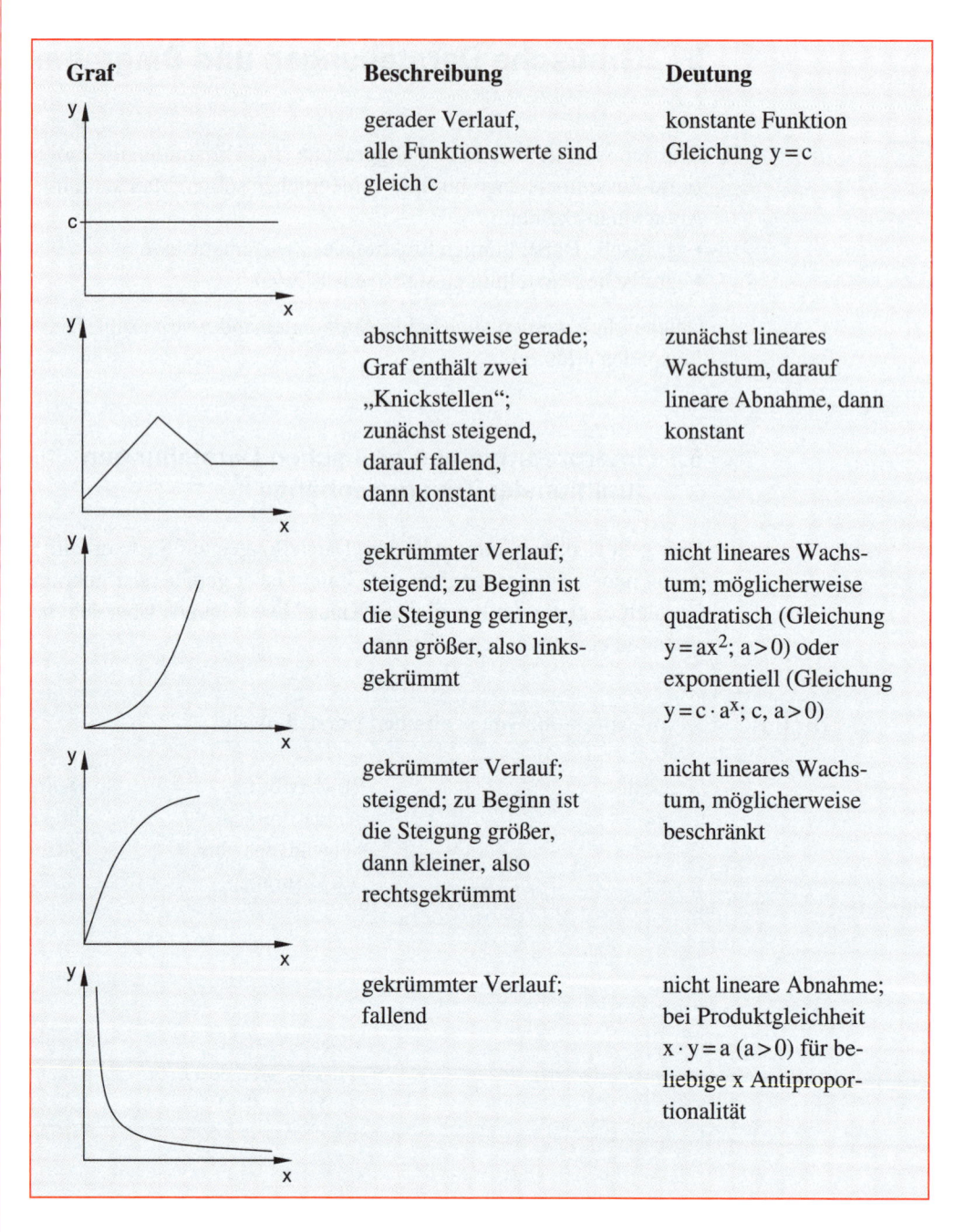

Graf	Beschreibung	Deutung
	gerader Verlauf, alle Funktionswerte sind gleich c	konstante Funktion Gleichung $y = c$
	abschnittsweise gerade; Graf enthält zwei „Knickstellen"; zunächst steigend, darauf fallend, dann konstant	zunächst lineares Wachstum, darauf lineare Abnahme, dann konstant
	gekrümmter Verlauf; steigend; zu Beginn ist die Steigung geringer, dann größer, also linksgekrümmt	nicht lineares Wachstum; möglicherweise quadratisch (Gleichung $y = ax^2$; $a > 0$) oder exponentiell (Gleichung $y = c \cdot a^x$; $c, a > 0$)
	gekrümmter Verlauf; steigend; zu Beginn ist die Steigung größer, dann kleiner, also rechtsgekrümmt	nicht lineares Wachstum, möglicherweise beschränkt
	gekrümmter Verlauf; fallend	nicht lineare Abnahme; bei Produktgleichheit $x \cdot y = a$ ($a > 0$) für beliebige x Antiproportionalität

Im Folgenden werden die einzelnen Fälle an Beispielen erläutert.

Training Grundwissen: 5 Grafische Darstellungen und Diagramme

Lineares Wachstum, lineare Abnahme

Beim linearen Wachstum nimmt eine Größe in jeweils den gleichen Abständen um jeweils den gleichen Betrag zu. Entsprechend ist lineare Abnahme durch Abnahme um jeweils den gleichen Betrag in gleichen Abständen gekennzeichnet.

So liegt etwa bei direkter Proportionalität lineares Wachstum vor, d. h. der Preis einer Ware wird k-mal so groß, wenn die gekaufte Menge k-mal so groß wird und kein Mengenrabatt gewährt wird.

Beispiel

In manchen Geschäften kann man sich jede beliebige Menge eines Öls abfüllen lassen. Ein besonderes Nussöl kostet 2,70 € für 100 $m\ell$.

Hier hat man es mit direkter Proportionalität zu tun. Diesen Zusammenhang kann man in einem Diagramm darstellen:

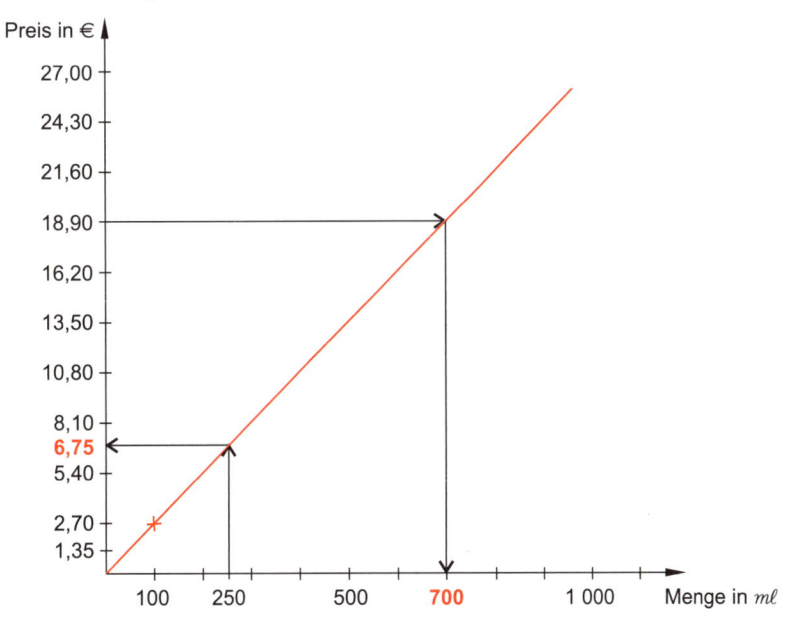

Aus dem Diagramm kann man z. B. ablesen, wie viel 250 $m\ell$ kosten, indem man auf der Mengenskala 250 $m\ell$ sucht, von dort aus senkrecht nach oben geht, bis man den Grafen trifft und dann von diesem Grafenpunkt aus waagrecht nach links zur Preisskala geht. Dort liest man ab: 6,75 €.

Umgekehrt kann man zum Preis von 18,90 € die zugehörige Menge Öl aus dem Diagramm ablesen: Jetzt geht man vom Preis 18,90 € aus waagrecht nach rechts bis zum Grafen und vom Grafenpunkt aus senkrecht nach unten zur Mengenskala. Dort findet man als zugehörige Menge 700 $m\ell$.

Ein Graf, der lineares Wachstum beschreibt, muss jedoch nicht immer durch den Koordinatenursprung gehen. Dies ist z. B. dann der Fall, wenn für eine Dienstleistung eine Grundgebühr erhoben wird oder wenn ein Auto aufgetankt wird, dessen Benzintank noch eine bestimmte Menge Benzin enthält.

Training Grundwissen: 5 Grafische Darstellungen und Diagramme

Beispiel

Der Preis für eine Taxifahrt in Köln setzt sich aus der Grundgebühr in Höhe von 2,20 € sowie dem Preis für die gefahrene Strecke zusammen. Zwischen 6 Uhr und 22 Uhr kostet ein Kilometer 1,30 €, zwischen 22 Uhr und 6 Uhr 1,55 €.

a) Stelle die Kosten für eine Taxifahrt zwischen 6 Uhr und 22 Uhr sowie zwischen 22 Uhr und 6 Uhr in einem Diagramm in Abhängigkeit von den gefahrenen Kilometern dar.
b) Lies aus dem Diagramm ab: Wie viel zahlt Herr Walter, der um 22.35 Uhr von der Oper zu seinem 6,2 km entfernten Haus fährt?
c) Frau Werner hat viel eingekauft und lässt sich deshalb am frühen Nachmittag mit dem Taxi nach Hause fahren. Sie zahlt 7,40 €. Wie weit ist sie gefahren?

Überprüfe deine Ergebnisse jeweils durch eine Rechnung.

Lösung:

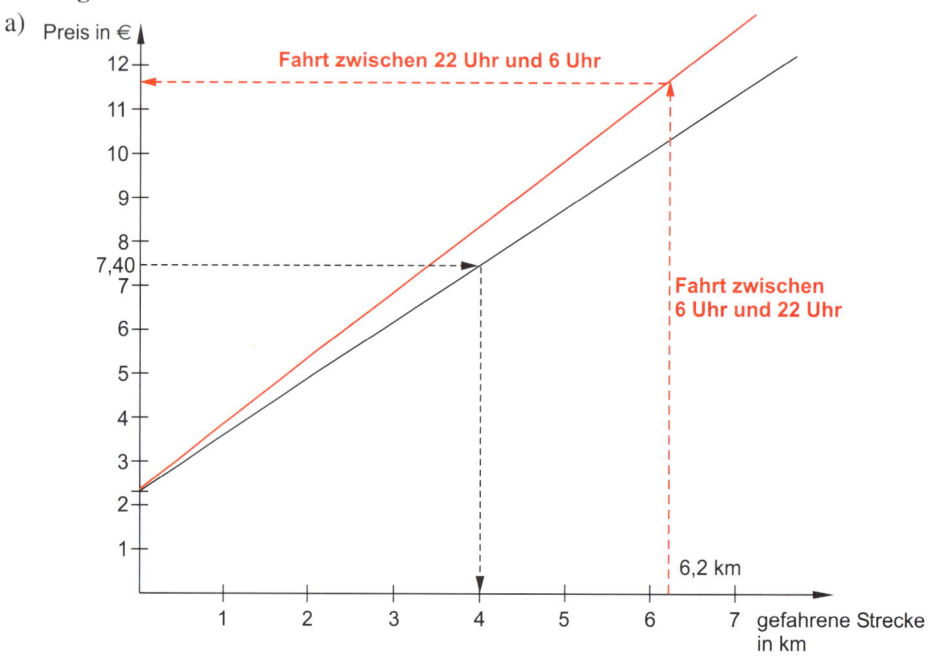

a)

b) Herr Walter zahlt etwa 11,80 € (Ablesen aus dem Diagramm).
   Rechnung: Preis = Grundpreis + gefahrene Kilometer · Preis pro km
   Preis = 2,20 € + 6,2 · 1,55 € = 11,81 €

c) Ablesen aus dem Diagramm: 4 km
   Rechnung: Kilometerzahl = (Preis – Grundpreis) : Kilometerpauschale
   Preis abzüglich Grundpreis: 7,40 € – 2,20 € = 5,20 €
   5,20 € : 1,30 € = 4
   Frau Werner ist also 4 km gefahren.

Training Grundwissen: 5 Grafische Darstellungen und Diagramme

Das nächste Beispiel zeigt lineare Abnahme, die in eine konstante Funktion übergeht.

Beispiel

Aus einer zylinderförmigen Wassertonne fließt Wasser aus. Die Tonne ist 1,20 m hoch und vollständig gefüllt; die Abflussöffnung befindet sich in 20 cm Höhe. Stelle den qualitativen Verlauf der Höhe des Wasserstands in der Tonne in Abhängigkeit von der Zeit dar, wenn angenommen wird, dass das Wasser gleichmäßig abfließt.

Lösung:
Da das Wasser gleichmäßig ausfließt und der Querschnitt der Tonne überall gleich groß ist, fließt in jeder Zeiteinheit die gleiche Menge Wasser aus. Dies entspricht einer Abnahme der Höhe des Wasserstandes um jeweils den gleichen Betrag. Wenn der Wasserstand die Höhe der Abflussöffnung erreicht hat, fließt kein Wasser mehr aus, der Wasserstand bleibt also konstant bei 20 cm Höhe.

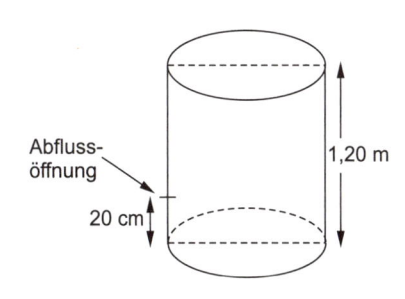

Graf

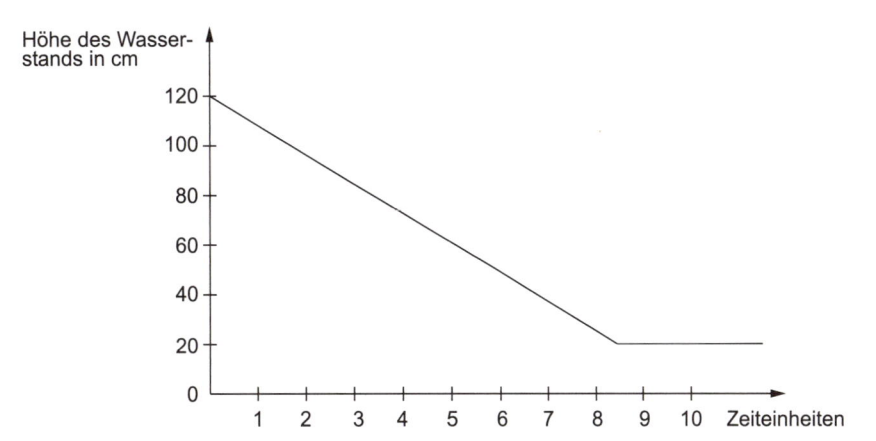

Da der Durchmesser der Wassertonne und die Ausflussgeschwindigkeit nicht bekannt sind, ist keine genauere Darstellung möglich.

Wichtige Beispiele von linearen Funktionsverläufen, bei denen sich Steigung und Bewegungsrichtung abschnittsweise ändern können, sind **Weg-Zeit-Diagramme** bei gleichförmiger, d. h. nicht beschleunigter Bewegung.

Beispiel

Das folgende Diagramm beschreibt Lisas Schulweg an einem bestimmten Tag.

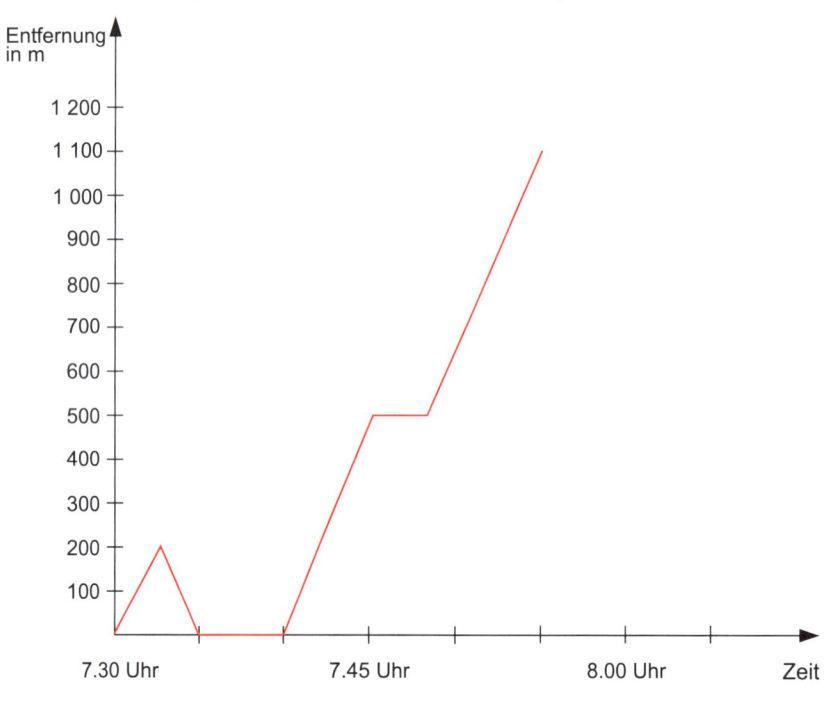

Beantworte folgende Fragen:
a) Wann kommt Lisa in der Schule an?
b) Wie weit ist die Schule von Lisas Wohnung entfernt?
c) Wann geht Lisa das zweite Mal von zu Hause weg?
d) Mit welcher Geschwindigkeit $\left(\text{in } \frac{km}{h}\right)$ geht sie dann von zu Hause weg?
e) Schreibe eine kurze Geschichte, die Lisas Schulweg an diesem Tag beschreibt.

Lösung:

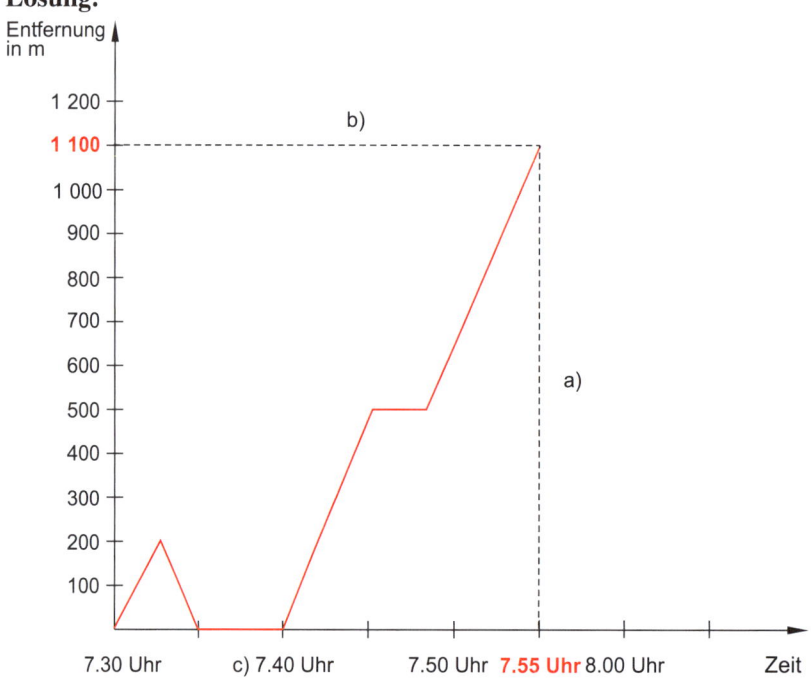

a) Ablesen aus dem Diagramm: Lisa kommt um 7.55 Uhr in der Schule an.

b) Ablesen aus dem Diagramm: Die Schule ist 1 100 m von Lisas Wohnung entfernt.

c) Ablesen aus dem Diagramm: Lisa geht um 7.40 Uhr zum zweiten Mal von zu Hause weg.

d) Ablesen aus dem Diagramm: Lisa legt zwischen 7.40 Uhr und 7.45 Uhr, also in 5 Minuten, 500 m zurück. In 60 min würde sie bei gleich bleibender Geschwindigkeit $12 \cdot 500\,m = 6\,000\,m = 6\,km$ zurücklegen. Ihre Geschwindigkeit beträgt also $6\,\frac{km}{h}$.

e) Lisa verlässt um 7.30 Uhr das Haus. Nachdem sie 200 m gegangen ist, fällt ihr ein, dass sie ihr Mathebuch vergessen hat. Sie geht zurück, findet das Buch aber erst nach längerem Suchen unter ihrem Bett. Um 7.40 Uhr verlässt sie das Haus wieder, sie geht jetzt aber rascher als beim ersten Mal. Um 7.45 Uhr trifft sie eine Freundin, mit der sie sich kurz unterhält. Danach geht sie etwas gemächlicher weiter. Um 7.55 Uhr kommt Lisa in der Schule an.

Gelegentlich werden bei grafischen Darstellungen einzelne Messwerte durch ein Kurvenstück miteinander verbunden und damit ein funktionaler Zusammenhang vorgetäuscht. Häufig geschieht dies, um den Verlauf besser sichtbar zu machen, etwa bei einer Fieberkurve oder bei der Darstellung der Umsatzentwicklung eines Unternehmens. Durch **geschickte Wahl der Skalen auf den Achsen** können **Daten so manipuliert werden**, dass beim Betrachter ein bestimmter, gewünschter, Eindruck entsteht.

Beispiel

Vertreter Apel und Vertreter Berner haben ihre Umsätze im vergangenen halben Jahr in Diagrammen dargestellt:

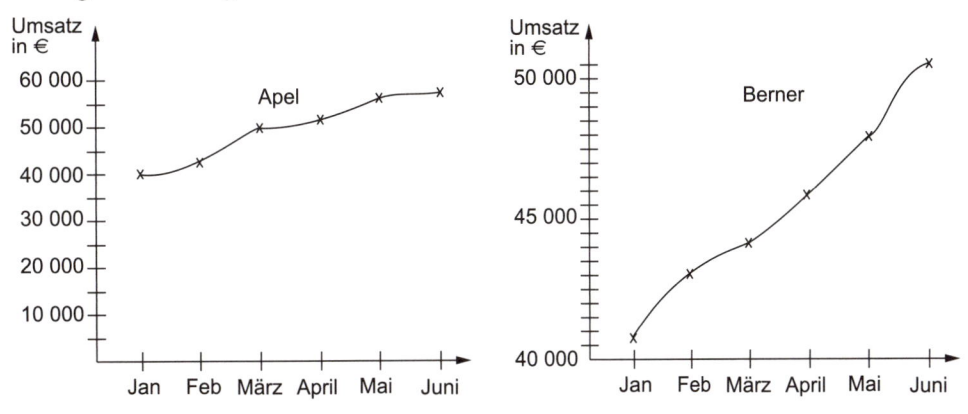

Beantworte folgende Fragen:
a) Welcher der beiden Vertreter hat scheinbar die größere Umsatzsteigerung erzielt?
b) Welchen Umsatz haben Herr Apel und Herr Berner in den Monaten Januar und Juni erzielt?
c) Wie groß ist jeweils die prozentuale Umsatzsteigerung im Juni gegenüber dem Umsatz im Januar?
d) Welcher der beiden Vertreter hat die größere Umsatzsteigerung erzielt?
e) Warum hat Herr Berner die Beschriftung der Achsen so gewählt wie oben angegeben?
f) Welche Art der grafischen Darstellung wäre für die Darstellung der Umsatzentwicklung besser geeignet?

Lösung:

a) Auf den ersten Blick scheint Herr Berner die größere Umsatzsteigerung erzielt zu haben, da seine Kurve steil ansteigt, während die von Herrn Apel eher flach verläuft.

b) Herr Apel: 40 000 € im Januar, 57 000 € im Juni
   Herr Berner: 41 000 € im Januar, 51 000 € im Juni.

c) Herr Apel: Umsatzsteigerung um p % = $\frac{(57\,000\,€ - 40\,000\,€) \cdot 100\,\%}{40\,000\,€}$ = 42,5 %

   Herr Berner: Umsatzsteigerung um p % = $\frac{(51\,000\,€ - 41\,000\,€) \cdot 100\,\%}{41\,000\,€}$ ≈ 24,39 %

d) Die größere Umsatzsteigerung hat demnach Herr Apel erzielt.

e) Herr Berner möchte seine Ergebnisse in einem möglichst guten Licht erscheinen lassen. Daher wählt er die Beschriftung der y-Achse so, dass die Umsatzsteigerung als möglichst steile Kurve erscheint; insbesondere beginnt er nicht bei 0 €, sondern bei 40 000 €.

f) Zwischen den Monaten und dem Umsatz besteht eigentlich kein funktionaler Zusammenhang. Hier wäre ein Balkendiagramm besser geeignet.

Aufgaben

116

Grundwissen

Für die Nutzung eines Handys entstehen in Abhängigkeit von der Nutzungsdauer Kosten.

a) Bei einem Prepaid-Handy gibt es keine monatlichen Grundgebühren. Beim Telefonieren beträgt der Preis pro Minute 0,39 €. Ergänze in der Tabelle die fehlenden Kosten!

Monatliche Telefonierdauer in Minuten	0	1	2	5	10	60	120
Monatliche Kosten in €	0	0,39					

b) Stelle die Werte aus Teilaufgabe a mithilfe eines Grafen dar (x-Achse: Telefonierdauer, y-Achse: Kosten).

c) Die monatlichen Kosten lassen sich auch als Funktionsgleichung angeben. Begründe, warum die Gleichung K = 0,39 t sinnvoll ist!

d) Bei einem Vertrag hat man eine monatliche Grundgebühr von 9,95 €. Die Kosten pro Minute betragen dafür nur 0,09 €. Ergänze die fehlenden Kosten in der Tabelle!

Monatliche Telefonierdauer in Minuten	0	1	2	5	10	60	120
Monatliche Kosten in €							

e) Stelle die Werte aus Teilaufgabe d mithilfe eines Grafen dar (x-Achse: Telefonierdauer, y-Achse: Kosten).

f) Gib eine Gleichung an, mit deren Hilfe man die monatlichen Kosten für diesen Handy-Vertrag in Abhängigkeit von der Telefonierdauer bestimmen kann!

g) Entscheide und begründe, ob sich bei einer monatlichen Telefonierdauer von 20 Minuten ein Handy-Vertrag lohnt oder ob ein Prepaid-Handy günstiger ist!

h) Bestimme, ab welcher monatlichen Telefonierdauer sich der Abschluss eines Handy-Vertrages lohnt!

117 Ein Diesel-Pkw kostet pro Jahr 975 € an Steuer und Versicherung. Pro 100 km benötigt das Fahrzeug 4 Liter Dieselkraftstoff, 1 Liter davon kostet 1,10 €.
Das gleiche Modell mit einem Benzinmotor kostet 400 € an Steuer und Versicherung. Der Benziner braucht 6 Liter Super auf 100 km, 1 Liter Super kostet 1,30 €.
a) Gib die jährlichen Kosten für den Diesel-Pkw an, wenn man damit 10 000 km (15 000 km, 20 000 km) zurücklegt.
b) Welche Kosten entstehen pro Jahr, wenn man mit dem Fahrzeug mit Benzinmotor 10 000 km (15 000 km, 20 000 km) zurücklegt?
c) Übertrage die Werte für die zurückgelegte Strecke und die entstehenden Kosten pro Jahr für die beiden Fahrzeuge in ein Koordinatensystem (x-Achse: zurückgelegte Strecke, y-Achse: entstehende Kosten pro Jahr). Bestimme mit Hilfe der eingezeichneten Grafen die Strecke, bei der die entstehenden Kosten für die beiden Fahrzeuge gleich sind.
d) Der Diesel-Pkw kostet neu 21 000 €, ein gleich ausgestatteter Pkw mit Benzinmotor kostet 18 500 €. Wie viele Jahre muss man den Diesel-Pkw bei einer jährlichen Strecke von 25 000 km mindestens fahren, bis sich die Mehrkosten in der Anschaffung rentiert haben?
e) Wie viel Geld spart ein Vertreter durch die Benutzung eines Diesel-Pkw gegenüber einem Pkw mit Benzinmotor, wenn er pro Jahr 35 000 km zurücklegt? Wie viel Prozent der Kosten des Pkw mit Benzinmotor sind dies?
f) Wie würde sich der Vergleich zwischen Benzin- und Diesel-Pkw ändern, wenn im Zuge einer Mineralölsteuererhöhung der Preis für Diesel und für Superkraftstoff um jeweils 15 Cent steigen würde?

Nicht lineares Wachstum

Sehr viele Vorgänge, die Wachstum oder Abnahme beschreiben, lassen sich nicht durch lineare Funktionen darstellen. Dazu gehören FüllGrafen von Gefäßen mit nicht konstantem Querschnitt bei gleichmäßiger Flüssigkeitszufuhr, Weg-Zeit-Diagramme beschleunigter Bewegungen, das Anwachsen eines Kapitals mit Zinseszinsen oder radioaktiver Zerfall.

Häufig sollen aus einer gegebenen grafischen Darstellung Informationen entnommen werden. Dabei ist es oft hilfreich, sich anzuschauen, wie ein Graf steigt oder fällt: Ist die Steigung am Anfang klein (der Graf verläuft flach) und wächst dann (der Graf wird steil) oder ist es umgekehrt? Dies kann man feststellen, indem man ein Lineal oder Geodreieck so am Grafen entlangführt, dass das Lineal den Grafen berührt.

Außerdem ist es von Vorteil, den Verlauf quadratischer Funktionen und von Exponentialfunktionen im Kopf zu haben, s. auch die entsprechenden Abschnitte.

Beispiele

1. Ein Wasserbehälter hat die Form eines auf der Spitze stehenden Kegels. Welcher der folgenden Grafen beschreibt die Füllhöhe im Gefäß richtig, wenn das Gefäß zunächst leer ist und das Wasser gleichmäßig zufließt?

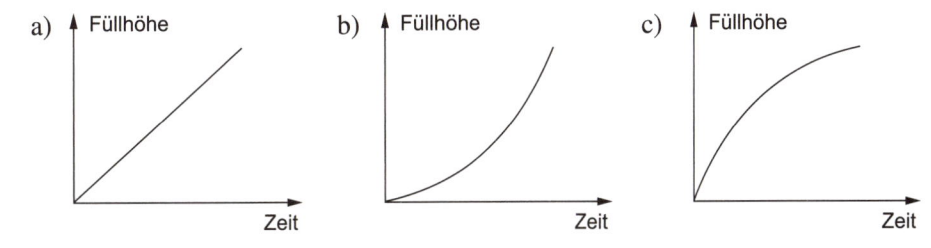

a) Füllhöhe / Zeit   b) Füllhöhe / Zeit   c) Füllhöhe / Zeit

Lösung:
Da der Wasserbehälter die Form eines auf der Spitze stehenden Kegels hat, ändert sich der Querschnitt des Gefäßes ständig: Er ist zunächst klein und wird immer größer. Daher steigt die Füllhöhe am Anfang stärker und dann schwächer. Die Steigung des zugehörigen Grafen muss also zuerst groß sein und dann mit der Zeit abnehmen. Daher ist c) der richtige Graf.

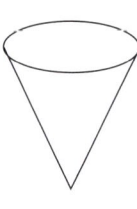

2. Die folgende grafische Darstellung zeigt die Bewegung eines Steins, der von einer Felswand fallen gelassen wird. Beantworte die folgenden Fragen:
   a) Aus welcher Höhe fällt der Stein? 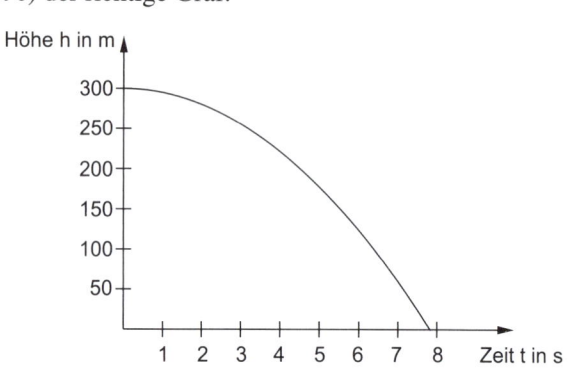
   b) Nach wie vielen Sekunden kommt der Stein am Boden auf?
   c) Welchen Weg legt der Stein in der vierten Sekunde zurück?
   d) Welchen Weg legt der Stein in der siebten Sekunde zurück?
   e) Um welche Art von Bewegung handelt es sich? Durch welche Funktionsgleichung kann die Bewegung annähernd beschrieben werden?

   Lösung:
   a) Der Stein fällt aus einer Höhe von 300 m.
   b) Nach 7,8 s kommt der Stein am Boden auf.
   c) Der Stein legt in der vierten Sekunde etwa 30 m zurück.
   d) Der Stein legt in der siebten Sekunde etwa 60 m zurück. 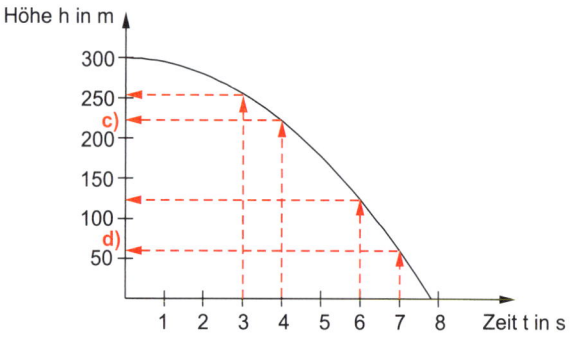
   e) Es handelt sich um eine beschleunigte Bewegung. Die Funktionsgleichung ist eine quadratische Funktion mit dem Scheitel (0 | 300); die zugehörige Parabel ist nach unten geöffnet. Daher hat die Gleichung die Form $y = h = 300 - at^2$; mit $h = 0$ für $t = 7,8$ s ergibt sich $300 - a \cdot 7,8^2 = 0$, also $a = \frac{300}{7,8^2} \approx 4,9 \left(\frac{m}{s^2}\right)$.

   In der Physik schreibt man üblicherweise für die Fallhöhe $h = \frac{1}{2} \cdot g \cdot t^2$, wobei $g = 9,81 \frac{m}{s^2}$ die Fallbeschleunigung ist; diese Fallhöhe ist jeweils von der Höhe der Felswand abzuziehen.

Training Grundwissen: 5 Grafische Darstellungen und Diagramme 91

3. Bei kurzer Trinkzeit (etwa eine halbe Stunde) ergibt sich ungefähr der folgende Verlauf der Blutalkoholkonzentration (nach W. Schwerd (Hrsg.), Kurzgefaßtes Lehrbuch der Rechtsmedizin für Mediziner und Juristen, Deutscher Ärzte-Verlag, 3. Auflage 1979):

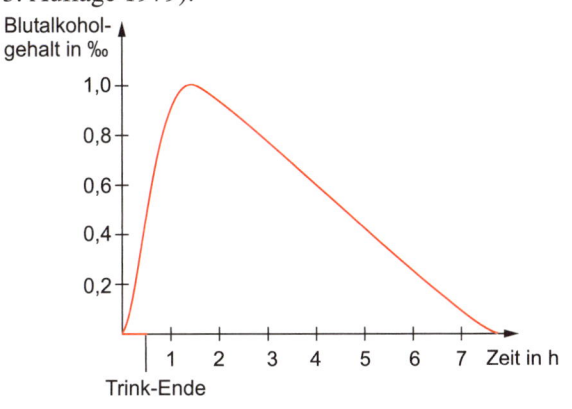

Beantworte folgende Fragen:
a) Welche Blutalkoholkonzentration wird hier maximal erreicht?
b) Nach welcher Zeit ist das Maximum erreicht?
c) Beschreibe den Verlauf der Kurve.

Lösung:
a) Der maximale Blutalkoholgehalt beträgt 1,0 ‰.
b) Das Maximum ist etwa eineinhalb Stunden nach Beginn des Trinkens erreicht.
c) Die Kurve steigt zunächst rasch an; nach eineinhalb Stunden ist das Maximum von 1,0 ‰ erreicht. Danach fällt die Kurve annähernd linear.

Aufgabe 118

Grundwissen

In der Tabelle ist die durchschnittliche Körpergröße von Mädchen im Alter bis 14 Jahren angegeben:

Alter (in Jahren)	0	1	2	3	4	5	7	10	11	12	13	14
Durchschnittliche Körpergröße von Mädchen (in cm)	48	75	87	96	103	111	122	142	148	154	158	165

Quelle für die Werte ab 1 Jahr: Forschungsinstitut für Kinderernährung, Dortmund

a) Erstelle an Hand der Werte aus der Tabelle einen Grafen (x-Achse: Alter in Jahren, y-Achse: Körpergröße in cm).
b) Lies im Grafen ab, wie groß ein Mädchen durchschnittlich mit 9 Jahren ist!
c) Um wie viel cm wächst ein Mädchen durchschnittlich im ersten Lebensjahr?
d) Begründe, warum die durchschnittliche Größe im Alter *0 Jahre* nicht *0 cm* sein kann.
e) Lies am Grafen ab, in welchem Jahr ein Mädchen durchschnittlich am meisten wächst! Erkläre, woran du dies erkennst!
f) Zwischen dem Alter von 2 und 3 Jahren wächst ein Mädchen durchschnittlich um 9 cm. Wie groß wäre dieses Mädchen, wenn es bis zu einem Alter von 14 Jahren genauso schnell weiter wachsen würde?
g) Um wie viel Prozent wächst ein Mädchen im Alter von 12 bis 14 Jahren?

5.2 Analyse grafischer Darstellungen bei statistischen Datenerhebungen

Statistische Daten werden der besseren Anschaulichkeit wegen häufig in Diagrammen dargestellt. Besonders gebräuchlich sind Block-, Streifen- und Kreis- bzw. Tortendiagramme. Gelegentlich werden Daten jedoch ausgewertet und ein funktionaler Zusammenhang zwischen einzelnen Merkmalen hergestellt. Dies zeigt unser erstes Beispiel.

Beispiel

In einem Lehrbuch der Rechtsmedizin (W. Schwerd (Hrsg.), Kurzgefaßtes Lehrbuch der Rechtsmedizin für Mediziner und Juristen, Deutscher Ärzte-Verlag, 3. Auflage 1979) findet sich folgende Grafik:

Zunahme der Gefährlichkeit alkoholbeeinflusster Verkehrsteilnehmer mit steigender Blutalkoholkonzentration

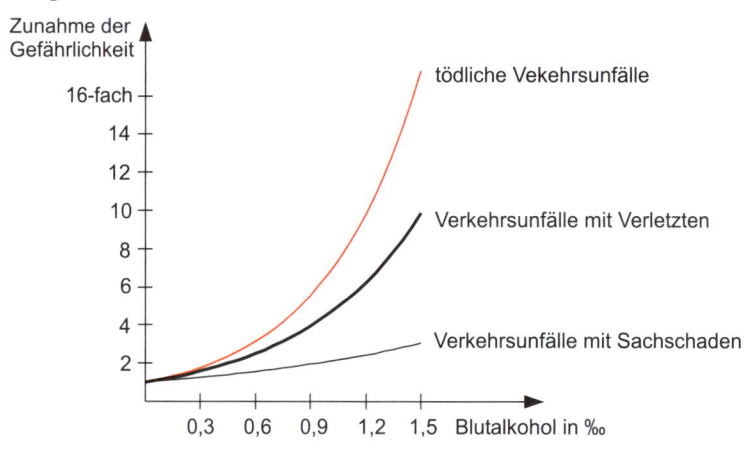

Beantworte folgende Fragen:

a) Wie hoch – im Vergleich zu einem Nüchternen – ist das Risiko einer Person mit einem Blutalkoholgehalt von 1,2 ‰ dafür, einen Verkehrsunfall mit Verletzten zu verursachen?
b) Bei welchem Blutalkoholgehalt steigt das Risiko für einen tödlichen Verkehrsunfall auf das 12-fache an?
c) Für welche Art von Unfällen steigt das Risiko mit steigendem Blutalkoholgehalt besonders stark an?
d) Welche Art von Funktionen gibt den hier gezeigten Sachverhalt wieder?
e) Stelle die Steigerung des Risikos für einen tödlichen Unfall für 0,3 ‰, 0,5 ‰, 0,8 ‰ und 1 ‰ in einem Säulendiagramm dar. Bei welcher Diagrammart zeigt sich die Erhöhung des Risikos deutlicher?

Lösung:

a) Das Risiko für einen Unfall mit Verletzten versechsfacht sich.
b) Bei 1,3 ‰ steigt das Risiko für einen tödlichen Verkehrsunfall auf das 12-fache.
c) Das Risiko für tödliche Verkehrsunfälle steigt besonders stark an.
d) Es handelt sich um Exponentialfunktionen.

Training Grundwissen: 5 Grafische Darstellungen und Diagramme

e) [Säulendiagramm: Zunahme des Risikos für einen tödlichen Verkehrsunfall in Abhängigkeit vom Blutalkohol in ‰: 0,3 → 1,8; 0,5 → 2,6; 0,8 → 4,6; 1,0 → 6,7]

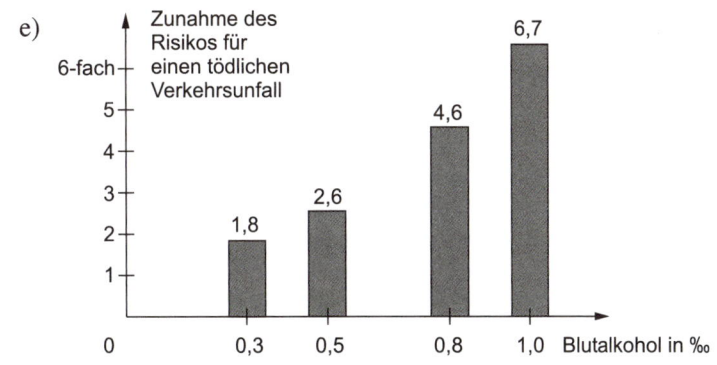

Die Darstellung der Erhöhung des Unfallrisikos durch eine Kurve macht den Zusammenhang deutlicher.

Statistische Daten werden häufig in Säulendiagrammen dargestellt. Es empfiehlt sich, genau auf die Beschriftung der Achsen zu achten.

Beispiel Die folgenden Diagramme zeigen die durchschnittlichen Schülerzahlen in Grundschulen und in Gymnasien (ohne Oberstufe).

Grundschulen in öffentlicher Trägerschaft im Schuljahr 2003/04
Schüler je Klasse

[Säulendiagramm mit Bundesländern: Sachsen-Anhalt, Thüringen, Sachsen, Mecklenburg-Vorpommern, Saarland, Brandenburg, Niedersachsen, Hessen, Schleswig-Holstein, Rheinland-Pfalz, Bundesgebiet, Baden-Württemberg, Bremen, Berlin, Bayern, Nordrhein-Westfalen, Hamburg]

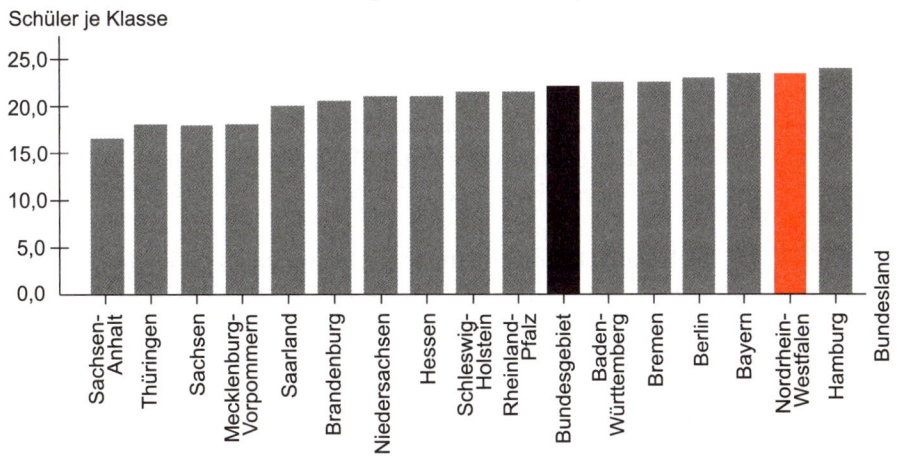

Gymnasien in öffentlicher Trägerschaft im Schuljahr 2003/04
Schüler je Klasse (nur Sek I) [1]

[Säulendiagramm mit Bundesländern: Sachsen, Sachsen-Anhalt, Thüringen, Schleswig-Holstein, Mecklenburg-Vorpommern, Hamburg, Bremen, Niedersachsen, Rheinland-Pfalz, Bundesgebiet, Brandenburg, Hessen, Baden-Württemberg, Saarland, Bayern, Nordrhein-Westfalen, Berlin]

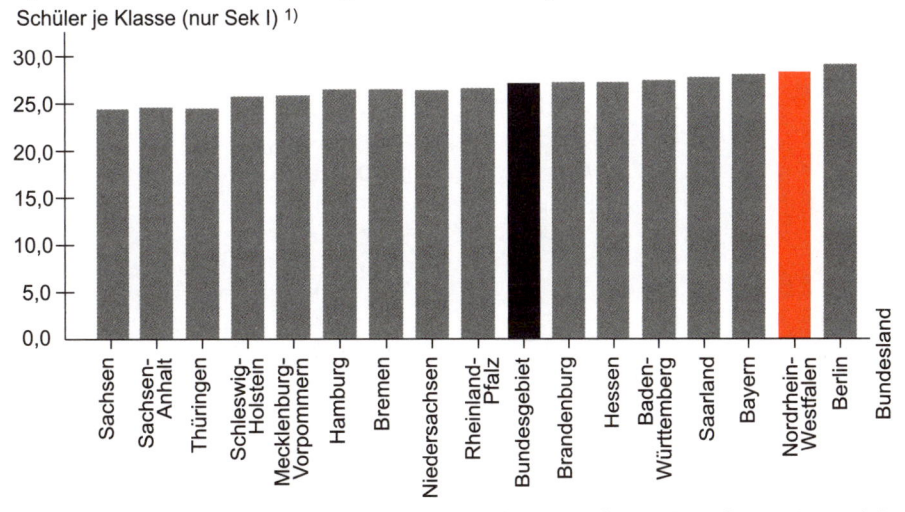

1) Durch Auflösung des Klassenverbandes in der reformierten Oberstufe an Gymnasien entfallen die Klassenangaben

(Quelle: http://www.sachsen-macht-schule.de/schuelerzahlen/sk_gy.gif)

Beantworte anhand der Diagramme die folgenden Fragen:
a) Wie viele Schüler sind in Nordrhein-Westfalen durchschnittlich in einer Grundschulklasse? Sind es mehr als im Bundesdurchschnitt?
b) In welchem Bundesland sind die Grundschulklassen am kleinsten? Wo sind sie am größten?
c) Sind die durchschnittlichen Klassenstärken in der Grundschule und am Gymnasium in Nordrhein-Westfalen gleich?
d) In welchen Bundesländern hat eine Grundschulklasse durchschnittlich weniger als 20 Schüler?
e) In welchen Bundesländern hat eine Klasse am Gymnasium durchschnittlich weniger als 20 Schüler?
f) Wie groß sind die Klassenstärken an Grundschulen und an Gymnasien im Bundesdurchschnitt?

Lösung:
a) In Nordrhein-Westfalen sind durchschnittlich 24 Schüler in einer Grundschulklasse, im Bundesdurchschnitt sind es dagegen nur 22.
b) In Sachsen-Anhalt sind die Grundschulklassen mit durchschnittlich 17 Schülern am kleinsten, in Hamburg mit durchschnittlich 24 Schülern am größten.
c) Gymnasium: 28 Schüler   Grundschule: 24 Schüler
Die durchschnittliche Klassenstärke ist also am Gymnasium größer.
d) In einer Grundschulklasse sind in Sachsen-Anhalt, Thüringen, Sachsen und Mecklenburg-Vorpommern durchschnittlich weniger als 20 Schüler.
e) Das ist in keinem Bundesland der Fall.
f) Grundschule: 22   Gymnasium: 27

Gelegentlich werden statistische Aussagen in bildhafte Darstellungen verpackt. In solchen Fällen sind Manipulationen besonders verbreitet.

Beispiel

Ein Versandhaus möchte den Umsatz, den es durch den Versand von Weinen aus aller Welt erzielt, nochmals steigern und plant eine Sonderaktion. Der Geschäftsleitung liegen zwei Entwürfe vor.

Entwurf 1:

> Wir konnten das Volumen unseres Weinversands verdoppeln!
>
> Feiern Sie mit uns!
>
> 2004   12 600 Liter
>
> 2005   25 300 Liter

Entwurf 2:

> Wir konnten das Volumen unseres Weinversands mehr als verdoppeln!
>
> Feiern Sie mit uns!
>
> 2004   12 600 Liter
>
> 2005   25 300 Liter

Für welchen Entwurf wird sich die Geschäftsleitung wahrscheinlich entscheiden und warum?

Lösung:
Vermutlich wird die Geschäftsleitung den zweiten Entwurf wählen, da dort das Anwachsen des Umfangs des Weinversands deutlicher wird. Allerdings täuscht das große Fass eine erheblich größere Steigerung der Menge vor als tatsächlich vorhanden: Das große Fass ist etwa doppelt so breit und doppelt so hoch wie das kleine, bedeckt also einen viermal so großen Flächeninhalt! Bedenkt man, dass es sich bei einem Fass um ein dreidimensionales Gebilde handelt, so wird sogar der achtfache Rauminhalt vorgetäuscht.

Manchmal besteht die Manipulation statistischer Daten nur aus der Kunst des Weglassens. Dies zeigt das folgende Beispiel:

Beispiel

Ein Pharmakonzern hat ein neues Medikament gegen eine bestimmte Krebsart entwickelt und gibt eine Langzeitstudie in Auftrag, die über einen Zeitraum von fünf Jahren laufen soll. Dabei wird das neue Medikament (N) mit dem herkömmlichen (H) verglichen. Die Forschergruppe fasst ihre Ergebnisse hinsichtlich der Überlebensrate in folgendem Diagramm zusammen:

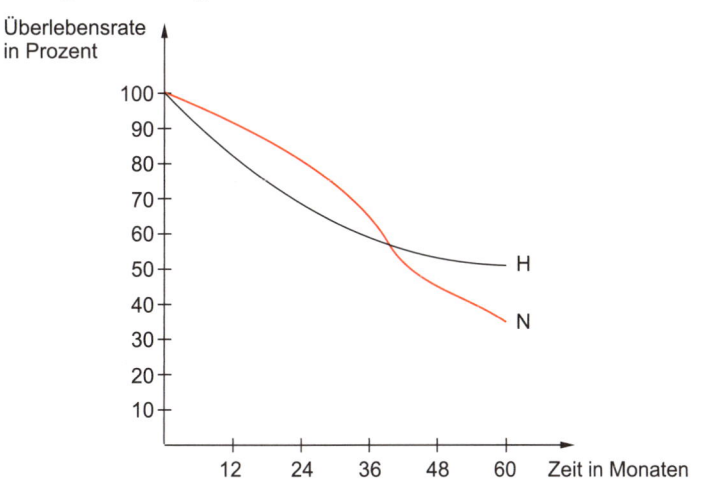

Die Überlebensrate z. B. nach 12 Monaten gibt an, wie viel Prozent der ursprünglich vorhandenen Patienten dann noch leben.

Im Ärzteprospekt für das Medikament N erscheint die folgende Grafik:

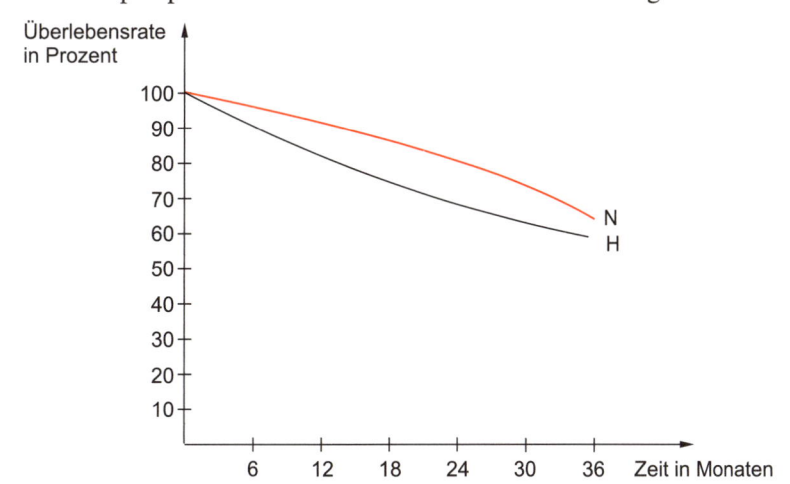

Beantworte die folgenden Fragen:
a) Welche Rückschlüsse hinsichtlich der Wirksamkeit der Medikamente H und N kann man aus der ersten Grafik ziehen?
b) Wie wird die Wirksamkeit des Medikamentes N in der zweiten Grafik dargestellt? Stimmen die dort angegebenen Überlebensraten mit denen aus der ersten Grafik überein?
c) Wie wurde die erste Grafik im Ärzteprospekt manipuliert? Welches Ziel verfolgt diese Manipulation?
d) Was könnte der Grund für den starken Abfall der Überlebensrate nach 36 Monaten bei Medikament N sein?

Lösung:
a) Bei Medikament H fällt die Überlebensrate in den ersten 36 Monaten auf etwa 60 % ab; danach scheint sie aber nur langsam zu fallen. Nach 60 Monaten beträgt die Überlebensrate immerhin noch etwa 50 %.
In den ersten 36 Monaten fällt die Überlebensrate bei Medikament N deutlich schwächer ab als bei Medikament H; nach 36 Monaten beträgt die Überlebensrate etwa 66 %. Im vierten Jahr sinkt die Überlebensrate dramatisch ab und ist nach 60 Monaten nur noch bei 35 %.

b) Nach der zweiten Grafik scheint Medikament N deutlich besser zu sein als Medikament H, da die Überlebensrate unter N stets größer ist als unter H. Die Überlebensraten stimmen für beide Medikamente mit denen aus der ersten Grafik überein.

c) Bei der zweiten Grafik wurde auf der Zeitachse ein doppelt so großer Maßstab gewählt. Außerdem endet die Zeitachse bei 36 Monaten. Dadurch wird der drastische Abfall der Überlebensrate bei Medikament N verschwiegen. Zweck dieser Manipulation ist, das neue Medikament N als das bessere darzustellen, damit möglichst viele Ärzte ihren Patienten das Medikament N verschreiben und so Umsatz und Gewinn des Pharmakonzerns steigern helfen. Würde die ursprüngliche Grafik in den Ärzteprospekt aufgenommen, würde wohl kaum ein Arzt seinen Patienten das neue Medikament verordnen, da es längerfristig deutlich schlechter abschneidet als das herkömmliche Medikament H.

d) Das neue Medikament könnte Nebenwirkungen haben, die innere Organe wie Herz oder Leber schädigen und die nach längerer Zeit zum Tod des Patienten führen.

Bei der Aufbereitung statistischer Daten werden häufig Prozentsätze angegeben. Oft beziehen sich diese Prozentsätze auf eine Stichprobe, über deren Umfang nichts ausgesagt wird. Insbesondere ist unbekannt, ob die Stichprobe überhaupt repräsentativ ist. Im obigen Beispiel wird die Anzahl der Patienten, an denen Medikament H bzw. N erprobt wurde, nicht genannt. Sind die Anzahlen sehr klein, lassen sich aus den Ergebnissen der Studie keine gesicherten Erkenntnisse gewinnen.

Training Grundwissen: 5 Grafische Darstellungen und Diagramme

Aufgabe 119

Grundwissen

In den Häfen in Bremen, Antwerpen, Rotterdam und Hamburg wurden in den Jahren 2001 bis 2005 folgenden Mengen an Containern umgeschlagen:

	2001	2002	2003	2004	2005
Bremen	2 900 000	3 000 000	3 200 000	3 400 000	3 700 000
Antwerpen	4 200 000	4 800 000	5 300 000	6 100 000	6 500 000
Rotterdam	6 100 000	6 200 000	7 100 000	8 200 000	9 300 000
Hamburg	4 800 000	5 200 000	6 100 000	7 000 000	8 100 000

(Quelle: www.hafen-hamburg.de)

a) Erstelle aus den gegebenen Daten für den Hamburger Hafen ein Säulendiagramm!
b) Berechne den Mittelwert und den Zentralwert des Containerumschlags für das Jahr 2002! Erkläre die Unterschiede zwischen diesen beiden Werten!
c) Berechne die prozentuale Steigerung des Containerumschlags im Hamburger Hafen in den einzelnen Jahren! Stelle die Ergebnisse in einem Diagramm dar!
d) Herr Meier soll den Containerumschlag des Hamburger Hafens im Vergleich zum Hafen in Bremen besonders positiv darstellen und benutzt dazu das abgebildete Diagramm. Erkläre, an welchen Stellen die Darstellung zu seinen Gunsten „geschönt" wurde!

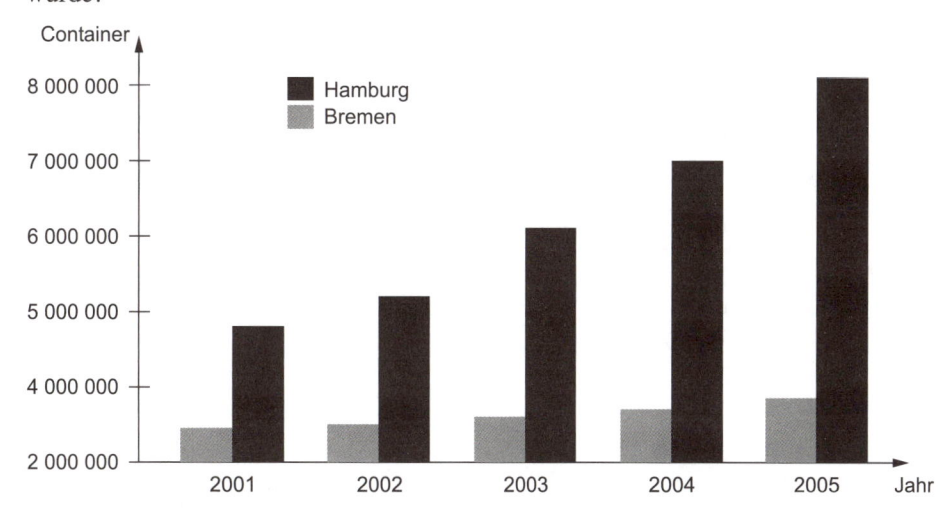

e) Auf der nächsten Pressekonferenz sollen die Ergebnisse wieder positiv präsentiert werden. Um nicht noch einmal die alten Fehler zu wiederholen, hat Herr Meier sich ein neues Diagramm erstellen lassen. Welchen Eindruck erweckt er mit diesem Diagramm?

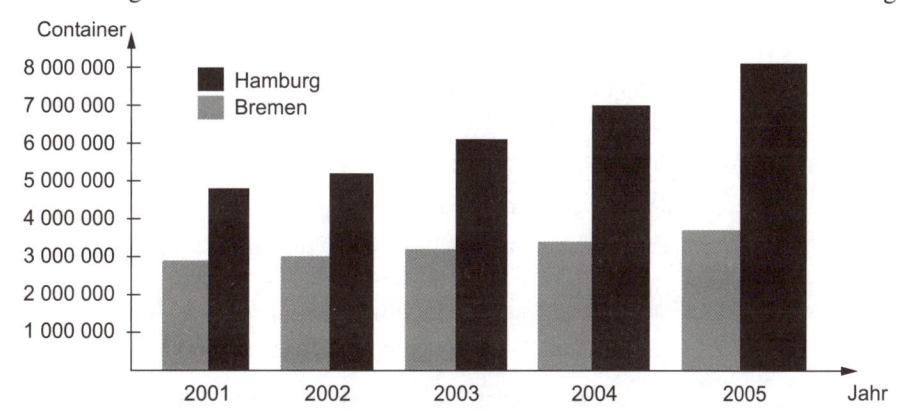

6 Ähnlichkeit

6.1 Vergrößern und Verkleinern von Figuren – Ähnliche Figuren

Maßstabsgetreue Vergrößerungen und Verkleinerungen spielen im Alltag und in der Technik eine bedeutsame Rolle. Die Projektion eines Dias oder der vergrößerte Abzug eines Filmnegativs stellen Beispiele für derartige Vergrößerungen dar. In Bau- oder Grundstücksplänen werden die entsprechenden Objekte jeweils in einem bestimmten Maßstab (z. B. 1 : 500) verkleinert gezeichnet. Beim Modellbau werden maßstabsgetreue, verkleinerte Abbilder von Flugzeugen oder Schiffen konstruiert.

Vergrößerungen oder Verkleinerungen sollen in der Regel maßstabsgetreu sein, d. h. Original- und Bildfigur stimmen in der Gestalt völlig überein, haben jedoch unterschiedliche Größe. Wir sagen dann auch: Original- und Bildfigur sind **ähnlich**.

Merke

> **Ähnliche Figuren**
>
> Zwei ähnliche Figuren F_1 und F_2 ($F_1 \sim F_2$) stimmen
> - in den Maßen entsprechender Winkel (Winkeltreue)
> - im Verhältnis entsprechender Streckenlängen (Verhältnistreue)
>
> überein.

So ist in der Abbildung die rechte Figur eine Vergrößerung der linken Figur, umgekehrt ist die linke Figur eine Verkleinerung der rechten Figur. Die Figuren sind ähnlich: $F_1 \sim F_2$.
Für den Fall der Vergrößerung gilt für das Verhältnis der Längen entsprechender Strecken:

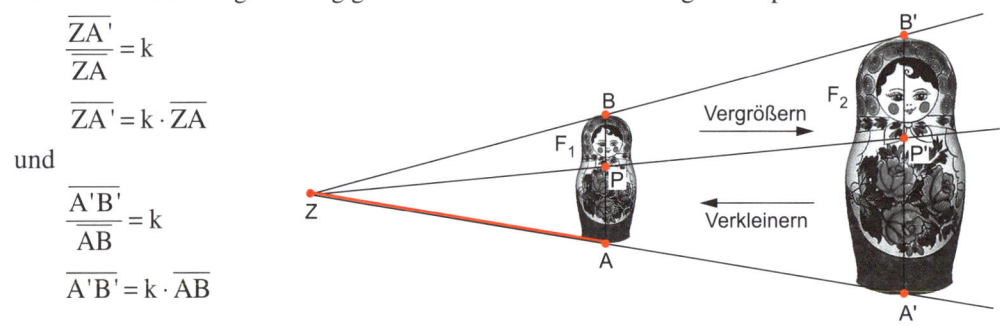

$$\frac{\overline{ZA'}}{\overline{ZA}} = k$$

$$\overline{ZA'} = k \cdot \overline{ZA}$$

und

$$\frac{\overline{A'B'}}{\overline{AB}} = k$$

$$\overline{A'B'} = k \cdot \overline{AB}$$

In dieser Abbildung ist der Vergrößerungsfaktor $k = 2$.

Für den Fall der Verkleinerung gilt für das Verhältnis k' entsprechender Streckenlängen $k' = \frac{1}{k}$ und $0 < k' < 1$.

Das **Vergrößern (Strecken)** oder **Verkleinern (Stauchen)** einer Figur erfolgt von einem festen Punkt, dem **Zentrum Z**, aus nach folgender Vorschrift:

Merke

> **Zentrische Streckung**
>
> Zu jedem Punkt P der Originalfigur erhält man den entsprechenden Bildpunkt P', indem man die Strecke $\overline{ZP}$ mit einem Faktor $|k|$ multipliziert.
>
> Das Ergebnis ist die Strecke $\overline{ZP'}$, mit $\overline{ZP'} = |k| \cdot \overline{ZP}$ und $P' \in ZP$ (siehe Abbildung).
>
> Originalpunkt P und Bildpunkt P' liegen auf einer Geraden durch das Zentrum Z.
>
> Die Gesamtheit aller Bildpunkte P' ergibt die Bildfigur.

Der Faktor k heißt auch **Streckungsfaktor**, ist eine reelle, von Null verschiedene Zahl und gibt das Verhältnis von Bild- und Originalstrecke an:

$$|k| = \frac{\overline{ZP'}}{\overline{ZP}}$$

Der Wert des Streckungsfaktors k bestimmt den Maßstab der Vergrößerung bzw. der Verkleinerung sowie die gegenseitige Lage von Original- und Bildfigur.

Merke

> **Eigenschaften der zentrischen Streckung**
>
> | k > 1 | und | k < –1 | Vergrößerung |
> | k = 1 | und | k = –1 | gleiche Größe |
> | –1 < k < 0 | und | 0 < k < 1 | Verkleinerung. |
>
> Für **positive k** liegen Original- und Bildpunkt auf der Geraden durch Z auf der gleichen Seite von Z.
>
> Für **negative k** liegen Original- und Bildpunkt auf der Geraden durch Z auf verschiedenen Seiten von Z.
>
> Die Vorschrift, nach der wir eine Originalfigur punktweise auf eine Bildfigur verkleinert oder vergrößert abbilden, wird auch als **zentrische Streckung** bezeichnet.

k = 2: **Vergrößerung**
Alle Bildstrecken sind 2-mal so lang wie die entsprechenden Originalstrecken.

$\triangle ABC \sim \triangle A'B'C'$

$\alpha = \alpha' \quad \beta = \beta' \quad \gamma = \gamma'$

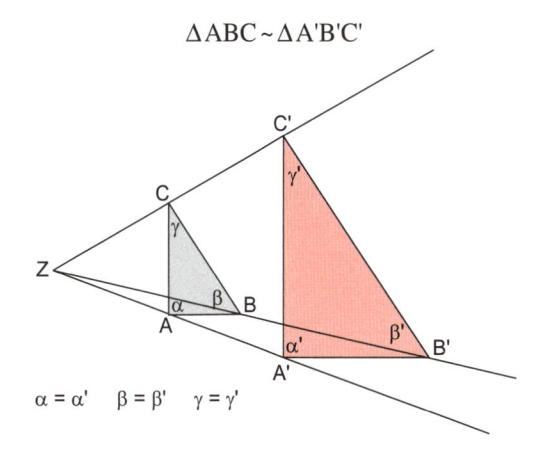

$k = \frac{1}{2}$: **Verkleinerung**
Alle Bildstrecken sind $\frac{1}{2}$-mal so lang wie die entsprechenden Originalstrecken.

$\triangle ABC \sim \triangle A'B'C'$

$\alpha = \alpha' \quad \beta = \beta' \quad \gamma = \gamma'$

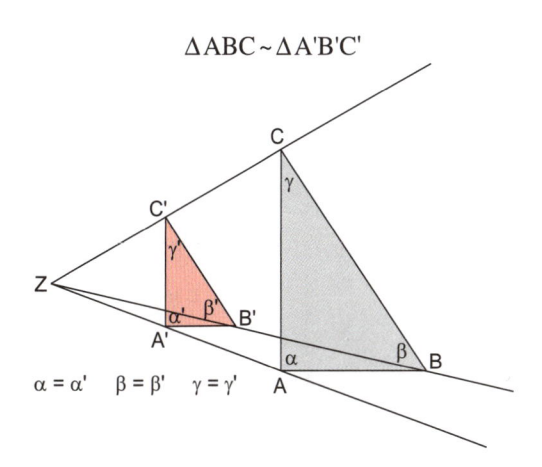

k = –2: **Vergrößerung**
Alle Bildstrecken sind 2-mal so lang wie die entsprechenden Originalstrecken. Original- und Bildpunkt liegen jeweils auf verschiedenen Seiten des Zentrums Z.

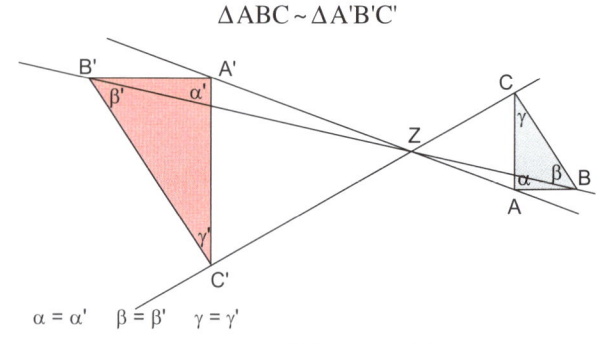

$\triangle ABC \sim \triangle A'B'C'$

$\alpha = \alpha' \quad \beta = \beta' \quad \gamma = \gamma'$

Beispiele

1. Ein rechtwinkliges Dreieck ABC mit den Seitenlängen $\overline{AB}$ = 5 cm, $\overline{AC}$ = 3 cm und $\overline{BC}$ = 4 cm wird auf das Bilddreieck A'B'C' vergrößert. Zentrum ist der Eckpunkt A und k = 3.

   • Seitenlängen des Dreiecks A'B'C'.

   $\overline{A'B'} = k \cdot \overline{AB}$ $\overline{A'C'} = k \cdot \overline{AC}$ $\overline{B'C'} = k \cdot \overline{BC}$
   $\overline{A'B'} = 3 \cdot 5\,\text{cm}$ $\overline{A'C'} = 3 \cdot 3\,\text{cm}$ $\overline{B'C'} = 3 \cdot 4\,\text{cm}$
   $\overline{A'B'} = 15\,\text{cm}$ $\overline{A'C'} = 9\,\text{cm}$ $\overline{B'C'} = 12\,\text{cm}$

   • Flächeninhalte der Dreiecke ABC und A'B'C':
   Beide Dreiecke sind bei C bzw. bei C' rechtwinklig.

   $A_{\triangle ABC} = \frac{1}{2} \cdot \overline{AC} \cdot \overline{BC}$ $A_{\triangle A'B'C'} = \frac{1}{2} \cdot \overline{A'C'} \cdot \overline{B'C'}$

   $A_{\triangle ABC} = \frac{1}{2} \cdot 3\,\text{cm} \cdot 4\,\text{cm}$ $A_{\triangle A'B'C'} = \frac{1}{2} \cdot 9\,\text{cm} \cdot 12\,\text{cm}$

   $A_{\triangle ABC} = 6\,\text{cm}^2$ $A_{\triangle A'B'C'} = 54\,\text{cm}^2$

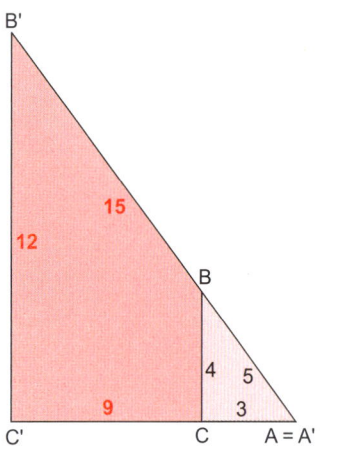

   • Verhältnis der beiden Flächeninhalte:

   $\dfrac{A_{\triangle A'B'C'}}{A_{\triangle ABC}} = \dfrac{54\,\text{cm}^2}{6\,\text{cm}^2} = 9 = 3^2 = k^2$

   Dieses Ergebnis gilt allgemein für alle Dreiecke:

   $A_{\triangle A'B'C'} = \frac{1}{2} \cdot g' \cdot h' \xrightarrow{\text{mit } g' = k \cdot g \text{ und } h' = k \cdot h} A_{\triangle A'B'C'} = \frac{1}{2} \cdot k \cdot g \cdot k \cdot h$

   $A_{\triangle A'B'C'} = k^2 \cdot \underbrace{\frac{1}{2} \cdot g \cdot h}$

   $A_{\triangle A'B'C'} = k^2 \cdot A_{\triangle ABC}$

   Da wir Vielecke in Dreiecke zerlegen und auch die Kreisfläche durch Dreiecksflächen beliebig genau annähern können, gilt das erhaltene Ergebnis allgemein für alle ebenen Figuren.

Merke

Veränderung des Flächeninhalts bei der zentrischen Streckung

Für das Verhältnis der Flächeninhalte A_{F_2} und A_{F_1} zweier ähnlicher Figuren F_1 und F_2 gilt:

$$\frac{A_{F_2}}{A_{F_1}} = k^2$$

Dabei ist k der Streckungsfaktor der zentrischen Streckung.

Training Grundwissen: 6 Ähnlichkeit

2. Vergrößerung (Streckung) des Vierecks ABCD mit dem Zentrum Z und k = 2.
Von Z aus tragen wir auf den Halbgeraden ZA, ZB, ZC und ZD Strecken der Länge
$k \cdot \overline{ZA} = 2 \cdot \overline{ZA}$, $k \cdot \overline{ZB} = 2 \cdot \overline{ZB}$,
$k \cdot \overline{ZC} = 2 \cdot \overline{ZC}$ und $k \cdot \overline{ZD} = 2 \cdot \overline{ZD}$ ab und erhalten damit die Eckpunkte A', B', C' und D' des vergrößerten Vierecks A'B'C'D'.

Es ist:
$\overline{A'B'} = 2 \cdot \overline{AB}$ und $\alpha' = \alpha$
$\overline{B'C'} = 2 \cdot \overline{BC}$ $\beta' = \beta$
$\overline{C'D'} = 2 \cdot \overline{CD}$ $\gamma' = \gamma$
$\overline{D'A'} = 2 \cdot \overline{DA}$ $\delta' = \delta$

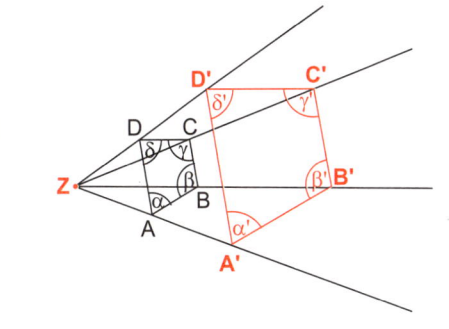

3. Das Dreieck ABC mit A(0|2), B(3|0) und C(3|2) wird vom Zentrum Z(0|0) aus mit dem Faktor $k_1 = 3$ auf das Bilddreieck A'B'C' vergrößert.

   a) Wir konstruieren das Dreieck A'B'C' und berechnen die Koordinaten der Eckpunkte A', B' und C'.

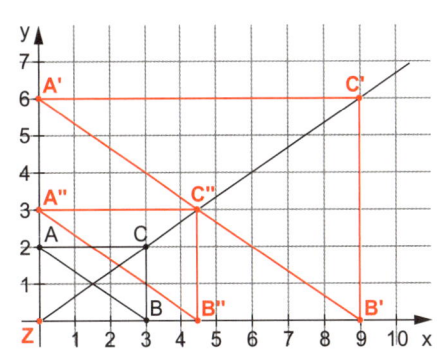

   Koordinaten von

   A'(x'|y'): $A\begin{pmatrix} x=0 \\ y=2 \end{pmatrix}$; $x' = k \cdot x = 3 \cdot 0 = 0$ A'(0|6)
   $y' = k \cdot y = 3 \cdot 2 = 6$

   B'(x'|y'): $B\begin{pmatrix} x=3 \\ y=0 \end{pmatrix}$; $x' = k \cdot x = 3 \cdot 3 = 9$ B'(9|0)
   $y' = k \cdot y = 3 \cdot 0 = 0$

   C'(x'|y'): $C\begin{pmatrix} x=3 \\ y=2 \end{pmatrix}$; $x' = k \cdot x = 3 \cdot 3 = 9$ C'(9|6)
   $y' = k \cdot y = 3 \cdot 2 = 6$

   b) Wir bestimmen die Flächeninhalte beider Dreiecke.

   $\triangle ABC$: $\overline{AC} = 3$ cm; $\overline{BC} = 2$ cm

   $A_{\triangle ABC} = \frac{1}{2} \cdot \overline{AC} \cdot \overline{BC}$

   $A_{\triangle ABC} = \frac{1}{2} \cdot 3 \text{ cm} \cdot 2 \text{ cm}$

   $A_{\triangle ABC} = 3 \text{ cm}^2$

   $\triangle A'B'C'$: $\overline{A'C'} = k \cdot \overline{AC} = 9$ cm

   $\overline{B'C'} = k \cdot \overline{BC} = 6$ cm

   $A_{\triangle A'B'C'} = k^2 \cdot A_{\triangle ABC}$

   $A_{\triangle A'B'C'} = 9 \cdot 3 \text{ cm}^2$

   $A_{\triangle A'B'C'} = 27 \text{ cm}^2$

   c) Das Dreieck A'B'C' wird vom Zentrum Z(0|0) mit dem Faktor $k_2 = \frac{1}{2}$ auf das Dreieck A"B"C" verkleinert.
   Wir konstruieren das Dreieck A"B"C" und berechnen die Koordinaten der Eckpunkte A", B" und C" sowie den Flächeninhalt.

   $x'' = \frac{1}{2} \cdot x'$ $y'' = \frac{1}{2} \cdot y'$

   A'(0|6) → A"(0|3)   B'(9|0) → B"(4,5|0)   C'(9|6) → C"(4,5|3)

   $\overline{A''C''} = \frac{1}{2} \cdot \overline{A'C'} = 4,5$ cm

   $\overline{B''C''} = \frac{1}{2} \cdot \overline{B'C'} = 3$ cm

   $A_{\triangle A''B''C''} = \left(\frac{1}{2}\right)^2 \cdot A_{\triangle A'B'C'} = 6,75 \text{ cm}^2$

d) Wenn wir das Ausgangsdreieck ABC vom gleichen Zentrum Z(0|0) aus mit dem Faktor $k_2 = \frac{3}{2} = k_1 \cdot k_2$ vergrößern, erhalten wir:

A"(0|3)   B"(4,5|0)   C"(4,5|3)

$\overline{A"C"} = 4,5$ cm

$\overline{B"C"} = 3$ cm

$A_{\triangle A"B"C"} = 6,75$ cm^2

Dieses Ergebnis gilt allgemein.

Merke

Hintereinanderausführung von zentrischen Streckungen

Mehrere nacheinander ausgeführte Vergrößerungen oder Verkleinerungen mit den Faktoren $k_1, k_2, ..., k_n$ können durch eine einzige Vergrößerung oder Verkleinerung mit dem Faktor $k = k_1 \cdot k_2 \cdot ... \cdot k_n$ ersetzt werden. Dabei müssen alle Vergrößerungen bzw. Verkleinerungen vom selben Zentrum Z erfolgen.

4. Ein Dreieck ABC wird vom Zentrum Z(1|4) aus mit dem Faktor $k = \frac{5}{2}$ auf das Dreieck A'B'C' vergrößert. A'(4|2), B'(8|2), C'(7|5)

   a) Konstruiere das Dreieck ABC.

   $c' = k \cdot c$

   $c' = \frac{5}{2} \cdot c \quad \big| : \frac{5}{2}$

   $\frac{2}{5} \cdot c' = c$

   $c = 0,4 \cdot c'$

   Wir tragen von Z aus auf den Halbgeraden ZA', ZB' und ZC' jeweils Strecken der Länge $\overline{ZA} = 0,4 \cdot \overline{ZA'}$, $\overline{ZB} = 0,4 \cdot \overline{ZB'}$ und $\overline{ZC} = 0,4 \cdot \overline{ZC'}$ ab. Die Endpunkte dieser Strecken A, B und C sind Eckpunkte des Ausgangsdreiecks ABC.

   b) Berechne den Flächeninhalt des Dreiecks ABC.

   $A_{\triangle ABC} = k^2 \cdot A_{\triangle A'B'C'}$

   $A_{\triangle ABC} = (0,4)^2 \cdot \frac{1}{2} \cdot c' \cdot h'$

   $A_{\triangle ABC} = 0,4^2 \cdot \frac{1}{2} \cdot 4$ cm $\cdot 3$ cm

   $A_{\triangle ABC} = 0,96$ cm^2

Merke

Umkehrung der zentrischen Streckung

Die Umkehrung einer Vergrößerung/Verkleinerung mit dem Faktor k ist eine Verkleinerung/Vergrößerung mit dem Faktor $\frac{1}{k}$. (Jeweils gleiches Zentrum).

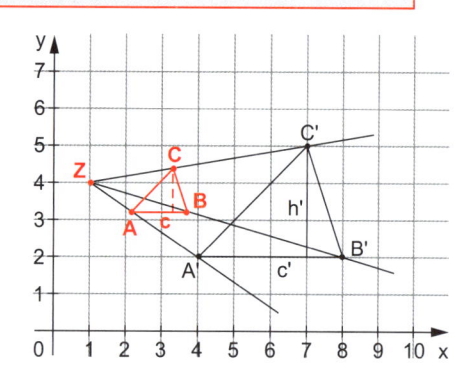

Training Grundwissen: 6 Ähnlichkeit

Aufgaben

Grundwissen

120 Es sind fünf Dreiecke $D_1 – D_5$ mit den jeweils angegebenen Maßen gegeben.
D_1: $a_1 = 18$ cm; $b_1 = 12$ cm; $c_1 = 24$ cm D_2: $a_2 = 6$ cm; $b_2 = 4$ cm; $c_2 = 8$ cm
D_3: $a_3 = 7{,}5$ cm; $b_3 = 5$ cm; $c_3 = 9$ cm D_4: $\alpha_4 = 78°$; $\gamma_4 = 47°$
D_5: $\beta_5 = 78°$; $\gamma_5 = 47°$
Prüfe, ob die Dreiecke D_1 und D_2, D_2 und D_3, D_4 und D_5 jeweils ähnlich sind.

121 Ein Dreieck ABC hat die Seitenlängen $\overline{AB} = 12$ cm, $\overline{AC} = 5$ cm und $\overline{BC} = 13$ cm.
Bestimme die Seitenlänge eines zum Dreieck ABC ähnlichen Dreiecks A'B'C',
wobei das Verhältnis entsprechender Seiten $k = \frac{1}{2}$ ist.
Berechne danach den Flächeninhalt des Dreiecks A'B'C'.

122 Zeichne ein Dreieck ABC mit $a = 3$ cm, $b = 4$ cm und $c = 5$ cm. Vergrößere/verkleinere dieses Dreieck, wobei
a) Zentrum der Eckpunkt A und $k = \frac{3}{2}$ ist,
b) Zentrum der Schnittpunkt S der Seitenhalbierenden und $k = 3$ ist,
c) Zentrum ein Punkt Z außerhalb des Dreiecks und $k = \frac{2}{3}$ ist.
Bestimme jeweils die Längen der Seiten des Dreiecks A'B'C' sowie dessen Flächeninhalt.
d) Mit welchem Faktor k muss das Dreieck ABC vergrößert werden, sodass der Flächeninhalt verdoppelt wird?

123 Das Dreieck ABC mit A(2|3), B(8|3) und C(4|8) wird vom Zentrum Z(0|0) aus mit $k_1 = 1{,}5$ auf das Dreieck A'B'C' vergrößert. Anschließend wird das Dreieck A'B'C' von Z(0|0) aus mit $k_2 = \frac{1}{2}$ auf das Dreieck A"B"C" verkleinert.
a) Konstruiere in einem Koordinatensystem die Dreiecke A'B'C' und A"B"C".
b) Berechne den Flächeninhalt für die Dreiecke ABC, A'B'C' und A"B"C".
c) Durch welche Vergrößerung/Verkleinerung kann das Dreieck A"B"C" wieder in das Ausgangsdreieck ABC übergeführt werden?

124 Ein Quadrat mit der Seitenlänge $a = 4$ cm wird von einem Eckpunkt als Zentrum mit dem Faktor $k = 2{,}5$ vergrößert.
a) Konstruiere das vergrößerte Quadrat und gib dessen Seitenlänge a' an.
b) Bestimme den Inkreisradius r_i' und den Umkreisradius r_u' des vergrößerten Quadrats.
c) Begründe, warum bei einer maßstabsgetreuen Streckung oder Stauchung ein Kreis wieder zu einem Kreis wird.

125 Ein rechtwinkliges Dreieck mit den Seiten a, b, c und dem Winkel $\gamma = 90°$ hat einen Flächeninhalt von 36 cm². Dieses Dreieck wird mit dem Faktor $k = 2$ gestreckt.
Welche der folgenden Aussagen sind wahr, welche falsch? Kreuze an und begründe.

Aussage	wahr	falsch
1. Die Seiten a' und b' könnten jeweils 6 cm lang sein.		
2. Die Seite a könnte 6 cm lang sein, die Seite b könnte 3 cm lang sein.		
3. Die Seite a könnte 12 cm lang sein, die Seite b könnte 6 cm lang sein.		
4. Die Seite a' könnte 12 cm lang sein, die Seite b' könnte 6 cm lang sein.		
5. Durch diese zentrische Streckung verdoppelt sich der Flächeninhalt.		

6.2 Strahlensätze

Werden zwei Geraden, die sich in einem Punkt schneiden, von einem Paar paralleler Geraden geschnitten, so entstehen zwei ähnliche Dreiecke (siehe Abbildung):
$\triangle AZB \sim \triangle A'ZB'$.
Da für diese Dreiecke das Verhältnis der Längen entsprechender Strecken bzw. Seiten gleich ist (gleich dem Faktor k ist), lassen sich aus der Abbildung die folgenden als **Strahlensätze** bezeichneten Zusammenhänge ablesen.

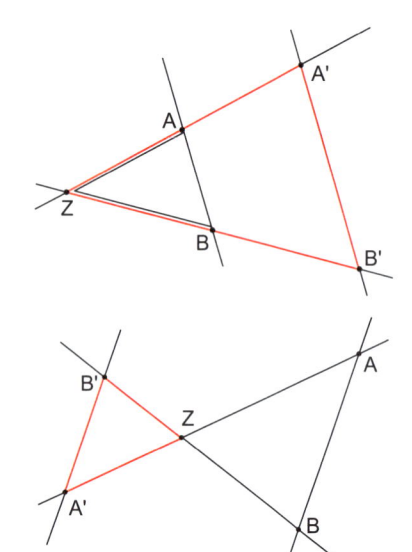

Merke

Strahlensätze

Werden zwei sich schneidende Geraden von einem Parallelenpaar geschnitten, so gelten folgende Verhältnisse:

- **1. Strahlensatz:**
  Die Strecken auf der einen Geraden verhalten sich wie die entsprechenden Strecken auf der anderen Geraden.

  $$\frac{\overline{ZA}}{\overline{ZA'}} = \frac{\overline{ZB}}{\overline{ZB'}} \qquad \frac{\overline{ZA}}{\overline{AA'}} = \frac{\overline{ZB}}{\overline{BB'}}$$

- **2. Strahlensatz:**
  Die Strecken auf den parallelen Geraden verhalten sich wie die entsprechenden Strecken auf einer der beiden sich schneidenden Geraden.

  $$\frac{\overline{AB}}{\overline{A'B'}} = \frac{\overline{ZA}}{\overline{ZA'}}$$

Beispiele

1. Berechne die Längen der Strecken x und y, wenn gilt:
   $\overline{AB} = 6\,\text{cm}$
   $\overline{CB} = 7\,\text{cm}$
   $\overline{CE} = 3\,\text{cm}$
   $\overline{CA} = 8\,\text{cm}$

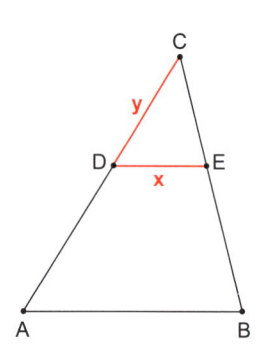

   Lösung:

   $\dfrac{x}{\overline{AB}} = \dfrac{\overline{CE}}{\overline{CB}} \qquad |\cdot \overline{AB} \qquad \dfrac{y}{\overline{CA}} = \dfrac{\overline{CE}}{\overline{CB}} \qquad |\cdot \overline{CA}$

   $x = \dfrac{\overline{CE}}{\overline{CB}} \cdot \overline{AB} \qquad\qquad\qquad y = \dfrac{\overline{CE}}{\overline{CB}} \cdot \overline{CA}$

   $x = \dfrac{3\,\text{cm}}{7\,\text{cm}} \cdot 6\,\text{cm} \qquad\qquad\qquad y = \dfrac{3\,\text{cm}}{7\,\text{cm}} \cdot 8\,\text{cm}$

   $x \approx 2{,}57\,\text{cm} \qquad\qquad\qquad\qquad y \approx 3{,}43\,\text{cm}$

Training Grundwissen: 6 Ähnlichkeit

2. Berechne die Längen der Strecken x und y, wenn gilt:
   $\overline{AB} = 8\text{ cm}$
   $\overline{CB} = 10\text{ cm}$
   $\overline{CE} = 4\text{ cm}$
   $\overline{CA} = 12\text{ cm}$

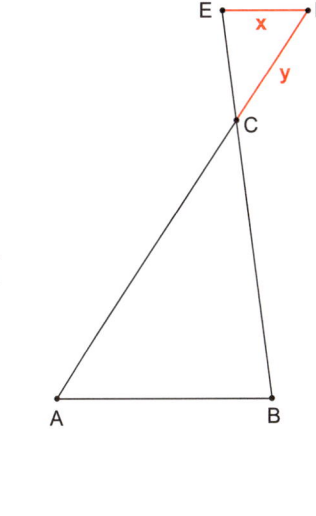

   Lösung:

   $\dfrac{x}{\overline{AB}} = \dfrac{\overline{CE}}{\overline{CB}}$ $\quad |\cdot \overline{AB}\qquad$ $\dfrac{y}{\overline{CA}} = \dfrac{\overline{CE}}{\overline{CB}}$ $\quad |\cdot \overline{CA}$

   $x = \dfrac{\overline{CE}}{\overline{CB}} \cdot \overline{AB} \qquad\qquad y = \dfrac{\overline{CE}}{\overline{CB}} \cdot \overline{CA}$

   $x = \dfrac{4\text{ cm}}{10\text{ cm}} \cdot 8\text{ cm} \qquad\quad y = \dfrac{4\text{ cm}}{10\text{ cm}} \cdot 12\text{ cm}$

   $x = 3{,}2\text{ cm} \qquad\qquad\qquad y = 4{,}8\text{ cm}$

3. Berechne die Länge der Strecken x, wenn gilt:
   $\overline{AB} = 12\text{ cm}$
   $\overline{CA} = 16\text{ cm}$

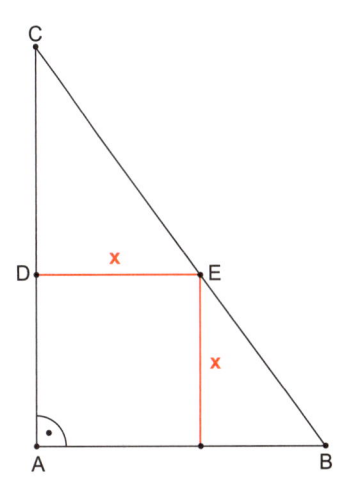

   Lösung:

   $\dfrac{x}{\overline{AB}} = \dfrac{\overline{CD}}{\overline{CA}}$

   $\dfrac{x}{12\text{ cm}} = \dfrac{16\text{ cm} - x}{16\text{ cm}} \qquad |\cdot 16\text{ cm} \cdot 12\text{ cm}$

   $x \cdot 16\text{ cm} = (16\text{ cm} - x) \cdot 12\text{ cm} \qquad |:\text{cm}$

   $x \cdot 16 = (16\text{ cm} - x) \cdot 12$

   $16x = 192\text{ cm} - 12x \qquad |+12x$

   $28x = 192\text{ cm} \qquad |:28$

   $x \approx 6{,}86\text{ cm}$

4. Einem rechtwinkligen Dreieck wird ein Rechteck einbeschrieben (siehe nebenstehende Skizze).

   $\overline{AB} = 18\text{ cm} \qquad \overline{CB} = 24\text{ cm}$

   Berechne die Längen der Rechteckseiten.

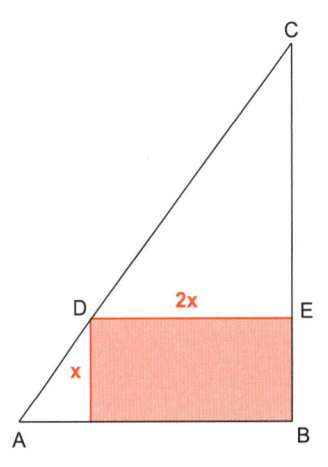

   Lösung:

   $\dfrac{\overline{DE}}{\overline{AB}} = \dfrac{\overline{CE}}{\overline{CB}}$

   $\dfrac{2x}{18\text{ cm}} = \dfrac{24\text{ cm} - x}{24\text{ cm}} \qquad |\cdot 18\text{ cm} \cdot 24\text{ cm}$

   $2x \cdot 24\text{ cm} = (24\text{ cm} - x) \cdot 18\text{ cm} \qquad |:\text{cm}$

   $48x = 432\text{ cm} - 18 \cdot x \qquad |+18x$

   $66x = 432\text{ cm}$

   $x \approx 6{,}55\text{ cm}$

   Rechtecksseiten: $\overline{DF} \approx 6{,}55\text{ cm};\ \overline{DE} \approx 13{,}10\text{ cm}$

Training Grundwissen: 6 Ähnlichkeit

3. Mit folgender Methode kannst du die Breite eines Flusses oder eines unzugänglichen Geländebereichs zumindest näherungsweise bestimmen. Du musst dazu nur deine Schrittweite s kennen. Dazu gibst du eine Strecke $\overline{QZ}$ mit der Länge ℓ_1 Schritte vor. Suche dir einen Punkt A, von dem aus du über Z den auf der anderen Flussseite gelegenen Punkt P anvisierst. Verändere deinen Standpunkt A auf der Geraden PZ so, dass die Länge von $\overline{BA}$ gleich 1 Schrittlänge ist. Die Länge von $\overline{BZ}$ beträgt ℓ_2 Schritte. Mit dem Strahlensatz und deiner bekannten Schrittlänge, z. B. s = 0,75 m, erhält man dann:

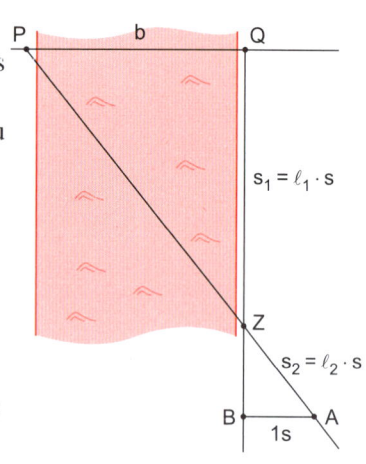

$$\frac{\overline{PQ}}{\overline{AB}} = \frac{\overline{QZ}}{\overline{BZ}}$$

$$\frac{b}{1\,s} = \frac{\ell_1 \cdot s}{\ell_2 \cdot s} \quad |\cdot s$$

$$b = \frac{\ell_1}{\ell_2} \cdot s$$

Mit $\ell_1 = 65$ Schritte, $\ell_2 = 2$ Schritte und s = 0,75 m erhält man die Breite b:
$$b = \frac{65}{2} \cdot 0{,}75 \text{ m} = 24{,}375 \text{ m}$$

Aufgaben

Grundwissen

126 In der nebenstehenden Zeichnung sind die Geraden AB und CD parallel. Welche der angegebenen Verhältnisse sind richtig, welche falsch?

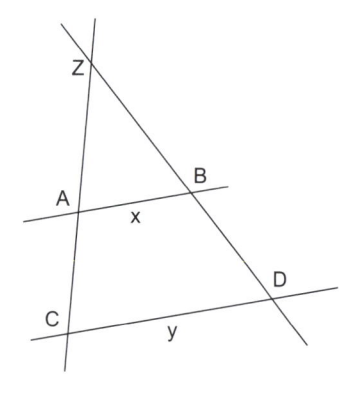

a) $\dfrac{\overline{ZA}}{\overline{ZC}} = \dfrac{\overline{ZB}}{\overline{ZD}}$ b) $\dfrac{\overline{ZA}}{\overline{ZC}} = \dfrac{x}{y}$

c) $\dfrac{\overline{ZD}}{\overline{ZB}} = \dfrac{x}{y}$ d) $\dfrac{\overline{ZA}}{\overline{ZA} + \overline{AC}} = \dfrac{x}{y}$

e) $\dfrac{\overline{ZA}}{\overline{ZB}} = \dfrac{x}{y}$ f) $\dfrac{\overline{ZA}}{\overline{AC}} = \dfrac{\overline{ZB}}{\overline{ZD}}$

g) $\dfrac{\overline{ZA}}{\overline{AC}} = \dfrac{x}{y}$

127 In der nebenstehenden Zeichnung sind die Strecken x, y und z parallel. Welche der angegebenen Verhältnisse sind richtig, welche falsch?

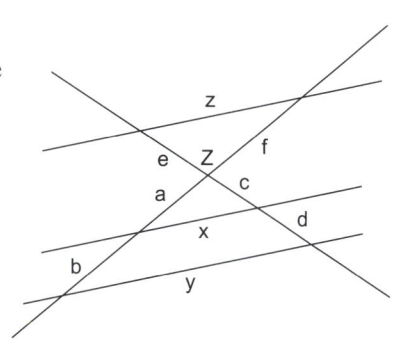

a) $\dfrac{a}{a+b} = \dfrac{c}{c+d}$ b) $\dfrac{a}{b} = \dfrac{x}{y}$

c) $\dfrac{a}{b} = \dfrac{c}{d}$ d) $\dfrac{c+d}{c} = \dfrac{y}{x}$

e) $\dfrac{a}{f} = \dfrac{c}{e}$ f) $\dfrac{x}{z} = \dfrac{a}{f}$

g) $\dfrac{a}{c} = \dfrac{e}{f}$ h) $\dfrac{a}{c} = \dfrac{f}{e}$

Training Grundwissen: 6 Ähnlichkeit

128 Berechne die Längen x und y der entsprechenden Strecken.

a) $\overline{AB} = 8$ cm

$\overline{BC} = 7$ cm

$\overline{AC} = 9$ cm

$\overline{CD} = 5$ cm

b) $\overline{AB} = 10$ cm

$\overline{BC} = 10$ cm

$\overline{AC} = 9$ cm

$\overline{BE} = 6$ cm

129 Berechne mit den in der nebenstehenden Zeichnung gegebenen Streckenlängen die restlichen Streckenlängen.

Gegeben:

$\overline{AB} = 8$ cm; $\overline{BC} = 9$ cm;

$\overline{AD} = 3$ cm; $\overline{FC} = 5{,}5$ cm

Gesucht:

$\overline{FD}$, $\overline{FE}$, $\overline{EB}$, $\overline{EC}$, $\overline{AF}$, $\overline{AC}$, $\overline{EG}$, $\overline{BG}$

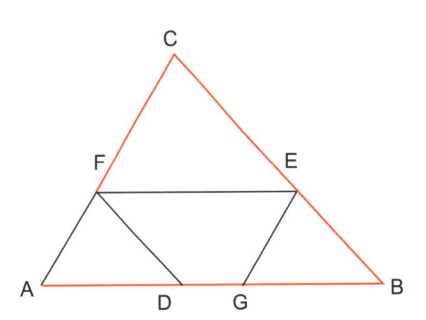

Anwendungsaufgaben

130 Ein Turm wirft einen 40 m langen Schatten, während ein senkrecht gestellter Meterstab (zur selben Zeit) einen 65 cm langen Schatten wirft. Erstelle eine Skizze und berechne die Höhe des Turms.

131 Mithilfe deines Daumens und deiner Armlänge lassen sich unbekannte Strecken abschätzen.
Halte, wie die Person auf dem Foto, den Daumen deines ausgestreckten Armes vor dein Auge.

a) Kannst du angeben, wie breit ein Waldstück ist, wenn dein Abstand zum Wald noch 1 000 m beträgt und dein Daumen die gesamte Waldbreite gerade abdeckt?

b) Du kannst auf diese Weise auch den Abstand des Mondes (Radius des Mondes ca. 1 738 km) von der Erde bestimmen. Schreibe deine Strategie auf und bestimme auf diese Weise den ungefähren Abstand.

7 Sätze am rechtwinkligen Dreieck

Merke

Bezeichnungen im rechtwinkligen Dreieck

Ein Dreieck mit einem rechten Winkel (= 90°) wird als **rechtwinkliges Dreieck** bezeichnet. Die Dreieckseite (in der Abb. Seite c), die dem rechten Winkel gegenüber liegt, heißt **Hypotenuse**.

Die beiden anderen Seiten a und b, die den rechten Winkel einschließen, werden als **Katheten** bezeichnet.

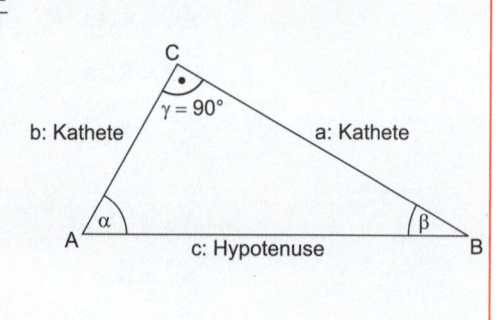

In jedem rechtwinkligen Dreieck gelten die folgenden wichtigen Sätze, die als Flächensätze oder zusammen als Satzgruppe des Pythagoras bezeichnet werden.

7.1 Der Satz des Pythagoras

Merke

Der Satz des Pythagoras

Die **Quadrate über den Katheten** eines rechtwinkligen Dreiecks haben **zusammen** den **gleichen Flächeninhalt** wie das **Quadrat über der Hypotenuse**.

$$a^2 + b^2 = c^2$$

Umgekehrt ist **jedes Dreieck**, für das **diese Beziehung erfüllt ist**, **rechtwinklig**.

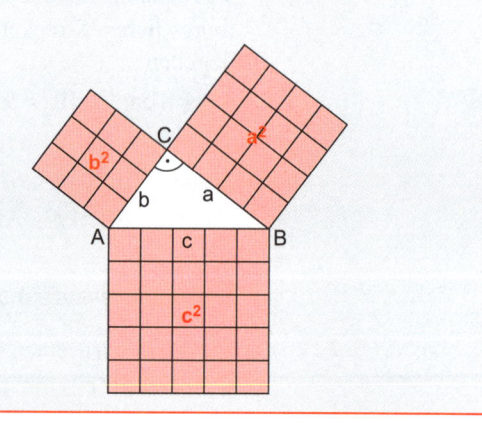

Beispiele

1. Ein rechtwinkliges Dreieck hat die Hypotenuse c = 13 cm und die Kathete a = 5 cm.

   $c^2 = a^2 + b^2$ Satz des Pythagoras
   $b^2 = c^2 - a^2$ Äquivalenzumformung
   $b^2 = (13\,\text{cm})^2 - (5\,\text{cm})^2$ Werte für a und c einsetzen
   $b^2 = 169\,\text{cm}^2 - 25\,\text{cm}^2$
   $b^2 = 144\,\text{cm}^2$ Da b > 0 sein muss, scheidet die 2. Lösung b = –12 cm aus.
   $b = 12\,\text{cm}$

2. Prüfe durch Rechnung, ob das Dreieck rechtwinklig ist:
   a) a = 8 cm; b = 6 cm; c = 10 cm (Hypotenuse c)
   b) a = 8 cm; b = 4 cm; c = 6 cm (Hypotenuse a)
   c) a = 4 cm; b = 5 cm; c = 3 cm (Hypotenuse b)
   d) a = 13 cm; b = 10 cm; c = 9 cm (Hypotenuse a)

Training Grundwissen: 7 Sätze am rechtwinkligen Dreieck

Lösung:
a) $64 \text{ cm}^2 + 36 \text{ cm}^2 = 100 \text{ cm}^2$ Das Dreieck ist **rechtwinklig**.
b) $16 \text{ cm}^2 + 36 \text{ cm}^2 < 64 \text{ cm}^2$ Das Dreieck ist **nicht rechtwinklig**.
c) $16 \text{ cm}^2 + 9 \text{ cm}^2 = 25 \text{ cm}^2$ Das Dreieck ist **rechtwinklig**.
d) $100 \text{ cm}^2 + 81 \text{ cm}^2 > 169 \text{ cm}^2$ Das Dreieck ist **nicht rechtwinklig**.

3. Berechne die Länge der Raumdiagonalen $\overline{BH}$ des Quaders wenn gilt:
   $a = 10 \text{ cm}; \; b = 6 \text{ cm}; \; c = 8 \text{ cm}$

   Lösung:
   Dreieck ABD ist bei A rechtwinklig.
   $\overline{BD}^2 = \overline{AB}^2 + \overline{AD}^2$ Satz des Pythagoras im Dreieck ABD
   $\overline{BD}^2 = (10 \text{ cm})^2 + (6 \text{ cm})^2$
   $\overline{BD}^2 = 136 \text{ cm}^2$
   $\overline{BD} = \sqrt{136} \text{ cm}$
   $\overline{BD} \approx 11{,}66 \text{ cm}$

   Die Diagonale $\overline{BD}$ des Rechtecks ABCD (Grundfläche des Quaders) hat die Länge 11,66 cm.

   Dreieck DBH ist bei D rechtwinklig.
   $\overline{BH}^2 = \overline{BD}^2 + \overline{HD}^2$ Satz des Pythagoras im Dreieck DBH
   $\overline{BH}^2 = 136 \text{ cm}^2 + (8 \text{ cm})^2$
   $\overline{BH}^2 = 200 \text{ cm}^2$
   $\overline{BH} = \sqrt{200} \text{ cm}$
   $\overline{BH} \approx 14{,}14 \text{ cm}$

   Die Raumdiagonale $\overline{BH}$ des Quaders hat die Länge 14,14 cm.

4. Berechne den Abstand der beiden Punkte $P(-4|-2)$ und $Q(6|4)$.

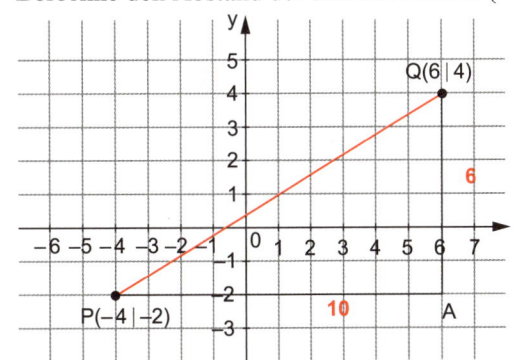

   Lösung:
   Im rechtwinkligen Koordinatendreieck PAQ ist $\overline{PQ}$ die Hypotenuse.
   Die beiden Katheten haben die Längen 10 und 6 LE.
   $\overline{PQ}^2 = (10 \text{ LE})^2 + (6 \text{ LE})^2$ Satz des Pythagoras im Koordinatendreieck PAQ
   $\overline{PQ}^2 = 136 \text{ LE}$
   $\overline{PQ} = \sqrt{136}$
   $\overline{PQ} \approx 11{,}66 \text{ LE}$

7.2 Der Kathetensatz

Merke

Bezeichnungen im rechtwinkligen Dreieck

Die Höhe h auf die Hypotenuse c teilt diese in die beiden **Hypotenusenabschnitte p und q** und das rechtwinklige Dreieck ABC in die beiden rechtwinkligen Dreiecke AHC und BCH, die zum Dreieck ABC ähnlich sind.

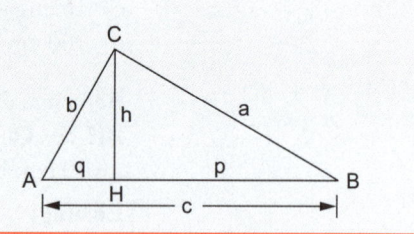

Damit kann man folgenden Zusammenhang zwischen Katheten und Hypotenusenabschnitten formulieren.

Merke

Der Kathetensatz

Das **Quadrat über einer Kathete** eines rechtwinkligen Dreiecks hat den **gleichen Flächeninhalt** wie das **Rechteck, dessen Seiten** die **Hypotenuse** und der an der **Kathete anliegende Hypotenusenabschnitt** sind.

$b^2 = q \cdot c$
$a^2 = p \cdot c$
$q + p = c$

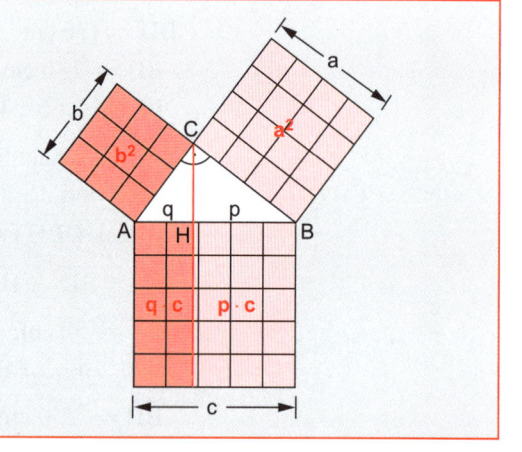

Beispiele

1. In einem bei C rechtwinkligen Dreieck ABC ist die Kathete $a = \overline{BC} = 12$ cm lang und der anliegende Hypotenusenabschnitt $p = \overline{BH} = 7{,}2$ cm lang. Berechne die restlichen Seiten und den Flächeninhalt des Dreiecks ABC.

   Lösung:

   $a^2 = p \cdot c$ Kathetensatz im Dreieck ABC

   $c = \dfrac{a^2}{p}$

   $c = \dfrac{(12 \text{ cm})^2}{7{,}2 \text{ cm}}$

   $c = 20$ cm

   $q = c - p$
   $q = 20 \text{ cm} - 7{,}2 \text{ cm}$
   $q = 12{,}8$ cm

   $a^2 + b^2 = c^2$ Satz des Pythagoras im Dreieck ABC
        $b^2 = c^2 - a^2$
        $b^2 = 400 \text{ cm}^2 - 144 \text{ cm}^2$
        $b^2 = 256 \text{ cm}^2$
           $b = \sqrt{256 \text{ cm}^2}$
           $b = 16$ cm

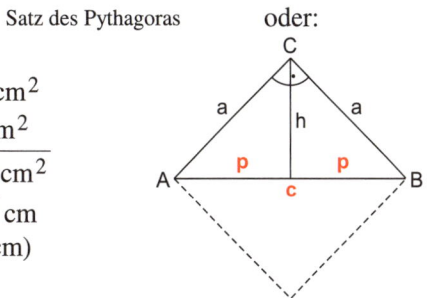

$a^2 = h^2 + p^2$ Satz des Pythagoras im Dreieck BCH
$h^2 = a^2 - p^2$
$h^2 = (12\,cm)^2 - (7,2\,cm)^2$
$h^2 = 92,16\,cm^2$
$h = \sqrt{92,16\,cm^2}$
$h = 9,6\,cm$

$A = \frac{1}{2} \cdot c \cdot h$

$A = \frac{1}{2} \cdot 20\,cm \cdot 9,6\,cm$

$A = 96\,cm^2$

2. Die Hypotenusenabschnitte eines bei C rechtwinkligen Dreiecks ABC sind 9 cm und 16 cm lang. Berechne die restlichen Seiten.

   Lösung:
   $c = p + q$
   $c = 16\,cm + 9\,cm$
   $c = 25\,cm$

   $a^2 = p \cdot c$ Kathetensatz im Dreieck ABC
   $a^2 = 16\,cm \cdot 25\,cm$
   $a^2 = 400\,cm^2$
   $a = 20\,cm$

   $b^2 = q \cdot c$ Kathetensatz im Dreieck ABC
   $b^2 = 9\,cm \cdot 25\,cm$
   $b^2 = 225\,cm^2$
   $b = 15\,cm$

   Die Aufgabe ist ohne die Angabe, welcher Hypotenusenabschnitt die jeweils angegebene Länge hat, nicht eindeutig lösbar.

   Wir haben p = 16 cm und q = 9 cm gesetzt. Wählen wir umgekehrt p = 9 cm und q = 16 cm, so erhalten wir a = 15 cm und b = 20 cm.

3. Die Hypotenuse eines gleichschenklig-rechtwinkligen Dreiecks hat die Länge 12 cm. Berechne die Länge der Katheten und den Flächeninhalt des Dreiecks. Wir können den einen Teil der Aufgabe auch anders formulieren: Berechne die Seite eines Quadrats, dessen Diagonale die Länge 12 cm hat.

   Lösung:
   Du kannst diesen Teil der Aufgabe auf zwei Arten lösen:

   Kathete/Diagonale:

   $a^2 + a^2 = c^2$ Satz des Pythagoras   oder: $a^2 = p \cdot c$ Kathetensatz
   $2a^2 = c^2$ $a^2 = 6\,cm \cdot 12\,cm$
   $2a^2 = 144\,cm^2$ $a^2 = 72\,cm^2$
   $a^2 = 72\,cm^2$ $a = 6\sqrt{2}\,cm$
   $a = \sqrt{72\,cm^2}$
   $a = 6\sqrt{2}\,cm$
   $(a \approx 8,5\,cm)$

Dreiecksfläche:

$A = \frac{1}{2} \cdot c \cdot h$ Die beiden Teildreiecke, in die das Dreieck ABC durch die Höhe zerlegt wird, sind ebenfalls gleichschenklig-rechtwinklige Dreiecke. Somit gilt h = p.

$A = \frac{1}{2} \cdot 2p \cdot p$

$A = p^2$

$A = (6\,\text{cm})^2$

$A = 36\,\text{cm}^2$

7.3 Der Höhensatz

Merke

Der Höhensatz

Das **Quadrat über der Höhe** eines rechtwinkligen Dreiecks hat den **gleichen Flächeninhalt** wie das **Rechteck, dessen Seiten die beiden Hypotenusenabschnitte** sind.

$h^2 = p \cdot q$

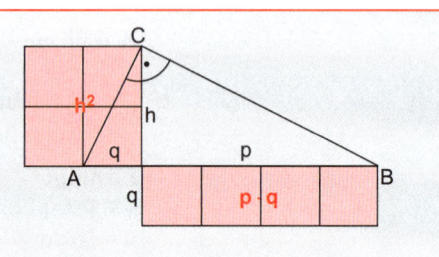

Beispiele

1. Die Hypotenusenabschnitte eines bei C rechtwinkligen Dreiecks ABC sind p = 9 cm und q = 4 cm. Berechne die restlichen Seiten.

   Lösung:

   Höhe h:

   $h^2 = p \cdot q$ Höhensatz im Dreieck ABC

   $h^2 = 9\,\text{cm} \cdot 4\,\text{cm}$

   $h^2 = 36\,\text{cm}^2$

   $h = \sqrt{36\,\text{cm}^2}$

   $h = 6\,\text{cm}$

   Kathete a:

   $a^2 = p \cdot c$ Kathetensatz im Dreieck ABC

   $a^2 = 9\,\text{cm} \cdot 13\,\text{cm}$

   $a^2 = 117\,\text{cm}^2$

   $a = \sqrt{117\,\text{cm}^2}$

   $a \approx 10{,}82\,\text{cm}$

   Kathete b:

   $b^2 = q \cdot c$ Kathetensatz im Dreieck ABC

   $b^2 = 4\,\text{cm} \cdot 13\,\text{cm}$

   $b^2 = 52\,\text{cm}^2$

   $b = \sqrt{52\,\text{cm}^2}$

   $b \approx 7{,}21\,\text{cm}$

2. Bestimme die Seitenlänge x eines Quadrats, das den gleichen Flächeninhalt hat wie ein Rechteck mit den Seiten a = 27 m und b = 12 m.

   Lösung:

   Fasse die Rechtecksseiten a und b als Hypotenusenabschnitte und die Quadratseite x als Höhe in einem rechtwinkligen Dreieck auf. Dann ist:

   $x^2 = a \cdot b$ Höhensatz

   $x^2 = 27\,\text{m} \cdot 12\,\text{m}$

   $x^2 = 324\,\text{m}^2$

   $x = \sqrt{324\,\text{m}^2}$

   $x = 18\,\text{m}$

7.4 Der Satz des Thales

Merke

Der Satz des Thales

Ein Dreieck ist in einem Eckpunkt genau dann rechtwinklig, wenn dieser Eckpunkt auf dem Halbkreis (**Thaleskreis**) liegt, der die Verbindungsstrecke der beiden anderen Eckpunkte als Durchmesser hat.

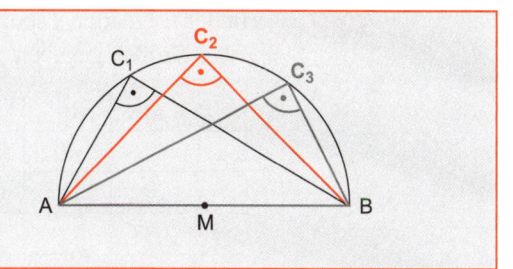

Beispiele

1. In obiger Zeichnung sind die Winkel bei C_1, C_2 und C_3 rechte Winkel, weil die Eckpunkte auf dem Halbkreis über der Dreiecksseite $\overline{AB}$ liegen, der diese als Durchmesser hat.

2. Von einem Punkt R (siehe Skizze unten) außerhalb eines Kreises mit dem Mittelpunkt M und dem Radius r = 3 cm sind die Tangenten an den Kreis gezeichnet. Der Punkt R ist vom Kreismittelpunkt 7 cm entfernt.
Berechne die Länge der Tangentenabschnitte sowie den Flächeninhalt des Vierecks, das von den Punkten M, R und den beiden Berührpunkten gebildet wird.

Lösung:
Da der Radius und der Tangentenabschnitt in den Berührpunkten aufeinander senkrecht stehen, liegen die Berührpunkte P und Q auf dem Thaleskreis über der Strecke $\overline{MR}$.
Nach dem Satz des Pythagoras gilt:

$\overline{MR}^2 = \overline{MP}^2 + \overline{PR}^2$

$\overline{MR}^2 = r^2 + \overline{PR}^2$

$\overline{PR}^2 = \overline{MR}^2 - r^2$

$\overline{PR}^2 = (7\,\text{cm})^2 - (3\,\text{cm})^2$

$\overline{PR}^2 = 40\,\text{cm}^2$

$\overline{PR} \approx 6{,}32\,\text{cm}$

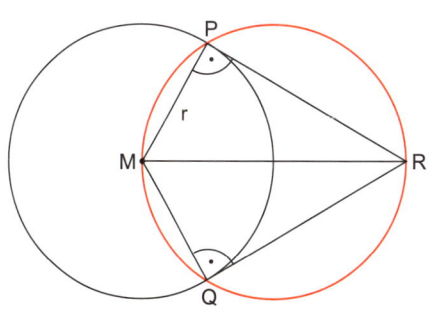

(Abbildung nicht maßstabsgetreu)

Der Flächeninhalt des Drachenvierecks MQRP ist doppelt so groß wie der Flächeninhalt des rechtwinkligen Dreiecks MRP:

$A = 2 \cdot \dfrac{1}{2} \cdot \overline{MP} \cdot \overline{PR}$

$A = 3\,\text{cm} \cdot 6{,}32\,\text{cm}$

$A = 18{,}96\,\text{cm}^2$

Aufgaben

Grundwissen

132 In der folgenden Tabelle sind von einem rechtwinkligen Dreieck ABC jeweils zwei Größen gegeben. Berechne die anderen. (Der rechte Winkel liegt bei C.)

	a)	b)	c)	d)	e)	f)	g)	h)
a		40		5,9			12,8	6
b			26		12		6,6	
c	3,38			6,7	13			
p		32				6		
q	2,88		10			7		
h								4

133 Im Dreieck ABC sind $\overline{AC} = 10$ cm, $\overline{CD} = 8$ cm und $\overline{DB} = 12$ cm.
 a) Berechne die Längen der Strecken $\overline{AB}$, $\overline{AD}$ und $\overline{BC}$.
 b) Prüfe durch Rechnung nach, ob das Dreieck ABC rechtwinklig ist.

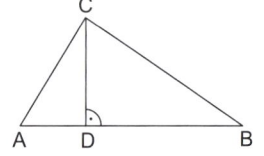

134 a) Berechne die Länge der Raumdiagonalen allgemein für einen Würfel mit der Kantenlänge x.
 b) Berechne die Länge der Raumdiagonalen für einen Würfel mit der Kantenlänge x = 10 cm.
 c) Berechne die Länge der Raumdiagonalen für einen Quader mit den Kantenlängen a = 8 cm, b = 10 cm und c = 12 cm.

135 Weise durch Rechnung nach, dass das Dreieck ABC mit A(–2|–4), B(–2|9) und C(4|0) rechtwinklig ist. Bestimme die Längen der drei Dreiecksseiten.

136 Von einem Punkt P außerhalb eines Kreises mit dem Radius r = 6 cm sind die Tangenten an den Kreis gezogen. Die Länge der Tangentenabschnitte $\overline{B_1P}$ bzw. $\overline{B_2P}$ beträgt t = 8 cm.
 a) Berechne den Abstand des Punktes P vom Kreismittelpunkt M.
 b) Berechne die Länge der Sehne $\overline{B_1B_2}$ sowie den Abstand $\overline{MA}$ der Sehne vom Kreismittelpunkt.

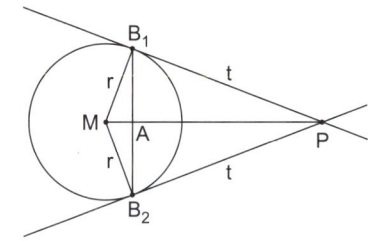

Training Grundwissen: 7 Sätze am rechtwinkligen Dreieck 115

Anwendungsaufgaben

137 Die Breite eines Flusses kannst du mit folgender Methode (angenähert) bestimmen. Von einem Standort S_1 visierst du genau gegenüber (senkrecht zur Uferlinie) einen Gegenstand, z. B. einen Baum, an. An der Uferlinie suchst du einen zweiten Standort S_2, von dem aus du den Gegenstand unter einem Winkel von 60° anvisieren kannst. Die Strecke, die du dabei von S_1 nach S_2 zurückgelegt hast, hat die Länge s (z. B. 45 m).

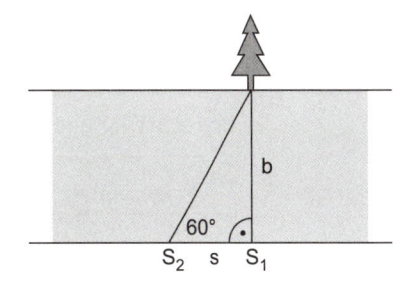

a) Berechne mit diesen Angaben die Breite b des Flusses.
b) Paul sagt: „Du kannst die Flussbreite auch auf eine andere Weise bestimmen. Von S_1 ausgehend bewegst du dich entlang des Ufers Richtung S_2 bis du den gegenüberliegenden Baum unter einem Winkel von 45° (Standort S_3) anvisieren kannst." Welche Strategie verfolgt Paul? Beschreibe wie er die Flussbreite bestimmt.

138 Die Klasse 9a übt auf dem Schulhof für einen 5-km-Lauf. Für eine Runde wurden auf dem Schulhof Fähnchen „rechteckig" aufgestellt. Die durchgezogene Linie gibt die Laufrichtung für eine „Schulhofrunde" an.
Wie viele Runden müssen gelaufen werden, um mindestens 5 km zurückzulegen?
Begründe rechnerisch.

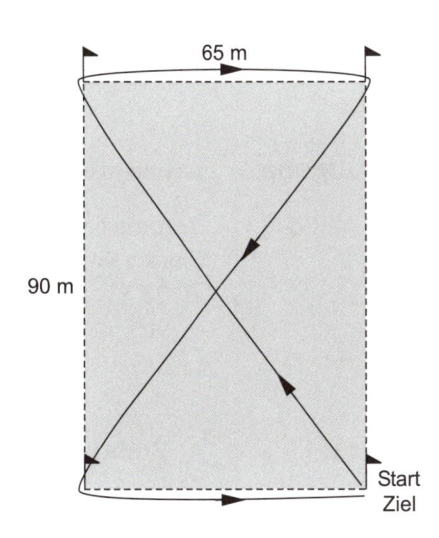

139 Ein Architekturstudent hat ein Grundstück vermessen, das angeblich rechteckig sein soll. Dazu hat er die Länge der vier Seiten gemessen (siehe Skizze).
Sein Professor sagt, dass er zur Kontrolle noch zwei weitere Strecken messen muss, um die Rechteckigkeit des Grundstücks zu bestätigen.
Welche Strecken meint der Professor und welche Länge müssen diese Strecken haben?

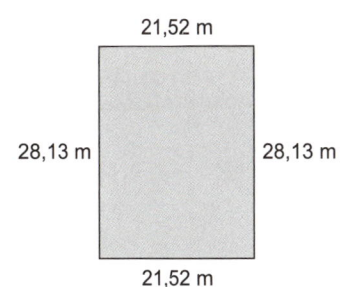

8 Trigonometrie

8.1 Trigonometrische Funktionen am rechtwinkligen Dreieck

Im rechtwinkligen Dreieck verwendet man folgende Bezeichnungen:

Merke

Trigonometrische Funktionen am rechtwinkligen Dreieck

$$\sin \alpha = \frac{\text{Gegenkathete}}{\text{Hypotenuse}} \qquad \sin \alpha = \frac{a}{c}$$

$$\cos \alpha = \frac{\text{Ankathete}}{\text{Hypotenuse}} \qquad \cos \alpha = \frac{b}{c}$$

$$\tan \alpha = \frac{\text{Gegenkathete}}{\text{Ankathete}} \qquad \tan \alpha = \frac{a}{b}$$

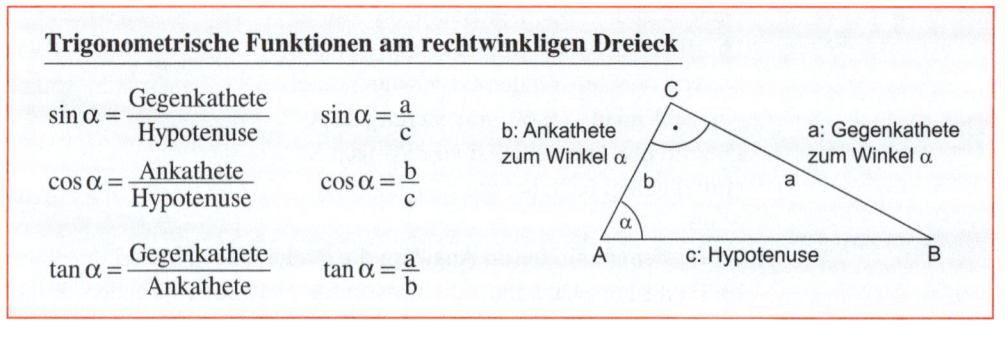

b: Ankathete zum Winkel α
a: Gegenkathete zum Winkel α
c: Hypotenuse

Beispiele

$\sin 36° \approx 0{,}587785$	$\cos 36° \approx 0{,}809017$	$\tan 36° \approx 0{,}726543$
$\sin 60° \approx 0{,}866025$	$\cos 60° = 0{,}5$	$\tan 60° \approx 1{,}732051$
$\sin 90° = 1$	$\cos 90° = 0$	$\tan 90°$ nicht definiert
$\sin 135° \approx 0{,}707107$	$\cos 135° \approx -0{,}707107$	$\tan 135° = -1$

Aufgabe 140

Grundwissen

Bestimme mithilfe des Taschenrechners für die angegebenen Winkelmaße jeweils den Sinus-, Kosinus- und den Tangenswert.

a) 22,5° b) 173° c) 225° d) 263°
e) 90°   f) 180° g) 360° h) 270°

Merke

Zurückführung auf spitze Winkel

Zu jedem Sinuswert $\sin \varphi = \sin(180° - \varphi)$
und zu jedem Kosinuswert $\cos \varphi = \cos(360° - \varphi)$
gibt es zwischen 0° und 360° zwei Winkelmaße.

Entsprechendes gilt für die Tangenswerte: $\tan \varphi = \tan(\varphi + 180°)$

Beispiele

$\sin^{-1}(0{,}5678)$	$\varphi_1 \approx 34{,}6°$	$\varphi_2 \approx 145{,}4°$
$\cos^{-1}(0{,}5678)$	$\varphi_1 \approx 55{,}4°$	$\varphi_2 \approx 304{,}6°$
$\sin^{-1}(-0{,}7254)$	$\varphi_1 \approx 226{,}5°$	$\varphi_2 \approx 313{,}5°$
$\cos^{-1}(-0{,}7254)$	$\varphi_1 \approx 136{,}5°$	$\varphi_2 \approx 223{,}5°$
$\sin^{-1}\left(\frac{\sqrt{3}}{2}\right)$	$\varphi_1 = 60°$	$\varphi_2 = 120°$
$\cos^{-1}\left(\frac{\sqrt{3}}{2}\right)$	$\varphi_1 = 30°$	$\varphi_2 = 330°$
$\tan^{-1}(1)$	$\varphi_1 = 45°$	$\varphi_2 = 225°$
$\tan^{-1}(3{,}7320508)$	$\varphi_1 \approx 75{,}0°$	$\varphi_2 \approx 255{,}0°$
$\tan^{-1}(-0{,}267949192)$	$\varphi_1 \approx 165{,}0°$	$\varphi_2 \approx 345{,}0°$

Training Grundwissen: 8 Trigonometrie

Aufgabe 141

Grundwissen

Gib die zugehörigen Winkelmaße an ($0° < \varphi < 360°$):

a) $\sin \varphi = 0{,}25$ b) $\sin \varphi = -0{,}25$ c) $\sin \varphi = 0{,}75$

d) $\cos \varphi = 0{,}25$ e) $\cos \varphi = -0{,}25$ f) $\cos \varphi = 0{,}75$

g) $\tan \varphi = -1$ h) $\tan \varphi = 2$ i) $\tan \varphi = 0{,}5$

Die trigonometrischen Funktionen kann man zu Berechnungen an rechtwinkligen Dreiecken verwenden.

Beispiele

1. In einem rechtwinkligen Dreieck sind die Länge der Hypotenuse $c = 9{,}2$ cm und die Länge der Kathete $a = 4{,}2$ cm.
   Berechne die Maße der Winkel α und β, die Länge der Kathete b sowie die Längen der Höhe h_c und der Hypotenusenabschnitte p und q.

   Lösung:

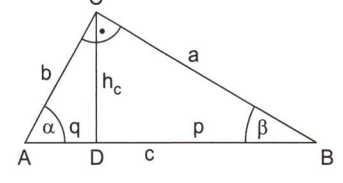

   $\sin \alpha = \dfrac{a}{c}$ $\cos \beta = \dfrac{a}{c}$

   $\sin \alpha = \dfrac{4{,}2\,\text{cm}}{9{,}2\,\text{cm}}$ $\cos \beta = \dfrac{4{,}2\,\text{cm}}{9{,}2\,\text{cm}}$

   $\sin \alpha = 0{,}456522$ $\cos \beta = 0{,}456522$

   $\alpha \approx 27{,}2°$ $\beta \approx 62{,}8°$

   oder:

   $\beta = 180° - \gamma - \alpha$ Winkelsumme im Dreieck

   $\beta = 180° - 90° - 27{,}2°$

   $\beta = 62{,}8°$

   $\cos \alpha = \dfrac{b}{c}$ oder: $\sin \beta = \dfrac{b}{c}$

   $b = c \cdot \cos \alpha$ $b = c \cdot \sin \beta$

   $b = 9{,}2\,\text{cm} \cdot \cos 27{,}2°$ $b = 9{,}2\,\text{cm} \cdot \sin 62{,}8°$

   $b \approx 9{,}2\,\text{cm} \cdot 0{,}889416$ $b \approx 8{,}18\,\text{cm}$

   $b \approx 8{,}18\,\text{cm}$

   $\sin \alpha = \dfrac{h_c}{b}$ Im Teildreieck ADC ist b Hypotenuse und h_c Gegenkathete zum Winkel α.   oder: $\sin \beta = \dfrac{h_c}{a}$ Teildreieck DBC

   $h_c = b \cdot \sin \alpha$ $h_c = a \cdot \sin \beta$

   $h_c = 8{,}18\,\text{cm} \cdot \sin 27{,}2°$ $h_c = 4{,}2\,\text{cm} \cdot \sin 62{,}8$

   $h_c \approx 8{,}18\,\text{cm} \cdot 0{,}457098$ $h_c \approx 3{,}74\,\text{cm}$

   $h_c \approx 3{,}74\,\text{cm}$

   Teildreieck ADC:

   $\cos \alpha = \dfrac{q}{b}$ oder: $\tan \alpha = \dfrac{h_c}{q}$

   $q = b \cdot \cos \alpha$ $q = \dfrac{h_c}{\tan \alpha}$

   $q \approx 8{,}18\,\text{cm} \cdot 0{,}889416$

   $q \approx 7{,}28\,\text{cm}$ $q \approx \dfrac{3{,}74\,\text{cm}}{0{,}513930}$

   $q \approx 7{,}28\,\text{cm}$

Teildreieck DBC:

$\cos\beta = \dfrac{p}{a}$

$p = a \cdot \cos\beta$

$p \approx 4,2 \text{ cm} \cdot 0,457098$

$p \approx 1,92 \text{ cm}$

oder:

$\tan\beta = \dfrac{h_c}{p}$

$p = \dfrac{h_c}{\tan\beta}$

$p \approx \dfrac{3,74 \text{ cm}}{1,945790}$

$p \approx 1,92 \text{ cm}$

2. Um die Höhe h eines Turmes zu bestimmen, misst man mit einem Theodoliten (Winkelmessgerät) von einer bestimmten Standweite s aus den Sichtwinkel φ. Die Messung erfolgt dabei in Augenhöhe a.

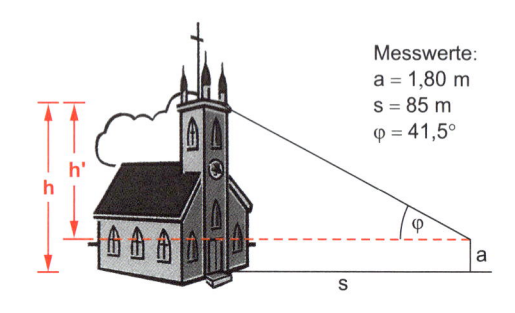

Messwerte:
a = 1,80 m
s = 85 m
φ = 41,5°

Lösung:
Turmhöhe h = h' + 1,80 m

$\tan\varphi = \dfrac{h'}{s}$

h' = s · tan φ
h' = 85 m · tan 41,5°
h' ≈ 85 m · 0,884725
h' ≈ 75,20 m

Höhe des Turms:
h = 75,20 m + 1,80 m
h = 77 m

3. Von einem Dreieck ABC sind c = 12 cm, a = 8,5 cm und das Maß des Winkels β = 50° gegeben.
Bestimme die Länge der Seite b und das Maß des Winkels α.

Lösung:
Wir zeichnen die Höhe h als Hilfslinie und bestimmen deren Länge im Dreieck DBC.

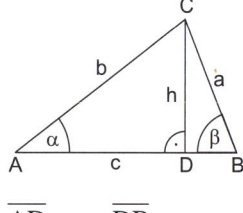

Dreieck DBC:

$\sin\beta = \dfrac{h}{a}$

h = a · sin β
h = 8,5 cm · sin 50°
h ≈ 6,51 cm

$\cos\beta = \dfrac{\overline{DB}}{a}$

$\overline{DB} = a \cdot \cos\beta$
$\overline{DB} = 8,5 \text{ cm} \cdot \cos 50°$
$\overline{DB} \approx 5,46 \text{ cm}$

$\overline{AD} = c - \overline{DB}$
$\overline{AD} = 12 \text{ cm} - 5,46 \text{ cm}$
$\overline{AD} = 6,54 \text{ cm}$

Dreieck ADC:

$\tan\alpha = \dfrac{h}{\overline{AD}}$

$\tan\alpha = \dfrac{6,51 \text{ cm}}{6,54 \text{ cm}}$

$\tan\alpha \approx 0,995413$

$\alpha \approx 44,87°$

$\sin\alpha = \dfrac{h}{b}$

$b = \dfrac{h}{\sin\alpha}$

$b = \dfrac{6,51 \text{ cm}}{\sin 44,87°}$

$b \approx 9,23 \text{ cm}$

Training Grundwissen: 8 Trigonometrie

4. Gegeben ist ein Quader mit den Seitenlängen a = 12 cm, b = 10 cm und c = 8 cm.

   a) Bestimme das Maß des Neigungswinkels ε einer Raumdiagonalen $\overline{BH}$ gegen die Grundfläche ABCD.

   b) Bestimme das Maß des Neigungswinkels α der Seitendiagonalen $\overline{BG}$ gegen die Grundfläche.

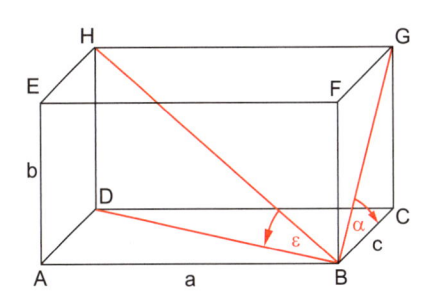

Lösung:

a) Länge der Raumdiagonale $\overline{BH}$:

$\overline{DB}^2 = a^2 + c^2$ Satz des Pythagoras im Dreieck ABD

$\overline{DB}^2 = (12\,\text{cm})^2 + (8\,\text{cm})^2$

$\overline{DB}^2 = 208\,\text{cm}^2$

$\overline{DB} \approx 14{,}42\,\text{cm}$

$\overline{BH}^2 = \overline{DB}^2 + b^2$ Satz des Pythagoras im Dreieck DBH

$\overline{BH}^2 = 208\,\text{cm}^2 + 100\,\text{cm}^2$

$\overline{BH}^2 = 308\,\text{cm}^2$

$\overline{BH} \approx 17{,}55\,\text{cm}$

Maß des Winkels ε:

$\sin \varepsilon = \dfrac{\overline{DH}}{\overline{BH}}$ Dreieck DBH

$\sin \varepsilon = \dfrac{10\,\text{cm}}{17{,}55\,\text{cm}}$

$\sin \varepsilon \approx 0{,}569803$

$\varepsilon \approx 34{,}74°$

oder: $\cos \varepsilon = \dfrac{\overline{DB}}{\overline{BH}}$, oder: $\tan \varepsilon = \dfrac{b}{\overline{DB}}$

b) Länge der Seitendiagonale $\overline{BG}$:

$\overline{BG}^2 = c^2 + b^2$ Satz des Pythagoras im Dreieck BCG

$\overline{BG}^2 = (8\,\text{cm})^2 + (10\,\text{cm})^2$

$\overline{BG}^2 = 164\,\text{cm}^2$

$\overline{BG} \approx 12{,}81\,\text{cm}$

Maß des Winkels α:

$\cos \alpha = \dfrac{c}{\overline{BG}}$ Dreieck BCG

$\cos \alpha = \dfrac{8\,\text{cm}}{12{,}81\,\text{cm}}$

$\cos \alpha \approx 0{,}624512$

$\alpha \approx 51{,}34°$

5. Die Endpunkte A und B des Durchmessers eines Halbkreises sind Eckpunkte von Dreiecken ABC. Der Eckpunkt C liegt auf dem Halbkreis. M ist Mittelpunkt des Halbkreises mit dem Radius x.

   a) Fertige für x = 4 cm eine Zeichnung und trage zwei Dreiecke ABC ein.
   b) Stelle den Flächeninhalt A(x; α) der Dreiecke ABC in Abhängigkeit von x und α dar.
   c) Erstelle eine Wertetabelle für x = 4 cm und α ∈ [0°; 10°; …; 90°] und zeichne den Grafen.
   d) Für welches Winkelmaß α ergibt sich das Dreieck mit größtem Flächeninhalt?

Lösung:

a) Zeichnung:

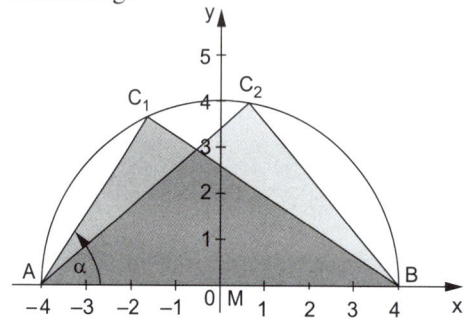

b) Flächeninhalt:

$A = \frac{1}{2} \cdot \overline{AC} \cdot \overline{BC} \text{ cm}^2$, da das Dreieck rechtwinklig ist (Thaleskreis).

$\cos α = \frac{\overline{AC}}{\overline{AB}}$ $\qquad\qquad$ $\sin α = \frac{\overline{BC}}{\overline{AB}}$

$\overline{AC} = \overline{AB} \cdot \cos α \quad | \overline{AB} = 2x$ $\qquad$ $\overline{BC} = \overline{AB} \cdot \sin α \quad | \overline{AB} = 2x$

$\overline{AC} = 2x \cdot \cos α \text{ cm}$ $\qquad\qquad$ $\overline{BC} = 2x \cdot \sin α \text{ cm}$

$A(x; α) = \frac{1}{2} \cdot 2x \cdot \cos α \cdot 2x \cdot \sin α \text{ cm}^2$

$A(x; α) = 2x^2 \cdot \sin α \cdot \cos α \text{ cm}^2$

c) $A = A(4; α) = 32 \cdot \sin α \cdot \cos α \text{ cm}^2$

α in °	0	10	20	30	40	50	60	70	80	90
A in cm²	0	5,5	10,3	13,9	15,8	15,8	13,9	10,3	5,5	0

Hinweis: Die Werte sind gegebenenfalls gerundet.

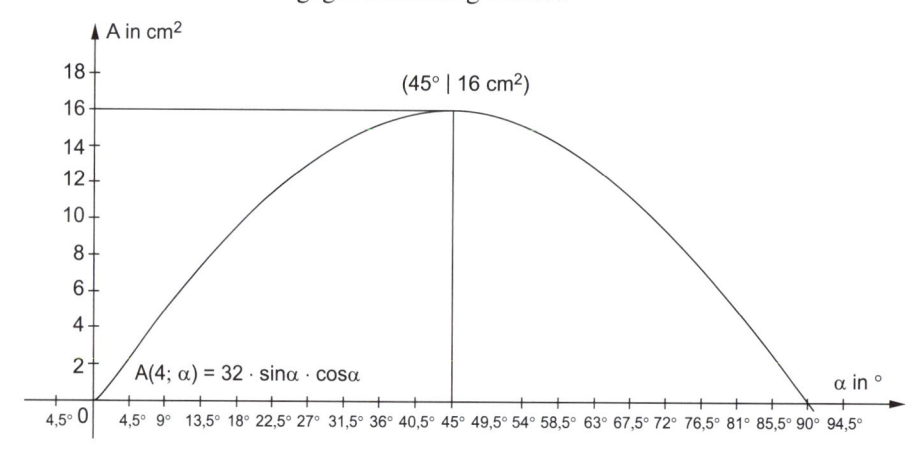

Training Grundwissen: 8 Trigonometrie

d) Der grafischen Darstellung von A(4; α) können wir entnehmen, dass sich für α = 45° die größte Dreiecksfläche $A_{max} = 16$ cm² ergibt.
Das Dreieck ABC mit maximalem Flächeninhalt ist gleichschenklig rechtwinklig mit $\overline{AC} = \overline{BC}$.

$\overline{AC} = 2x \cdot \cos\alpha$ cm	$\overline{BC} = 2x \cdot \sin\alpha$ cm
$\overline{AC} = 8$ cm $\cdot \cos 45°$	$\overline{BC} = 8$ cm $\cdot \sin 45°$
$\overline{AC} \approx 5{,}66$ cm	$\overline{BC} \approx 5{,}66$ cm

6. Für alle Winkelmaße φ ∈ [0°; 360°] gilt eine wichtige Beziehung.
Im rechtwinkligen Dreieck OQP mit $\overline{OP} = 1$ LE gilt:

a) $\sin\varphi = \dfrac{y}{1}$ und $\cos\varphi = \dfrac{x}{1}$

$y = 1 \cdot \sin\varphi \qquad x = 1 \cdot \cos\varphi$

b) $\quad x^2 \quad + \quad y^2 \quad = 1^2 \qquad$ Satz des Pythagoras

$\quad (\cos\varphi)^2 + (\sin\varphi)^2 = 1$

$\quad \mathbf{\sin^2\varphi \;+\; \cos^2\varphi \;=\; 1} \qquad$ Schreibweise: $\sin^2\varphi = \sin\varphi \cdot \sin\varphi = (\sin\varphi)^2$

Aufgaben

Grundwissen

142 In einem rechtwinkligen Dreieck sind die Hypotenuse c = 12 cm und die Kathete b = 7 cm lang. Berechne: α, β, a, h_c, p, q, A

143 Der Umkreisradius r eines regulären 8-Ecks beträgt 12 cm.
Berechne die Seitenlänge des 8-Ecks.

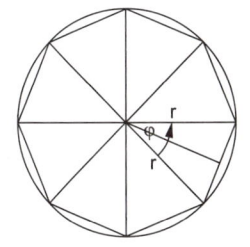

144 Von einem Dreieck ABC (nicht rechtwinklig!) sind bekannt: α = 48°, a = 10,5 cm und b = 7 cm. Bestimme β, γ und die Länge der Seite c. (Hinweis: Zeichne als Hilfslinie die Höhe h_c.)

145 Bestimme für die beiden Würfel mit den Kantenlängen 8 cm und 12 cm jeweils den Neigungswinkel ε einer Raumdiagonalen gegen die Grundfläche.

146 Die Schenkel eines gleichschenkligen Dreiecks sind 12 cm lang, der Winkel an der Spitze C hat das Maß 60°. Berechne die Basis c, die Höhe h_c und den Flächeninhalt A des Dreiecks.

Anwendungsaufgaben

147 Mit einem Theodoliten wird der Sichtwinkel eines der beiden Türme des Kölner Domes mit φ = 72,2° gemessen, wobei die Augenhöhe a = 1,5 m ist.
Die Entfernung Standort – Fußpunkt des Turmes beträgt s = 50 m.
a) Trage die fehlenden Werte aus der Aufgabenstellung in die vorgefertigte Skizze ein.
b) Berechne die Höhe des Domturms.
c) Der Domturm hat viele Fenster. Bei unveränderter Augenhöhe und Standweite betragen die Sichtwinkel zur Unterkante und Oberkante eines der Spitzbogenfenster 50,9° und 55,5°. In welcher Höhe beginnt das Fenster?
d) Peter schätzt die Höhe des Fensters auf 12 m. Um wie viel Prozent weicht seine Schätzung von der wirklichen Fensterhöhe ab?

148 Eine Gerade hat die Gleichung g: $y = \frac{1}{2}x - 2$. Bestimme die Maße der Winkel, die der Graf von g mit der x-Achse und der y-Achse einschließt.
Lisa sagt: „Ich brauche das nur für einen der beiden Winkel mithilfe des Tangens zu lösen. Der andere Winkel ergibt sich automatisch." Löse die Aufgabe und überprüfe Lisas Behauptung.

149 Um die Breite x eines unzugänglichen Geländebereichs zwischen den Punkten P und Q zu bestimmen, wendet man in der Geländevermessung oft folgende Methode an:
Man sucht zwei Punkte A und B, so dass P, Q und A in einer Sichtlinie liegen und $\overline{AB}$ senkrecht zu $\overline{PQ}$ bzw. zu $\overline{PA}$ verläuft (siehe Skizze). Aus den gemessenen Größen s = $\overline{AB}$, α = ∢ ABP und β = ∢ ABQ kann man x berechnen.
Gemessen: s = 125 m; α = 80°; β = 63°
Berechne x = $\overline{PQ}$.

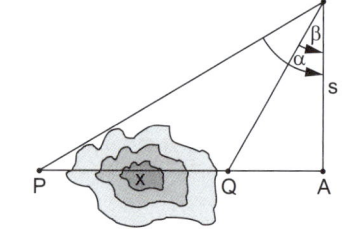

8.2 Sinus- und Kosinussatz – Berechnungen an beliebigen Dreiecken

Merke

Sinussatz

In **jedem Dreieck** haben die **Quotienten** aus der **Länge einer Seite** und dem **Sinuswert** des zugehörigen **Gegenwinkels** den gleichen Wert.

$$\frac{a}{\sin \alpha} = \frac{b}{\sin \beta} = \frac{c}{\sin \gamma}$$

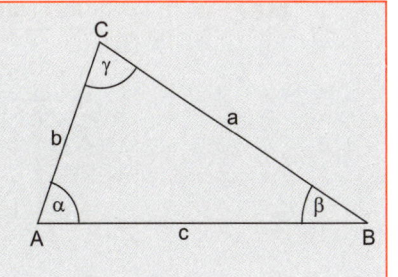

Beispiel

Von einem Dreieck ABC sind $a = 9{,}5$ cm, $c = 7{,}5$ cm und $\alpha = 35°$ bekannt.
Berechne: b, β, γ, A

Winkel γ:

$$\frac{a}{\sin \alpha} = \frac{c}{\sin \gamma} \qquad |\cdot \sin \gamma \cdot \sin \alpha \quad |:a$$

$$\sin \gamma = \frac{c}{a} \cdot \sin \alpha$$

$$\sin \gamma = \frac{7{,}5 \text{ cm}}{9{,}5 \text{ cm}} \cdot \sin 35°$$

$$\sin \gamma \approx 0{,}452824$$

$$\gamma \approx 26{,}9°$$

Winkel β:
$\beta = 180° - \alpha - \gamma$
$\beta = 180° - 35° - 26{,}9°$
$\beta = 118{,}1°$

Seite b:

$$\frac{a}{\sin \alpha} = \frac{b}{\sin \beta} \qquad |\cdot \sin \beta$$

$$b = a \cdot \frac{\sin \beta}{\sin \alpha}$$

$$b = 9{,}5 \text{ cm} \cdot \frac{\sin 118{,}1°}{\sin 35°}$$

$$b \approx 14{,}61 \text{ cm}$$

Höhe h:

$$\sin \alpha = \frac{h}{b} \qquad \text{Dreieck ADC}$$

$h = b \cdot \sin \alpha$
$h = 14{,}61 \text{ cm} \cdot \sin 35°$
$h \approx 8{,}38 \text{ cm}$

Flächeninhalt A:

$$A = \frac{1}{2} \cdot c \cdot h$$

$$A = \frac{1}{2} \cdot 7{,}5 \text{ cm} \cdot 8{,}38 \text{ cm}$$

$$A \approx 31{,}43 \text{ cm}^2$$

Für den Flächeninhalt eines Dreiecks gelten folgende Beziehungen:

Merke

Flächeninhalt eines Dreiecks

$A = \frac{1}{2} \cdot a \cdot b \cdot \sin \gamma$

$A = \frac{1}{2} \cdot a \cdot c \cdot \sin \beta$

$A = \frac{1}{2} \cdot b \cdot c \cdot \sin \alpha$

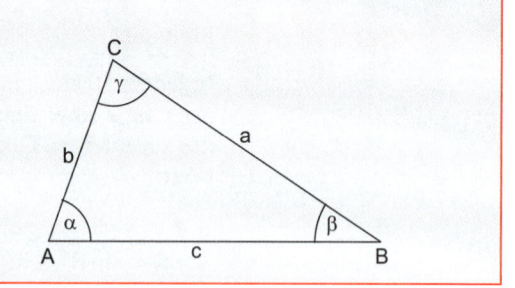

Beispiel

Im obigen Beispiel gilt:
Flächeninhalt des Dreiecks ABC:

$A = \frac{1}{2} \cdot a \cdot b \cdot \sin \gamma$ oder: $A = \frac{1}{2} \cdot a \cdot c \cdot \sin \beta$

$A = \frac{1}{2} \cdot 7{,}5 \text{ cm} \cdot 12{,}94 \text{ cm} \cdot \sin 46{,}6°$ $A = \frac{1}{2} \cdot 7{,}5 \text{ cm} \cdot 9{,}5 \text{ cm} \cdot \sin 98{,}4°$

$A \approx 35{,}25 \text{ cm}^2$ $A \approx 35{,}25 \text{ cm}^2$

Merke

Kosinussatz

In **jedem Dreieck** ABC gelten:

$a^2 = b^2 + c^2 - 2 \cdot b \cdot c \cdot \cos \alpha$
$b^2 = a^2 + c^2 - 2 \cdot a \cdot c \cdot \cos \beta$
$c^2 = a^2 + b^2 - 2 \cdot a \cdot b \cdot \cos \gamma$

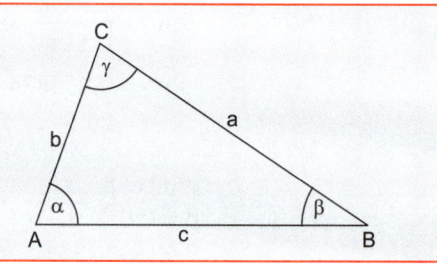

Für den Fall eines rechtwinkligen Dreiecks geht der Kosinussatz in den Satz des Pythagoras über. In diesem Fall ist der von zwei Seiten eingeschlossene Winkel (α, β oder γ) jeweils 90° und damit der Kosinus dieses Winkels ($\cos \alpha$, $\cos \beta$ oder $\cos \gamma$) gleich 0, so dass man erhält: $a^2 = b^2 + c^2$, $b^2 = a^2 + c^2$ oder $c^2 = a^2 + b^2$.

Beispiel

Von einem Dreieck ABC sind
c = 9,5 cm, b = 7,5 cm und α = 35° bekannt.
Berechne: a, β, γ

Lösung:
Seite a:
$a^2 = b^2 + c^2 - 2 \cdot b \cdot c \cdot \cos \alpha$
$a^2 = (7{,}5 \text{ cm})^2 + (9{,}5 \text{ cm})^2 - 2 \cdot 7{,}5 \text{ cm} \cdot 9{,}5 \text{ cm} \cdot \cos 35°$
$a^2 = 56{,}25 \text{ cm}^2 + 90{,}25 \text{ cm}^2 - 142{,}5 \text{ cm}^2 \cdot 0{,}819152$
$a^2 \approx 29{,}77 \text{ cm}^2$
$a \approx 5{,}46 \text{ cm}$

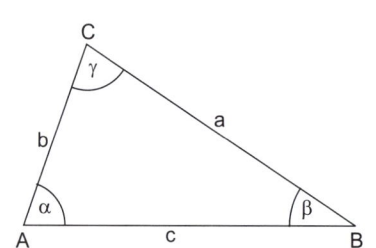

Training Grundwissen: 8 Trigonometrie

Winkel β:
Sinussatz im Dreieck ABC:

$$\frac{a}{\sin \alpha} = \frac{b}{\sin \beta} \qquad |\cdot \sin \beta \cdot \sin \alpha \quad |:a$$

$$\sin \beta = \frac{b}{a} \cdot \sin \alpha$$

$$\sin \beta = \frac{7{,}5 \text{ cm}}{5{,}46 \text{ cm}} \cdot \sin 35°$$

$$\sin \beta \approx 0{,}7878797$$

$$\beta \approx 52°$$

Winkel γ:
Winkelsumme im Dreieck ABC: oder: wieder mit dem Sinussatz $\frac{a}{\sin \alpha} = \frac{c}{\sin \gamma}$

$\gamma = 180° - 35° - 52°$

$\gamma = 93°$

Aufgaben

Grundwissen

150 Von einem Dreieck ABC sind die folgenden Bestimmungsstücke bekannt:
$a = 27{,}5$ cm; $c = 36$ cm; $\gamma = 42°$
Berechne: b, α, β, Höhe h_c, Flächeninhalt A des Dreiecks.

151 Von einem Viereck ABCD sind die folgenden Bestimmungsstücke bekannt:
$a = 36$ cm; $c = 21$ cm; $f = 45$ cm; $\beta = 65°$; $\gamma = 95°$
Berechne: b, d, α, δ, Flächeninhalt A des Vierecks.

152 Von einem Parallelogramm ABCD sind bekannt:
$a = 12$ cm; $b = 9$ cm; $\alpha = 48°$
Berechne die Seitenlängen c und d, die Längen e und f der Diagonalen, die Winkelmaße β, γ und δ sowie den Flächeninhalt des Parallelogramms.

Anwendungsaufgaben

153 Gegeben ist nebenstehender Kreis mit dem Radius $r = \overline{AM} = 10$ cm. Auf der Kreislinie befindet sich der Punkt C, der mit dem Mittelpunkt M des Kreises und dem Mittelpunkt D eines weiteren Kreises ein Dreieck bildet. Am Punkt D entsteht dabei der Winkel $\alpha = 54°$.
Bestimme den Winkel δ.

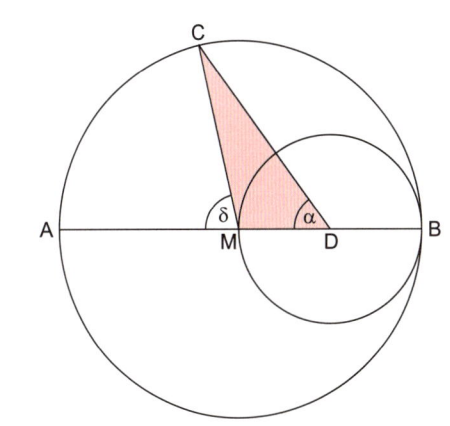

154 Paul steht auf einem Aussichtsturm. Er erblickt Lisa und Peter unter einem Sichtwinkel von 15°. Lisa und Peter befinden sich in einer Ebene mit dem Turm und stehen 300 m auseinander. Lisa erblickt Paul mit einem Sichtwinkel von 5°, Peter mit einem Sichtwinkel von 20°. Lisa schätzt den Turm von ihrem Standpunkt auf 30 m Höhe, Paul auf 40 m Höhe.
Wer schätzt besser?
(Die Körpergrößen werden als gleich groß angenommen und dürfen vernachlässigt werden.)

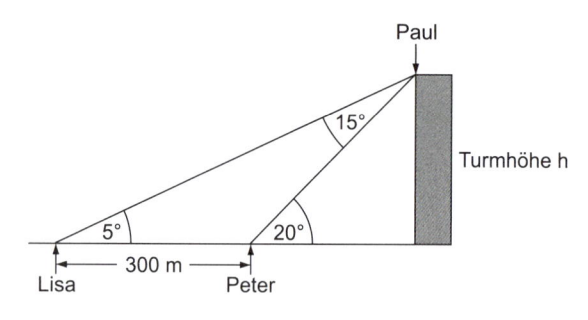

155 Eine dreieckige Pferdeweide muss neu eingezäunt werden. Die Strecke zwischen den Eckpfosten A und B misst 195 m, die zwischen den Eckpfosten A und C 225 m. Die Seiten $\overline{AB}$ und $\overline{BC}$ schließen einen Winkel von 50° ein. 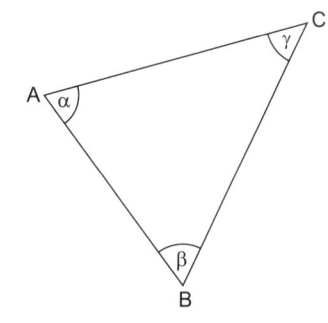
a) Dem Reitstallbesitzer entstehen beim Einzäunen Kosten pro laufendem Meter. Das Unternehmen „Pferde und Reitsport" wirbt mit folgender Sonderaktion: „Bei einer Abnahme von 600 m Weidezaunmaterial gewähren wir einen Rabatt von 15 %."
Milla glaubt nicht, dass der Reitstallbesitzer von der Aktion profitiert.
b) Die Weide muss neu mit Grassamen eingesät werden. Man kalkuliert 40 kg Saatgut für 1 ha Weidefläche. Milla kalkuliert, dass 100 kg Saatgut genug sind.
Wie beurteilst du Millas Überlegungen?

9 Kreis

9.1 Kreisfläche und Kreisumfang, Kreisring

Merke

Kreis

Kreisfläche: $A = \pi \cdot r^2$
Kreisumfang: $u = 2 \cdot \pi \cdot r$
π: Kreiszahl

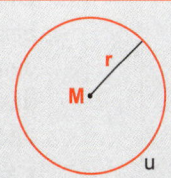

Die Kreiszahl π ist eine irrationale Zahl (nicht als Quotient zweier natürlicher Zahlen darstellbar), besitzt unendlich viele Nachkommastellen und ist nicht periodisch.
Es ist nicht möglich, mit Zirkel und Lineal ein Quadrat zu konstruieren, das den gleichen Flächeninhalt hat wie ein gegebener Kreis.
Für Berechnungen genügt es meistens, für π mit den Näherungswerten 3,14 oder $\frac{22}{7}$ zu rechnen.

Beispiele

1. Zu einem Quadrat mit der Seitenlänge $a = 6$ cm sind der Umkreis (Radius r_u) und der Inkreis (Radius r_i) gezeichnet.
Bestimme die Radien, die Flächeninhalte und die Umfänge des Um- und des Inkreises.

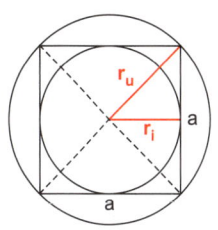

Lösung:
Radien:

$r_i = \frac{a}{2}$ r_i: halbe Quadratbreite $r_u^2 = \left(\frac{a}{2}\right)^2 + \left(\frac{a}{2}\right)^2$ r_u: Satz des Pythagoras

$r_i = 3$ cm $r_u^2 = \frac{a^2}{2}$

$r_u = \frac{a}{2} \cdot \sqrt{2}$

$r_u = r_i \cdot \sqrt{2}$

$r_u = 3\sqrt{2}$ cm

($r_u \approx 4,24$ cm)

Flächeninhalte:

$A_i = \pi \cdot r_i^2$ $A_u = \pi \cdot r_u^2$

$A_i = \pi \cdot \left(\frac{a}{2}\right)^2$ $A_u = \pi \cdot \left(\frac{a}{2} \cdot \sqrt{2}\right)^2$

$A_i = 9\pi$ cm^2 $A_u = 18\pi$ cm^2

($A_i \approx 28,27$ cm^2)   ($A_u \approx 56,55$ cm^2)

Verhältnis der beiden Flächeninhalte:

$\dfrac{A_u}{A_i} = \dfrac{\pi \cdot \left(\frac{a}{2} \cdot \sqrt{2}\right)^2}{\pi \cdot \left(\frac{a}{2}\right)^2} = \dfrac{2}{1} = 2$ ($A_u : A_i = 2 : 1$)   Dieses Verhältnis ist unabhängig von a!

Umfänge:

$u_i = 2 \cdot \pi \cdot r_i$ $u_u = 2 \cdot \pi \cdot r_u$

$u_i = 2 \cdot \pi \cdot \frac{a}{2}$ $u_u = 2 \cdot \pi \cdot \frac{a}{2} \cdot \sqrt{2}$

$u_i = 6\pi$ cm   ($u_i = 18,85$ cm) $u_u = \pi \cdot 6\sqrt{2}$ cm^2 ($u_u \approx 26,66$ cm)

Verhältnis der beiden Umfänge: (Auch dieses Verhältnis ist unabhängig von a!)

$$\frac{u_u}{u_i} = \frac{2 \cdot \pi \cdot \frac{a}{2} \cdot \sqrt{2}}{2 \cdot \pi \cdot \frac{a}{2}} = \sqrt{2} \quad (u_u : u_i = \sqrt{2} : 1)$$

2. Drei Kreise mit gleichem Radius r (= 6 cm) berühren sich gegenseitig. Ein großer Kreis ist den drei kleinen Kreisen so umbeschrieben, dass er diese berührt. Bestimme den Radius R und den Flächeninhalt A des großen Kreises.

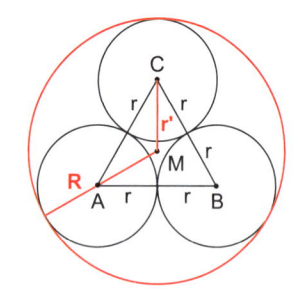

Lösung:
R = r' + r
Die Mittelpunkte A, B und C der drei kleinen Kreise bilden ein gleichseitiges Dreieck ABC mit der Seitenlänge 2r = a.
r' ist Umkreisradius dieses Dreiecks: $r' = \frac{a}{3} \cdot \sqrt{3}$
$r' = \frac{2r}{3} \cdot \sqrt{3}$
$r' = 4 \cdot \sqrt{3}$ cm
$r' \approx 6,93$ cm

Radius:
$R = r' + r = \frac{2r}{3} \cdot \sqrt{3} + r$
$R = \left(\frac{2}{3}\sqrt{3} + 1\right) \cdot r$
$R \approx 12,93$ cm

Flächeninhalt:
$A = \pi \cdot R^2$
$A = \pi \cdot \left(\frac{2}{3}\sqrt{3} + 1\right)^2 \cdot r^2$
$A \approx 525,08$ cm^2

Merke

Kreisring

Zwei konzentrische Kreise $k_a(M; r_a)$ und $k_i(M; r_i)$ mit $r_a > r_i$ begrenzen einen Kreisring.

Kreisringfläche: $A_{Ring} = \pi \cdot (r_a^2 - r_i^2)$

Kreisringumfang: $u = 2 \cdot \pi \cdot (r_a + r_i)$

Beispiele

1. Ein Kreisring mit innerem Radius $r_i = 60$ cm hat eine Fläche von 2,4 m². Berechne die Breite b des Rings.

Lösung:
Radius r_a:
$A_{Ring} = \pi \cdot (r_a^2 - r_i^2)$
$2,4 \text{ m}^2 = \pi \cdot (r_a^2 - (0,60 \text{ m})^2)$
$2,4 \text{ m}^2 = \pi \cdot r_a^2 - 1,13 \text{ m}^2$ r_a ist gesucht

$r_a^2 = \frac{2,4 \text{ m}^2 + 1,13 \text{ m}^2}{\pi}$ Äquivalenzumformung

$r_a^2 \approx 1,12 \text{ m}^2$
$r_a = \sqrt{1,12 \text{ m}^2}$
$r_a \approx 1,06$ m
$r_a = 106$ cm

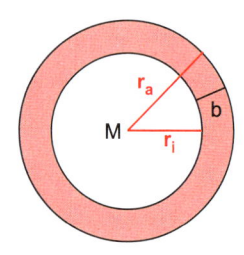

Breite b des Rings:
$b = r_a - r_i$
$b = 46$ cm

Training Grundwissen: 9 Kreis

2. Wie viele Umdrehungen in der Minute macht das Rad eines Eisenbahnwagens (d = 0,85 m), wenn der Zug mit einer Geschwindigkeit von $90 \frac{km}{h}$ fährt?

Lösung:

$v = 90 \frac{km}{h}$ Umwandlung $\frac{km}{h} \rightarrow \frac{m}{min}$

$v = \frac{90 \cdot 1\,000 \text{ m}}{60 \text{ min}}$

$v = 1\,500 \frac{m}{min}$

Der Zug legt in t = 1 Minute die Strecke s = 1 500 m zurück.
Um die Anzahl n der Umdrehungen pro Minute zu erhalten, müssen wir feststellen, wie oft der Umfang u des Rades in der Strecke s enthalten ist.

$u_{Rad} = \pi \cdot d$ $n = \frac{s}{u_{Rad}}$

$u_{Rad} = \pi \cdot 0,85 \text{ m}$

$u_{Rad} \approx 2,67 \text{ m}$ $n = \frac{1500 \text{ m}}{2,67 \text{ m}}$

                                           $n \approx 562$

Bei einer Geschwindigkeit von $90 \frac{km}{h}$ macht das Rad 562 Umdrehungen pro Minute.

Aufgaben

Grundwissen

156 Einem Kreis mit Radius r (= 6 cm) ist ein gleichseitiges Dreieck einbeschrieben.
a) Berechne die Länge der Dreiecksseite a.
b) In welchem Verhältnis stehen die Flächeninhalte von Kreis und Dreieck?
c) In welchem Verhältnis stehen die Flächeninhalte bzw. die Umfänge von Umkreis und Inkreis des Dreiecks?

157 Bei einem gleichseitigen Dreieck fallen die Mittelpunkte von Um- und Inkreis zusammen. Berechne den Flächeninhalt des von beiden Kreisen begrenzten Kreisrings in Abhängigkeit von der Seitenlänge a des Dreiecks.

Anwendungsaufgaben

158
a) Um einen Fußball mit dem Radius r (= 11 cm) wird straff eine Schnur gespannt. Die Schnur wird um 1 m verlängert und so um den Ball gelegt, dass sie überall gleichen Abstand d hat. Wie groß ist dieser Abstand d?

b) In der gleichen Weise denkt man sich um den Erdäquator der als ideale Kugel angenommenen Erde eine Schnur gespannt und ebenfalls um 1 m verlängert (Erdradius: 6 370 km). Christina behauptet: „Bei der Größe der Erde wirkt sich eine Verlängerung der Schnur um einen Meter überhaupt nicht aus, da kann nicht mal eine Ameise darunter her kriechen."
Was hältst du von Christinas Aussage? Begründe deine Meinung rechnerisch.

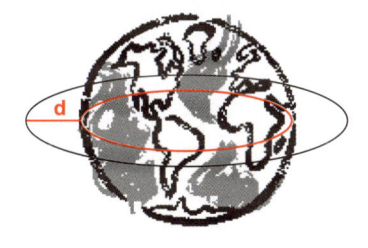

159 Wie groß ist die Rotationsgeschwindigkeit eines Punktes auf dem Erdäquator, vom Standpunkt eines unbewegten Beobachters im Weltraum aus gesehen? ($r_{Erde} = 6\,370$ km)

9.2 Kreisbogen und Kreissektor, Berechnungen am Kreis und an Kreisteilen

Merke

Kreisbogen und Kreissektor

Die Schenkel des Mittelpunktswinkels ∢ AMB mit dem Maß ω schneiden aus der Fläche eines Kreises k (M; r) einen Kreissektor und aus der Kreislinie einen Kreisbogen der Länge b aus.

Länge des Kreisbogens: $\quad b = 2 \cdot \pi \cdot r \cdot \dfrac{\omega}{360°}$

Flächeninhalt des Sektors: $\quad A = \pi \cdot r^2 \cdot \dfrac{\omega}{360°}$

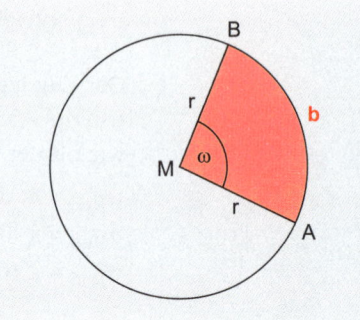

Beispiele

1. Berechne den Flächeninhalt A und den Umfang u der eingefärbten Flächen allgemein in Abhängigkeit von a und speziell für a = 8 cm.

a)

b)

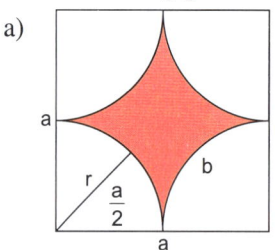

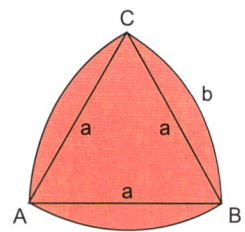

Lösung:

a) Flächeninhalt:

$A = A_{Quadrat} - 4 \cdot A_{Sektor}$

$A = \left(a^2 - 4 \cdot \pi \cdot \left(\dfrac{a}{2}\right)^2 \cdot \dfrac{90°}{360°} \right)$ FE   mit $r = \dfrac{a}{2}$

$A = \left(a^2 - \dfrac{a^2}{4} \cdot \pi \right)$ FE

$A = a^2 \cdot \left(1 - \dfrac{\pi}{4}\right)$ FE

Umfang u:
$u = 4 \cdot b$

$u = 4 \cdot 2 \cdot \pi \cdot r \cdot \dfrac{90°}{360°}$ LE

$u = 2 \cdot \pi \cdot r$ LE $\qquad | \; r = \dfrac{a}{2}$

$u = 2 \cdot \pi \cdot \dfrac{a}{2}$ LE

$u = a \cdot \pi$ LE

Für a = 8 cm:

$A = 64 \cdot \left(1 - \dfrac{\pi}{4}\right)$ cm² $\qquad u = 8 \cdot \pi$ cm

$A \approx 13{,}73$ cm² $\qquad\qquad\qquad u \approx 25{,}13$ cm

b) Das Dreieck ABC ist gleichseitig. Die Mittelpunktswinkel der Sektoren haben das Maß 60°.

Flächeninhalt:
$$A = 3 \cdot A_{Sektor} - 2 \cdot A_{\triangle ABC}$$
$$A = \left(3 \cdot \pi \cdot r^2 \cdot \frac{60°}{360°} - 2 \cdot \frac{1}{2} \cdot r \cdot \frac{\sqrt{3}}{2} \cdot r\right) FE$$
$$A = \left(\frac{1}{2} \cdot \pi \cdot r^2 - \frac{\sqrt{3}}{2} \cdot r^2\right) FE$$
$$A = \frac{1}{2} \cdot r^2 \cdot (\pi - \sqrt{3}) \, FE \qquad | \, r = a$$
$$A = \frac{1}{2} a^2 \cdot (\pi - \sqrt{3}) \, FE$$

Umfang:
$$u = 3 \cdot b$$
$$u = 3 \cdot 2 \cdot \pi \cdot r \cdot \frac{60°}{360°} \, LE$$
$$u = \pi \cdot r \, LE \qquad\qquad | \, r = a$$
$$u = \pi \cdot a \, LE$$

Für a = 8 cm:
$$A = \frac{1}{2}(8\,cm)^2 \cdot (\pi - \sqrt{3}) \, cm^2 \qquad u = 8\,cm \cdot \pi$$
$$A \approx 45{,}11\,cm^2 \qquad\qquad\qquad u \approx 25{,}13\,cm$$

2. a) Der Bogen eines Kreises mit r = 14 cm hat die Länge b = 22 cm. Berechne das Maß des zugehörigen Mittelpunktswinkels ω sowie den Flächeninhalt A des Kreissektors.
   b) Welches Maß hat der Mittelpunktswinkel eines Bogens, dessen Länge gleich dem Radius ist?

Lösung:

a) Mittelpunktswinkel:
$$2 \cdot \pi \cdot r \cdot \frac{\omega}{360°} = b$$
$$2 \cdot \pi \cdot 14\,cm \cdot \frac{\omega}{360°} = 22\,cm$$
$$\omega = \frac{22\,cm \cdot 360°}{2 \cdot \pi \cdot 14\,cm}$$
$$\omega = 90°$$

Flächeninhalt:
$$A = \pi \cdot r^2 \cdot \frac{\omega}{360°}$$
$$A = \pi \cdot (14\,cm)^2 \cdot \frac{90°}{360°}$$
$$A \approx 153{,}94\,cm^2$$

b) Mittelpunktswinkel:
$$b = r$$
$$2 \cdot \pi \cdot r \cdot \frac{\omega}{360°} = r$$
$$2 \cdot \pi \cdot \frac{\omega}{360°} = 1$$
$$\omega = \frac{360°}{2 \cdot \pi}$$
$$\omega \approx 57{,}30°$$

3. Zeichne zu einem Quadrat mit der Seitenlänge a (= 8 cm) den Umkreis und über jeder Seite den Halbkreis nach außen. Berechne den Flächeninhalt der vier Möndchen.

Lösung:
Umkreisradius: $r_u = \frac{\sqrt{2}}{2} \cdot a$

Halbkreisradius: $r_{HK} = \frac{a}{2}$

Summe der Flächeninhalte der vier Möndchen:

$A = 4 \cdot [A_{Halbkreis} - (A_{Sektor} - A_{Dreieck})]$

$A = 4 \cdot \left[\frac{1}{2} \pi \cdot \left(\frac{a}{2}\right)^2 - \pi \cdot \left(\frac{\sqrt{2}}{2} \cdot a\right)^2 \cdot \frac{90°}{360°} + \frac{1}{2} \cdot \frac{\sqrt{2}}{2} \cdot a \cdot \frac{\sqrt{2}}{2} \cdot a \right]$ FE

$A = 4 \cdot \left[\pi \cdot \frac{a^2}{8} - \pi \cdot \frac{a^2}{8} + \frac{a^2}{4} \right]$ FE

$A = a^2$ FE

Für a = 8 cm:
$A = (8 \text{ cm})^2$
$A = 64 \text{ cm}^2$

Aufgaben

Grundwissen

160
a) Welche Länge hat der zum Mittelpunktswinkel ω = 75° gehörige Kreisbogen in einem Kreis mit Radius r = 25 cm?
b) Wie groß sind Bogenlänge, Umfang und Flächeninhalt eines Kreissektors mit dem Mittelpunktswinkel ω = 120° (r = 12 cm)?
c) Berechne das Maß des Mittelpunktswinkels eines Kreissektors, dessen Flächeninhalt gleich dem eines dem Kreis einbeschriebenen Quadrats ist.

161 Berechne den Flächeninhalt und den Umfang der rot eingefärbten Fläche (a = 8 cm).

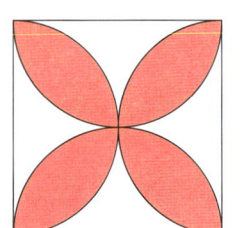

162 Zeige durch Rechnung, dass die beiden eingefärbten Möndchen zusammen den gleichen Flächeninhalt wie das rechtwinklige Dreieck haben. (Möndchen des Hippokrates; um 440 v. Chr.; griechischer Mathematiker. Dieser Satz wurde erst 1671 von dem Jesuiten Paradies bewiesen.)

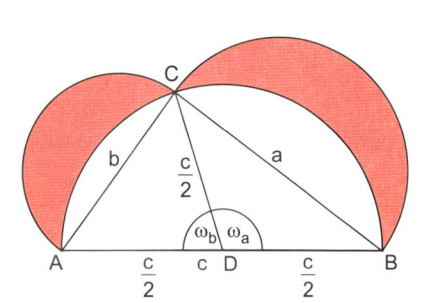

Anwendungsaufgaben

163 Welchen Weg legt ein Punkt bzw. ein Ort am Äquator der Erde (Erdradius: 6 370 km) in einer Stunde zurück, betrachtet vom Standpunkt eines unbewegten Beobachters im Weltraum aus?

164 Ein Kinderfahrrad hat eine Reifengröße (Durchmesser) von 22" (1" (inch) = 2,54 cm).
a) Welche Weglänge kommt der Fahrer bei einer vollen Radumdrehung voran?
b) Um welchen Mittelpunktswinkel dreht sich das Rad, wenn der Fahrer genau 1 m fährt?
c) Wie viele Radumdrehungen muss er für einen Kilometer machen?
d) Der Radfahrer schafft 120 Radumdrehungen pro Minute. Wie lange braucht er etwa für die Strecke von Ochtrup nach Münster (40 km)?

10 Körper

10.1 Schrägbild und Netz eines Körpers

Geometrische Körper wie Würfel, Quader, Prisma, Pyramide oder Kegel sind **dreidimensionale** Gebilde. Um bei einer **zweidimensionalen** Zeichenebene (z. B. ein Blatt Papier) einen **räumlichen Eindruck** von einem Körper zu erhalten, stellt man diesen in einem **Schrägbild** dar.

Das **Netz** eines Körpers ist eine zweidimensionale Darstellung seiner Oberfläche, die man sich längs der Kanten in geeigneter Weise aufgeschnitten und in die Ebene ausgebreitet vorstellt. Grund-, Deck- und Seitenflächen werden in wahrer Größe wiedergegeben.

Zeichnen eines Schrägbildes
- Auf einer Geraden s, der Schrägbildachse, wird eine Strecke festgelegt, die parallel zur Zeichenebene verläuft: $\overline{AB}$
- Strecken, die parallel zur Zeichenebene verlaufen, werden in wahrer Länge gezeichnet: $\overline{AB}$, $\overline{AE}$ etc.
- Strecken, die auf der Zeichenebene senkrecht stehen, werden unter einem Winkel φ (**Verzerrungswinkel**) gegen die Schrägbildachse und mit einem Faktor q (**Verkürzungsfaktor**) verkürzt gezeichnet: $\overline{AD}$, $\overline{BC}$, $\overline{FG}$ etc.
- Die übrigen Strecken können durch Verbinden der so erhaltenen Streckenendpunkte gezeichnet werden: $\overline{AC}$, $\overline{EG}$ etc.
- Der **Verkürzungsfaktor q** gibt das Verhältnis von verkürzt gezeichneter und wahrer Länge einer Strecke an.
  Beispiel:

$$\frac{\overline{BC}_{gezeichnet}}{\overline{BC}_{wahr}} = q$$

$$\overline{BC}_{gezeichnet} = q \cdot \overline{BC}_{wahr}$$

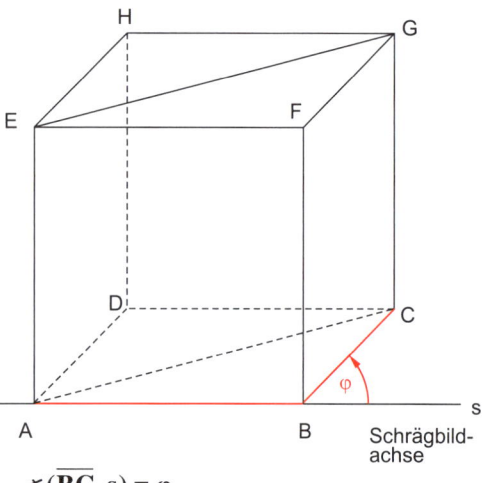

$\sphericalangle(\overline{BC}, s) = \varphi$
$\overline{BC}_{gezeichnet} = q \cdot \overline{BC}_{wahr}$

- Für den Verzerrungswinkel und den Verkürzungsfaktor gelten in der Regel (wenn nichts anderes vereinbart ist): **φ = 45°** und $q = \frac{1}{2}$
- Strecken, die nicht sichtbar sind, werden gestrichelt gezeichnet: $\overline{AD}$, $\overline{DH}$ etc.

Beispiele

1. a) Zeichne das Schrägbild einer Pyramide mit der Höhe h (= 6 cm), deren Grundfläche ein Quadrat mit der Seitenlänge a (= 5 cm) ist. Die Spitze S liegt senkrecht über dem Diagonalenschnittpunkt M des Quadrates ABCD. $\overline{AB}$ liegt auf s. φ = 45° und $q = \frac{1}{2}$.
   b) Zeichne das Netz der Pyramide.

Lösung:

a)

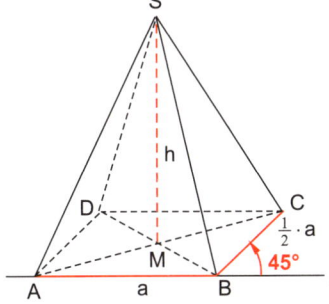

(Abbildung um die Hälfte verkleinert)

- Die Strecke $\overline{AB}$ mit der Länge a = 5 cm wird auf der Schrägbildachse s in wahrer Länge angetragen.
- Die Strecke $\overline{BC}$ wird unter dem Winkel $\varphi = 45°$ gegen die Schrägbildachse s angetragen und mit $q = \frac{1}{2}$ verkürzt gezeichnet: $\overline{BC} = 2,5$ cm.
- Da $\overline{DC}$ in wahrer Länge angetragen wird, können der Eckpunkt D und damit das Quadrat ABCD sowie der Diagonalenschnittpunkt M gezeichnet werden.
- Die Höhe $\overline{MS}$ wird in wahrer Länge h = 6 cm gezeichnet.
- Die Spitze S wird mit den Eckpunkten A, B, C und D des Quadrates verbunden.
- Die Strecken $\overline{AD}$, $\overline{CD}$, $\overline{DS}$ sind unsichtbar und werden gestrichelt gezeichnet.

b)

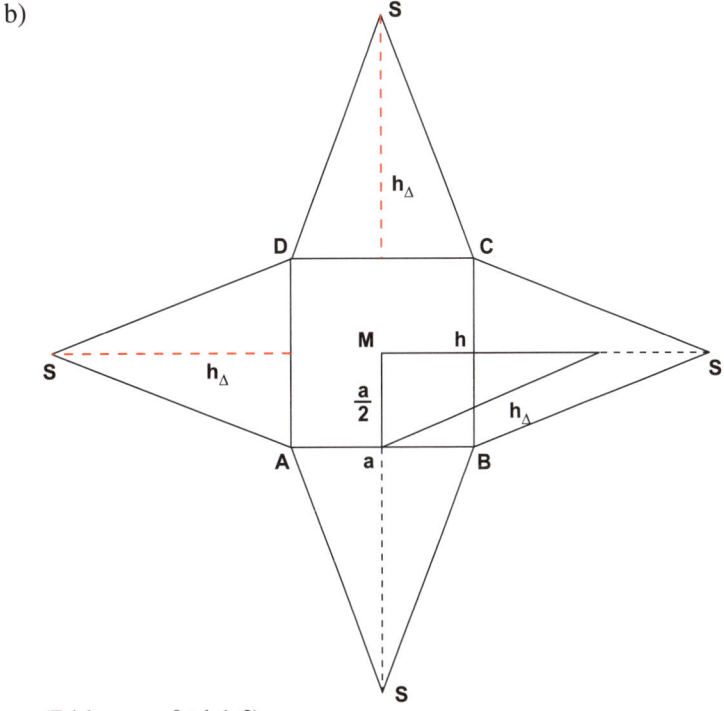

(Zeichnungsmaßstab 1 : 2)

- Zeichne das Quadrat ABCD mit der Seitenlänge a = 5 cm.
- Um die Seitenflächen zeichnen zu können, benötigt man die Höhe h_Δ einer Seitenfläche. Man erhält sie durch Konstruktion eines rechtwinkligen Dreiecks mit den Katheten $\frac{a}{2}$ und h.

  Alternativ kann man die Höhe auch mit dem Satz des Pythagoras berechnen:

  $$h_\Delta^2 = \left(\frac{a}{2}\right)^2 + h^2$$
  $$h_\Delta^2 = (2,5 \text{ cm})^2 + (6 \text{ cm})^2$$
  $$h_\Delta^2 = 6,25 \text{ cm}^2 + 36 \text{ cm}^2$$
  $$h_\Delta = 6,5 \text{ cm}$$

- Errichte die Mittelsenkrechten über den Quadratseiten.

- Schneide jede Mittelsenkrechte mit einem Kreis vom Radius $r = h_\triangle$ um den zugehörigen Seitenmittelpunkt.
- Verbinde den so erhaltenen Punkt S mit den zugehörigen Eckpunkten des Quadrats.

2. Schrägbild und Netz eines geraden Prismas mit der Höhe h (= 8 cm), dessen Grund- und Deckfläche ein gleichseitiges Dreieck mit der Seitenlänge a (= 6 cm) ist.

Schrägbild:

Die Dreiecksseite $\overline{AB}$ liegt auf s.

$\varphi = 45°$ und $q = \frac{1}{2}$.

Die Höhe $\overline{HC}$ des Dreiecks ABC steht senkrecht zur Zeichenebene. Sie wird unter dem Verzerrungswinkel φ gegen die Schrägbildachse s und mit $q = \frac{1}{2}$ verkürzt gezeichnet.

$\overline{HC} = \dfrac{6\,cm}{2}\sqrt{3} \quad \Rightarrow \quad h^* = \dfrac{1}{2} \cdot \overline{HC}$

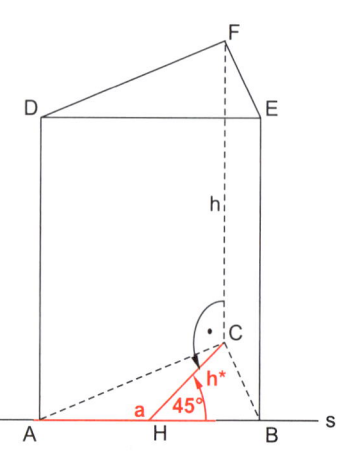

$\qquad\qquad\qquad\quad h^* = \dfrac{1}{2} \cdot \dfrac{6\,cm}{2}\sqrt{3}$

$\qquad\qquad\qquad\quad h^* \approx 2{,}6\,cm$

(Abbildung um die Hälfte verkleinert)

- Mit $\overline{AB}$ auf der Schrägbildachse und $\overline{HC}$ kann man das Dreieck ABC zeichnen.
- Die Prismenkanten $\overline{AD}$, $\overline{BE}$ und $\overline{CF}$ werden mit ihrer wahren Länge H = 8 cm gezeichnet. Damit kann man das Dreieck DEF sowie das Prisma zeichnen.

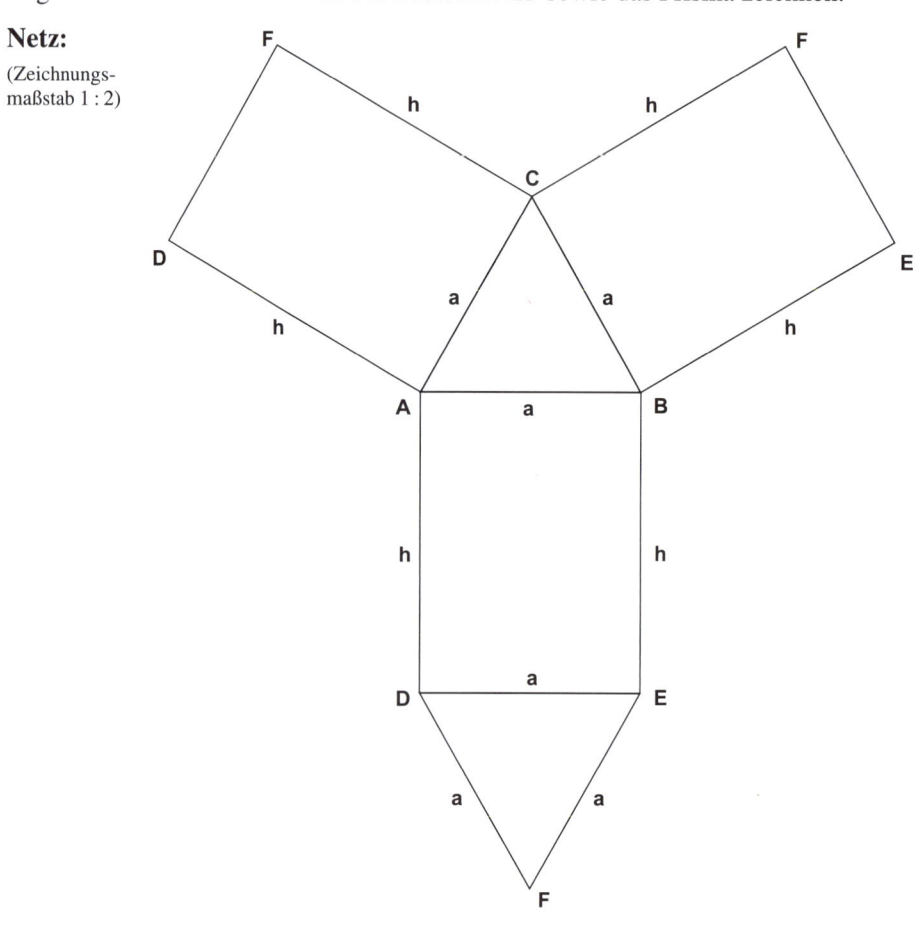

Netz:

(Zeichnungsmaßstab 1 : 2)

Training Grundwissen: 10 Körper

- Zeichne das gleichseitige Dreieck ABC mit der Seitenlänge a = 6 cm.
- Errichte über jeder Dreiecksseite ein Rechteck, dessen zweite Seite h = 8 cm ist.
- Zeichne über einer der kürzeren Rechteckseiten, z. B. über $\overline{DE}$, ein gleichseitiges Dreieck DFE.

Aufgaben

Grundwissen

165 Zeichne das Schrägbild einer Pyramide ABCDS mit der Höhe $\overline{MS}$ = 12 cm, deren Grundfläche das Quadrat ABCD mit der Seitenlänge a = 8 cm ist. M ist Diagonalenschnittpunkt im Quadrat ABCD.

a) $\overline{AB} \in s$; $\varphi = 45°$; $q = \dfrac{1}{2}$

b) $\overline{DC} \in s$; $\varphi = 30°$; $q = \dfrac{1}{3}$

c) $\overline{AB} \in s$; $\varphi = 45°$; $q = \dfrac{2}{3}$

166
a) Zeichne das Netzbild eines geraden dreiseitigen Prismas mit der Höhe h = 5 cm. Die Grund- und Deckfläche sind ein gleichseitiges Dreieck mit a = 5 cm.

b) Zeichne ein maßstabsgerechtes Netzbild einer Säule mit quadratischer Grundfläche. Die Grundkante hat eine Länge von a = 40 cm. Die Höhe beträgt 70 cm.

167 Zeichne das Schrägbild eines Zylinders mit r = 4 cm und h = 8 cm, dem ein Kegel mit gleichen Grundkreisradius r und gleicher Höhe einbeschrieben ist. Die Kegelspitze S liegt im Mittelpunkt M des Zylindergrundkreises. ($\varphi = 45°$; $q = \dfrac{1}{2}$)

10.2 Prisma

Ein **Prisma** ist ein Körper mit kongruenter Grund- und Deckfläche und gleich langen, zueinander parallelen Seitenkanten.
Stehen zusätzlich die Seitenkanten senkrecht auf der Grundfläche, so spricht man von einem **geraden Prisma**.

Merke

> **Gerades Prisma**
>
> **Volumen:** $V = G \cdot h$ (Produkt aus Flächeninhalt G der Grundfläche und Höhe h)
> **Oberfläche:** $O = 2 \cdot G + M$ (Summe aus doppelter Grundfläche und Mantelfläche M)

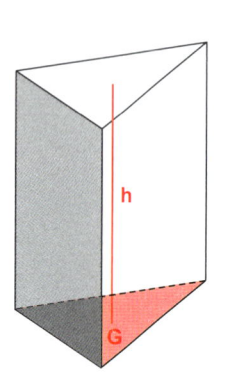

Dreiseitiges Prisma 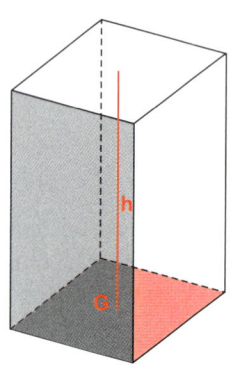   Vierseitiges Prisma 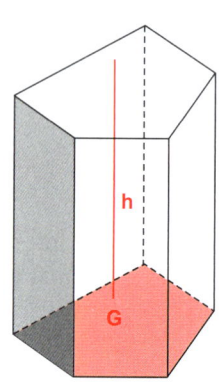   Fünfseitiges Prisma

Beispiele

1. Berechne das Volumen V, die Mantelfläche M und die Oberfläche O eines geraden dreiseitigen Prismas mit den in der Zeichnung angegebenen Maßen (in cm).

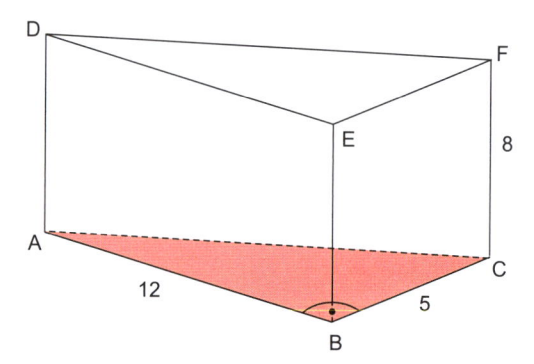

   Lösung:
   Grundfläche des Prismas ist das rechtwinklige Dreieck ABC mit den Kathetenlängen $\overline{AB} = 12$ cm und $\overline{BC} = 5$ cm.

   - Grundfläche:

     $G = \frac{1}{2} \cdot \overline{AB} \cdot \overline{BC}$

     $G = \frac{1}{2} \cdot 12 \text{ cm} \cdot 5 \text{ cm}$

     $G = 30 \text{ cm}^2$

   - Volumen:
     $V = G \cdot h$
     $V = 30 \text{ cm}^2 \cdot 8 \text{ cm}$
     $V = 240 \text{ cm}^3$

   - Mantel:
     $M = A_{\text{Rechteck ABED}} + A_{\text{Rechteck BCFE}} + A_{\text{Rechteck ACFD}}$
     $M = 12 \text{ cm} \cdot 8 \text{ cm} + 5 \text{ cm} \cdot 8 \text{ cm} + \overline{AC} \cdot 8 \text{ cm}$

- Länge von $\overline{AC}$:

  $\overline{AC}$ ist Hypotenuse im rechtwinkligen Dreieck ABC:

  $\overline{AC}^2 = \overline{AB}^2 + \overline{BC}^2$ (Satz des Pythagoras)

  $\overline{AC}^2 = (12\,\text{cm})^2 + (5\,\text{cm})^2$

  $\overline{AC}^2 = 144\,\text{cm}^2 + 25\,\text{cm}^2$

  $\overline{AC}^2 = 169\,\text{cm}^2$

  $\overline{AC} = 13\,\text{cm}$

- Mantelfläche:

  $M = 96\,\text{cm}^2 + 40\,\text{cm}^2 + 104\,\text{cm}^2$

  $M = 240\,\text{cm}^2$

- Oberfläche:

  $O = 2 \cdot G + M$

  $O = 2 \cdot 30\,\text{cm}^2 + 240\,\text{cm}^2$

  $O = 300\,\text{cm}^2$

2. Grundfläche eines geraden Prismas ist ein Drachenviereck ABCD mit den Diagonalenlängen f = 8 cm und e = 12 cm. Ferner sei $\overline{DM} = 3\,\text{cm}$. Die Höhe h des Prismas beträgt 10 cm.
   a) Zeichne das Schrägbild des Prismas, wobei die Diagonale $\overline{BD}$ auf der Schrägbildachse s liegt sowie $\varphi = 45°$ und $q = \frac{1}{2}$ sein sollen.
   b) Berechne das Volumen und die Oberfläche des Prismas.

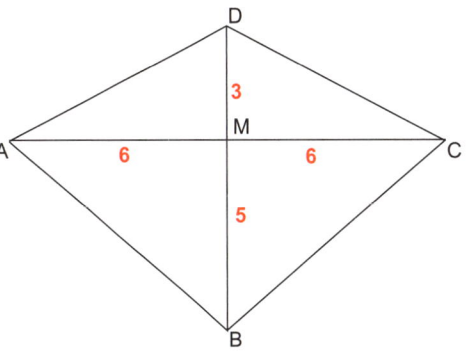

(Zeichnungsmaßstab 1 : 2)

Lösung:

a) Schrägbild:
   - $\overline{BD}$ und $\overline{MD}$ liegen auf s und werden mit ihrer wahren Länge angetragen.
   - Die Diagonale $\overline{CA}$ steht senkrecht auf s und wird deshalb in M unter dem Winkel $\varphi = 45°$ gezeichnet. Außerdem sind $\overline{MA}$ und $\overline{MC}$ wegen des Verkürzungsfaktors $q = \frac{1}{2}$ jeweils 3 cm lang.
   - Damit kann das Drachenviereck im Schrägbild gezeichnet werden.
   - Da die Höhe h in wahrer Länge erscheint, kann man das Schrägbild des Prismas fertig zeichnen.

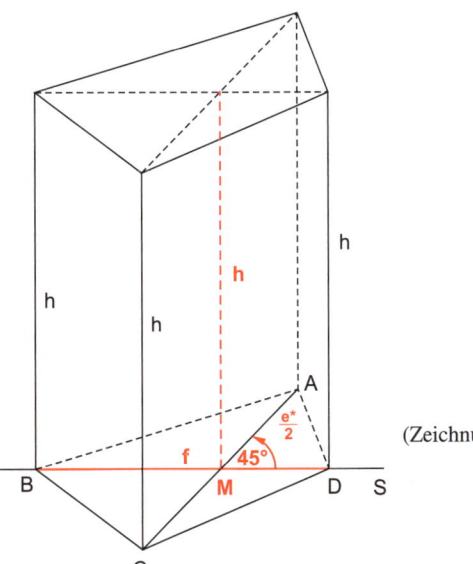

(Zeichnungsmaßstab 1 : 2)

b) • Volumen des Prismas:
$$V = G \cdot h$$
$$V = \frac{1}{2} \cdot e \cdot f \cdot h$$
$$V = \frac{1}{2} \cdot 8 \text{ cm} \cdot 12 \text{ cm} \cdot 10 \text{ cm}$$
$$V = 480 \text{ cm}^3$$

• Oberfläche des Prismas:
$O = 2 \cdot G + M$
Die Mantelfläche M des Prismas ist gleich der Summe der vier Seitenflächen. Diese sind Rechtecke mit den Seiten $\overline{BC}$, $\overline{CD}$, $\overline{DA}$ und $\overline{AB}$ sowie der gemeinsamen zweiten Seite h. Die Seiten $\overline{BC}$, $\overline{CD}$, $\overline{DA}$ und $\overline{AB}$ sind Hypotenusen der vier Teildreiecke, in die das Drachenviereck durch die beiden Diagonalen zerlegt wird.

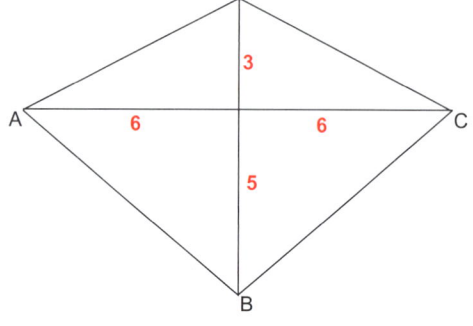

$\overline{BC}^2 = (5 \text{ cm})^2 + (6 \text{ cm})^2$ $\qquad$ $\overline{CD}^2 = (6 \text{ cm})^2 + (3 \text{ cm})^2$
$\overline{BC} \approx 7{,}81 \text{ cm}$ $\qquad$ $\overline{CD} \approx 6{,}71 \text{ cm}$

$\overline{AB} = \overline{BC}$ $\qquad$ $\overline{DA} = \overline{CD}$
$\overline{AB} \approx 7{,}81 \text{ cm}$ $\qquad$ $\overline{DA} \approx 6{,}71 \text{ cm}$

• Mantelfläche:
$M = \overline{BC} \cdot h + \overline{CD} \cdot h + \overline{DA} \cdot h + \overline{AB} \cdot h$
$M = (7{,}81 \text{ cm} + 6{,}71 \text{ cm} + 6{,}71 \text{ cm} + 7{,}81) \cdot 10 \text{ cm}$
$M \approx 290 \text{ cm}^2$

• Grundfläche:
$$G = \frac{1}{2} \cdot e \cdot f$$
$$G = \frac{1}{2} \cdot 8 \text{ cm} \cdot 12 \text{ cm}$$
$$G = 48 \text{ cm}^2$$

• Oberfläche:
$O = 2 \cdot 48 \text{ cm}^2 + 290 \text{ cm}^2$
$O = 386 \text{ cm}^2$

Training Grundwissen: 10 Körper

Quader (rechteckige Grundfläche) und **Würfel** (quadratische Grund-, Deck- und Seitenflächen) sind Sonderformen eines geraden Prismas.

Merke

> **Sonderformen des geraden Prismas**
>
> - **Quader mit den Kantenlängen a, b und c:**
>   **Volumen** des Quaders: $V = a \cdot b \cdot c$
>   **Oberfläche** des Quaders: $O = 2 \cdot (a \cdot b + a \cdot c + b \cdot c)$
>
> - **Würfel mit der Kantenlänge a:**
>   **Volumen** des Würfels: $V = a^3$
>   **Oberfläche** des Würfels: $O = 6 \cdot a^2$

Beispiele

1. Ein Quader hat das Volumen $V = 1\,920 \text{ cm}^3$ und die Oberfläche $O = 992 \text{ cm}^2$. Eine Rechtecksseite der Grundfläche hat die Länge $b = 8$ cm. Berechne die Länge a der zweiten Rechtecksseite sowie die Höhe h.

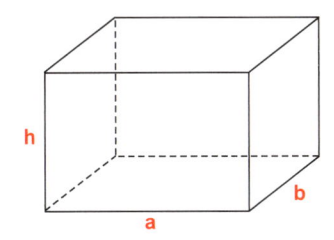

   Lösung:

   Volumen:
   $V = a \cdot b \cdot h$
   $V = 8 \cdot a \cdot h \text{ cm}$
   $1920 \text{ cm}^3 = 8 \cdot a \cdot h \text{ cm}$ **(1)**

   Oberfläche:
   $O = 2 \cdot G + M$
   $O = 2 \cdot a \cdot b + 2 \cdot a \cdot h + 2 \cdot b \cdot h$
   $O = 2 \cdot a \cdot 8 \text{ cm} + 2 \cdot a \cdot h + 2 \cdot 8 \text{ cm} \cdot h$
   $992 \text{ cm}^2 = 16 \cdot a \text{ cm} + 2 \cdot a \cdot h + 16 \cdot h \text{ cm}$ **(2)**

   Aus **(1)** erhalten wir:
   $a \cdot h = \dfrac{1\,920 \text{ cm}^3}{8 \text{ cm}} = 240 \text{ cm}^2$

   Diesen Wert setzen wir für $a \cdot h$ in **(2)** ein und erhalten:

   $992 \text{ cm}^2 = 16 \text{ a cm} + 480 \text{ cm}^2 + 16 \text{ h cm}$ $\quad | -480 \text{ cm}^2$
   $512 \text{ cm}^2 = 16 \text{ a cm} + 16 \text{ h cm}$ $\quad | : 16 \text{ cm}$
   $32 \text{ cm} = a + h$ **(3)**

   Wir lösen **(3)** nach h auf: $h = 32 \text{ cm} - a$
   Den für h erhaltenen Term setzen wir in **(1)** ein und erhalten:
   $8 \cdot a \cdot (32 \text{ cm} - a) = 1\,920 \text{ cm}^3$
   Oder als Maßzahlengleichung:

   $8a(32 - a) = 1920$ $\quad | : 8$
   $a(32 - a) = 240$ $\quad |$ Klammer auflösen
   $32a - a^2 = 240$ $\quad | -240 \: | \cdot (-1)$
   $a^2 - 32a + 240 = 0$ $\quad |$ quadratische Gleichung mit den Koeffizienten $p = -32$, $q = 240$

   Lösung der quadratischen Gleichung:
   $a_{1/2} = 16 \pm \sqrt{256 - 240}$
   $a_{1/2} = 16 \pm 4$
   $a_1 = 20$ oder $a_2 = 12$

   Somit erhalten wir 2 mögliche Quader mit den Maßen:

Quader 1	Quader 2
$a_1 = 20$ cm	$a_2 = 12$ cm
$b = 8$ cm	$b = 8$ cm
$h_1 = 12$ cm	$h_2 = 20$ cm

- Volumen:
  $V_1 = 20 \text{ cm} \cdot 8 \text{ cm} \cdot 12 \text{ cm}$ $V_2 = 12 \text{ cm} \cdot 8 \text{ cm} \cdot 20 \text{ cm}$
  $V_1 = 1920 \text{ cm}^3$ $V_2 = 1920 \text{ cm}^3$
- Grundfläche:
  $G_1 = 20 \text{ cm} \cdot 8 \text{ cm}$ $G_2 = 12 \text{ cm} \cdot 8 \text{ cm}$
  $G_1 = 160 \text{ cm}^2$ $G_2 = 96 \text{ cm}^2$
- Mantelfläche:
  $M_1 = 2 \cdot 20 \text{ cm} \cdot 12 \text{ cm} + 2 \cdot 8 \text{ cm} \cdot 12 \text{ cm}$ $M_2 = 2 \cdot 12 \text{ cm} \cdot 20 \text{ cm} + 2 \cdot 8 \text{ cm} \cdot 20 \text{ cm}$
  $M_1 = 672 \text{ cm}^2$ $M_2 = 800 \text{ cm}^2$
- Oberfläche:
  $O_1 = 2 \cdot 160 \text{ cm}^2 + 672 \text{ cm}^2$ $O_2 = 2 \cdot 96 \text{ cm}^2 + 800 \text{ cm}^2$
  $O_1 = 992 \text{ cm}^2$ $O_2 = 992 \text{ cm}^2$

2. Aus dem Quader 1 erhält man neue Quader, indem man die Seite a um x cm verkürzt und dafür die Höhe h um x cm verlängert.
   a) Welche Werte kommen für x in Frage?
   b) Stelle das Volumen der Quader in Abhängigkeit von x dar.
   c) Bestimme x so, dass das Volumen des zugehörigen Quaders maximal wird.
   d) Bestimme x so, dass die Oberfläche des zugehörigen Quaders am größten wird.

   Lösung:
   a) $0 \text{ cm} < x < 20 \text{ cm}$

   b) $V(x) = 8 \cdot (20 - x) \cdot (12 + x) \text{ cm}^3$
   $V(x) = 8 \cdot [240 + 20x - 12x - x^2] \text{ cm}^3$
   $V(x) = -8[x^2 - 8x - 240] \text{ cm}^3$
   $V(x) = -8\left[x^2 - 8x + \left(\frac{8}{2}\right)^2 - 240 - \left(\frac{8}{2}\right)^2\right] \text{ cm}^3$ Quadratische Ergänzung
   $V(x) = -8[(x - 4)^2 - 256] \text{ cm}^3$
   $V(x) = -8(x - 4)^2 + 2\,048 \text{ cm}^3$

   c) Der Volumenterm V(x) hat als Grafen eine nach unten geöffnete Parabel mit dem Scheitel $(4 \mid 2\,048)$. Für $x = 4 \text{ cm}$ hat der zugehörige Quader das größte Volumen von $2\,048 \text{ cm}^3$.
   Dieser Quader hat die Maße: $a = 16 \text{ cm}$, $b = 8 \text{ cm}$, $h = 16 \text{ cm}$

   d) $O(x) = (2 \cdot 8 \cdot (20 - x) + 2 \cdot 8 \cdot (12 + x) + 2(20 - x) \cdot (12 + x)) \text{ cm}^2$
   $O(x) = (320 - 16x + 192 + 16x + 480 + 40x - 24x - 2x^2) \text{ cm}^2$
   $O(x) = (-2x^2 + 16x + 992) \text{ cm}^2$
   Der Graf des Oberflächenterms O(x) ist wieder eine nach unten geöffnete Parabel.
   Um den Quader mit der größten Oberfläche zu finden, bringen wir O(x) durch quadratische Ergänzung auf die Scheitelform.
   $O(x) = -2\left[x^2 - 8x + \left(\frac{8}{2}\right)^2 - 496 - \left(\frac{8}{2}\right)^2\right] \text{ cm}^2$
   $O(x) = -2[(x - 4)^2 - 512] \text{ cm}^2$
   $O(x) = -2(x - 4)^2 + 1024 \text{ cm}^2$
   Scheitel $S(4 \mid 1\,024)$
   Für $x = 4 \text{ cm}$ hat der zugehörige Quader die größte Oberfläche $O = 1\,024 \text{ cm}^2$.
   Der Quader mit größtem Volumen hat somit auch die größte Oberfläche.

Training Grundwissen: 10 Körper

Aufgaben

Grundwissen

168 Ein gerades Prisma mit rechteckiger Grundfläche ist 4 cm lang und 5 cm hoch. Seine Oberfläche beträgt 184 cm². Berechne die Breite und das Volumen des Prismas.

169 Das nebenstehende Bild stellt das Netz eines Prismas dar, wobei die eingefärbte Fläche die Grundfläche ist. Berechne Volumen und Oberfläche des Prismas.

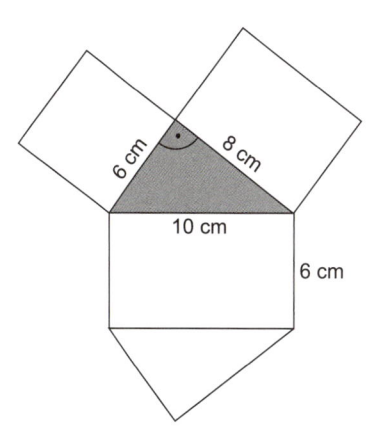

170 Ein gerades Prisma mit der Höhe h = 10 cm hat ein regelmäßiges Sechseck mit der Seitenlänge s = 5 cm als Grundfläche.
Berechne Volumen, Mantelfläche und Oberfläche des Prismas.

171 Ein gerades Prisma mit der Höhe h = 6 cm hat ein gleichschenkliges Trapez mit den parallelen Seiten a = 8 cm und c = 4,5 cm sowie der Höhe h_T = 4,5 cm als Grundfläche. Berechne Grundfläche, Mantelfläche, Oberfläche und Volumen.

Anwendungsaufgaben

172 Zu verschiedenen geraden Prismen sind Netzbilder gezeichnet worden.
Sind alle Netzbilder fehlerfrei? Überprüfe und zeichne gegebenenfalls neu.

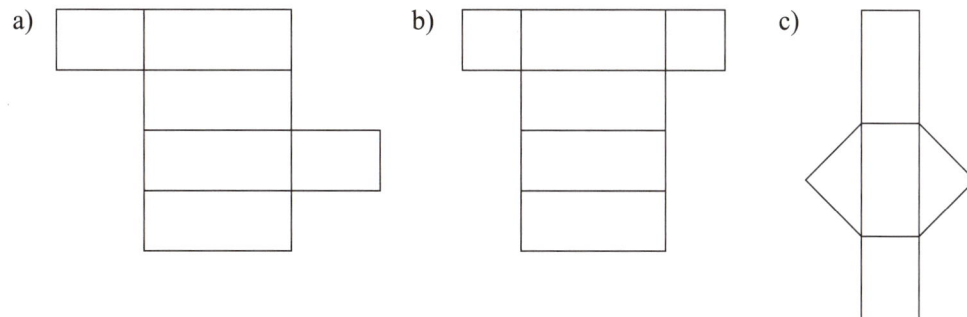

a)   b)   c)

173 Die Firma Schokoba stellt ein leckeres Schokoladenprodukt her. Die Verpackung hat die Form eines Prismas mit einem gleichseitigen Dreieck mit der Seitenlänge a = 4 cm als Grundfläche. Die Körperhöhe h beträgt 16 cm.
a) Zeichne das Schrägbild des Prismas.
b) Berechne das Volumen des Prismas.
c) Die „Schokoba-Prismen" werden in den Geschäften in größeren Kartons angeliefert. Jeder Karton (Quader) hat die Innenmaße: 12 cm × 11 cm × 16 cm.
Petra sagt: „In jedem Karton können sich nur 15 Schokoba-Prismen befinden."
Bestätige oder widerlege Petras Aussage durch Rechnung oder Zeichnung.

10.3 Kreiszylinder

Merke

Kreiszylinder

Einen Kreiszylinder kann man sich erzeugt denken, indem man ein Rechteck um eine Achse a rotieren lässt, auf der eine der beiden Rechtecksseiten liegt.

Die Grundfläche des Kreiszylinders ist ein Kreis mit Radius r und dem Flächeninhalt $A = \pi \cdot r^2$.
Der Mantel des Zylinders ist ein Rechteck mit den Seiten Zylinderhöhe h und Kreisumfang $u = 2 \cdot \pi \cdot r$.
Die Zylinderoberfläche besteht aus den zwei Kreisflächen und dem Mantel.

Volumen: $V = G \cdot h$ $\quad V = \pi \cdot r^2 \cdot h$
Mantelfläche: $M = u \cdot h$ $\quad M = 2 \cdot \pi \cdot r \cdot h$
Oberfläche: $O = 2 \cdot G + M$ $\quad O = 2 \cdot \pi \cdot r \cdot (r + h)$

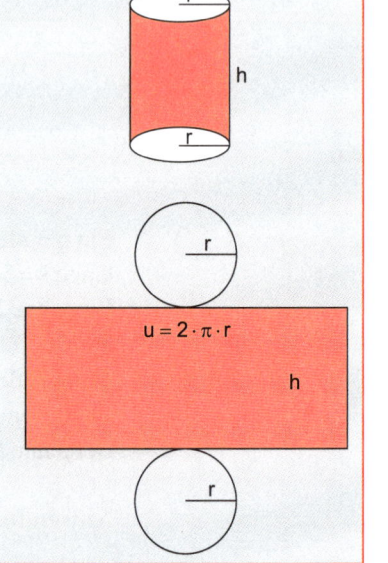

Beispiele

1. Ein Rechteck mit den Seiten a = 8 cm und b = 6 cm rotiert um eine Achse, die
   a) die Rechtecksseite a,
   b) die Rechtecksseite b
   enthält.
   Berechne für beide Fälle Volumen, Mantelfläche und Oberfläche des jeweils erzeugten Kreiszylinders.

   Lösung:
   a) Der Radius des Zylinders ist b, seine Höhe a.

   Volumen:
   $V = \pi \cdot b^2 \cdot a$
   $V = \pi \cdot (6\,\text{cm})^2 \cdot 8\,\text{cm}$
   $V = 288\pi\,\text{cm}^3$
   $V \approx 904{,}78\,\text{cm}^3$

   Mantelfläche:
   $M = 2 \cdot \pi \cdot b \cdot a$
   $M = 2 \cdot \pi \cdot 6\,\text{cm} \cdot 8\,\text{cm}$
   $M = 96\pi\,\text{cm}^2$
   $M \approx 301{,}59\,\text{cm}^2$

   Oberfläche:
   $O = 2 \cdot \pi \cdot b \cdot (b + a)$
   $O = 2 \cdot \pi \cdot 6\,\text{cm} \cdot (6\,\text{cm} + 8\,\text{cm})$
   $O = 168\pi\,\text{cm}^2$
   $O \approx 527{,}79\,\text{cm}^2$

   b) Der Radius des Zylinders ist a, seine Höhe b.

   Volumen:
   $V = \pi \cdot a^2 \cdot b$
   $V = \pi \cdot (8\,\text{cm})^2 \cdot 6\,\text{cm}$
   $V = 384\pi\,\text{cm}^3$
   $V \approx 1206{,}37\,\text{cm}^3$

   Mantelfläche:
   $M = 2 \cdot \pi \cdot a \cdot b$
   $M = 2 \cdot \pi \cdot 8\,\text{cm} \cdot 6\,\text{cm}$
   $M = 96\pi\,\text{cm}^2$
   $M \approx 301{,}59\,\text{cm}^2$

   Oberfläche:
   $O = 2 \cdot a \cdot \pi \cdot (a + b)$
   $O = 2 \cdot 8\,\text{cm} \cdot \pi \cdot (8\,\text{cm} + 6\,\text{cm})$
   $O = 224\pi\,\text{cm}^2$
   $O \approx 703{,}72\,\text{cm}^2$

2. Der Grundkreisradius eines Messzylinders beträgt 1,5 cm. In welcher Höhe müssen die Markierungen für 20 cm³, 60 cm³, 80 cm³ und 100 cm³ angebracht werden?

Lösung:

$V = \pi \cdot r^2 \cdot h$ Äquivalenzumformung (nach der gesuchten Größe h auflösen)

$h = \dfrac{V}{\pi \cdot r^2}$

$h = \dfrac{V}{\pi \cdot (1,5\ \text{cm})^2}$ r = 1,5 cm einsetzen

$h \approx \dfrac{V}{7,07\ \text{cm}^2}$ h in Abhängigkeit von V tabellarisieren

V in cm³	20	40	60	80	100
h in cm	2,83	5,66	8,49	11,32	14,14

(gerundete Werte)

3. Die nebenstehenden zylinderförmigen Konservendosen haben einen Außendurchmesser von 10,4 cm, einen Innendurchmesser von 10 cm und eine Körperhöhe (innen) von 11 cm.
   a) Auf den Dosen befinden sich zwei Zahlenangaben (800 und 850), die sich auf das tatsächliche Volumen und auf die Füllmenge beziehen (in cm³). Weise rechnerisch nach, welcher der beiden Werte das tatsächliche Volumen angibt.
   b) Welcher Prozentteil des rechnerischen Volumens wird beim Befüllen nicht genutzt?
   c) Die Konservendosen sind außen mit einer 10,5 cm hohen Banderole beklebt, wobei für den Kleberand zusätzlich 1 cm berücksichtigt werden muss.
   Wie viele Quadratmeter Papier werden für die Produktion von 2,5 Millionen Banderolen benötigt?
   d) Das gleiche Produkt wird in einer anderen Konservendose mit 1 cm geringerem Durchmesser und 1 cm größerer Körperhöhe angeboten.
   Kann der Verkaufspreis der gleiche sein? – Begründe deine Entscheidung.

   Lösung:
   a) Volumen der Konservendose:
   $V = \pi \cdot (5\ \text{cm})^2 \cdot 11\ \text{cm}$
   $V \approx 863,94\ \text{cm}^3$

   Der Wert 850 muss das tatsächliche Volumen der Dose angeben.

   b) $\Delta V = 863,94\ \text{cm}^3 - 850\ \text{cm}^3 = 13,94\ \text{cm}^3$

   $V = 863,94\ \text{cm}^3$ entsprechen 100 %
   $\Delta V = 13,94\ \text{cm}^3$ entsprechen x

   $\dfrac{x}{100\ \%} = \dfrac{13,94\ \text{cm}^3}{863,94\ \text{cm}^3}$

   $x = \dfrac{13,94\ \text{cm}^3}{863,94\ \text{cm}^3} \cdot 100\ \% \approx 1,6\ \%$

   Etwa 1,6 % des rechnerischen Volumens der Konservendose wird nicht genutzt.

c) Die Banderole hat die Form eines Rechtecks mit den Seitenlängen:
Breite: 10,5 cm
Länge: Außenumfang der Dose + 1 cm
Umfang:
$u = 2 \cdot \pi \cdot r$
$u = 2 \cdot \pi \cdot 5,2 \text{ cm}$
$u \approx 32,67 \text{ cm}$
$\Rightarrow$ Länge $= 32,67 \text{ cm} + 1 \text{ cm} = 33,67 \text{ cm}$

Fläche (pro Banderole): $A = 10,5 \text{ cm} \cdot 33,67 \text{ cm} \approx 353,54 \text{ cm}^2$

Für eine Produktion von 2,5 Millionen Banderolen ergibt sich ein Papierbedarf von $353,54 \text{ cm}^2 \cdot 2\,500\,000 = 883\,850\,000 \text{ cm}^2 = 88\,385 \text{ m}^2$.

d) Das Volumen der anderen Konservendose:
$V = \pi \cdot (4,5 \text{ cm}^2) \cdot 12 \text{ cm}$
$V \approx 763,41 \text{ cm}^3$

Der Verkaufspreis kann nicht gleich sein, da diese Konservendose ein viel geringeres Volumen hat.

Aufgaben

Grundwissen

174 Das Rechteck mit den Seiten a = 8 cm und b = 5 cm rotiert um die angegebene Achse z.
Berechne Volumen, Mantelfläche und Oberfläche des Zylinders.

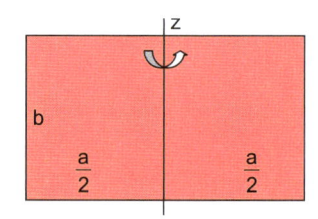

175 Einem Würfel mit der Kantenlänge a = 10 cm wird ein Kreiszylinder einbeschrieben. Bestimme das Volumen und die Mantelfläche des Zylinders.

Anwendungsaufgaben

176 Ein DIN A4-Blatt (Maße: 29,7 cm und 21 cm) ist die Abwicklung der Mantelfläche eines Kreiszylinders. Es gibt zwei mögliche Zylinder.
Welcher der beiden Zylinder hat das größere Volumen?

177 Zylindrische Getränkedosen sollen einen Innendurchmesser von 7,4 cm haben. Welche Höhe müssen die Zylinder haben, wenn in die Dosen 0,75 Liter Flüssigkeit eingefüllt werden und dabei das Dosenvolumen um 5,0 % größer sein soll als das Flüssigkeitsvolumen?

178 Der Zylinder eines Dieselmotors hat eine Bohrung (Innendurchmesser) von 88,0 mm und einen Hub (Abstand zwischen höchster und tiefster Kolbenstellung) von 88,4 mm. Der Motor hat einen Gesamthubraum (alle Zylinder zusammen) von 2687 cm³.
Wie viele Zylinder hat der Motor?

179 Ein Rohrstück aus Stahl hat einen Innendurchmesser von 60,0 cm und einen Außendurchmesser von 62,4 cm. Die Länge des Rohrs beträgt 8,50 m.
Welche Masse hat das Rohrstück? (Dichte von Stahl: 7,8 $\frac{g}{cm^3}$)

180 Jan ist Lehrling in einer Autowerkstatt. Er wird von seinem Ausbilder gebeten, ein volles Fass Öl aus dem Lager zu holen. „Nichts ist leichter als das", prahlt Jan, „ich hole gleich zwei." Kann Jan wirklich auf diese Weise die beiden mit Öl gefüllten Fässer tragen?
Deine Antwort soll mathematisch begründet sein.
(*Hinweis:* 1 Liter Motoröl wiegt knapp 900 g.)

10.4 Pyramide

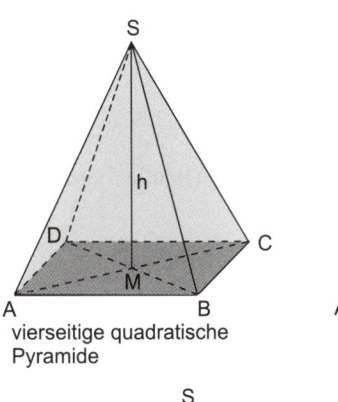

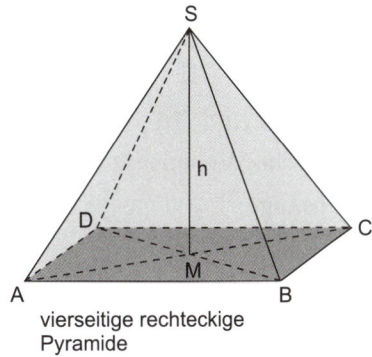

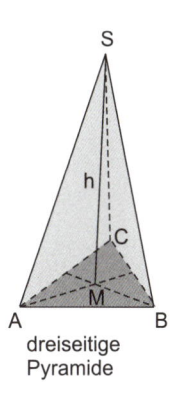

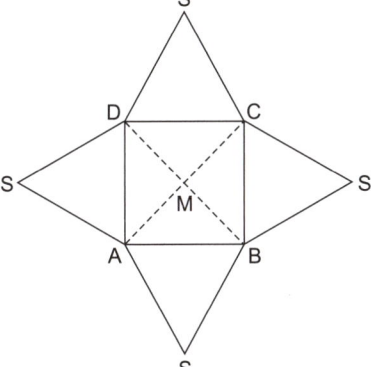

vierseitige quadratische Pyramide

vierseitige rechteckige Pyramide

dreiseitige Pyramide

Netz einer vierseitigen quadratischen Pyramide

Pyramiden werden im Allgemeinen nach der Anzahl ihrer Seitenflächen, die den Mantel bilden, benannt. Die Oberfläche einer Pyramide wird wieder von der Summe der begrenzenden Teilflächen, Grundfläche und Mantelflächen gebildet. Die Seitenflächen sind Dreiecke.

Merke

Pyramide

Oberfläche: $O = G + M$

Volumen: $V = \dfrac{1}{3} \cdot G \cdot h$

Pyramiden mit gleich großer Grundfläche G
und gleicher Höhe h haben das gleiche Volumen V.

Beispiele

1. Die Abbildung zeigt das Netz einer rechteckigen Pyramide ABCDS. (Maßstab 1 : 4)

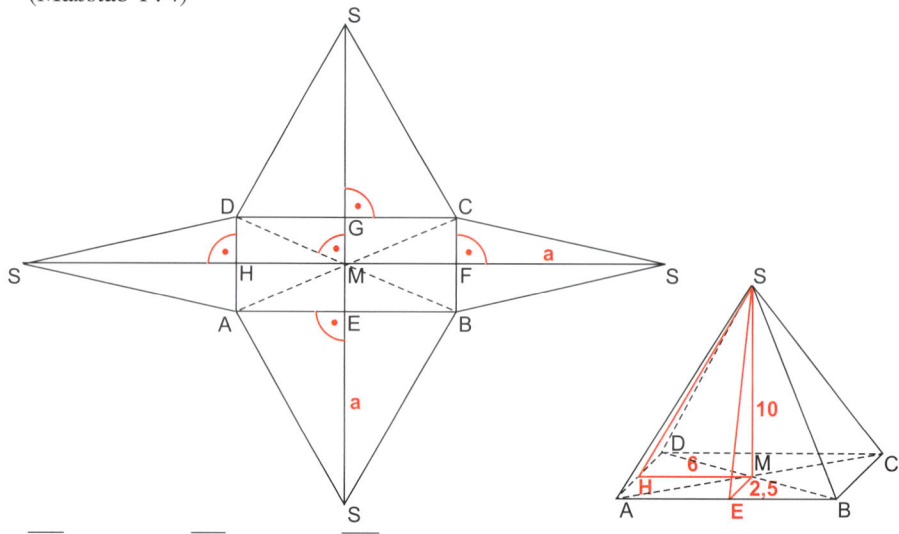

$\overline{AB} = 12$ cm $\overline{BC} = 5$ cm $\overline{MS} = 10$ cm

Berechne Volumen, Mantelfläche und Oberfläche dieser Pyramide.

Lösung:

- Volumen:

$$V = \frac{1}{3} \cdot G \cdot h$$

$$V = \frac{1}{3} \cdot \overline{AB} \cdot \overline{BC} \cdot \overline{MS}$$

$$V = \frac{1}{3} \cdot 12 \text{ cm} \cdot 5 \text{ cm} \cdot 10 \text{ cm}$$

$$V = 200 \text{ cm}^3$$

- Das Netz und die Schrägbildskizze der Pyramide zeigen, dass der Mantel aus vier Dreiecken besteht, von denen jeweils zwei kongruent sind. Für die Berechnung der Flächeninhalte dieser Dreiecke benötigen wir die Höhen $\overline{HS}$ und $\overline{ES}$.

Satz des Pythagoras im rechtwinkligen Dreieck HMS:

$$\overline{HS}^2 = \overline{MS}^2 + \overline{MH}^2$$

$$\overline{HS}^2 = 100 \text{ cm}^2 + 36 \text{ cm}^2$$

$$\overline{HS} = \sqrt{136} \text{ cm}$$

$$\overline{HS} \approx 11,7 \text{ cm}$$

Satz des Pythagoras im rechtwinkligen Dreieck EMS:

$$\overline{ES}^2 = \overline{MS}^2 + \overline{ME}^2$$

$$\overline{ES}^2 = 100 \text{ cm}^2 + 6,25 \text{ cm}^2$$

$$\overline{ES} = \sqrt{106,25} \text{ cm}$$

$$\overline{ES} \approx 10,3 \text{ cm}$$

- Mantelfläche:

$M = 2 \cdot A_{\Delta ADS} + 2 \cdot A_{\Delta ABS}$

$M = 2 \cdot \frac{1}{2} \cdot \overline{AD} \cdot \overline{HS} + 2 \cdot \frac{1}{2} \cdot \overline{AB} \cdot \overline{ES}$

$M = 5 \text{ cm} \cdot 11,7 \text{ cm} + 12 \text{ cm} \cdot 10,3 \text{ cm}$

$M = 182,1 \text{ cm}^2$

- Oberfläche:

$O = G + M$

$O = \overline{AB} \cdot \overline{BC} + M$

$O = 12 \text{ cm} \cdot 5 \text{ cm} + 182,1 \text{ cm}^2$

$O = 242,1 \text{ cm}^2$

Training Grundwissen: 10 Körper

2. Manche Getränkebehälter haben die Form eines **Tetraeders**. Dies ist eine Pyramide mit einer dreieckigen Grundfläche und lauter gleich langen Kanten.

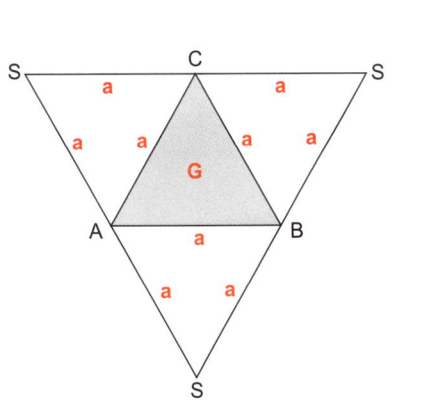

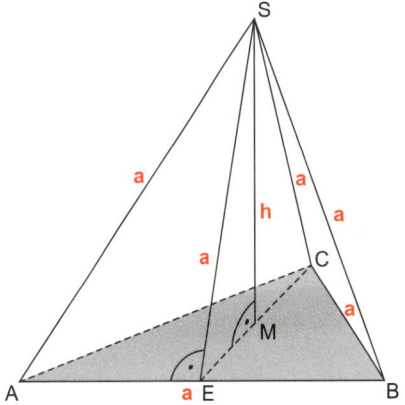

Der Tetraeder hat ein Volumen von 1 Liter bzw. von 1 000 cm³.
Berechne die Kantenlänge a sowie die Oberfläche O.

Lösung:

- Kantenlänge a:

$$V = \frac{1}{3} \cdot G \cdot h$$

$$V = \frac{1}{3} \cdot \frac{a^2}{4}\sqrt{3} \cdot h \quad \text{Die Grundfläche ist ein gleichseitiges Dreieck mit der Seitenlänge a, also } A = \frac{a^2}{4}\sqrt{3}.$$

Wir müssen noch die Höhe des Tetraeders in Abhängigkeit von der Kantenlänge a darstellen:

Im rechtwinkligen Dreieck EMS ist $\overline{MS}$ die Tetraederhöhe.
$\overline{ES}$ ist die Länge der Höhe im gleichseitigen Dreieck ABS: $\overline{ES} = \frac{a}{2}\sqrt{3}$
Satz des Pythagoras im Dreieck EMS:

$$\overline{ES}^2 = \overline{MS}^2 + \overline{EM}^2$$

$$\overline{MS}^2 = \overline{ES}^2 - \overline{EM}^2$$

$$\overline{MS}^2 = \left(\frac{a}{2}\sqrt{3}\right)^2 - \left(\frac{a}{6}\sqrt{3}\right)^2$$

$$\overline{MS}^2 = \frac{3a^2}{4} - \frac{3a^2}{36}$$

$$\overline{MS}^2 = \frac{2}{3}a^2$$

$$\overline{MS} = \frac{\sqrt{2}}{\sqrt{3}}a$$

$$\overline{MS} = \frac{\sqrt{2} \cdot \sqrt{3}}{\sqrt{3} \cdot \sqrt{3}} \cdot a$$

$$\overline{MS} = \frac{\sqrt{6}}{3}a$$

Der Höhenfußpunkt M ist auch Schwerpunkt des Dreiecks ABC. M teilt deshalb die Strecke [EC] im Verhältnis 1 : 2.
$\overline{EM} = \frac{1}{3}\overline{EC}$ oder $\overline{EM} = \frac{1}{3}\overline{ES}$

$$V = \frac{1}{3} \cdot \frac{a^2}{4}\sqrt{3} \cdot \frac{\sqrt{6}}{3} \cdot a$$

$$V = \frac{\sqrt{3} \cdot \sqrt{6}}{3 \cdot 4 \cdot 3} \cdot a^2$$

$$V = \frac{\sqrt{18}}{36} \cdot a^3$$

$$V = \frac{\sqrt{9} \cdot \sqrt{2}}{3 \cdot 12} \cdot a^3$$

$$V = \frac{\sqrt{2}}{12} \cdot a^3$$

Wegen $V = 1000\,\text{cm}^3$ folgt:

$$\frac{\sqrt{2}}{12} \cdot a^3 = 1000\,\text{cm}^3$$

$$a^3 = 1000 \cdot \frac{12}{\sqrt{2}}\,\text{cm}^3$$

$$a^3 \approx 8485\,\text{cm}^3$$

$$a = \sqrt[3]{8485\,\text{cm}^3}$$

$$a \approx 20{,}4\,\text{cm}$$

- Oberfläche:

$$O = 4 \cdot A_\triangle$$

$$O = 4 \cdot \frac{a^2}{4}\sqrt{3}$$

$$O = (20{,}4\,\text{cm})^2 \cdot \sqrt{3}$$

$$O \approx 721\,\text{cm}^2$$

3. Zeichne einen Würfel mit der Kantenlänge a (= 12 cm) und verbinde die Mittelpunkte (Diagonalenschnittpunkte) der sechs Seitenflächen. Der so erhaltene Körper heißt **Oktaeder**. Berechne die Länge s der Seitenkanten, das Volumen V sowie die Oberfläche O dieses Oktaeders.

Lösung:
Das Oktaeder PQRSTU ist eine quadratische Doppelpyramide mit dem Quadrat PQRS als Grundfläche und acht kongruenten Dreiecken als Seitenflächen.

- Länge x der Seite des Grundflächenquadrats:

$$x^2 + x^2 = a^2 \qquad \text{Satz des Pythagoras im Dreieck PQR}$$

$$2x^2 = 144\,\text{cm}^2$$

$$x^2 = 72\,\text{cm}^2$$

$$x \approx 8{,}49\,\text{cm}$$

- Länge s der Oktaederkanten:

$$s^2 = \left(\frac{a}{2}\right)^2 + \left(\frac{a}{2}\right)^2 \qquad \text{Satz des Pythagoras im Dreieck PMU}$$

$$s^2 = \frac{a^2}{4} + \frac{a^2}{4}$$

$$s^2 = \frac{a^2}{2}$$

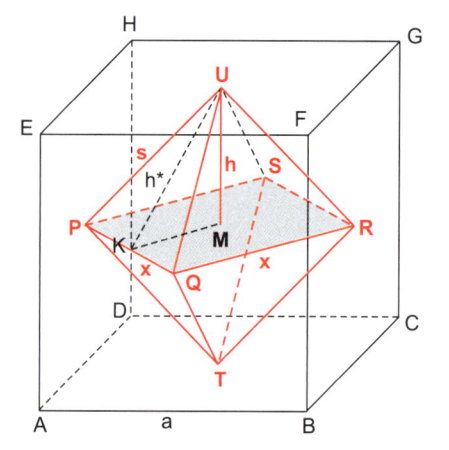

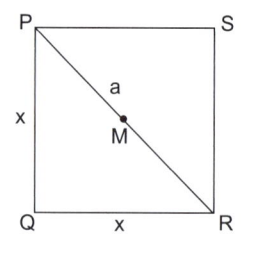

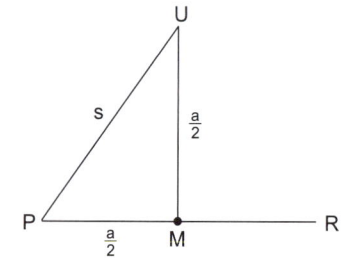

$$s = \frac{a}{\sqrt{2}}$$

$$s = \frac{a\sqrt{2}}{\sqrt{2}\cdot\sqrt{2}}$$

$$s = \frac{a}{2}\sqrt{2}$$

$$s = 6\sqrt{2}\ cm$$

$$s \approx 8{,}49\ cm$$

Da s = x ist, besitzt das Oktaeder zwölf gleich lange Kanten, d. h., die acht Seitendreiecke sind gleichseitig.

- Volumen:

$$V = 2\cdot\frac{1}{3}\cdot G\cdot h$$

$$V = 2\cdot\frac{1}{3}\cdot x^2\cdot h$$

$$V = 2\cdot\frac{1}{3}\cdot 72\ cm^2\cdot 6\ cm \quad \Big|\ h = \frac{a}{2} = 6\ cm$$

$$V = 288\ cm^3$$

- Oberfläche:

Da es sich um eine Doppelpyramide handelt, gehört die Grundfläche nicht zur Oberfläche, weil diese keine begrenzende Fläche darstellt.

$$O = 8\cdot A_{\triangle PQU}$$

$$O = 8\cdot\frac{1}{2}\cdot x\cdot h^*$$

Die Höhe h* der Seitendreiecke erhalten wir aus dem Dreieck KMU:

$$h^{*2} = \left(\frac{a}{2}\right)^2 + \left(\frac{a}{4}\sqrt{2}\right)^2 \quad \text{Satz des Pythagoras}$$

$$h^{*2} = \frac{a^2}{4} + \frac{a^2}{8}$$

$$h^{*2} = \frac{3}{8}a^2$$

$$h^{*2} = \frac{3}{8}\cdot 144\ cm^2$$

$$h^{*2} = 54\ cm^2$$

$$h^* \approx 7{,}35\ cm$$

$$O = 8\cdot\frac{1}{2}\cdot 8{,}49\ cm\cdot 7{,}35\ cm$$

$$O \approx 249{,}61\ cm^2$$

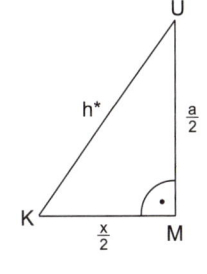

Training Grundwissen: 10 Körper

Aufgaben

Grundwissen

181 Bestimme Volumen und Oberfläche einer Pyramide mit der Höhe h = 18 cm, deren Pyramidenspitze S senkrecht über dem Diagonalenschnittpunkt der Grundfläche liegt, und deren Grundfläche
a) ein Quadrat mit der Seitenlänge a = 12 cm ist.
b) ein Rechteck mit den Seitenlängen a = 10 cm und b = 8 cm ist.
c) Zeichne das Netzbild einer quadratischen Pyramide mit der Grundkante a = 18 cm und der Raumhöhe h = 12 cm im Maßstab 1 : 3.

182 Das Quadrat ABCD ist Grundfläche einer Pyramide mit der Höhe h = 15 cm. Die Länge der Quadratseite beträgt a = 9 cm. Die Pyramidenspitze liegt senkrecht über dem Diagonalenschnittpunkt des Quadrats ABCD.
a) Zeichne ein Schrägbild der Pyramide ABCDS.
$\overline{AB}$ auf der Schrägbildachse; $\varphi = 45°$; $q = \frac{1}{2}$.
b) Bestimme die Länge s der Seitenkanten.
c) Berechne Volumen und Mantelfläche der Pyramide.

Anwendungsaufgaben

183
a) Die Cheops-Pyramide ist die größte Pyramide in Gizeh (Ägypten). Als sie erbaut wurde, hatte die Pyramide eine quadratische Grundfläche mit einer Grundkante von 230 m und eine Höhe von 150 m. Berechne das Volumen.
b) Heute, also 4 700 Jahre später, misst die Grundkante der Cheops-Pyramide noch 226 m und ihre Höhe beträgt 137 m. Berechne das heutige Volumen.
Wie viel m³ Gestein sind im Laufe der Jahrtausende verwittert bzw. abgetragen worden?
c) Könnte man das verwitterte/abgetragene Gestein (wenn es heute noch am Fuße der Pyramide liegen würde) mit 3 000 Lkw-Fahrten abfahren?
Begründe deine Abschätzung.

184 Die Eingangspyramide für ein neues Einkaufszentrum hat eine quadratische Grundfläche mit einer Grundkantenlänge von 30 m und einer Seitenkante von 25 m.
In einem Zeitungsbericht stand zur Eröffnung des Einkaufszentrums: „Fantastischer Eingangsbereich – Pyramide mit 2 000 m² Glasfläche führt ins Einkaufszentrum ..."
Stimmt die Berechnung des Redakteurs oder handelt es sich um eine Übertreibung?

185 Petra behauptet: „Ich kann ein Parallelogramm so in Teilflächen zerlegen, dass es dem Netzbild eines Tetraeders entspricht."
a) Welche besonderen Merkmale hat ein Tetraeder?
b) Zeige, dass Petras Behauptung nur für ein ganz bestimmtes Parallelogramm Gültigkeit hat. Welche Eigenschaften hat dieses Parallelogramm?

Training Grundwissen: 10 Körper

10.5 Kegel

Gerader Kreiskegel:
Die Grundfläche ist ein Kreis mit Radius r.
Die Spitze S liegt senkrecht über dem Mittelpunkt M des Grundflächenkreises.
Schneidet man den Kegel längs einer Mantellinie s auf, so kann man den Mantel in der Zeichenebene abwickeln.
Die Abwicklung des Kegelmantels ist ein Kreissektor mit der Mantellinie s als Radius und der Bogenlänge b, die gleich dem Umfang $u = 2 \cdot \pi \cdot r$ des Grundkreises ist.

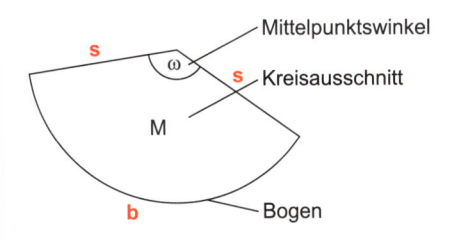

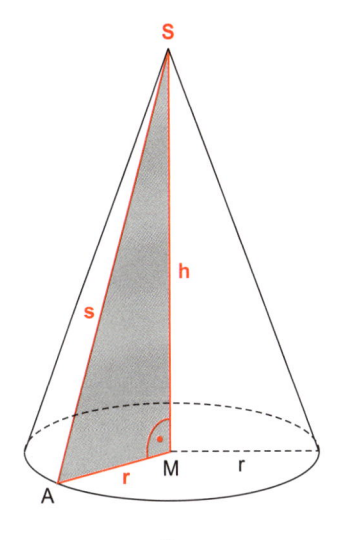

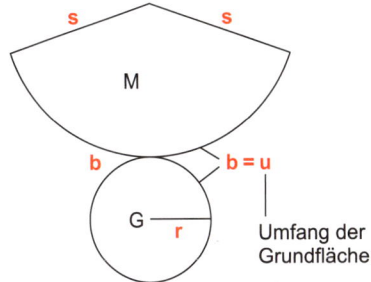

Merke

Kegel

Volumen: $V = \frac{1}{3} \cdot G \cdot h$ $\qquad V = \frac{1}{3} \cdot \pi \cdot r^2 \cdot h$

Mantelfläche: $M = \frac{1}{2} \cdot b \cdot s$ $\qquad M = \pi \cdot r \cdot s$

$\qquad\qquad\qquad\qquad\qquad M = \pi \cdot s^2 \cdot \frac{\omega}{360°}$

Oberfläche: $O = G + M$ $\qquad O = \pi \cdot r^2 + \pi \cdot r \cdot s$

Beispiele

1. Ein gerader Kreiskegel mit der Höhe h = 15 cm hat einen Grundkreisradius r = 6 cm.
   - Länge einer Mantellinie:

   $s^2 = h^2 + r^2$ $\qquad$ Satz des Pythagoras im rechtwinkligen Dreieck AMS

   $s^2 = (15\,\text{cm})^2 + (6\,\text{cm})^2$

   $s^2 = 261\,\text{cm}^2$

   $s \approx 16{,}16\,\text{cm}$

   - Maß des Mittelpunktswinkels:

   $\pi \cdot s^2 \cdot \frac{\omega}{360°} = \pi \cdot r \cdot s \qquad |:\pi s^2$

   $\frac{\omega}{360°} = \frac{r}{s} \qquad |\cdot 360°$

   $\omega = \frac{r}{s} \cdot 360°$

   $\omega = \frac{6\,\text{cm}}{16{,}16\,\text{cm}} \cdot 360°$

   $\omega \approx 133{,}7°$

- Volumen:

  $V = \frac{1}{3} \cdot \pi \cdot r^2 \cdot h$

  $V = \frac{1}{3} \cdot \pi \cdot (6\,\text{cm})^2 \cdot 15\,\text{cm}$

  $V \approx 565{,}5\,\text{cm}^3$

- Mantelfläche:
  $M = \pi \cdot r \cdot s$
  $M = \pi \cdot 6\,\text{cm} \cdot 16{,}16\,\text{cm}$
  $M \approx 304{,}6\,\text{cm}^2$

- Oberfläche:
  $O = G + M$
  $O = \pi \cdot (6\,\text{cm})^2 + M$
  $O \approx 113{,}1\,\text{cm}^2 + 304{,}6\,\text{cm}^2$
  $O = 417{,}7\,\text{cm}^2$

2. Ein Kreissektor mit dem Mittelpunktswinkel $\omega = 120°$ und dem Radius $s = 18\,\text{cm}$ ist die Mantelfläche eines geraden Kreiskegels.

    - Länge des Grundkreisradius:

      $\pi \cdot s^2 \cdot \dfrac{\omega}{360°} = \pi \cdot r \cdot s \qquad |:\pi \cdot s$

      $s \cdot \dfrac{\omega}{360°} = r$

      $r = \dfrac{120°}{360°} \cdot 18\,\text{cm}$

      $r = 6\,\text{cm}$

    - Höhe des Kegels:
      $s^2 = h^2 + r^2$ Satz des Pythagoras im rechtwinkligen Dreieck AMS
      $h^2 = s^2 - r^2$
      $h^2 = (18\,\text{cm})^2 + (6\,\text{cm})^2$
      $h^2 = 288\,\text{cm}^2$
      $h \approx 16{,}97\,\text{cm}$

    - Volumen:

      $V = \frac{1}{3} \cdot \pi \cdot r^2 \cdot h$

      $V = \frac{1}{3} \cdot \pi \cdot (6\,\text{cm})^2 \cdot 16{,}97\,\text{cm}$

      $V \approx 639{,}75\,\text{cm}^2$

    - Mantelfläche:

      $M = \pi \cdot r \cdot s$ oder: $M = \pi \cdot s^2 \cdot \dfrac{\omega}{360°}$
      $M = \pi \cdot 6\,\text{cm} \cdot 18\,\text{cm}$
      $M \approx 339{,}29\,\text{cm}^2$ $M = \pi \cdot (18\,\text{cm})^2 \cdot \dfrac{120°}{360°}$

                                                        $M \approx 339{,}29\,\text{cm}^2$

    - Oberfläche:
      $O = G + M$
      $O = \pi \cdot (6\,\text{cm})^2 + M$
      $O \approx 113{,}10\,\text{cm}^2 + 339{,}29\,\text{cm}^2$
      $O = 452{,}39\,\text{cm}^2$

3. Der gemeinsame Grundkreis eines Doppelkegels hat einen Durchmesser von 8 cm. Der Doppelkegel hat eine Gesamthöhe von 12 cm. Die Mantellinie des kleineren Kegels s_1 ist 5 cm lang. Berechne Volumen und Oberfläche des Doppelkegels.

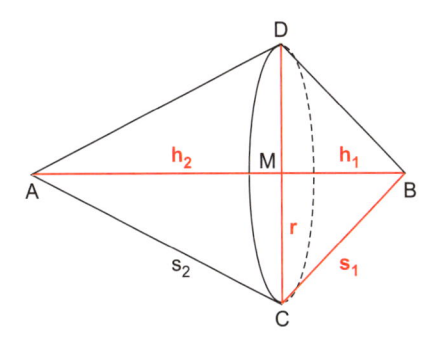

Lösung:

- Höhen h_1 und h_2 der beiden Kegel:

$s_1^2 = r^2 + h_1^2$ Satz des Pythagoras im rechtwinkligen Dreieck MCB

$h_1^2 = s_1^2 - r^2$

$h_1^2 = (5\,\text{cm})^2 - (4\,\text{cm})^2$

$h_1^2 = 25\,\text{cm}^2 - 16\,\text{cm}^2$

$h_1^2 = 9\,\text{cm}^2$

$h_1 = 3\,\text{cm}$

$h_2 = h - h_1$

$h_2 = 12\,\text{cm} - 3\,\text{cm}$

$h_2 = 9\,\text{cm}$

- Volumen:

$V = \frac{1}{3} \cdot G \cdot h_1 + \frac{1}{3} \cdot G \cdot h_2$

$V = \frac{1}{3} \cdot G \cdot (h_1 + h_2)$

$V = \frac{1}{3} \cdot G \cdot h$

$V = \frac{1}{3} \cdot \pi \cdot r^2 \cdot h$

$V = \frac{1}{3} \cdot \pi \cdot (4\,\text{cm})^2 \cdot 12\,\text{cm}$

$V \approx 201{,}06\,\text{cm}^3$

- Mantellinie s_2 des großen Kegels:

$s_2^2 = h_2^2 + r^2$

$s_2^2 = (9\,\text{cm})^2 + (4\,\text{cm})^2$

$s_2^2 = 97\,\text{cm}^2$

$s_2 \approx 9{,}85\,\text{cm}$

- Oberfläche:

$O = M_1 + M_2$

$O = \pi \cdot r \cdot s_1 + \pi \cdot r \cdot s_2$

$O = \pi \cdot r \cdot (s_1 + s_2)$

$O = \pi \cdot 4\,\text{cm} \cdot 14{,}85\,\text{cm}$

$O \approx 186{,}6\,\text{cm}^2$

Aufgaben

Grundwissen

186 Berechne Volumen, Oberfläche und Länge der Mantellinie des Kegels.
a) r = 8 cm, h = 10 cm
b) r = 5 cm, h = 16 cm

187 Ein Kegel hat als Axialschnitt ein gleichseitiges Dreieck mit der Seitenlänge a = 8 cm (s. nebenstehende Skizze)
a) Berechne Volumen und Oberfläche des Kegels.
b) Berechne den Mittelpunktswinkel der Abwicklung des Mantels.
c) Zeichne das Netzbild dieses Kegels im Maßstab 1:2.

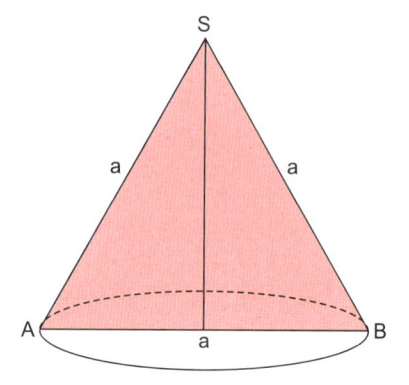

188 Ein Kreissektor mit dem Mittelpunktswinkel α = 90° (Viertelkreis) und dem Radius r = 16 cm ist die Mantelfläche eines geraden Kreiskegels.
a) Berechne den Radius der Grundfläche und Höhe h des Kegels.
b) Berechne Volumen und Oberfläche des Kegels.

Anwendungsaufgaben

189 Ein Sandberg hat die Form eines Kegels. Er bedeckt eine Bodenfläche mit 5 m Durchmesser und hat eine Höhe von 1,2 m. Ein Fahrer mit Lkw (maximal 18 t Zuladung) soll diesen Sandberg abfahren. Er weiß, dass Sand eine Dichte von 2 600 kg pro m³ hat. Was wird der Lkw-Fahrer sagen?

190 Ein kegelförmiges Kirchturmdach hat eine Mantellinie von 25 m. Der Turm ist 1,5 mal so hoch wie der Durchmesser des Grundkreises.
a) Fertige eine Skizze an.
b) Bestimme den Radius des kreisförmigen Turmes, auf dem das Kirchturmdach errichtet wurde.

10.6 Kugel

Jeder Punkt P auf der Oberfläche einer Kugel hat vom Kugelmittelpunkt M den gleichen Abstand r.
Der ebene Schnitt einer Kugel ist ein Kreis.

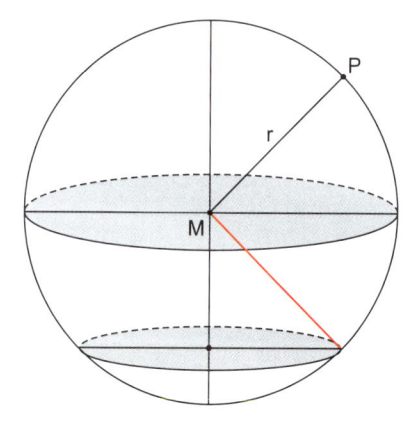

Training Grundwissen: 10 Körper

Merke

> **Kugel**
>
> **Volumen:** $V = \frac{4}{3} \cdot \pi \cdot r^3$
>
> **Oberfläche:** $O = 4 \cdot \pi \cdot r^2$

Beispiele

1. Berechne Volumen und Oberfläche einer Kugel mit Radius r = 6 cm.

   - Volumen:
     $V = \frac{4}{3} \cdot \pi \cdot (6\,\text{cm})^3$
     $V = \frac{4}{3} \cdot \pi \cdot 216\,\text{cm}^3$
     $V \approx 904,78\,\text{cm}^3$

   - Oberfläche:
     $O = 4 \cdot \pi \cdot (6\,\text{cm})^2$
     $O = 4 \cdot \pi \cdot 36\,\text{cm}^2$
     $O \approx 452,39\,\text{cm}^2$

2. Eine Kugel hat eine Oberfläche von O = 907,92 cm². Berechne den Radius r und das Volumen der Kugel.

   - Radius:
     $O = 4 \cdot \pi \cdot r^2$
     $r^2 = \frac{O}{4\pi}$
     $r = \sqrt{\frac{O}{4\pi}}$
     $r = \sqrt{\frac{907,92\,\text{cm}^2}{4\pi}}$
     $r \approx 8,50\,\text{cm}$

   - Volumen:
     $V = \frac{4}{3} \cdot \pi \cdot (8,50\,\text{cm})^3$
     $V \approx 2572,44\,\text{cm}^3$

3. Einem Würfel mit der Kantenlänge a (= 6 cm) wird eine Kugel ein- bzw. umbeschrieben. Bestimme die Verhältnisse der Volumina und der Oberflächen beider Kugeln.

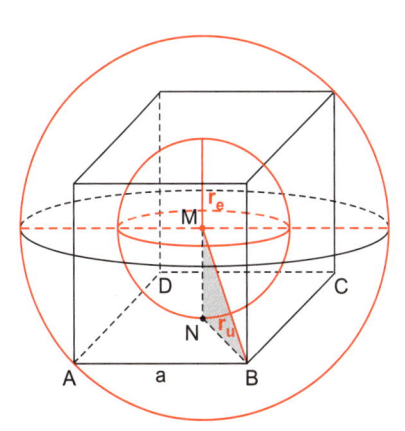

   - Radien der beiden Kugeln:
     Einbeschriebene Kugel:
     $r_e = \frac{a}{2} = 3\,\text{cm}$

     Umbeschriebene Kugel:
     $r_u = \overline{MB}$
     $\overline{MB}^2 = \overline{MN}^2 + \overline{NB}^2$ Satz des Pythagoras im Dreieck MNB
     $r_u^2 = \left(\frac{a}{2}\right)^2 + \left(\frac{a}{2}\sqrt{2}\right)^2$ $\overline{MN}$ ist gleich der halben Kantenlänge.
     $r_u^2 = \frac{a^2}{4} + \frac{a^2}{2}$ $\overline{NB}$ ist gleich der halben Länge der Diagonalen der Grundfläche ABCD.
     $r_u^2 = \frac{3}{4}a^2$
     $r_u = \frac{a}{2}\sqrt{3}$
     $r_u = \frac{6\,\text{cm}}{2}\sqrt{3}$
     $r_u \approx 5,20\,\text{cm}$

- Volumen der einbeschriebenen Kugel:

$V_e = \frac{4}{3} \cdot \pi \cdot r_e^3$

$V_e = \frac{4}{3} \cdot \pi \cdot \left(\frac{a}{2}\right)^3$

$V_e = \frac{4}{3} \cdot \pi \cdot (3\,\text{cm})^3$

$V_e \approx 113{,}10\,\text{cm}^3$

- Volumen der umbeschriebenen Kugel:

$V_u = \frac{4}{3} \cdot \pi \cdot r_u^3$

$V_u = \frac{4}{3} \cdot \pi \cdot \left(\frac{a}{2}\sqrt{3}\right)^3$

$V_u = \frac{4}{3} \cdot \pi \cdot (5{,}20\,\text{cm})^3$

$V_u \approx 588\,\text{cm}^3$

- Oberfläche der einbeschriebenen Kugel:

$O_e = 4 \cdot \pi \cdot r_e^2$

$O_e = 4 \cdot \pi \cdot \left(\frac{a}{2}\right)^2$

$O_e = 4 \cdot \pi \cdot (3\,\text{cm})^2$

$O_e \approx 113\,\text{cm}^2$

- Oberfläche der umbeschriebenen Kugel:

$O_u = 4 \cdot \pi \cdot r_u^2$

$O_u = 4 \cdot \pi \cdot \left(\frac{a}{2}\sqrt{3}\right)^2$

$O_u = 4 \cdot \pi \cdot (3\sqrt{3}\,\text{cm})^2$

$O_u \approx 339{,}29\,\text{cm}^2$

- Verhältnisse:

$\dfrac{V_u}{V_e} = \dfrac{\frac{4}{3} \cdot \pi \cdot \left(\frac{a}{2}\sqrt{3}\right)^3}{\frac{4}{3} \cdot \pi \cdot \left(\frac{a}{2}\right)^3} = 3\sqrt{3}$ $\quad (V_u : V_e = 3\sqrt{3} : 1)$

$\dfrac{O_u}{O_e} = \dfrac{4 \cdot \pi \cdot \left(\frac{a}{2}\sqrt{3}\right)^2}{4 \cdot \pi \cdot \left(\frac{a}{2}\right)^2} = 3$ $\quad (O_u : O_e = 3 : 1)$

Aufgaben

Grundwissen

191 Bestimme Volumen und Oberfläche einer Kugel mit r = 12 cm.

192 Eine Kugel hat ein Volumen von 4 188,79 cm³. Berechne den Radius und die Oberfläche der Kugel.

193 In welchem Maße muss der Radius einer Kugel vergrößert werden, damit
a) das Volumen der neuen Kugel,
b) die Oberfläche der neuen Kugel
doppelt so groß ist wie das Volumen bzw. die Oberfläche der alten Kugel?

Anwendungsaufgaben

194 Die Erde hat einen Radius von $r_E = 6\,371$ km, der Mars einen Radius von $r_M = 3\,400$ km (beide als ideale Kugeln gedacht).
In welchem Verhältnis stehen die Volumina der beiden Planeten?

195 **Protestaktion**
Im Juni 2006 hatten Studenten in Münster eine spektakuläre Protestaktion geplant. Sie wollten einen der 3,50 m im Durchmesser messenden und aus Stahlbeton hergestellten „Giant Pool Balls" des Künstlers Claes Oldenburg in den Aasee rollen. Von dieser Idee haben sie aber schnell abgelassen und stattdessen eine nachgebaute Kugel versenkt. Was könnte der Grund für die Planänderung gewesen sein? Stütze deine Antwort auf geeignete Berechnungen.
(*Hinweis:* 1 m³ Stahlbeton wiegt 2,7 t)

10.7 Rotationskörper, zusammengesetzte Körper und Restkörper

Einen Kreiszylinder kann man sich auch auf die Weise entstanden denken, dass man ein Rechteck um eine Rechtecksseite als Rotationsachse dreht. Derartige Körper nennt man auch **Rotationskörper**.
Da sich dabei Punkte des Rechtecks auf Kreisen bewegen, deren Mittelpunkt auf der Rotationsachse liegen, kommen als Rotationskörper nur Körper in Frage, bei denen Schnitte senkrecht zur Rotationsachse Kreise sind. Solche Körper sind Zylinder, Kegel, Kugel und aus diesen zusammengesetzte Körper.

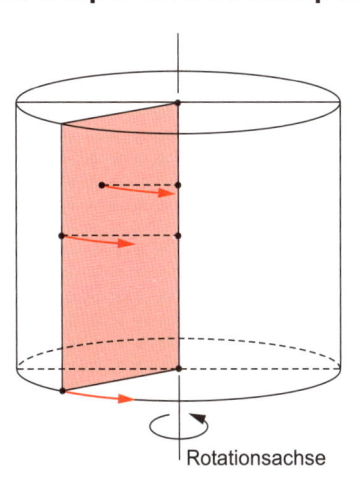

Beispiele

1. Ein rechtwinkliges Dreieck rotiert um eine Achse, die
    a) die größere der beiden Katheten,
    b) die kleinere der beiden Katheten,
    c) die Hypotenuse
    enthält.
    Welcher Rotationskörper entsteht jeweils? Berechne für die drei Fälle jeweils Volumen und Oberfläche des Rotationskörpers.

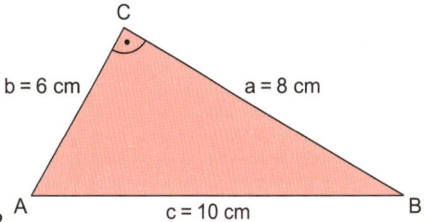

Lösung:

a) Der entstehende Rotationskörper ist ein gerader Kreiskegel mit Radius r = b und Höhe h = a.
- Volumen:
$$V = \frac{1}{3} \cdot \pi \cdot b^2 \cdot a$$
$$V = \frac{1}{3} \cdot \pi \cdot (6\,\text{cm})^2 \cdot 8\,\text{cm}$$
$$V \approx 301{,}59\,\text{cm}^3$$
- Oberfläche:
$$O = \pi \cdot b^2 + \pi \cdot b \cdot c$$
$$O = (6\,\text{cm})^2 \pi + \pi \cdot 6\,\text{cm} \cdot 10\,\text{cm}$$
$$O \approx 301{,}59\,\text{cm}^2$$

b) Als Rotationskörper erhält man einen geraden Kreiskegel mit r = a und h = b.
- Volumen:
$$V = \frac{1}{3} \cdot \pi \cdot a^2 \cdot b$$
$$V = \frac{1}{3} \cdot \pi \cdot (8\,\text{cm})^2 \cdot 6\,\text{cm}$$
$$V \approx 402{,}12\,\text{cm}^3$$
- Oberfläche:
$$O = \pi \cdot a^2 + \pi \cdot a \cdot c$$
$$O = \pi \cdot (8\,\text{cm})^2 + \pi \cdot 8\,\text{cm} \cdot 10\,\text{cm}$$
$$O \approx 452{,}39\,\text{cm}^2$$

c) Der entstehende Rotationskörper ist ein Doppelkegel.
Der gemeinsame Grundkreisradius beider Kegel ist die Höhe $\overline{MC}$ im rechtwinkligen Dreieck ABC.
Die Höhen der beiden Kegel sind die Hypotenusenabschnitte $\overline{AM}$ und $\overline{BM}$ in Dreieck ABC.

Kathetensatz im Dreieck ABC:
$$b^2 = \overline{AM} \cdot c$$
$$36\,\text{cm}^2 = \overline{AM} \cdot 10\,\text{cm}$$
$$\overline{AM} = 3{,}6\,\text{cm}$$

$$a^2 = \overline{BM} \cdot c$$
$$64\,\text{cm}^2 = \overline{BM} \cdot 10\,\text{cm}$$
$$\overline{BM} = 6{,}4\,\text{cm}$$

Höhensatz im Dreieck ABC:
$$\overline{MC}^2 = \overline{AM} \cdot \overline{BM}$$
$$\overline{MC}^2 = 3{,}6\,\text{cm} \cdot 6{,}4\,\text{cm}$$
$$\overline{MC}^2 = 23{,}04\,\text{cm}^2$$
$$\overline{MC} = 4{,}8\,\text{cm}$$

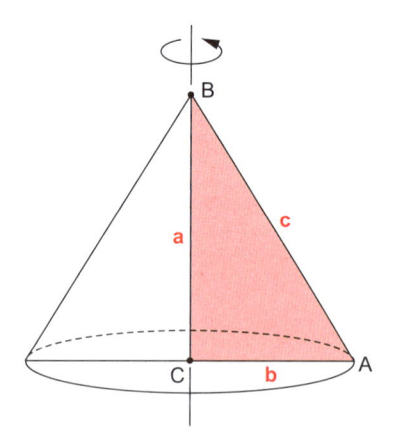

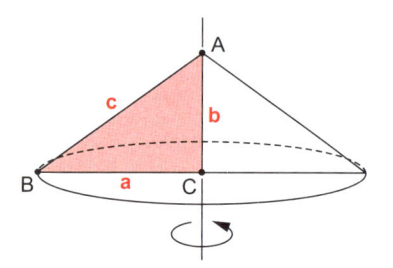

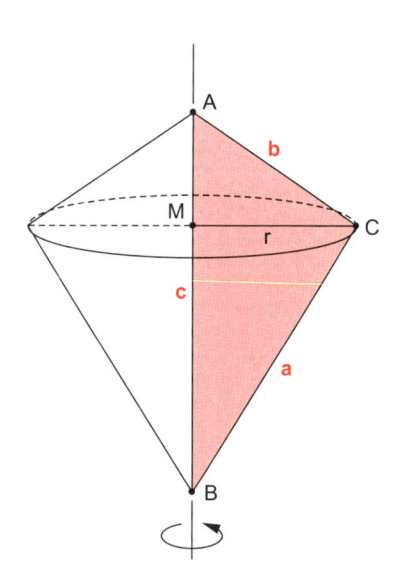

Training Grundwissen: 10 Körper

- Volumen des Doppelkegels:
$$V = \frac{1}{3} \cdot \pi \cdot \overline{MC}^2 \cdot \overline{AM} + \frac{1}{3} \cdot \pi \cdot \overline{MC}^2 \cdot \overline{BM}$$
$$V = \frac{1}{3} \cdot \pi \cdot (4,8\,cm)^2 \cdot 3,6\,cm + \frac{1}{3} \cdot \pi \cdot (4,8\,cm)^2 \cdot 6,4\,cm$$
$$V \approx 241,27\,cm^3$$

- Oberfläche des Doppelkegels:
$$O = \pi \cdot \overline{MC} \cdot \overline{BC} + \pi \cdot \overline{MC} \cdot \overline{AC}$$
$$O = \pi \cdot 4,8\,cm \cdot 8\,cm + \pi \cdot 4,8\,cm \cdot 6\,cm$$
$$O \approx 211,12\,cm^2$$

Die Oberfläche besteht aus den Mantelflächen der beiden Kegel. Der Grundkreis ist keine begrenzende Fläche.)

2. Ein gleichschenkliges Trapez mit den angegebenen Seitenlängen rotiert. Beschreibe, welcher Rotationskörper dabei entsteht.
Berechne das Volumen des Rotationskörpers. ($a = 4\,cm$).

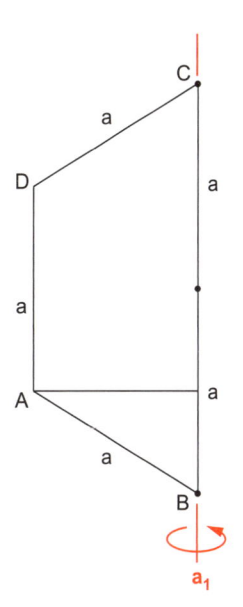

Lösung:
Bei der Rotation um die Achse a_1 entsteht ein Zylinder mit zwei, auf Grund- und Deckfläche, aufgesetzten Kegeln. Der Zylinder und die beiden Kegel haben die gleiche Grundkreisfläche mit Radius r. Die Höhe des Zylinders ist a, die Höhe der beiden Kegel jeweils $\frac{a}{2}$.
Den Grundkreisradius r erhalten wir mithilfe des Satzes von Pythagoras für das Dreieck ABM:

$$\overline{AB}^2 = \overline{AM}^2 + \overline{BM}^2$$
$$a^2 = r^2 + \left(\frac{a}{2}\right)^2 \quad \Big| -\frac{a^2}{4}$$
$$r^2 = a^2 - \frac{a^2}{4}$$
$$r^2 = \frac{3}{4}a^2$$
$$r^2 = \frac{3}{4}(4\,cm)^2$$
$$r = \frac{4\,cm}{2}\sqrt{3}$$
$$r = 2\sqrt{3}\,cm$$
$$r \approx 3,46\,cm$$

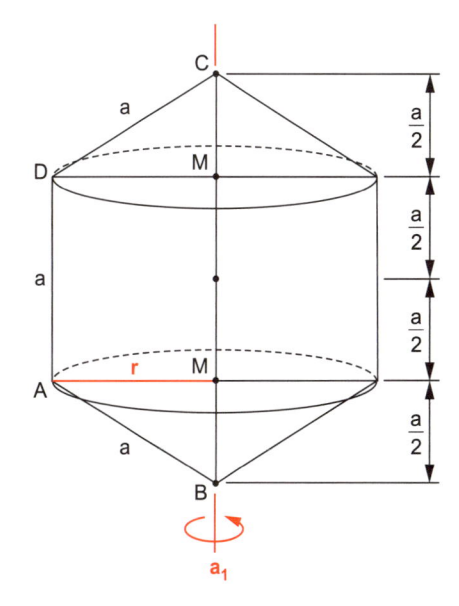

Volumen des Rotationskörpers:

$V_K = V_{Zyl} + 2 \cdot V_{Keg}$

$V_K = G \cdot h_{Zyl} + 2 \cdot \frac{1}{3} \cdot G \cdot h_{Keg}$

$V_K = \pi \cdot r^2 \cdot a + 2 \cdot \frac{1}{3} \cdot \pi \cdot r^2 \cdot \frac{a}{2}$

$V_K = \frac{4}{3} \cdot \pi \cdot r^2 \cdot a \qquad \left| r^2 = \frac{3}{4} \cdot a^2 \right.$

$V_K = \frac{4}{3} \cdot \pi \cdot \frac{3}{4} \cdot a^2 \cdot a$

$V_K = \pi \cdot a^3$

$V_K = \pi \cdot (4\,\text{cm})^3$

$V_K = 64\pi\,\text{cm}^3$

$V_K \approx 201{,}06\,\text{cm}^3$

Aufgabe 196

Grundwissen

Ein Rechteck ABCD mit den Seitenlängen $\overline{AB} = 12$ cm und $\overline{AD} = 18$ cm rotiert um eine Achse, die
a) die Seite $\overline{AB}$ enthält,
b) die Seite $\overline{AD}$ enthält,
Beschreibe jeweils mithilfe einer Skizze, welche Art von Rotationskörper entsteht.
Berechne jeweils das Volumen des Rotationskörpers.

Des Öfteren hat man es mit Körpern zu tun, die dadurch entstanden sind, dass entweder verschiedene Körper zusammengesetzt wurden oder dass von einem Körper Teile herausgearbeitet oder abgeschnitten wurden. Das Volumen dieser Körper erhält man durch Addition oder Subtraktion der Volumina der Teilkörper. Bei der Berechnung der Oberfläche von **zusammengesetzten Körpern** oder **Restkörpern** muss man jeweils genau überlegen, welche Flächen außen als Begrenzungsflächen erscheinen und welche nicht.

Beispiele

1. Ein Körper besteht aus einem Quader und einer auf die Deckfläche des Quaders aufgesetzten quadratischen Pyramide (siehe nebenstehende Zeichnung)
   a = 8 cm; b = 5 cm; h = 12 cm
   Berechne Volumen und Oberfläche dieses zusammengesetzten Körpers.

   Lösung:
   - Volumen:
     $V = V_{Quader} + V_{Pyramide}$
     $V = a \cdot a \cdot b + \frac{1}{3} \cdot a \cdot a \cdot h$
     $V = (8\,\text{cm})^2 \cdot 5\,\text{cm} + \frac{1}{3} \cdot (8\,\text{cm})^2 \cdot 12\,\text{cm}$
     $V = 576\,\text{cm}^3$

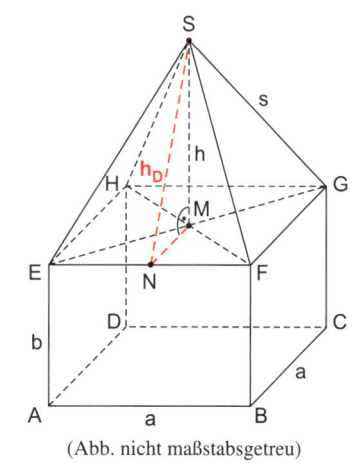

(Abb. nicht maßstabsgetreu)

- Oberfläche:
  Das Quadrat EFGH ist keine äußere Begrenzungsfläche, weder für den Quader noch als Grundfläche der Pyramide. Also wird es nicht mitgezählt.
  $O = 4 \cdot A_{Rechteck(ABFE)} + A_{Quadrat(ABCD)} + 4 \cdot A_{Dreieck(EFS)}$
  Zur Berechnung der Dreiecksfläche benötigen wir die Höhe h_D dieser Dreiecke. Wir erhalten diese mithilfe des Satzes von Pythagoras aus dem rechtwinkligen Dreieck NMS:
  $$\overline{SN}^2 = \overline{SM}^2 + \overline{MN}^2$$
  $$h_D^2 = h^2 + \left(\frac{a}{2}\right)^2$$
  $$h_D^2 = (12\,cm)^2 + (4\,cm)^2$$
  $$h_D^2 = 160\,cm^2$$
  $$h_D \approx 12,65\,cm$$
  $$O = 4 \cdot a \cdot b + a \cdot a + 4 \cdot \frac{1}{2} \cdot a \cdot h_D$$
  $$O = 4 \cdot 8\,cm \cdot 5\,cm + (8\,cm)^2 + 4 \cdot \frac{1}{2} \cdot 8\,cm \cdot 12,65\,cm$$
  $$O = 426,4\,cm^2$$

2. Aus einem Quader wird eine zylindrische Bohrung herausgearbeitet (siehe nebenstehende Skizze).
   Berechne Volumen und Oberfläche des Restkörpers (durchbohrter Quader):
   $a = 12\,cm$; $b = 24\,cm$; $r = 3\,cm$

   - Volumen:
     $$V = V_{Quader} - V_{Zylinder}$$
     $$V = a \cdot a \cdot b - \pi \cdot r^2 \cdot b$$
     $$V = 12\,cm \cdot 12\,cm \cdot 24\,cm - \pi \cdot (3\,cm)^2 \cdot 24\,cm$$
     $$V \approx 2\,777,42\,cm^3$$

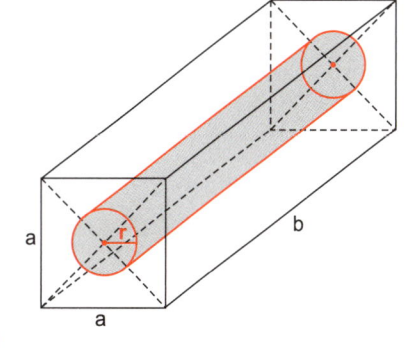

   - Oberfläche:
     Zur Oberfläche des Quaders kommt die Mantelfläche des Zylinders hinzu, wobei die beiden Kreisflächen weggenommen werden müssen.
     $$O = O_{Quader} + M_{Zylinder} - 2 \cdot A_{Kreis}$$
     $$O = 2 \cdot a^2 + 4 \cdot a \cdot b + 2 \cdot \pi \cdot r \cdot b - 2 \cdot \pi \cdot r^2$$
     $$O = 2 \cdot (12\,cm)^2 + 4 \cdot 12\,cm \cdot 24\,cm + 2 \cdot \pi \cdot 3\,cm \cdot 24\,cm - 2 \cdot \pi \cdot (3\,cm)^2$$
     $$O \approx 1\,440\,cm^2 + 452,39\,cm^2 - 56,55\,cm^2$$
     $$O = 1\,835,84\,cm^2$$

Training Grundwissen: 10 Körper

Aufgaben

Grundwissen

197 Auf die sechs Seitenflächen eines Würfels mit der Kantenlänge a = 6 cm sind quadratische Pyramiden mit der Höhe h = 6 cm aufgesetzt.
a) In welchem Verhältnis steht das Volumen der sechs Pyramiden zum Volumen des Würfels?
b) Berechne Volumen und Oberfläche des zusammengesetzten Körpers.

198 Ein Körper besteht aus zwei zusammengesetzten Pyramiden mit gemeinsamer quadratischer Grundfläche (Länge der Quadratseite: a = 10 cm, die Höhen der beiden Pyramiden sind h_1 = 8 cm und h_2 = 16 cm).
a) Berechne das Volumen des Gesamtkörpers.
b) Berechne die Oberfläche des Körpers.

Anwendungsaufgaben

199 Geodreieck-Rotation

Du kannst dein Schulgeodreieck auf zwei verschiedene Weisen rotieren lassen. Dabei entstehen Rotationskörper.

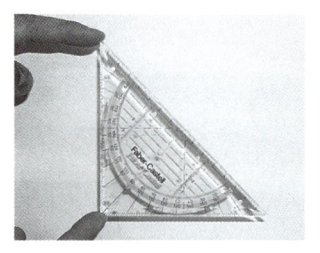

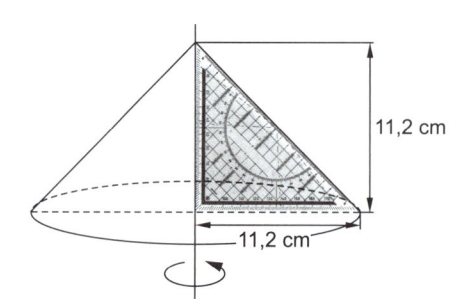

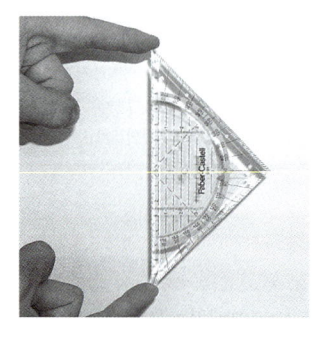

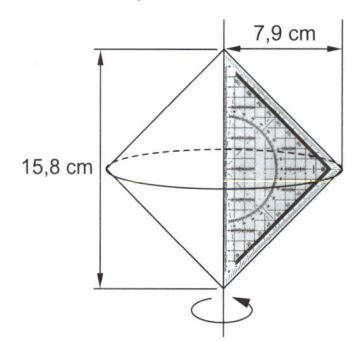

Welcher Rotationskörper hat das größere Volumen?
Begründe rechnerisch.

200 Ein als „Stehaufmännchen" bekanntes Spielzeug hat die Form einer Halbkugel mit aufgesetztem Kegel. Der Radius der Halbkugel beträgt r = 5 cm, die Höhe des Kegels h = 7 cm.
Berechne Volumen und Oberfläche des Restkörpers.

11 Stochastik

Um Vorgänge in der uns umgebenden realen Welt in angemessener Weise mathematisch beschreiben zu können, konstruiert man ein mathematisches Modell, das die wesentlichen, jeweils interessierenden Eigenschaften der Wirklichkeit darstellt.

Vorgänge, die durch Zufall bestimmt sind, werden durch das mathematische Modell der **Stochastik** beschrieben. Die Stochastik teilt sich in die beiden Teilgebiete **Statistik** und **Wahrscheinlichkeitsrechnung** auf.

In der Statistik werden Daten aus statistischen Erhebungen mithilfe bestimmter mathematischer Begriffe und Verfahren erfasst, ausgewertet und dargestellt.

In der Wahrscheinlichkeitsrechnung versucht man mithilfe mathematischer Methoden, den Grad der Sicherheit, mit dem ein bestimmtes Ereignis eintreten wird, zahlenmäßig zu erfassen.

11.1 Statistische Grundbegriffe

Daten, die statistisch ausgewertet werden sollen, werden durch Umfragen, Zählungen, Beobachtungen usw. gewonnen. Die statistischen Begriffe, die dabei von Bedeutung sind, werden im Folgenden eingeführt und anhand der untenstehenden Daten verdeutlicht.

Daten

Die Körpergröße von 12 Schülerinnen/Schülern einer Klasse wird erfasst. Die Datenerhebung liefert folgendes Ergebnis:

Schülerin/Schüler	1	2	3	4	5	6	7	8	9	10	11	12
Körpergröße in cm	159	149	167	181	166	162	173	184	169	177	182	159

Merke

Grundgesamtheit Ω:	Menge aller erfassten Daten, wird mit Ω bezeichnet.
Stichprobe:	Teilmenge der Grundgesamtheit, die Eigenschaften der Grundgesamtheit möglichst gut widerspiegeln soll.
Gesamtzahl n:	Anzahl aller erfassten Daten, wird mit n bezeichnet. $n = |\Omega|$
Merkmal:	Eigenschaft, nach der die Daten untersucht werden.
Absolute Häufigkeit H:	Gibt an, wie oft ein bestimmtes Merkmal in der Grundgesamtheit Ω vorkommt.
Relative Häufigkeit h:	Quotient aus absoluter Häufigkeit H eines Merkmals und Gesamtzahl n der Daten. relative Häufigkeit = $\frac{\text{absolute Häufigkeit}}{\text{Gesamtzahl}}$ bzw. $h = \frac{H}{n}$ Gibt den Anteil eines Merkmals an der Grundgesamtheit wieder, wird meistens als Prozentwert angegeben.

Beispiele

- Gesamtzahl: $n = 12$
- Merkmal: Körpergröße > 180 cm
  Absolute Häufigkeit: $H = 3$ (3 Schülerinnen/Schüler sind größer als 180 cm)
  Relative Häufigkeit: $h = \frac{H}{n} = \frac{3}{12} = \frac{1}{4} = 0,25$ bzw. $h = 25\%$

Merke

Arithmetisches Mittel $\bar{m}$:	Quotient aus der Summe der n (zahlenmäßig gegebenen) Daten und der Gesamtzahl n. $$\bar{m} = \frac{a_1 + a_2 + \ldots + a_n}{n}$$ Wird auch als **Mittelwert** bezeichnet.
Abweichung $\bar{a}_k$:	Betrag der Differenz des Datenwertes a_k und des Mittelwertes $\bar{m}$. $$\bar{a}_k = |a_k - \bar{m}|$$
Mittlere Abweichung a:	Arithmetisches Mittel der Abweichungen. $$a = \frac{\bar{a}_1 + \bar{a}_2 + \ldots + \bar{a}_n}{n}$$ $$a = \frac{|a_1 - \bar{m}| + |a_2 - \bar{m}| + \ldots + |a_n - \bar{m}|}{n}$$

Beispiele

- Arithmetisches Mittel:
Der Mittelwert der 12 Körpergrößen wird folgendermaßen berechnet:
$$\bar{m} = \frac{159 + 149 + 167 + 181 + 166 + 162 + 173 + 184 + 169 + 177 + 182 + 159}{12} \text{ cm}$$
$$\bar{m} = \frac{2\,028 \text{ cm}}{12} \text{ cm}$$
$$\bar{m} = 169 \text{ cm}$$

- Abweichungen:
Die Abweichung eines Datenwertes, also hier einer einzelnen Körpergröße, gibt an, wie weit der Wert vom Mittelwert der Körpergrößen abweicht.

a_i	159	149	167	181	166	162	173	184	169	177	182	159
$a_i - \bar{m}$	−10	−20	−2	+12	−3	−7	+4	+15	0	+8	+13	−10
$|a_i - \bar{m}|$	10	20	2	12	3	7	4	15	0	8	13	10

- Mittlere Abweichung:
Die mittlere Abweichung gibt an, wie weit die einzelnen Körpergrößen im Mittel vom Mittelwert abweichen.
$$a = \frac{10 + 20 + 2 + 12 + 3 + 7 + 4 + 15 + 0 + 8 + 13 + 10}{12} \text{ cm}$$
$$a = \frac{104}{12} \text{ cm}$$
$$a \approx 8{,}67 \text{ cm}$$
Im Mittel weichen die einzelnen Körpergrößen um 8,67 cm vom Mittelwert ab.

Merke

Modalwert m:	Wert, der in einer Datenmenge (gegebenenfalls auch Stichprobe) am häufigsten vorkommt.
Median oder **Zentralwert Z:**	Bei ungerader Gesamtzahl n ist der Median der Datenwert, der genau in der Mitte einer der Größe nach geordneten Datenmenge liegt.
	Bei gerader Gesamtzahl n ist der Median das arithmetische Mittel der beiden mittleren Werte.

Beispiele
- Modalwert:
Am leichtesten lässt sich der Modalwert bestimmen, wenn man die Datenmenge der Größe nach ordnet. In diesem Fall ergibt sich bei aufsteigender Anordnung:
149 159 159 162 166 167 169 173 177 181 182 184   in cm
Der einzige Wert, der mehrmals vorkommt, ist 159 cm.
m = 159 cm
Achtung: Eine Datenmenge kann auch mehrere Modalwerte besitzen!

- Median:
Die Datenmenge muss wieder der Größe nach geordnet werden:
149 159 159 162 166 **167 169** 173 177 181 182 184   in cm
Da eine gerade Anzahl von Körpergrößen gegeben ist (n = 12), muss das arithmetische Mittel der beiden mittleren Werte (6. und 7. Datenwert) gebildet werden:

$Z = \frac{167 + 169}{2}$ cm

$Z = 168$ cm

Merke

Minimum a_{min}:	Kleinster Wert der Datenmenge.
Maximum a_{max}:	Größter Wert der Datenmenge.
Spannweite w:	Differenz aus Maximum und Minimum. $w = a_{max} - a_{min}$
unteres Quartil:	Datenwert, der in der aufsteigend sortierten Datenmenge in der Mitte der Werte liegt, die links vom Median stehen. Liegt eine gerade Anzahl von Daten links vom Median, ist das untere Quartil das arithmetische Mittel der beiden mittleren Werte.
oberes Quartil:	Datenwert, der in der aufsteigend sortierten Datenmenge in der Mitte der Werte liegt, die rechts vom Median stehen. Liegt eine gerade Anzahl von Daten rechts vom Median, ist das obere Quartil das arithmetische Mittel der beiden mittleren Werte.

Beispiele
- Minimum: $a_{min} = 149$ cm
Das Minimum ist der erste Wert in der aufsteigend geordneten Datenmenge.

- Maximum: $a_{max} = 184$ cm
Das Maximum ist der letzte Wert in der aufsteigend geordneten Datenmenge.

- Spannweite:
$w = a_{max} - a_{min}$
$w = 184$ cm $- 149$ cm
$w = 35$ cm

- unteres Quartil:
Betrachte die Datenwerte, die in der aufsteigend sortierten Datenmenge links vom Median (168 cm) stehen:
149 159 **159 162** 166 167   in cm
                168
Da eine gerade Anzahl von Werten links vom Median steht (12 : 2 = 6), muss das arithmetische Mittel der beiden mittleren Werte (3. und 4. Datenwert der geordneten Datenmenge) gebildet werden:

$\frac{159 + 162}{2}$ cm $= 160{,}5$ cm

- oberes Quartil:
Betrachte die Datenwerte, die in der aufsteigend sortierten Datenmenge rechts vom Median (168 cm) stehen:

169 173 **177** **181** 182 184 in cm
168

Da eine gerade Anzahl von Werten rechts vom Median steht (12 : 2 = 6), muss das arithmetische Mittel der beiden mittleren Werte (9. und 10. Wert) gebildet werden:
$\frac{177 + 181}{2}$ cm = 179 cm

- Angenommen der größte Schüler wechselt die Schule. Dann ist der größte Wert der aufsteigend geordneten Datenmenge zu streichen:
149 159 159 162 166 **167** 169 173 177 181 182 in cm

Median: Z = 167 cm

unteres Quartil: 159 cm
betrachte dafür die Daten links vom Median (167 cm):
149 159 **159** 162 166   in cm
167

oberes Quartil: 177 cm
betrachte dafür die Daten rechts vom Median (167 cm):
169 173 **177** 181 182 in cm
167

Merke

Ein **Boxplot** ist ein Diagramm zur Darstellung statistischer Daten. Er besteht aus einem Rechteck (Box) und zwei waagrechten Linien, die das Rechteck verlängern. Diese Linien werden als „Antennen" bezeichnet. Anfang und Ende der Antennen markieren Minimum und Maximum der Datenerhebung. Die Box wird vom unteren und oberen Quartil begrenzt. In der Box wird der Median als senkrechter Strich angezeigt.

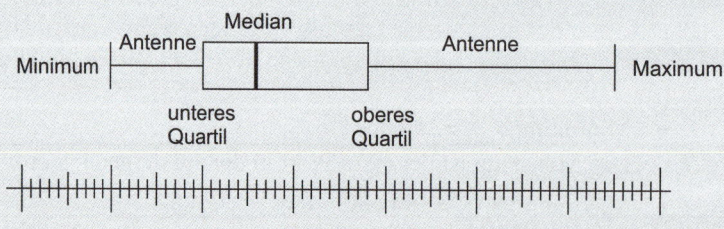

Zur Erstellung eines Boxplot benötigt man also die statistischen Kenngrößen Minimum, Maximum, Median, unteres Quartil und oberes Quartil.

Aus dem Boxplot kann man entnehmen, in welchem Bereich die Daten liegen und wie sie sich über diesen Bereich verteilen:
- 25 % der Daten liegen zwischen dem Minimum und dem unteren Quartil.
- 50 % der Daten liegen innerhalb der Box.
- 25 % der Daten liegen zwischen dem oberen Quartil und dem Maximum.
- Die Breite des gesamten Boxplot entspricht der Spannweite.

Mithilfe von Boxplots lassen sich verschiedene Verteilungen gut vergleichen.

Beispiel

- Boxplot:
Darstellung des obigen Beispiels (ohne Streichung) als Boxplot mit Minimum 149 cm, unterem Quartil 160,5 cm, Median 168 cm, oberem Quartil 179 cm und Maximum 184 cm.

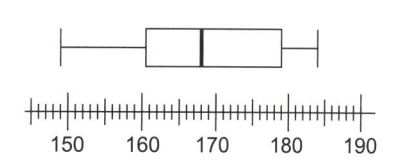

Training Grundwissen: 11 Stochastik

Beispiel

Mithilfe einer Tabellenkalkulation lässt sich schnell die 5-Punkte-Verteilung (Minimum, unteres Quartil, Median, oberes Quartil, Maximum) von Messwerten bestimmen und grafisch umsetzen:

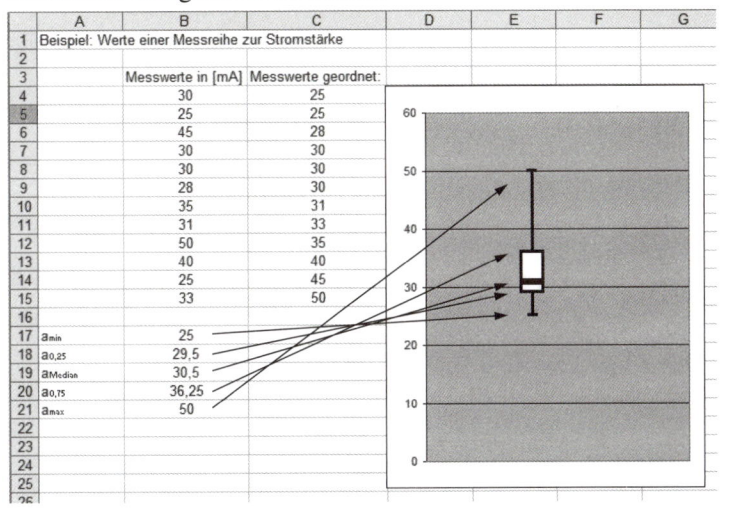

	A	B	C	D	E	F	G
1	Beispiel: Werte einer Messreihe zur Stromstärke						
2							
3		Messwerte in [mA]	Messwerte geordnet:				
4		30	25				
5		25	25				
6		45	28				
7		30	30				
8		30	30				
9		28	30				
10		35	31				
11		31	33				
12		50	35				
13		40	40				
14		25	45				
15		33	50				
16							
17	a_{min}		25				
18	$a_{0,25}$		29,5				
19	a_{Median}		30,5				
20	$a_{0,75}$		36,25				
21	a_{max}		50				

Hinweis: Excel hat bei der Berechnung der Quartile eine andere Berechnungsgrundlage, die hier nicht weiter erläutert wird. Excel kann die berechneten 5 Punkte in einem Punktdiagramm ausgeben, welches sich in ausgedruckter Form leicht zu einem Boxplot ergänzen lässt.

Beispiel

Vor dem Schulgebäude misst die Polizei die Geschwindigkeit von 15 vorbeifahrenden Pkws. Erlaubt sind 30 $\frac{km}{h}$.

Pkw-Nr.	1	2	3	4	5	6	7	8	9	10	11	12	13	14	15
Geschwindigkeit in $\frac{km}{h}$	56	32	28	45	34	33	30	32	25	26	32	24	30	39	27

- Gesamtzahl: n = 15
- Merkmal: Geschwindigkeitsüberschreitung, v > 30 $\frac{km}{h}$
  Absolute Häufigkeit: H = 8
  Relative Häufigkeit: $h = \frac{H}{n} = \frac{8}{15} = 0{,}53$ bzw. 53 %
- Arithmetisches Mittel:
  $$\overline{m} = \frac{56+32+28+45+34+33+30+32+25+26+32+24+30+39+27}{15} \frac{km}{h}$$
  $$\overline{m} = \frac{493}{15} \frac{km}{h}$$
  $$\overline{m} \approx 32{,}87 \frac{km}{h} \approx 33 \frac{km}{h}$$
- Abweichungen:

a_i	56	32	28	45	34	33	30	32	25	26	32	24	30	39	27
$a_i - \overline{m}$	+23	−1	−5	+12	+1	0	−3	−1	−8	−7	−1	−9	−3	+6	−6
$\lvert a_i - \overline{m}\rvert$	23	1	5	12	1	0	3	1	8	7	1	9	3	6	6

- Mittlere Abweichung:
  $$a = \frac{23+1+5+12+1+0+3+1+8+7+1+9+3+6+6}{15} \frac{km}{h} = \frac{86}{15} \frac{km}{h} \approx 5{,}7 \frac{km}{h}$$
  Im Mittel weichen die einzelnen Geschwindigkeiten um 5,7 $\frac{km}{h}$ vom Mittelwert ab.

- Modalwert:
  Aufsteigend geordnete Datenmenge:
  24 25 26 27 28 30 **30** **32** **32** 32 33 34 39 45 56   in $\frac{km}{h}$
  Der einzige Wert, der öfter als zweimal vorkommt, ist $32 \frac{km}{h}$.
  $m = 32 \frac{km}{h}$

- Median:
  Aufsteigend geordnete Datenmenge:
  24 25 26 27 28 30 30 **32** 32 32 33 34 39 45 56   in $\frac{km}{h}$
  Da eine ungerade Anzahl von Werten gegeben ist (n = 15), ist der Median der Datenwert, der genau in der Mitte der geordneten Datenreihe liegt (8. Datenwert).
  $Z = 32 \frac{km}{h}$

- Minimum: $a_{min} = 24 \frac{km}{h}$

- Maximum: $a_{max} = 56 \frac{km}{h}$

- Spannweite:
  $w = 56 \frac{km}{h} - 24 \frac{km}{h}$
  $w = 32 \frac{km}{h}$

- unteres Quartil:
  Betrachte die Datenwerte, die links vom Median stehen:
  24 25 26 **27** 28 30 30   in $\frac{km}{h}$
  32
  Da eine ungerade Anzahl von Datenwerten links vom Median steht (7), entspricht das untere Quartil dem mittleren Wert (4. Wert der geordneten Datenreihe).
  $27 \frac{km}{h}$

- oberes Quartil:
  Betrachte die Datenwerte, die rechts vom Median stehen:
  32 32 33 **34** 39 45 56   in $\frac{km}{h}$
  32
  Da eine ungerade Anzahl von Datenwerten rechts vom Median steht (7), entspricht das untere Quartil dem mittleren Wert (12. Wert der geordneten Datenreihe).
  $34 \frac{km}{h}$

- Boxplot:
  Zur Erstellung des Boxplot braucht man Minimum $\left(24 \frac{km}{h}\right)$, unteres Quartil $\left(27 \frac{km}{h}\right)$, Median $\left(32 \frac{km}{h}\right)$, oberes Quartil $\left(34 \frac{km}{h}\right)$ und Maximum $\left(56 \frac{km}{h}\right)$.

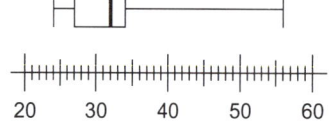

Aufgaben

201 Lea notiert, wie lange einige Schülerinnen ihrer Klasse am vorherigen Tag an den Hausaufgaben gearbeitet haben:

Schülerin-Nr.	1	2	3	4	5	6	7	8	9	10	11	12	13	14
Dauer in min	32	95	45	35	20	80	65	46	57	50	53	70	75	78

Zeichne den zugehörigen Boxplot.

202 In einer Umfrage wird ermittelt, wie hoch das Taschengeld der Schülerinnen und Schüler einer Klasse ist. Die Datenerhebung liefert folgendes Ergebnis:

Jungen	14	7	21	45	0	12	20	5	10	7	15	12	14	10	30
Mädchen	15	18	10	5	14	7	20	6	28	7	10	12	5		

a) Zeichne jeweils den zugehörigen Boxplot.
b) Vergleiche die beiden Boxplots miteinander.

203 Die drei Boxplots zeigen das Ergebnis einer Umfrage, bei der die monatlichen Handykosten für verschiedene Altersgruppen ermittelt wurden.

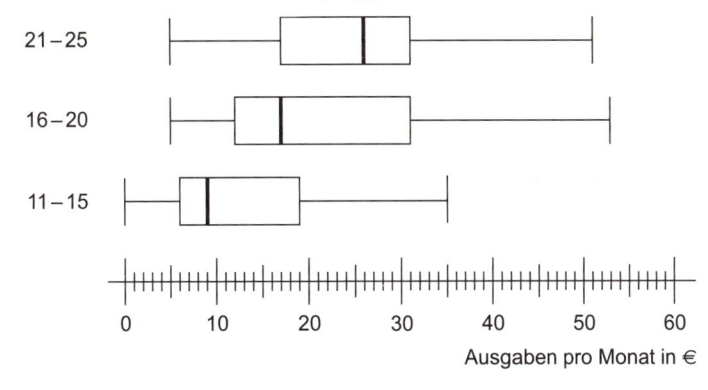

a) Fasse in einer Tabelle Kennwerte zusammen, die du aus den Boxplots ablesen kannst.
b) Ein Schüler meint zu der Umfrage: „Die 16- bis 20-Jährigen geben am meisten Geld für das Handy aus." Stimmt das?

Training Grundwissen: 11 Stochastik

Merke

Grafische Darstellung statistischer Daten

Zur grafischen Darstellung statistischer Daten verwendet man neben dem **Boxplot** auch Strichlisten, Tabellen und Diagramme.
Gebräuchliche Diagrammtypen sind **Säulen-, Block- und Kreisdiagramme**.

Beispiel

Ein Würfel wird 100-mal geworfen und die gewürfelten Augenzahlen in einer Strichliste erfasst. Dabei ergeben sich für die 6 Augenzahlen folgende absolute Häufigkeiten:

Augenzahl	1	2	3	4	5	6
Absolute Häufigkeit H	29	11	19	11	21	9

Relative Häufigkeit:

Augenzahl	1	2	3	4	5	6	
Relative Häufigkeit h	0,29	0,11	0,19	0,11	0,21	0,09	dezimal
	29 %	11 %	19 %	11 %	21 %	9 %	prozentual

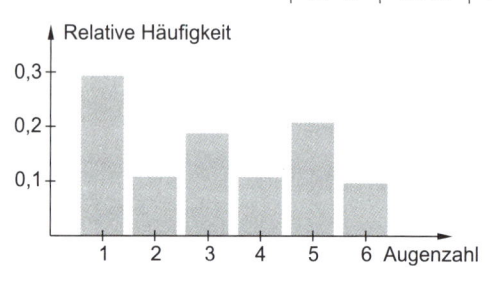

Relative Häufigkeit dezimal
Säulen- oder Balkendiagramm

Relative Häufigkeit prozentual
Kreis- bzw. Tortendiagramm
$100\,\% \,\hat{=}\, 360°$
$1\,\% \,\hat{=}\, 3{,}6°$

Aufgaben

204 Die nachstehende Tabelle gibt die Notenverteilung einer Klassenarbeit an.

Note	1	2	3	4	5	6
Anzahl	2	4	10	9	6	2

a) Bestimme die relativen Häufigkeiten (dezimal und prozentual) für die einzelnen Notenstufen.
b) Bestimme die absolute und relative Häufigkeit für das Merkmal „Note besser als fünf".
c) Bestimme arithmetisches Mittel und mittlere Abweichung.
d) Erstelle für die absoluten Häufigkeiten ein Säulendiagramm und für die prozentualen relativen Häufigkeiten ein Kreis- bzw. Tortendiagramm.

205 In einer ländlichen Gemeinde leben 5 387 Personen. Davon sind 2 805 weiblich.
a) Berechne den Prozentanteil weiblicher Personen.
b) 18,5 % der Einwohner sind Kinder und Jugendliche unter 18 Jahre. Gib ihre Anzahl an.
c) Von den Kindern und Jugendlichen in Teilaufgabe b sind 52,6 % weiblich. Gib ihre Anzahl an.
d) Erstelle ein Kreisdiagramm, aus dem abgelesen werden kann
– wie viel Prozent der Einwohner weiblich unter 18 Jahren,
– wie viel Prozent der Einwohner männlich unter 18 Jahren,
– wie viel Prozent der Einwohner weibliche Erwachsene und
– wie viel Prozent der Einwohner männliche Erwachsene sind.

Training Grundwissen: 11 Stochastik   173

e) Die Tabelle gibt die Altersstruktur der Gemeinde wieder:

Jahre	0–10	11–20	21–30	31–40	41–50	51–60	61–70	71–80	>80
Anzahl	625	680	745	865	878	731	475	282	106

Bestimme die relativen Häufigkeiten für die neun Altersintervalle und fertige dazu ein Säulendiagramm.

f) Bestimme die relative Häufigkeit für das Merkmal oder das Ereignis „eine beliebig herausgegriffene Person aus der Gemeinde ist weiblich und über 18 Jahre".

Anwendungsaufgaben

206 Bei einer Umfrage in fünf Klassen eines zehnten Jahrgangs nach der Lieblingssportart ist die abgebildete Tabelle erstellt worden. Spalte C wurde auf eine Nachkommastelle formatiert.

	A	B	C
1	Lieblingssportart	absolute Häufigkeit	relative Häufigkeit in %
2	Fußball	45	31,9
3	Basketball	32	
4	Handball	27	
5	Schwimmen	12	
6	Tennis	14	
7	Sonstige	11	
8			
9	Summe	141	

a) Welche Formel verbirgt sich hinter der Zahl 141 in Zelle B9?
b) In Zelle C2 ist die relative Häufigkeit für Fußball berechnet worden. Nenne die Formel, die in Zelle C2 eingetragen wurde.
c) Wenn man die Formel aus C2 in die Zellen C3 bis C7 kopieren möchte, muss die Formel in C2 einen absoluten Zellbezug enthalten. Wie muss die Formel vor dem Kopieren verändert werden?
d) Welche Zahl und welche Formel befinden sich in Zelle C9, wenn die Tabelle fertig gestellt ist?
e) Das abgebildete Säulendiagramm veranschaulicht die Tabelle. Erläutere das Diagramm.

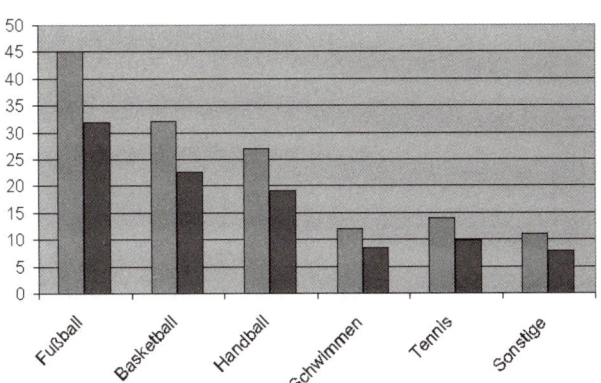

207 Bei einer Umfrage unter 40 Schülern sind Daten verloren gegangen.
a) Ergänze die abgebildete Tabelle.
b) Fertige ein Säulendiagramm an.

	A	B	C
1	Lieblingssportart	absolute Häufigkeit	relative Häufigkeit in %
2	Fußball		50,0
3	Basketball		
4	Handball	12	

208 Ein Automobilhersteller wirbt in einer Werbeanzeige für sein neues „4,0-Liter-Auto".

In einer Testreihe eines Automagazins wird der tatsächliche Kraftstoffverbrauch des neuen Modells an 20 Testfahrzeugen ermittelt. Aus der Tabelle werden die Verbrauchswerte (in Litern pro 100 km) ersichtlich, die aufgrund der Fahrweise und Umwelteinflüsse unterschiedlich sind. Zur Prüfung, ob der Werbeslogan „4,0-Liter-Auto" gerechtfertigt ist, werden verschiedene statistische Werte berechnet (D24 bis D26).

	A	B	C	D
1	Testfahrzeug Nr.	Verbrauch in l/100 km	Abweichung vom Mittelwert der Verbrauchswerte	Abweichung vom Werbeslogan
2	1	4,9	0,6	0,9
3	2	5,0	0,7	1,0
4	3	3,7	0,6	0,3
5	4	4,0	0,3	0,0
6	5	3,5	0,8	0,5
7	6	5,2	0,9	1,2
8	7	4,4	0,1	0,4
9	8	4,1	0,2	0,1
10	9	3,6	0,7	0,4
11	10	4,5	0,2	0,5
12	11	3,9	0,4	0,1
13	12	4,3	0,0	0,3
14	13	4,9	0,6	0,9
15	14	5,0	0,7	1,0
16	15	4,6	0,3	0,6
17	16	3,4	0,9	0,6
18	17	3,8	0,5	0,2
19	18	3,6	0,7	0,4
20	19	5,4	1,1	1,4
21	20	4,2	0,1	0,2
22				
23	Werbeslogan "4,0-Liter-Auto":			4,0
24	Mittelwert des Verbrauchs der Testfahrzeuge:			4,300
25	mittlere Abweichung vom tatsächlichen Verbrauch:			0,520
26	Mittelwert der Abweichungen vom Werbeslogan "4,0-Liter-Auto":			0,550

a) Welches Testfahrzeug hat die geringste Abweichung vom Mittelwert der Verbrauchswerte?

b) Welches Testfahrzeug hat die geringste Abweichung vom beworbenen Verbrauch von 4,0 Litern?

c) Ein Redakteur behauptet nach der Auswertung der Daten: „Der Mittelwert in Zelle D24 zeigt uns, dass der Verbrauch der Testfahrzeuge durchschnittlich nur um 0,3 Liter vom Slogan abweicht."
Ein anderer Redakteur korrigiert ihn. „Die durchschnittliche Abweichung vom Slogan beträgt _____ Liter."
Ergänze richtig.

d) In Zelle D25 steht die Formel **=MITTELABW(B2:B21)**.
Wie müssten die Verbrauchswerte der Testfahrzeuge aussehen, sodass dieser Wert sehr klein wird?

e) Erkläre, wie in der Formel **=MITTELABW(B2:B21)** in Zelle D25 die Werte aus der Tabelle zur Berechnung genutzt werden.

f) Das Automagazin urteilt, dass der Verbrauch eines Wagens um maximal 10 % über dem beworbenen Slogan liegen darf.
Wie viel Prozent der Testfahrzeuge gelten demnach als 4,0-Liter-Auto? Begründe.

11.2 Grundbegriffe der Wahrscheinlichkeitsrechnung

In der Wahrscheinlichkeitsrechnung versucht man die Wahrscheinlichkeit, mit der ein bestimmtes zufälliges Ereignis eintritt, mathematisch bzw. zahlenmäßig zu beschreiben. Dazu beschäftigt man sich mit so genannten Zufallsexperimenten und überträgt die Ergebnisse auf die Wirklichkeit.

Merke

Grundbegriffe der Wahrscheinlichkeitsrechnung		
Begriffe		**Beispiele:**
Zufalls-experiment	Ein Experiment, dessen Ausgang nur vom Zufall abhängt	– Würfeln mit einem Spielwürfel – Münzwurf – Ziehen einer Kugel aus einem Gefäß, in dem sich 1 schwarze, 1 weiße und 1 rote Kugel befinden
Ergebnis-menge Ω	Die Menge aller möglichen Ergebnisse eines Zufallsexperiments	– Würfeln: $\Omega = \{1; 2; 3; 4; 5; 6\}$ – Münzwurf: $\Omega = \{\text{Kopf; Zahl}\}$ – Kugelziehen: $\Omega = \{\text{schwarz; weiß; rot}\}$
Ereignis E	Teilmenge der Ergebnismenge Ω	– Ereignis „gerade Augenzahl": $E = \{2; 4; 6\} \subset \Omega$ – Ereignis „Zahl": $E = \{\text{Zahl}\} \subset \Omega$ – Ereignis „nicht die rote Kugel": $E = \{\text{schwarz; weiß}\} \subset \Omega$
Elementar-ereignis	Ereignis, das nur aus einem Ergebnis besteht	– Beim Würfeln ist $\{2\}$, beim Münzwurf $\{\text{Kopf}\}$ ein Elementarereignis.
Laplace-Experiment	Zufallsexperiment, bei dem alle Elementarereignisse gleich wahrscheinlich sind	– Das Würfeln mit einem idealen (nicht gezinkten) Würfel. Jede der sechs Augenzahlen ist bei einem (1) Wurf gleich wahrscheinlich.

11.3 Die Wahrscheinlichkeit bei Zufallsexperimenten

Die Wahrscheinlichkeit bei Zufallsexperimenten

Unter der Wahrscheinlichkeit p(E) eines Ereignisses E versteht man die relative Häufigkeit des Ereignisses.

$$p(E) = \frac{\text{Anzahl der für das Ereignis E günstigen Ergebnisse}}{\text{Anzahl aller möglichen Ergebnisse}}$$

Wahrscheinlichkeiten werden als Bruchzahl, Dezimalbruch oder Prozentwert angegeben.
Für die Wahrscheinlichkeit gilt $0 \leq p \leq 1$ oder $0\% \leq p \leq 100\%$.
p(E) = 0 (0 %):   Ereignis E tritt mit absoluter Sicherheit nicht ein.
p(E) = 1 (100 %): Ereignis E tritt mit absoluter Sicherheit ein.
Ist die Wahrscheinlichkeit für das Eintreten eines Ereignisses gleich p, dann ist die Wahrscheinlichkeit dafür, dass dieses Ereignis E nicht eintritt, gleich 1 – p.

Beispiele

1. Wie groß ist die Wahrscheinlichkeit für das Ereignis „beim Würfeln die Augenzahl 2 zu werfen"?

   Ereignis bzw. Elementarereignis: Ergebnismenge:
   $E = \{2\}$ $\Omega = \{1; 2; 3; 4; 5; 6\}$

   Anzahl der Elemente von E: Anzahl der Elemente von Ω:
   $n_E = 1$ $n_\Omega = 6$

   Wahrscheinlichkeit, mit der das Ereignis E eintritt:

   $p(E) = \frac{1}{6}$

   $p(E) \approx 0{,}167$ oder $16{,}7\,\%$

   Mit dieser Wahrscheinlichkeit tritt jedes der 6 Elementarereignisse $\{1\}$, $\{2\}$, $\{3\}$, $\{4\}$, $\{5\}$, $\{6\}$ ein. Zufallsexperimente, bei denen alle Elementarereignisse gleichwahrscheinlich sind, nennt man Laplace-Experimente.

   Die Wahrscheinlichkeit, für das Ereignis „keine 2 zu würfeln", beträgt
   $p(\text{nicht } E) = 1 - \frac{1}{6} = \frac{5}{6}$

2. Wie groß ist die Wahrscheinlichkeit, beim Würfeln eine gerade Augenzahl zu erhalten?

   $E = \{2; 4; 6\}$ $\Omega = \{1; 2; 3; 4; 5; 6\}$

   $n_E = 3$ $n_\Omega = 6$

   $p(E) = \frac{3}{6}$

   $p(E) = 0{,}5$ oder $50\,\%$

3. In einer Urne befinden sich 4 rote, 3 schwarze und 1 grüne Kugel. Es wird eine Kugel gezogen. Wie groß ist die Wahrscheinlichkeit,

   a) eine rote, b) eine schwarze c) die grüne

   Kugel zu ziehen?

   Für alle drei Zufallsexperimente ist $\Omega = \{r_1; r_2; r_3; r_4; s_1; s_2; s_3; g\}$ und $n_\Omega = 8$.

   a) $E = \{r_1; r_2; r_3; r_4\}$
   $n_E = 4$
   $p(E) = \frac{4}{8}$
   $p(E) = 0{,}5$ oder $50\,\%$

   b) $E = \{s_1; s_2; s_3\}$
   $n_E = 3$
   $p(E) = \frac{3}{8}$
   $p(E) = 0{,}375$ oder $37{,}5\,\%$

   c) $E = \{g\}$
   $n_E = 1$
   $p(E) = \frac{1}{8}$
   $p(E) = 0{,}125$ oder $12{,}5\,\%$

Training Grundwissen: 11 Stochastik

Aufgaben

Grundwissen

209 Ein Glücksrad weist acht gleich große Sektoren auf, die mit den Ziffern 1 bis 8 belegt sind. Das Rad wird in Drehung versetzt und hält dann so an, dass eine Markierung auf einen der acht Sektoren zeigt.
Bestimme die Wahrscheinlichkeit, dass eine Zahl größer oder gleich 3 erscheint.
Bestimme die Wahrscheinlichkeit für das Ereignis „Zahl ist kleiner als 3".

210 Wie groß ist die Wahrscheinlichkeit, bei einem Glücksrad mit 15 gleich großen Sektoren, die mit den Zahlen 1 bis 15 beschriftet sind, eine gerade/ungerade Zahl zu erhalten?

211 Beim Skatspiel wird mit 32 Karten gespielt. Es gibt 4 Farben (Karo, Herz, Pik, Kreuz) und von jeder Farbe acht Karten (Sieben, Acht, Neun, Zehn, Bube, Dame, König, As). Aus dem Kartenstapel wird zufällig eine Karte gezogen. Wie groß ist die Wahrscheinlichkeit,
a) Karo oder Herz zu ziehen?
b) ein As zu ziehen?
c) Kreuz As zu ziehen?
d) Bube, Dame oder König zu ziehen?
e) keine Sieben zu ziehen?

212 In einer Urne liegen 1 rote, 2 schwarze, 3 blaue und 4 weiße Kugeln. Die Kugeln sind so gefertigt, dass sie beim Herausziehen mit verbundenen Augen nicht unterschieden werden können.
a) Wie groß ist die Wahrscheinlichkeit, beim einmaligen Ziehen eine rote, schwarze, blaue oder weiße Kugel zu ziehen?
b) Die gezogene Kugel wird wieder in die Urne zurückgelegt und erneut eine Kugel gezogen. Ändern sich die Wahrscheinlichkeiten im Vergleich mit a? Begründe deine Antwort.
c) Beim ersten Versuch wurde eine weiße Kugel gezogen und nicht wieder zurückgelegt. Wie groß ist die Wahrscheinlichkeit, beim zweiten Versuch eine schwarze Kugel zu ziehen?

213 Es wird mit zwei unterscheidbaren Würfeln geworfen.
a) Gib für dieses Zufallsexperiment die Ergebnismenge an. (Hinweis: die einzelnen Ereignisse bestehen jeweils aus einer Menge mit zwei Elementen. Beispiel: (2; 5) bedeutet, dass mit Würfel 1 die Augenzahl 2, mit Würfel 2 die Augenzahl 5 geworfen wurde.)
b) Wie groß ist die Wahrscheinlichkeit dafür, dass bei einem Wurf
  – mindestens eine Sechs geworfen wird,
  – genau eine Sechs geworfen wird,
  – die geworfene Augensumme mindestens 9 ist?

214 Für eine Gruppe von 100 Versuchspersonen wurde die nachstehende absolute Häufigkeitsverteilung für zwei Merkmale festgestellt.

	Raucher	Nichtraucher
männlich	25	38
weiblich	17	20

Aus der Gruppe wird willkürlich eine Person ausgewählt. Wie groß ist die Wahrscheinlichkeit, dass es sich bei der ausgewählten Person um
a) eine weibliche Person
b) um eine(n) Raucher(in)
c) eine Nichtraucherin
handelt?

11.4 Wahrscheinlichkeit und das Gesetz der großen Zahlen

Führt man ein Laplace-Experiment, z. B. den Wurf einer Münze, mehrmals hintereinander aus, so erwartet man, dass die beiden Ereignisse „Kopf" und „Zahl" etwa gleich häufig auftreten, also etwa gleich wahrscheinlich sind. Über den Ausgang eines einzelnen Münzwurfs kann man dagegen keine Vorhersage treffen.

Um bei Zufallsexperimenten zutreffende Voraussagen treffen zu können, ist es offensichtlich wesentlich, das Experiment für eine sehr große Anzahl von Versuchen durchzuführen, da andernfalls eine Prognose äußerst unsicher bzw. ungenau ist.

Merke

> **Gesetz der großen Zahlen**
>
> Die relative Häufigkeit eines Ereignisses stabilisiert sich mit steigender Anzahl von Versuchen um einen festen Wert. (Gesetz der großen Zahlen)

Beispiele

1. Eine Münze wurde 200-mal geworfen. Nach jeweils 20 Würfen wurden die relativen Häufigkeiten für die Ereignisse „Kopf" und „Zahl" bestimmt.

Würfe			Absolute Häufigkeit		Relative Häufigkeit	
	Kopf	Zahl	Kopf	Zahl	Kopf	Zahl
1–20	13	7	13	7	0,650	0,350
21–40	10	10	23	17	0,575	0,425
41–60	8	12	31	29	0,517	0,483
61–80	8	12	39	41	0,488	0,512
81–100	7	13	46	54	0,460	0,540
101–120	15	5	61	59	0,508	0,492
121–140	9	11	70	70	0,500	0,500
141–160	11	9	81	79	0,506	0,494
161–180	8	12	89	91	0,494	0,506
181–200	10	10	99	101	0,495	0,505

Mit wachsender Wurfanzahl n stabilisieren sich die relativen Häufigkeiten für „Kopf" und „Zahl" jeweils um den Wert 0,5.

2. Nicht alle Zufallsexperimente haben gleich wahrscheinliche Ergebnisse wie in Beispiel 1. Ein Glücksrad hat 3 verschieden große Sektoren. Es wird 1 000-mal gedreht und festgehalten, wie oft das Rad auf den 3 Sektoren zum Stehen kommt. In nachstehender Tabelle sind nach jeweils 100 Versuchen die absoluten sowie die relativen Häufigkeiten für die 3 Ereignisse „Sektor 1", „Sektor 2" und „Sektor 3" notiert.

Versuche	Absolute Häufigkeit			Relative Häufigkeit		
	Sektor 1	Sektor 2	Sektor 3	Sektor 1	Sektor 2	Sektor 3
100	47	41	12	0,470	0,410	0,120
200	88	73	39	0,440	0,365	0,195
300	141	101	58	0,470	0,337	0,193
400	185	137	78	0,463	0,343	0,195
500	229	164	107	0,458	0,328	0,214
600	260	229	111	0,433	0,382	0,185
700	307	239	154	0,439	0,341	0,220
800	367	266	167	0,459	0,332	0,209
900	406	312	182	0,451	0,347	0,202
1 000	449	350	201	0,449	0,350	0,201

Mit zunehmender Versuchszahl stabilisieren sich die relativen Häufigkeiten offenbar bei den Werten 0,45 für „Sektor 1", 0,35 für „Sektor 2" und 0,20 für „Sektor 3".
Legen wir diese relativen Häufigkeiten zugrunde, so können wir die Mittelpunktswinkel der 3 Sektoren unseres Glücksrades angeben.

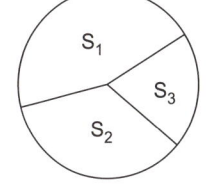

Sektor 1: $\varphi_1 = 360° \cdot 0{,}45 \qquad \varphi_1 = 162°$
Sektor 2: $\varphi_2 = 360° \cdot 0{,}35 \qquad \varphi_2 = 126°$
Sektor 3: $\varphi_3 = 360° \cdot 0{,}20 \qquad \varphi_3 = 72°$

Aufgabe 215

Grundwissen

Ein Reißnagel wird von 5 Schülern jeweils 1 000-mal geworfen. Der Reißnagel kann entweder auf dem „Kopf" oder auf der „Kante" liegen bleiben. Die folgende Tabelle zeigt die absoluten Häufigkeiten des Experiments.

Schüler	Absolute Häufigkeit		Relative Häufigkeit	
	Kopf	Kante	Kopf	Kante
1	756	244		
2	802	198		
3	739	261		
4	779	221		
5	793	207		

Berechne in der Tabelle die relativen Häufigkeiten.
Triff eine Vorhersage für das Ereignis „Reißnagel landet auf dem Kopf".

11.5 Mehrstufige Zufallsexperimente

Merke

Mehrstufiges Zufallsexperiment

- ein Zufallsexperiment wird mehrfach nacheinander (auf aufeinander folgenden Stufen) ausgeführt.
- die Wahrscheinlichkeit eines Ereignisses hängt von den Wahrscheinlichkeiten auf den einzelnen Stufen ab, die zu dem Ereignis führen.

Sind dabei bei jeder Wiederholung des Experiments nur 2 Ausgänge möglich, so spricht man von einem **Bernoulli-Experiment**.

Beispiel

Eine Münze wird dreimal hintereinander geworfen. Es fällt jeweils entweder Wappen (W) oder Zahl (Z). Es handelt sich also um ein Bernoulli-Experiment.
Zur Veranschaulichung mehrstufiger Zufallsexperimente stellt man häufig die Verhältnisse in einem so genannten **Baumdiagramm** dar. Jeden der drei Würfe denkt man sich dabei auf einer eigenen **Stufe** durchgeführt.

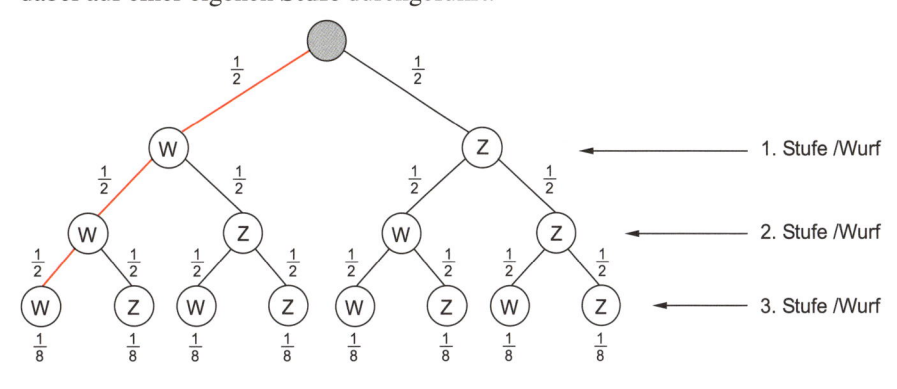

a) Wie groß ist die Wahrscheinlichkeit, dass dreimal hintereinander (also bei allen 3 Würfen) Wappen (W) fällt?
Um diese Frage zu beantworten, geht man im Baumdiagramm einfach den zugehörigen Weg (im Diagramm rot eingezeichnet).
Wahrscheinlichkeit für das Ereignis $E_1 = \{(WWW)\}$:

$p(E_1) = \frac{1}{2} \cdot \frac{1}{2} \cdot \frac{1}{2}$

$p(E_1) = \frac{1}{8}$

$p(E_1) = 0{,}125$ oder $12{,}5\,\%$

b) Wie groß ist die Wahrscheinlichkeit, dass beim dreimaligen Werfen der Münze zweimal hintereinander Zahl (Z) fällt?
Hierfür gibt es 3 Möglichkeiten, also 3 verschiedene Wege: (ZZZ) (WZZ) (ZZW). Für jeden dieser drei Pfade beträgt die Wahrscheinlichkeit $\frac{1}{8} = 0{,}125$. Um die Wahrscheinlichkeit für das Ereignis E_2 (zweimal hintereinander (Z)) zu erhalten, müssen wir die Wahrscheinlichkeiten für die 3 Pfade addieren.
Wahrscheinlichkeit für das Ereignis $E_2 = \{(ZZZ); (WZZ); (ZZW)\}$:

$p(E_2) = \frac{1}{8} + \frac{1}{8} + \frac{1}{8}$

$p(E_2) = \frac{3}{8}$

$p(E_2) = 0{,}375$ oder $37{,}5\,\%$

Merke

Wahrscheinlichkeit von Ereignissen mehrstufiger Zufallsexperimente

1. Pfadregel oder Produktregel:
Im Baumdiagramm ist die Wahrscheinlichkeit eines Pfades gleich dem Produkt der Wahrscheinlichkeiten der einzelnen Pfadabschnitte.

2. Pfadregel oder Summenregel:
Im Baumdiagramm ist die Wahrscheinlichkeit eines Ereignisses gleich der Summe der Wahrscheinlichkeiten, die zu diesem Ereignis führen.

Die Summe der Wahrscheinlichkeiten auf den Zweigen, die von einem Verzweigungspunkt ausgehen, ist stets 1.

Beispiel

Eine Urne enthält 4 rote (r), 3 schwarze (s) und 1 grüne (g) Kugel. Es wird eine Kugel gezogen und dann, ohne die erste Kugel zurückzulegen, eine zweite Kugel gezogen. Wir erstellen für die möglichen Ereignisse dieses Zufallsexperiments ein Baumdiagramm und geben für die einzelnen Ereignisse die entsprechenden Wahrscheinlichkeiten an.

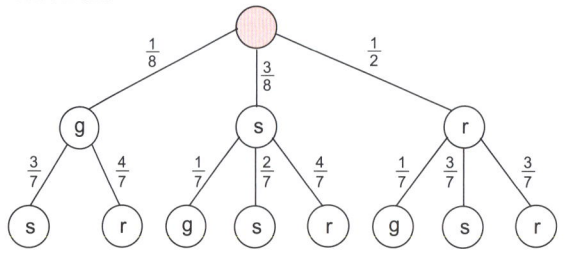

Die Ergebnismenge lautet: $\Omega = \{(rr); (rs); (rg); (sr); (ss); (sg); (gr); (gs)\}$

Mit der 1. Pfadregel finden wir die Wahrscheinlichkeiten für die 8 Ereignisse unseres Zufallsexperiments „zweimaliges Ziehen einer Kugel ohne Zurücklegen":

Ereignis	(rr)	(rs)	(rg)	(sr)	(ss)	(sg)	(gr)	(gs)
Wahrscheinlichkeit	$\frac{3}{14}$	$\frac{3}{14}$	$\frac{1}{14}$	$\frac{3}{14}$	$\frac{3}{28}$	$\frac{3}{56}$	$\frac{1}{14}$	$\frac{3}{56}$

a) Wahrscheinlichkeit für das Ereignis (rs):

$p = \frac{3}{14}$

$p \approx 0{,}21$ oder 21 %

b) Wahrscheinlichkeit für das Ereignis „die zweite Kugel ist schwarz (s)": (rs) (ss) (gs)
2. Pfadregel:

$p = p(rs) + p(ss) + p(gs)$

$p = \frac{3}{14} + \frac{3}{28} + \frac{3}{56}$

$p = \frac{21}{56}$

$p = 0{,}375$ oder 37,5 %

Bei einer großen Anzahl von Versuchen wird mit einer Wahrscheinlichkeit von 21 % das Ereignis (rr) eintreten und mit einer Wahrscheinlichkeit von 37,5 % die zweite gezogene Kugel schwarz sein.

Aufgaben **Grundwissen**

216 In einem Betrieb sind 97 % der hergestellten Produkte brauchbar. Dabei werden von jeweils 100 brauchbaren Produkten im Mittel 75 der Güteklasse I zugeordnet.
Wie groß ist die Wahrscheinlichkeit, dass ein Produkt Güteklasse I hat?
Wie groß ist die Wahrscheinlichkeit, dass ein Produkt nicht zur Güteklasse I gehört?

217 Aus einem Kartenspiel mit 32 Karten werden nacheinander 3 Karten gezogen. Wie groß ist die Wahrscheinlichkeit, dass
– genau ein König,
– genau zwei Könige,
– drei Könige
gezogen werden?

218 Das Zufallsexperiment aus obigem Beispiel (4 rote, 3 schwarze und 1 grüne Kugel) wird wiederholt, wobei jetzt die gezogene Kugel zurückgelegt wird, bevor die zweite Kugel gezogen wird.
a) Bestimme mithilfe eines Baumdiagramms die Wahrscheinlichkeiten der möglichen Ereignisse.
b) Wie groß ist die Wahrscheinlichkeit, dass die zweite gezogene Kugel schwarz ist?
c) Wie groß ist die Wahrscheinlichkeit dafür, dass beide gezogenen Kugeln grün sind?

219 Der Trainer beobachtet mehrere Spieler während des Trainings beim Sieben-Meter-Wurf und listet die Ergebnisse in einer Tabelle auf:

	Anzahl der Sieben-Meter-Würfe	Treffer	Fehlwürfe
Spieler A	54	38	16
Spieler B	48	35	13
Spieler C	60	42	18
Spieler D	72	50	22

a) Ermittle die relative Häufigkeit der Fehlwürfe von Spieler C.
b) Welchen Spieler wird der Trainer beim nächsten Sieben-Meter-Wurf einsetzen? Begründe deine Meinung.

Aus langjähriger Erfahrung weiß der Trainer, dass die Trefferwahrscheinlichkeit eines guten Handballers beim Sieben-Meter-Wurf für ein Tor 0,75 ist.

c) Franz behauptet: „Dann ist die Wahrscheinlichkeit, dass ein guter Spieler bei zwei Strafwürfen nacheinander trifft genau 50 %." Elena widerspricht ihm: „Die Wahrscheinlichkeit zweimal zu treffen liegt über 50 %."
Wer hat recht? – Begründe.
d) Wie viele Würfe darf ein guter Spieler machen, sodass die Wahrscheinlichkeit keinen Fehlwurf zu machen noch über 25 % liegt?

Spieler der Nationalmannschaft haben beim Sieben-Meter-Wurf eine sehr hohe Trefferwahrscheinlichkeit. Aber Ihnen stehen auch gute Torhüter gegenüber. Das Baumdiagramm veranschaulicht einen zweimaligen Sieben-Meter-Wurf.

e) Welche Trefferwahrscheinlichkeit hat ein Nationalspieler?
f) Trage die fehlenden Wahrscheinlichkeiten in das Baumdiagramm ein.
g) Wie hoch ist die Wahrscheinlichkeit, dass ein Nationalspieler bei zwei Strafwürfen kein Tor erzielt?
h) Wie hoch ist die Wahrscheinlichkeit, dass ein Nationalspieler bei zwei Strafwürfen genau ein Tor erzielt?

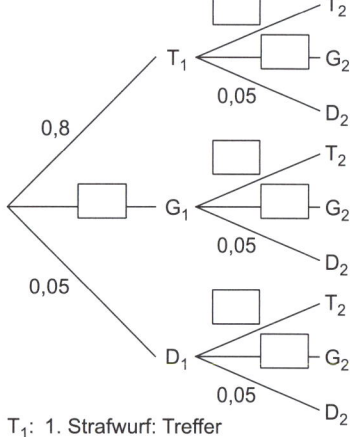

T_1: 1. Strafwurf: Treffer
G_1: 1. Strafwurf: Gehalten
D_1: 1. Strafwurf: Daneben
T_2: 2. Strafwurf: Treffer
G_2: 2. Strafwurf: Gehalten
D_2: 2. Strafwurf: Daneben

220 Das Werfen eines Reißnagels ist ein Zufallsexperiment. Der Reißnagel landet mit einer Wahrscheinlichkeit von 45 % auf der Spitze und mit einer Wahrscheinlichkeit von 55 % auf der flachen Seite.

a) Ergänze das unten stehende Baumdiagramm so, dass das zweimalige Werfen eines Reißnagels dargestellt wird.

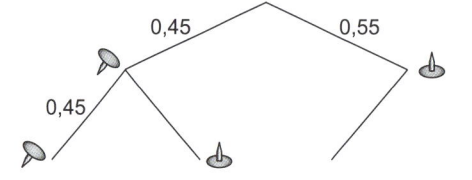

b) Gesucht wird die Wahrscheinlichkeit, dass der Reißnagel bei zweimaligem Werfen auf der Spitze landet. Zeichne den zugehörigen Pfad farbig ein und berechne die Wahrscheinlichkeit.

c) Wie hoch ist die Wahrscheinlichkeit, dass der Reißnagel bei zweimaligem Werfen jeweils einmal auf der Spitze und einmal auf der flachen Seite landet?

Das gleichzeitige Werfen von 100 Reißnägeln wird mithilfe einer Tabellenkalkulation simuliert. Dazu werden Zufallszahlen von 1 bis 100 generiert und folgende Vereinbarung getroffen:
Die Zahlen 1–45 stehen für das Landen des Reißnagels auf der Spitze.
Die Zahlen 46–100 stehen für das Landen des Reißnagels auf dem Kopf.
Der Computer zählt mithilfe der unten angegebenen Funktionen wie oft unter 10, 50 und 100 Zufallszahlen Kopf (1–45) und Zahl (46–100) vorkommen.

	A	B	C	D	E	F	G	H	I	J	K
1		51	80	32	33	14	44	13	45	18	47
2		38	89	92	80	77	41	99	84	19	48
3		15	20	85	41	70	4	40	24	6	100
4		81	43	58	23	46	73	49	87	77	96
5		86	14	7	48	86	25	87	40	45	4
6		99	7	27	88	87	97	69	68	69	68
7		60	81	15	5	67	63	45	11	18	98
8		90	92	93	47	19	97	79	90	18	49
9		23	15	99	24	26	44	9	8	81	6
10		68	76	47	75	67	18	39	59	1	11
11											
12	Anzahl Versuche:	10				50					100
13											
14	Anzahl "Spitze":	3				20					46
15	rel. Häufigkeit:	0,3				0,4					0,46
16											
17	Anzahl "Kopf":	7				30					54
18	rel. Häufigkeit:	0,7				0,6					0,54

=GANZZAHL(ZUFALLSZAHL()*100+1) in jede der Zellen kopieren

=ZÄHLENWENN(B1:B10;"=<45")
=ZÄHLENWENN(B1:F10;"=<45")
=ZÄHLENWENN(B1:K10;"=<45")
=ZÄHLENWENN(B1:B10;">45")
=ZÄHLENWENN(B1:F10;">45")
=ZÄHLENWENN(B1:K10;">45")

d) In den Zeilen 15 und 18 werden die relativen Häufigkeiten von „Spitze" und „Kopf" nach 10, 50 und 100 Versuchen berechnet.
Wie lauten die Formeln in den Zellen B15, F15 und K15 bzw. in B18, F18 und K18?

e) Man könnte das Werfen der Reißnägel genauso gut simulieren, wenn man sich nur Zufallszahlen von 1 bis 20 generieren ließe und die Zahlen 1–9 als „Spitze" und die Zahlen 10–20 als „Kopf" zählen würde. Warum ist das so?

f) Mit jedem Druck der Taste F9 werden die 100 Zufallszahlen im Bereich B1:K10 neu generiert. Wieso liegen die relativen Häufigkeiten für „Spitze" und „Kopf" dabei nach 100 Versuchen meist näher an den entsprechenden Wahrscheinlichkeiten 45 % und 55 % als nach 10 oder 50 Versuchen?

g) Beurteile, ob die folgenden Aussagen für 100 Würfe stimmen können. Kreuze an.

Aussage	stimmt	stimmt nicht
Etwa 60 % aller Reißnägel liegen auf der flachen Seite.	☐	☐
Es liegen immer genau 45 Reißnägel auf der Spitze.	☐	☐
Es könnten bei einem Wurf 50 % der Reißnägel auf der Spitze und 50 % auf der flachen Seite landen.	☐	☐
Die Wahrscheinlichkeit, dass mehr Reißnägel auf der flachen Seite landen ist groß.	☐	☐

12 Werkzeuge

12.1 Arbeiten mit dem Taschenrechner

Die meisten Schüler sind vertraut im Umgang mit dem Taschenrechner. Jedoch gibt es immer wieder Situationen, in denen Eingabefehler gemacht werden oder die Hilfsmöglichkeiten des Taschenrechners nicht sinnvoll genutzt werden. Vor allem die vielen Speichermöglichkeiten, die fast alle Taschenrechner bieten, werden häufig nicht genutzt.

Hinweis:
Die Funktionen des Taschenrechners werden hier am Beispiel eines CASIO-Rechners (fx-83GT PLUS) gezeigt. Die meisten anderen Taschenrechner verfügen über die gleichen Grundfunktionen. Eventuell müssen andere Tastenkombinationen gewählt werden, da die Bezeichnung der Tasten variiert. Gegebenenfalls helfen die Bedienungsanleitung oder der Mathematiklehrer weiter.

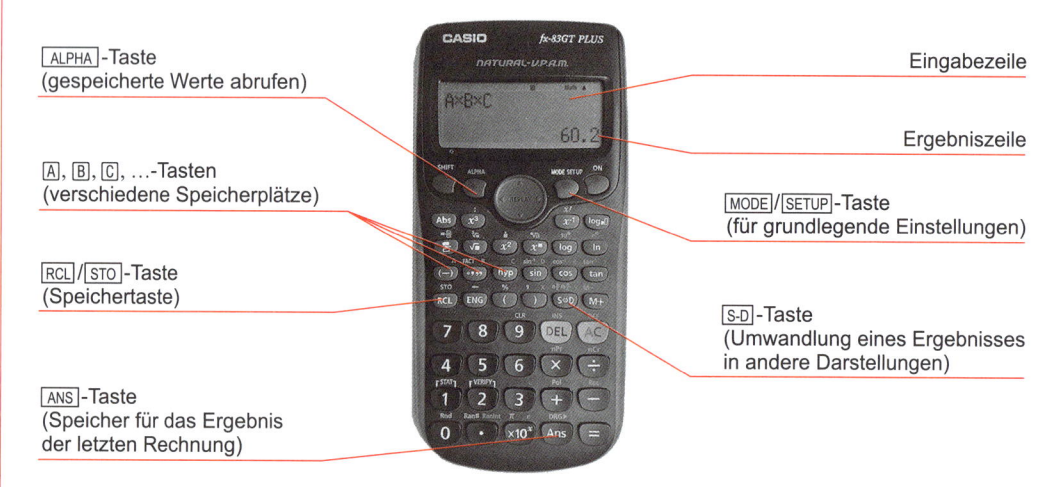

ALPHA-Taste
(gespeicherte Werte abrufen)

A, B, C, ...-Tasten
(verschiedene Speicherplätze)

RCL/STO-Taste
(Speichertaste)

ANS-Taste
(Speicher für das Ergebnis der letzten Rechnung)

Eingabezeile

Ergebniszeile

MODE/SETUP-Taste
(für grundlegende Einstellungen)

S-D-Taste
(Umwandlung eines Ergebnisses in andere Darstellungen)

Grundeinstellungen

Vor der erstmaligen Nutzung, bei Störungen und ungewöhnlichen Darstellungen sollten die Grundeinstellungen überprüft werden. Mithilfe der MODE/SETUP-Taste können grundlegende Einstellungen für die Darstellung von Rechenergebnissen vorgenommen werden, wie z. B. Rundungsgenauigkeiten, Bruch- oder Dezimalbruchdarstellung, wissenschaftliche Schreibweise etc.
Mithilfe der S-D-Taste kann ein Rechenergebnis in unterschiedlichen Darstellungen angezeigt werden (z. B. als Bruch, gemischter Bruch, gerundeter oder periodischer Dezimalbruch, ...).

Speichernutzung

Die Speichernutzung ist immer dann sehr hilfreich, wenn bei mehrschrittigen Rechnungen sehr exakte Endergebnisse benötigt werden oder zu einem späteren Zeitpunkt auf bereits berechnete Werte zurückgegriffen werden soll. Die gebräuchlichen Taschenrechner bieten mehrere „Speicherplätze", die mit den Buchstaben A, B, C, ... bezeichnet werden.
Die Speichernutzung wird hier beispielhaft für den abgebildeten Taschenrechner erklärt. Sie kann bei anderen Taschenrechner etwas anders funktionieren. Genaueres kann gegebenenfalls in der Bedienungsanleitung nachgelesen werden.

Training Grundwissen: 12 Werkzeuge 185

Um einen Wert, der auf dem Display in der Ergebniszeile angezeigt wird, zu speichern, muss die Speichertaste [STO] und die Taste mit dem gewünschten Speicherbuchstaben gedrückt werden.
Wenn mit dem gespeicherten Wert weitergerechnet werden soll, muss die [ALPHA]- oder die [RCL]-Taste und der gewünschte Speicherbuchstabe gedrückt werden.

Beispiel Folgende Werte (evtl. Zwischenergebnisse einer komplexen Rechnung) sollen in den Speicherplätzen [A], [B] und [C] gespeichert werden:

$$4{,}3 \to \boxed{A} \qquad 1{,}4 \to \boxed{B} \qquad 10 \to \boxed{C}$$

Anschließend soll das Produkt [A] · [B] · [C] berechnet werden.

Eingabe: 4,3 [STO] [A] [=]   1,4 [STO] [B] [=]   10 [STO] [C] [=]   Speicherung
[ALPHA] [A] [×] [ALPHA] [B] [×] [ALPHA] [C] [=]   Berechnung

Anzeige: AxBxC 60,2

Aufgabe 221

Speichere:

a) $0{,}7 \to \boxed{A}$ b) $11{,}4 \to \boxed{B}$ c) $-\dfrac{3}{4} \to \boxed{C}$

Berechne die folgenden Terme:

d) $A + B + C$ e) $3 - C$ f) C^2 g) $A \cdot (-B)$
h) $-C - 3$ i) $5B - 3A$ j) $-B : (-C)$ k) $A - (-B) \cdot (-C)$

Gebrauch der [ANS]-Taste

Die [ANS]-Taste hat ihren Namen vom englischen Wort „answer" (Antwort). Sie ist eine besondere Speichertaste. Wenn man die [ANS]-Taste drückt, holt man das Ergebnis der letzten Rechnung, die man durch Drücken von [=] beendet hat, zurück.

Beispiel Das Ergebnis der Rechnung 4,53 − 2,07 soll als Radius für eine Kreisberechnung verwendet werden.

Radiusberechnung: Eingabe: 4,53 [−] 2,07 [=]
Anzeige: 2,46

Kreisberechnung: Eingabe: [π] [×] [ANS] [x²] [=]
Anzeige: 19,0116621

Aufgaben 222

Berechne die Bruchterme. Berechne dabei zuerst den Nenner. Dividiere anschließend den Zähler durch den Nenner und benutze dabei die [ANS]-Taste.

a) $\dfrac{0{,}4}{26{,}3 - 12{,}4 - 5{,}9}$ b) $\dfrac{\sqrt{1{,}21}}{0{,}2^2 \cdot 100 - 2{,}9}$ c) $\dfrac{7{,}59}{12 - 5 \cdot 3 + 5{,}53}$ d) $\dfrac{\sin 45°}{4\sqrt{2}}$

223 Berechne die Wurzelterme. Berechne dabei zuerst den Term unter der Wurzel (Radikant). Ziehe anschließend die Wurzel und benutze dabei die [ANS]-Taste.

a) $\sqrt{147{,}7 + 213{,}3}$ b) $\sqrt{4{,}7^2 + 0{,}95}$ c) $\sqrt[3]{1{,}23^2 - 1 - 0{,}0009}$ d) $\sqrt{(\sin 45° \cdot 2)^4}$

Training Grundwissen: 12 Werkzeuge

Häufige Eingabefehler

Berechnungen von Brüchen

Bei Berechnungen von Brüchen passieren die meisten Eingabefehler, da der Bruchstrich eine eventuell notwendige Klammersetzung überflüssig macht.

Beispiel Berechne $\dfrac{4,23+7,77}{2,31+1,69}$

Zur Berechnung mit dem Taschenrechner sollte man sich die Aufgabe als Division mit einem „:"-Zeichen vorstellen: $(4,23+7,77):(2,31+1,69)$

Hier wird die Notwendigkeit der Klammersetzung deutlich.

Potenzen und Wurzeln:

Auch hier werden bei der Eingabe immer wieder Klammern vergessen.

Beispiel 1 Berechne $\sqrt{4,536:5,6}$

Das Wurzelzeichen ersetzt eine bei der Taschenrechnereingabe notwendige Klammer.

Eingabe: √ (4,536 ÷ 5,6) =

Anzeige: 0,9

Beispiel 2 Berechne $9^{\frac{1}{2}}$

Eingabe: 9 ^ (1 ÷ 2) =

Anzeige: 3

Aufgaben

Hinweis: Bei einigen Aufgaben ist es sinnvoll, Zwischenergebnisse zu speichern.

224 a) $\dfrac{15 \cdot 0,5+7}{580 \cdot 0,05}$ b) $\dfrac{48 \cdot 0,9}{2,4 \cdot 30}$ c) $\dfrac{480-500+5}{-5-(-3)}$ d) $\dfrac{4}{-5}+\dfrac{230-0,8}{0,2}$

225 a) $\sqrt{\dfrac{1}{0,09}}$ b) $\sqrt{-(-15,86)+0,14}$ c) $\sqrt{\sqrt{1,21}+0,59}$ d) $\sqrt{\dfrac{9,9+4,5}{8,7+1,3}}$

226 a) $\dfrac{0,36^{\frac{1}{2}}}{15-\sqrt{30 \cdot 0,3}}$ b) $\dfrac{\sqrt[3]{625 \cdot 0,2}-4}{256^{\frac{1}{4}}+1}$ c) $\dfrac{\frac{3}{4}+1}{\frac{5}{\sqrt{4,7+4,3}}}$ d) $343^{3-\frac{7}{3}}$

e) $\dfrac{\sqrt{\sqrt[3]{343^2}}}{49^{\frac{1}{2}}}$ f) $\sqrt{\dfrac{537-213}{\sqrt{0,81}}}+1$ g) $45-\dfrac{\sqrt{0,69+2 \cdot 0,3+0,4}}{890:10-63}-\dfrac{1}{4}$

12.2 Arbeiten mit einer Tabellenkalkulation

Mit einer Tabellenkalkulation (z. B. Microsoft Excel, Numbers, Google Docs (kostenlos), LibreOffice Calc (kostenlos), Apache OpenOffice Calc (kostenlos)) kann man am Computer so rechnen wie mit einem Taschenrechner. Allerdings bietet eine Tabellenkalkulation viele zusätzliche Vorteile, vor allem bei wiederkehrenden Rechenschritten, bei Berechnungen in größeren Zusammenhängen etc. Am besten ist es allerdings, wenn man sich die Grundlagen einer Tabellenkalkulation an Beispielen vergegenwärtigt, die man sofort am Computer nachvollzieht. Die folgenden Beispiele und Aufgaben zeigen, welche Kompetenzen dabei notwendig sind.

Grundlagen der Adressierung

Die **Spalten** eines Tabellenblattes werden durch Buchstaben A, B, C ... und die **Zeilen** durch Zahlen von 1 bis 65536 adressiert. Jede einzelne **Zelle** kann eindeutig durch eine Kombination aus einem Buchstaben und einer Zahl (**B3**) angesprochen werden, wobei es nicht auf Groß- und Kleinschreibung ankommt.

In der Abbildung befindet sich in der Zelle **B3** die Zahl **27**. Man kann direkt in die Zelle schreiben oder die Eingabezeile (Bearbeitungsleiste) benutzen. Spätere Änderungen können in der Eingabezeile vorgenommen werden, oder auch in der Zelle durch vorgeschalteten Doppelklick. In einer Zelle können unterschiedliche Datentypen, wie Zahlen, Texte, Datumswerte oder Uhrzeiten, gespeichert sein.

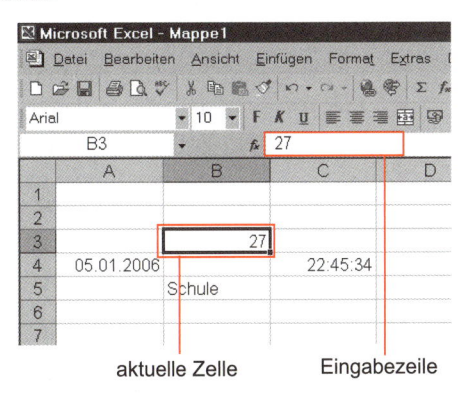

Berechnungen in einer Tabellenkalkulation

Berechnungen können durchgeführt werden, indem man eine Formel direkt in eine Zelle oder in die Eingabezeile eingibt. Jede Formel wird zunächst mit einem Gleichheitszeichen (=) eingeleitet. Durch dieses Zeichen gibt man an, dass der Wert in der Zelle durch eine Formel ermittelt werden soll. Nach dem Gleichheitszeichen wird die Formel eingetragen und mit <Return> abgeschlossen.

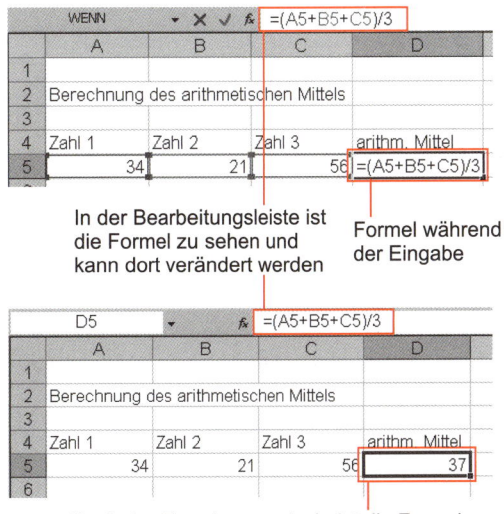

Werden die Daten in den Zellen A5 bis C5 verändert, erfolgt in Zelle D5 sofort eine **Neuberechnung**:

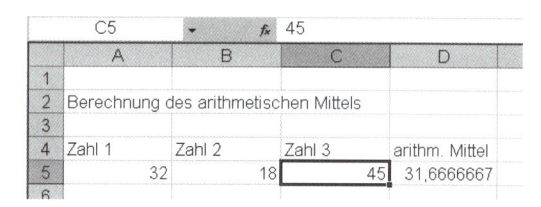

	A	B	C	D
1				
2	Berechnung des arithmetischen Mittels			
3				
4	Zahl 1	Zahl 2	Zahl 3	arithm. Mittel
5	32	18	45	31,6666667
6				

Aufgabe 227

Grundwissen

Eine Rechnung wird mit einer Tabellenkalkulation erstellt.

	A	B	C	D
1	Rechnung			
2				
3	Anzahl	Bezeichnung	Einzelpreis	Preis
4	2	CD-Laufwerke	15,29	30,58
5	3	DVD-Laufwerke	32,99	
6	8	Lüfter	5,99	
7			Summe Netto	
8		19	Prozent MwSt	
9			zu zahlen:	211,1893
10				

a) Der Wert in Zelle D4 wurde durch eine Formel berechnet. Welche Formel verbirgt sich hinter dem Zahlenwert 30,58?

b) Welche Formeln müssen in die Zellen D5 und D6 eingetragen werden?

c) In Zelle D7 sollen die Zellinhalte D4 bis D6 addiert werden. Welche Formel wird hier eingetragen?

d) In Zelle D8 sollen 19 % Mehrwertsteuer vom Betrag in D7 berechnet werden. Überlege dir eine passende Formel.

e) Der zu zahlende Rechnungsbetrag inkl. Mehrwertsteuer ist in Zelle D9 berechnet worden. Welche Formel wurde hier eingetragen?

f) Formatiere den Rechnungsbetrag auf zwei Nachkommastellen.

Tipp

Der in Zelle D9 ausgewiesene Rechnungsbetrag hat vier Nachkommastellen und muss noch **formatiert** werden. Mit der rechten Maustaste kann die Zelle über das Kontextmenü auf zwei Nachkommastellen formatiert werden.

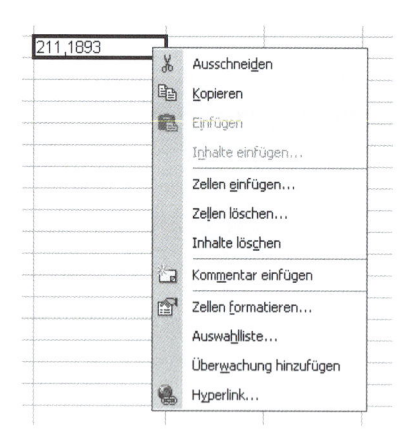

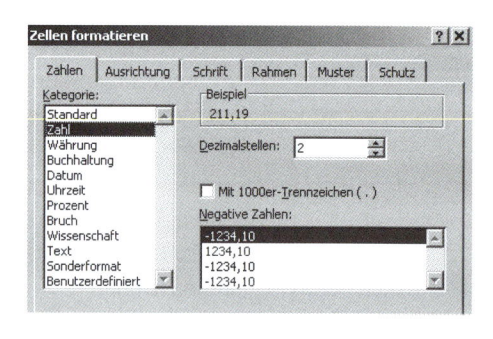

Kopieren und Verschieben von Zellen

Relative Zellbezüge
Kopiert man in einer Tabellenkalkulation eine Formel in eine andere Zelle oder mehrere andere Zellen, so werden die Zellbezüge **relativ** verändert.

Beispiel

Ein Einzelhändler möchte einige Artikel unterschiedlich hoch im Preis reduzieren.

Formel in Zelle C2: =A2*B2/100

	A	B	C	D
1	alter Preis	Rabatt in Prozent	Rabatt in Euro	neuer Preis
2	56,20	10	5,62	
3	345,00	20		
4	1234,00	15		
5	543,00	30		
6	5,34	12		
7	23,00	5		

Die Formel in Zelle C2 soll nun auch auf die Zellen C3 bis C7 übertragen werden.

Vorgehensweise:
- C2 wird in den Zwischenspeicher kopiert.
- Die Zellen C3 bis C7 werden markiert.
- Die gespeicherte Formel wird in den markierten Bereich eingefügt.

Rabatt in Euro
5,62

Rabatt in Euro
5,62
69,00
185,10
162,90
0,64
1,15

Betrachtet man die kopierte Formel in der Zelle C3 genauer, so stellt man fest, dass die Zellbezüge in der Formel an die neue Position angepasst worden sind. Sie beziehen sich jetzt auf die Zellen A3 und B3.
Bezüge, die beim Kopieren automatisch angepasst werden, nennt man **relative Bezüge.**
Auch beim Verschieben des berechneten Bereichs passen sich die Formeln der neuen Position an.

Formel mit angepassten Zellbezügen

C3 =A3*B3/100

	A	B	C
1	alter Preis	Rabatt in Prozent	Rabatt in Euro
2	56,20	10	5,62
3	345,00	20	69,00
4	1234,00	15	185,10
5	543,00	30	162,90
6	5,34	12	0,64
7	23,00	5	1,15

Aufgabe 228

Grundwissen

Betrachte die Tabelle mit den Preisreduzierungen.

C3 =A3*B3/100

	A	B	C	D
1	alter Preis	Rabatt in Prozent	Rabatt in Euro	neuer Preis
2	56,20	10	5,62	50,58
3	345,00	20	69,00	
4	1234,00	15	185,10	
5	543,00	30	162,90	
6	5,34	12	0,64	
7	23,00	5	1,15	

a) Welche Formeln verbergen sich hinter den Zahlen in den Zellen C4 bis C7?
b) Welche Formel muss sinnvollerweise für „neuer Preis" in Zelle D2 angegeben werden?
c) Welche Schritte sind nötig, um die Formel aus Zelle D2 in die Zellen D3 bis D7 zu kopieren?
d) Welcher Zahlenwert und welche Formel stehen nach dem Kopieren in Zelle D7?

Absolute Zellbezüge

Soll ein Zellbezug beim Kopieren einer Formel **nicht** automatisch angepasst werden, so müssen vor der Spalten- bzw. Zeilenbezeichnung „$"-Zeichen eingefügt werden.

Beispiel

Alle Preise sollen um den gleichen Prozentsatz in Zelle **B1** reduziert werden.

Vor dem Kopiervorgang muss die Formel in der Eingabezeile wie unten abgebildet verändert werden. Der Zellinhalt von B1 (15) wird hier durch eingefügte „$"-Zeichen gewissermaßen „fixiert". Der Zellbezug „B1" wird beim Kopieren oder Verschieben nicht verändert.

Aufgabe 229

Grundwissen

In obigem Beispiel wurden die Zellen B5 bis B8 durch Kopieren ausgefüllt.
Wie lautet die Formel, die in Zelle B6 steht?

Tabellen grafisch darstellen

Bei statistischen Erhebungen und Präsentationen im Geschäftsleben werden Tabellenkalkulationen zur Veranschaulichung von Daten eingesetzt.

Bei einer Umfrage unter 100 Schülern, welches Verkehrsmittel sie für ihren Schulweg benutzen, wurde nebenstehende Tabelle erstellt.

Die Werte sollen durch ein Kreisdiagramm dargestellt werden.

Vorgehensweise:
- Der darzustellende Bereich wird in der Tabelle markiert.
- Über Menüpunkt Einfügen/Diagramm wird das Diagrammfenster geöffnet.
- Der Diagrammtyp wird gewählt.
- Bei „Datenbeschriftungen" ein Häkchen bei „Wert" einfügen und dann die Grafik fertig stellen.

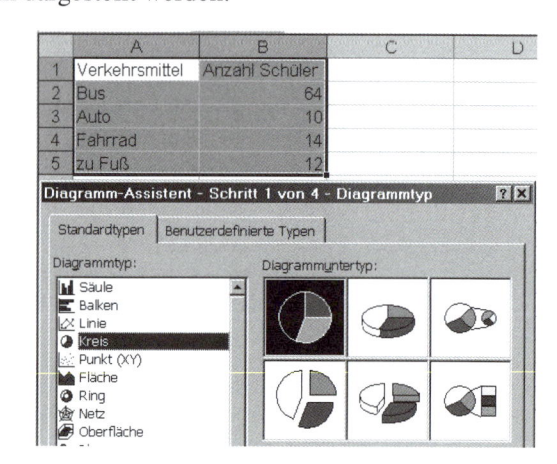

Training Grundwissen: 12 Werkzeuge 191

Werden Zahlenwerte in der Tabelle verändert, wird die Grafik sofort aktualisiert.

	A	B
1	Verkehrsmittel	Anzahl Schüler
2	Bus	64
3	Auto	10
4	Fahrrad	14
5	zu Fuß	12

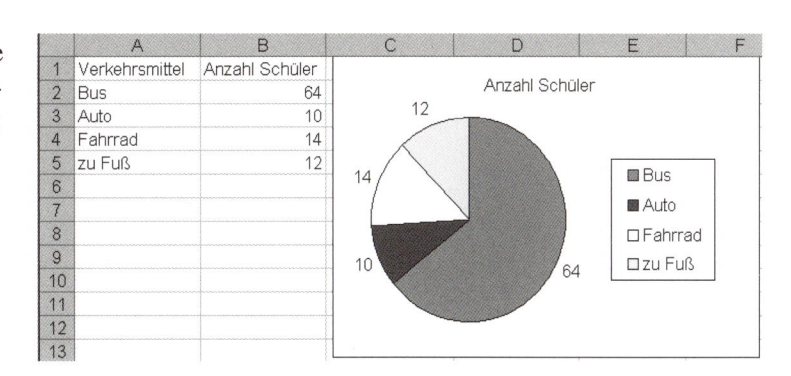

Aufgaben

Anwendungsaufgaben

230 Bei einer Umfrage in einer Klasse nach dem Lieblingstier der einzelnen Schüler wurde folgende Grafik angefertigt.
a) Wie viele Schüler wurden befragt?
b) Erstelle eine Tabelle, aus der diese Grafik hervorgegangen sein könnte.

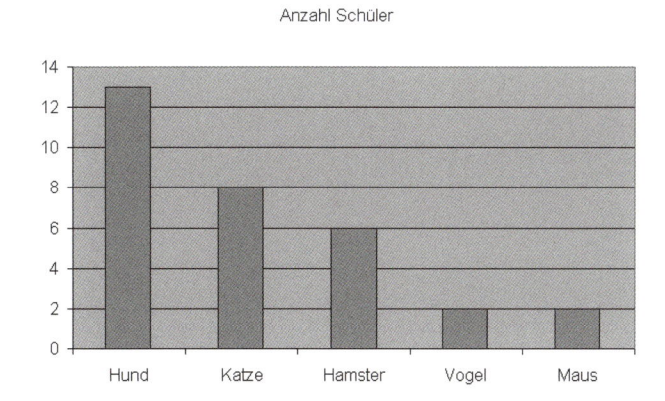

231 Im Sommer soll ein großes Schulfest gefeiert werden. Die Klasse 10A plant einen Imbissstand zu betreiben. Um die Kosten und den Gewinn möglichst gut abschätzen zu können, soll mithilfe eines Computer-Tabellenblattes eine vorläufige Kalkulation erstellt werden.

	A	B	C	D	E	F	G
1	Schulfest						
2							
3	Menge	Posten	Einzelpreis (Einkauf)	Gesamtpreis (Einkauf)	Einzelpreis (Verkauf)	Gesamtpreis (Verkauf)	Gewinn
4	320	Portion Pommes frites	0,30 €	96,00 €	1,20 €	384,00 €	288,00 €
5	220	Bratwurst	0,40 €	88,00 €	1,00 €	220,00 €	132,00 €
6	450	Getränk (0,33 l)	0,50 €	225,00 €		360,00 €	
7						Gesamtgewinn:	555,00 €

a) Der Gewinn in Zelle G6 wird durch eine Formel berechnet. Wie lautet diese Formel?
b) Der Einzelpreis (Verkauf) in Zelle E6 ist nicht angegeben. Bestimme den Preis mithilfe des Taschenrechners.
c) Der mögliche Gesamtgewinn wird mit 555,00 € angegeben.
Wie müsste der Verkaufspreis der Produkte geändert werden, um möglichst einen Gewinn von 600,00 € zu erzielen? Es gibt mehrere Möglichkeiten.
Hinweis: Erstelle die Tabelle selbst und löse durch Probieren.

▶ **Aufgaben im Stil der zentralen Prüfung**

Vorschlag 1

Prüfungsteil 1 – Aufgabe 1

a) a_1) Setze für $x=4$, $y=2$ und $z=3$ ein:

$(3x - 7) \cdot y =$

$3^x - \dfrac{8}{y} =$

$\dfrac{x \cdot y^z}{\sqrt{x} \cdot z^y} =$

a_2) Finde einen Term oder eine Gleichung, der bzw. die zur Wertetabelle passt:

x	–2	–1	0	1	2
Wert des Terms	–1	1	3	5	7

b) Ein Würfel hat die Augenzahlen 1 bis 6.

b_1) Wie groß ist die Wahrscheinlichkeit, beim ersten Wurf eine 6 zu würfeln?

b_2) Wie groß ist die Wahrscheinlichkeit, bei drei Würfen dreimal eine 6 zu würfeln?

b_3) Wie groß ist die Wahrscheinlichkeit, bei zwei Würfen keine 6 zu würfeln?

c) Sind nachfolgende Aussagen richtig? Kreuze an und gib ggf. ein Gegenbeispiel an.

	richtig	falsch (mindestens ein Gegenbeispiel)	Gegenbeispiel
Das Produkt zweier verschiedener natürlicher Zahlen ≥ 1 ist größer als die Summe dieser Zahlen.	☐	☐	
Alle Primzahlen sind ungerade.	☐	☐	

d) Begründe:
Ein Dreieck kann keine zwei 90°-Winkel haben.

e) Sieh dir die beiden folgenden Diagramme genau an:

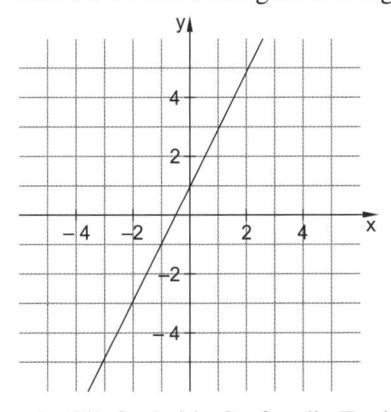

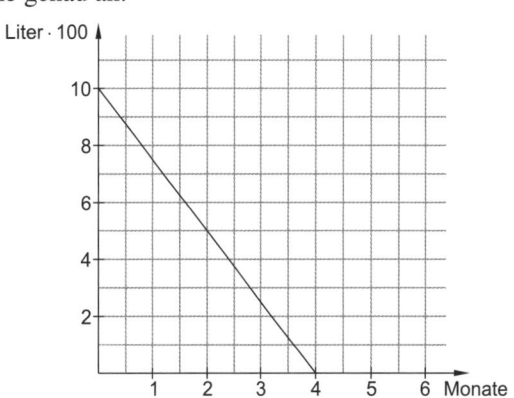

e_1) Gib für beide Grafen die Funktionsgleichungen an.

e_2) Beschreibe für den Grafen b eine mögliche Alltagssituation.

f) Hier siehst du eine Deutschlandkarte: Schätze die Fläche der Bundesrepublik. Deine Schätzung muss durch einen nachvollziehbaren Lösungsweg begründet werden.

Deutschland
Maßstab 1 : 13 500 000

0 100 200 300 400 km

g) Die Bundesrepublik Deutschland hatte am 31. 12. 2004 rund 82 500 000 Einwohner. Wie viele Einwohner hatte Deutschland zu diesem Zeitpunkt mindestens und wie viele Einwohner hatte Deutschland zu diesem Zeitpunkt höchstens, wenn auf Hunderttausender gerundet wurde?

h) Alles bis zu 50 % reduziert! Eine Wintersportjacke (299 €) kostet im Schlussverkauf nur noch 189 €. Bestimme den prozentualen Preisnachlass!

Prüfungsteil 2 – Aufgabe 2

Auf der Autobahn

Informationsblatt aus der Physik

Die Physik benutzt folgende Gleichungen zur Beschreibung von		
	Weg → Zeit	Geschwindigkeit → Zeit
Geradlinig-gleichförmige Bewegung	$s = v \cdot t$	$v = \dfrac{s}{t}$
Geradlinig-gleichmäßig-beschleunigte Bewegung	$s = \dfrac{1}{2} \cdot a \cdot t^2$	$v = a \cdot t$

Die Physik benutzt folgende Einheiten zur Beschreibung von Größen:
- Zurückgelegter Weg s mit [s] = m
- Zeit t mit [t] = s
- Geschwindigkeit v mit [v] = m/s
- Beschleunigung a mit [a] = m/s²

Ein Motorradfahrer und ein Lkw fahren von Köln nach Hamburg.
Der Lkw fährt um 10:00 Uhr in Köln los. Der Motorradfahrer startet um 11:00 Uhr. Die beiden benutzen dieselbe Autobahn.
Bis zum Einsetzen eines kräftigen Regenschauers lässt sich die Fahrt des Lkws und des Motorradfahrers in etwa mit folgendem Diagramm beschreiben:

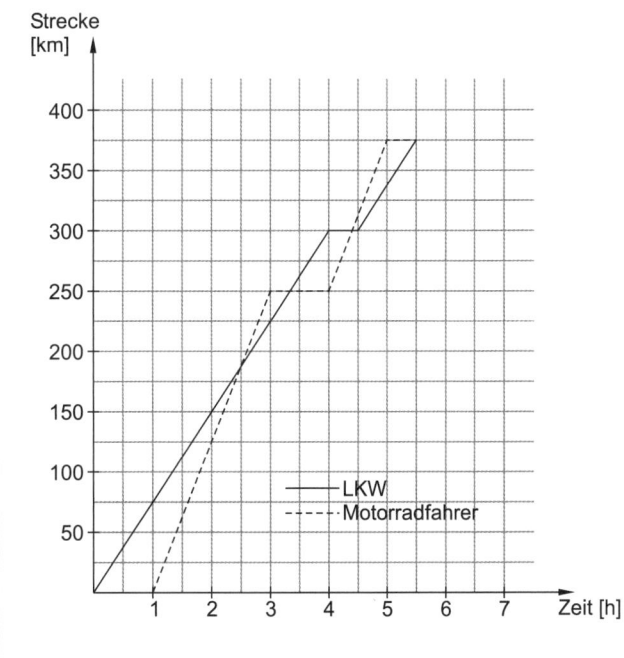

a) Zu welcher Uhrzeit überholt der Motorradfahrer den Lkw erstmalig?

b) Wie lange macht der Lkw-Fahrer Pause?

c) Wie schnell fährt der Motorradfahrer um 14:30 Uhr?

Der Motorradfahrer steht wegen des kräftigen Regenschauers unter einer Autobahnbrücke. Nach Beendigung des Schauers startet der Motorradfahrer seine Maschine und bereitet sich vor loszufahren. Ein letzter Blick über die Schulter und der Motorradfahrer gibt Vollgas. Er beschleunigt mit $a = 4 \text{ m/s}^2$. Im Moment seines Anfahrens fährt der Lkw mit einer konstanten Geschwindigkeit $v = 72$ km/h ($= 20$ m/s) an ihm vorbei.

d) Beschreibe diese Situation aus der Sicht des Lkw-Fahrers.

e) Ordne den passenden Grafen dem startenden Motorradfahrer zu. Begründe deine Entscheidung.

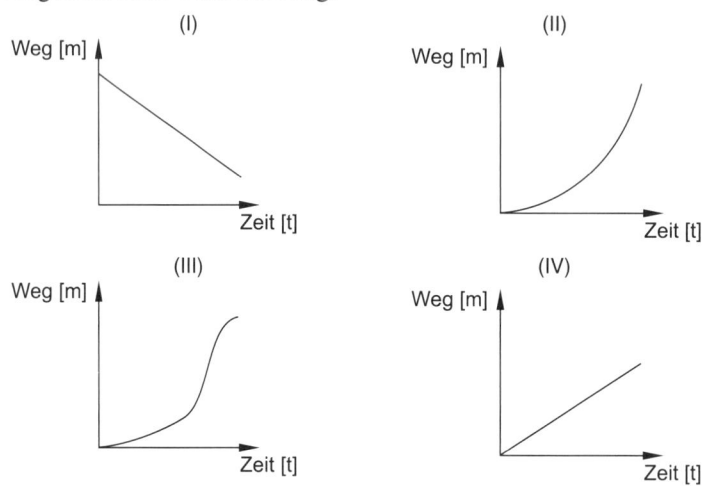

(I) Weg [m] vs. Zeit [t] — fallende Gerade

(II) Weg [m] vs. Zeit [t] — ansteigende Kurve (exponentiell)

(III) Weg [m] vs. Zeit [t] — s-förmige Kurve

(IV) Weg [m] vs. Zeit [t] — ansteigende Gerade

f) Zeichne mithilfe einer Wertetabelle ein Weg-Zeit-Diagramm von der Begegnung unter der Brücke bis zu dem Augenblick, in welchem der Motorradfahrer den Lkw wieder überholt.

	Motorradfahrer	**Lkw**
Zeit t [in s]	Zurückgelegter Weg s [in m]	Zurückgelegter Weg s [in m]
0	…	…
1	2	20
2	8	40
3	…	…
…	…	…

- Bewegungsgleichung des Motorradfahrers: $s = \frac{1}{2} \cdot a \cdot t^2$ ($a = 4$)
- Bewegungsgleichung des Lkw-Fahrers: $s = v \cdot t$ ($v = 20$)

g) Ermittle möglichst genau, nach wie viel Sekunden der Motorradfahrer den Lkw wieder überholt.

Prüfungsteil 2 – Aufgabe 3

Die Mathestunde

In einer Klasse dösen* 40 % aller Schülerinnen und Schüler während einer Mathematikstunde. Weitere 10 % stören den Unterricht durch Reden mit dem Nachbarn. Der Rest passt tatsächlich auf.
70 % der Döser sind Jungen. Von den Störern sind 40 % Mädchen. Die aufmerksamen Schüler sind zu 80 % weiblich.

* dösen = träumen, schlafen

a) Wie viel Prozent der Schülerinnen und Schüler dösen nicht?

b) Zeichne ein Baumdiagramm zur beschriebenen Situation in der Mathematikstunde.

Löse folgende Fragen mithilfe des Baumdiagramms aus Aufgabe b.

c) Du triffst zufällig nach der Mathematikstunde eine Person dieser Klasse. Wie groß ist die Wahrscheinlichkeit, dass du einen männlichen Döser triffst?

d) Wie hoch ist der Prozentsatz der Mädchen in dieser Klasse?

e) Überprüfe folgende Aussage: „In der Klasse ist der Anteil der Jungen, die aufpassen, größer als der Anteil der Mädchen, die dösen!"

Prüfungsteil 2 – Aufgabe 4

Der Hühnerstall

Auf einem Bauernhof soll ein rechteckiger Auslauf für Hühner errichtet werden. Für die Einzäunung stehen 20 m Zaun zur Verfügung. Um eine möglichst große rechteckige Fläche zu bekommen, wird die Rückseite eines angrenzenden Stalles als eine Rechteckseite mitgenutzt.

a) Skizziere die Situation und beschrifte deine Skizze mit möglichen Seitenlängen.

b) Welche Seitenlängen hat der Auslauf, wenn die Gesamtfläche 48 m² beträgt?

c) Bestimme die Seitenlängen, sodass die größtmögliche rechteckige Auslauffläche entsteht.

d) Zeige, dass sich durch eine halbkreisförmige Zaunanordnung die Auslauffläche mit einem 20-Meter-Zaun noch weiter vergrößern lässt.

Vorschlag 2

Prüfungsteil 1 – Aufgabe 1

a) Hier siehst du eine Deutschlandkarte:

Deutschland
Maßstab 1 : 13 500 000

a_1) Bestimme die Entfernung zwischen Hamburg und München mithilfe des Maßstabs.

a_2) Schätze die Länge der Grenze (Umfang) der Bundesrepublik Deutschland.
Begründe deine Schätzung.

b) b_1) Berechne und runde auf Hundertstel.
$147 : 13 \approx$

b_2) Wie heißt die kleinste natürliche Zahl, die auf Hunderter gerundet 600 ergibt?

b_3) Wie heißt die größte natürliche Zahl, die auf Tausender gerundet 5 000 ergibt?

b_4) Eine Strecke soll auf Kilometer genau angegeben werden.
$23\,498$ m $\approx$
$7\,500$ dm $\approx$

b_5) Bei einem Schulausflug sollen alle 653 Schüler und 32 Lehrpersonen der Sonnenschein-Realschule zum Zoo gefahren werden. Der Busunternehmer hat nur Busse mit jeweils 42 Sitzplätzen zur Verfügung.
Wie viele Busse müssen fahren?

c) Ein Gartenteich wird mithilfe eines vorgefertigten Kunststoffbeckens angelegt (siehe Skizze). Dabei sind der untere und obere Bereich des Teichbeckens (Tief- und Flachwasserzone) nahezu zylinderförmig.

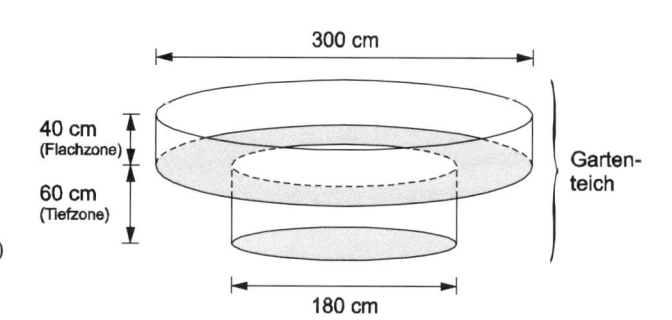

300 cm
40 cm (Flachzone)
60 cm (Tiefzone)
180 cm
Gartenteich

c_1) Wie viele Liter Wasser fasst der Gartenteich, wenn das Becken bis zum Rand gefüllt ist?

☐ ca. 1 530 dm³   ☐ ca. 2 830 dm³
☐ ca. 4 350 dm³   ☐ ca. 7 520 dm³

Aufgaben im Stil der zentralen Prüfung: Vorschlag 2 | 201

c₂) Welcher der abgebildeten Grafen beschreibt den Füllvorgang richtig, wenn das Wasser gleichmäßig eingefüllt wird? Begründe deine Antwort.
(Schreibe die Zahl des richtigen Grafen auf das Reinschriftpapier.)

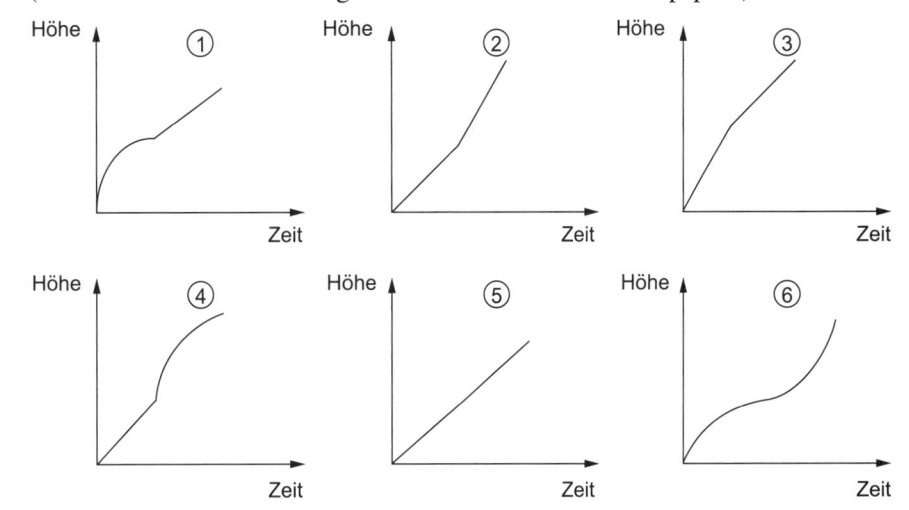

d) d₁) Bestimme den Umfang des Dreiecks.
   d₂) Bestimme den Flächeninhalt.

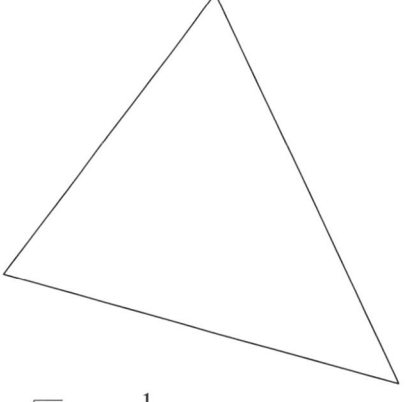

e) Ordne die vier Zahlen der Größe nach. 2^2; $\sqrt{25}$; $\dfrac{1}{2^{-3}}$; 25%

f) Sind nachfolgende Aussagen richtig? Kreuze an und gib ggf. ein Gegenbeispiel an.

	richtig	falsch (mindestens ein Gegenbeispiel)	Gegenbeispiel
Das Quadrat einer rationalen Zahlen ist immer größer als die Zahl.	☐	☐	
Das Quadrat einer ganzen Zahl ist immer größer als die Zahl.	☐	☐	
Das Quadrat einer geraden Zahl ($\neq 0$) ist immer größer als die Zahl.	☐	☐	

g) Zwei Glücksräder drehen sich unabhängig voneinander.
Man erhält nach dem Drehen eine zweistellige Zahl.
Das Beispiel zeigt die Zahl 21.

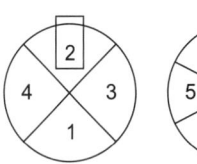

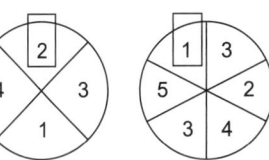

   g₁) Bestimme die größtmögliche Zahl, die gedreht werden kann.

   g₂) Berechne die Wahrscheinlichkeit, dass die Zahl 22 erscheint.

   g₃) Bestimme die Wahrscheinlichkeit, dass eine gerade zweistellige Zahl erscheint.

Prüfungsteil 2 – Aufgabe 2

Höhe eines Brückenbogens

a) Welche der folgenden Funktionsgleichungen könnte in etwa den Brückenbogen beschreiben, wenn die x-Achse eines gedachten Koordinatensystems auf der Wasseroberfläche verläuft? Begründe deine Entscheidung.

I $y = \dfrac{3}{4}x^2 + 23$

II $y = -0{,}75x^2 - 23$

III $y = -0{,}75x^2 + 23$

IV $y = \dfrac{3}{4}x^2 - 23$

b) Eine ähnliche, aber kleinere Brücke mit parabelförmigem Bogen hat eine Spannweite von 22,00 Metern. Ein Wanderer will die Höhe des Bogens rechnerisch bestimmen. Durch Messung weiß er: Im Abstand von 1,00 Metern zum rechten Fußpunkt der Brücke ist der Brückenbogen 1,00 Meter hoch (siehe Skizze).
Bestimme mit diesen Angaben die Höhe des Brückenbogens und gib eine Funktionsgleichung an, die den Brückenbogen beschreibt.

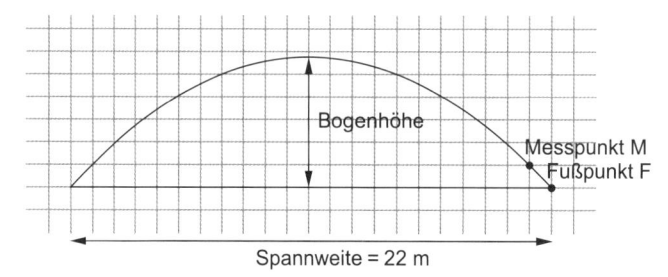

c) Eine Straße, die unter der Brücke in Teilaufgabe b verläuft, hat einen durchgezogenen Mittelstreifen (dieser darf laut Straßenverkehrsordnung nicht überfahren werden). Ein EU-Lastzug (Lkw) darf maximal 18,75 m lang sein, bis zu 4,00 m hoch und ohne die Außenspiegel höchstens 2,55 m breit. Kann jeder EU-Lastzug diese Straße befahren, wenn aus Sicherheitsgründen die Fahrzeughöhe 20 cm geringer als die erforderliche Durchfahrtshöhe sein soll?

Prüfungsteil 2 – Aufgabe 3

Der Brunnen

Eine Arbeitsgemeinschaft hat in der schuleigenen Gartenanlage einen Brunnen gebaut. Auf diesem Bild kannst du sehen, was am Ende dabei herausgekommen ist.
Der Brunnen ist in der Grundfläche ein gleichmäßiges Sechseck mit einem Innendurchmesser von drei Metern. Für die Seitenwände musste ein Fundamentstreifen von 30 cm Breite und 60 cm Tiefe ausgehoben werden, auf dem anschließend 50 cm hoch gemauert wurde.

a) Skizziere die Grundfläche.

b) Bestätige oder widerlege folgende Aussage:
„Die Innenfläche des Brunnens lässt sich in gleichseitige Dreiecke zerlegen."

c) Die Arbeitsgemeinschaft wollte zuerst einen Brunnen mit einer Kreisfläche bauen – das erwies sich aber als technisch zu schwierig.
Wie viel Liter Wasser hätten in einen solchen Brunnen bei gleichem Innendurchmesser und gleicher Höhe höchstens hineingepasst?

d) Das Volumen von regelmäßigen Körpern (z. B. Quader, Würfel, Prisma) hängt von der Grundfläche A und der Höhe h ab.
Beschreibe, wie sich das Volumen dieser Körper jeweils bei der Verdoppelung einer der beiden Größen ändert.

e) Für das Fundament wurde ca. 1 Kubikmeter Beton hergestellt. (Dieser besteht aus vier Teilen Sand und einem Teil Zement). Aus dem Betonmischer wurde der Beton in Schubkarren (durchschnittliches Fassungsvermögen ca. 80 ℓ) transportiert.
Wie viele Schubkarren mussten geschoben werden?

Prüfungsteil 2 – Aufgabe 4

Wenn die Welt ein kleines Dorf wäre ...
Zeitungsartikel: Westfälische Nachrichten 10. 07. 2005

„6,5 Milliarden Menschen leben derzeit auf dieser Erde. Im Jahr 2050 werden es den Prognosen zufolge 9,3 Milliarden sein. Zahlen, mit denen oft jongliert wird – die aber eigentlich vorstellbar sind. Die Stiftung Weltbevölkerung gibt zum Weltbevölkerungstag am 11. Juli nicht nur den Datenreport 2005 heraus, sie hat auch ein anschauliches Modell entwickelt: das „globale" Dorf.

Wenn die Welt also ein kleines Dorf mit nur 100 Einwohnern wäre, dann lebten in den bescheidenen Hütten 61 Asiaten, 14 Afrikaner, 11 Europäer, 9 Lateinamerikaner und 5 Nordamerikaner. Knapp ein Drittel (29) wären Kinder unter 15 Jahren. Sieben Dorfbewohner wären älter als 65. Ganz ausgewogen wäre das Geschlechterverhältnis: 50 Frauen und 50 Männer hätten die Qual der Wahl. Nicht allen ginge es gleich gut: Zwölf von ihnen hätten nicht genug sauberes Trinkwasser, 19 Dorfbewohner müssten mit weniger als einem US-Dollar am Tag auskommen.

Im Durchschnitt bekämen die Frauen drei Kinder. Jedes Jahr würden zwei Babys geboren und ein Bewohner würde sterben, daher würden 2050 bereits 143 Menschen im Dorf leben."

Hinweis:
Die Wissenschaftler gehen von einem exponentiellen Bevölkerungswachstum aus. Als Grundlage dieses Textes gilt für die jährliche globale Wachstumsrate ungefähr 0,8 %. Beachte, dass sich der Artikel auf das Jahr 2005 bezieht.

a) Zeige, dass die Bevölkerungsentwicklung im „globalen" Dorf nicht mit einem linearen Wachstumsprozess bestimmt werden kann.

b) Zeige, dass es sich beim Bevölkerungswachstum um einen exponentiellen Wachstumsprozess handelt.

c) Entwickle mithilfe des Zahlenmaterials eine exponentielle Wachstumsformel vom Typ $y = c \cdot a^x$ für das beschriebene „globale" Dorf. Bestätige mithilfe deiner Formel, dass die globale Wachstumsrate von 0,8 % korrekt ist.

d) Das Bevölkerungswachstum ist in der Wirklichkeit nicht für alle Kontinente gleich. Die Bevölkerungsentwicklung in Asien kann durch die Wachstumsformel $y = c \cdot 1{,}011^x$ berechnet werden. Wie viele Asiaten werden im Jahr 2050 in dem Dorf leben?

e) Nach wie vielen Jahren hat sich die Anzahl der Asiaten verdoppelt?

Vorschlag 3

Prüfungsteil 1 – Aufgabe 1

a) Schätze, wie viele Spielwürfel du ungefähr übereinander stapeln müsstest, um die Höhe des Kölner Doms zu erreichen. Kreuze an.

☐ 1 000
☐ 10 000
☐ 100 000
☐ 1 000 000
☐ 10 000 000

Fassadenbreite ca. 60 m

b) Ein quaderförmiger Tetrapack für Saft enthält genau 250 $m\ell$. Welche Abmessungen (Kantenlängen) könnte das Saftpaket haben? Gib sinnvolle Werte an.

c) Ist folgende Aussage richtig? Kreuze an und zeichne ggf. ein Gegenbeispiel.

	richtig	falsch (mindestens ein Gegenbeispiel)	Gegenbeispiel
Ein Viereck mit vier gleich langen Seiten ist ein Quadrat.	☐	☐	

d) Ein Glücksrad wird in 12 gleich große Felder aufgeteilt: weiße, rote, blaue und gelbe.
Die Wahrscheinlichkeit, dass beim Drehen ein rotes Feld erreicht wird, beträgt $\frac{1}{3}$.

Die Wahrscheinlichkeit, dass bei zweimaligem Drehen hintereinander zweimal gelb erscheint, beträgt 6,25 %.

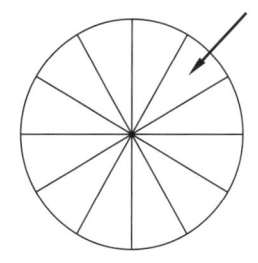

d_1) Wie viele rote Felder gibt es?

d_2) Wie viele gelbe Felder sind auf dem Glücksrad?

e)

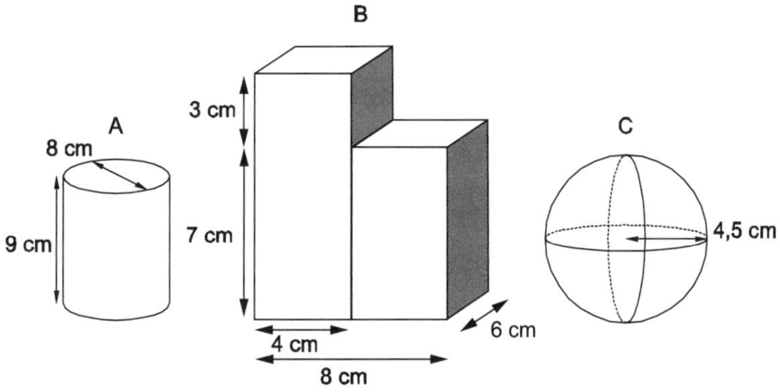

e_1) Berechne das Volumen von Körper B.

e_2) Welchen Radius müsste Körper C haben, damit er das gleiche Volumen wie Körper A hat?

f) Im Diagramm wird der Altersaufbau der Bevölkerung von Deutschland im Jahre 2004 gezeigt.

f_1) Wie viele 50-jährige Männer gab es ungefähr im Jahr 2004?

f_2) Von welchen Altersgruppen gibt es mehr als 600 000 Frauen in Deutschland?

f_3) Schätze – mithilfe der Grafik – die Gesamtzahl der Frauen in Deutschland.
Beschreibe, wie du vorgegangen bist.

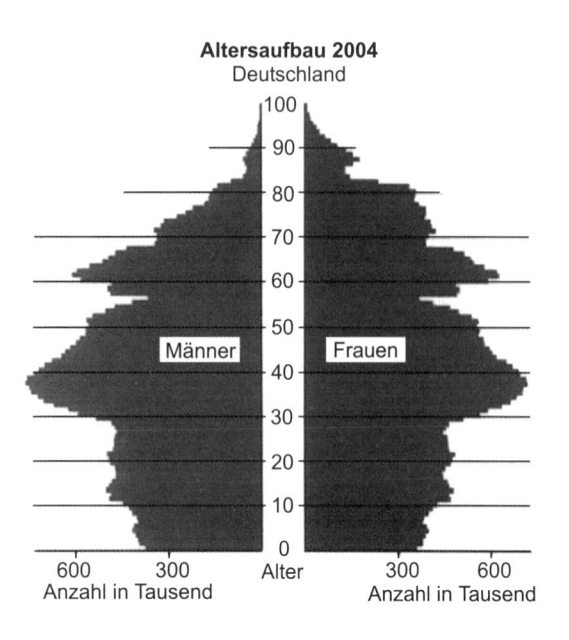

Prüfungsteil 2 – Aufgabe 2

Die Posterrolle
Eine Posterrolle hat einen Durchmesser von 6 cm. Sie ist 50 cm lang. Die Rolle wird entlang der gestrichelten Linie aufgeschnitten.

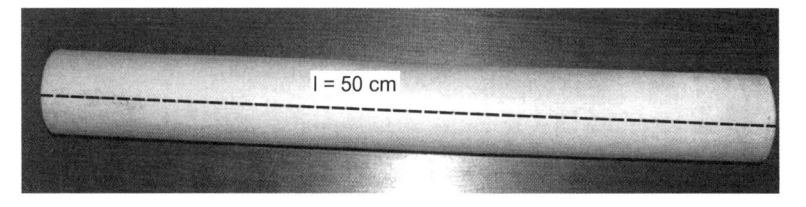

a) Welche geometrische Grundform entsteht?

b) Bestätige durch Rechnung, dass der Umfang der Rolle 18,85 cm beträgt.

c) Wie viele Rollen lassen sich aus einem Quadratmeter Pappe herstellen?
(Klebekanten etc. werden hier nicht berücksichtigt.)

d) „Der so entstandene Zylinder hat ein Volumen von mehr als 1,5 Liter."
Bestätige oder widerlege diese Behauptung durch Rechnung.

Häufig benutzt man eine Methode zur schnellen Ermittlung eines mathematischen Wertes, ohne präzise technische Berechnung. Dieses Verfahren nennt man **Faustregel (Faustformel)**. Für eine Kreisfläche existiert die Faustregel:
„Kreisfläche gleich drei Viertel mal Durchmesser hoch zwei".

e) Schreibe die Faustregel als mathematische Formel mit Variablen.

f) Berechne mithilfe der Faustregel die kreisförmige Grundfläche der Posterrolle.

g) Vergleiche diesen berechneten Wert – den du mit der Faustformel ermittelt hast – mit dem mathematisch präzisen Wert.
Welche prozentuale Abweichung der Faustformel vom exakten Wert ergibt sich?

Prüfungsteil 2 – Aufgabe 3

Gehaltssteigerung
Ein Internet-Unternehmer sucht für seine Firma dringend Fachpersonal.
In einer Zeitung wirbt er mit folgender Anzeige:

Dringend 5 Fachleute gesucht!

Wir erwarten:
- Abgeschlossene Berufsausbildung im IT-Bereich
- Engagierte Mitarbeit und Flexibilität

Wir bieten:
- Festes und sicheres Arbeitsverhältnis
- Überdurchschnittliches Anfangsgehalt (monatlich: minimal 2 500 € und maximal 3 500 €)
- Garantierte Gehaltssteigerungen in den ersten 5 Jahren

+ 2,5 %	+ 3 %	+ 3,5 %	+ 3,75 %	+ 4 %
nach dem 1. Jahr	nach dem 2. Jahr	nach dem 3. Jahr	nach dem 4. Jahr	nach dem 5. Jahr

---

a) Frau Müller behauptet: „Mit der Grafik wird ein ganz falsches Bild über die Gehaltsentwicklung vermittelt!" – Erkläre, was Frau Müller damit meint.

Herr Merzel erhält einen Job bei dieser Firma und handelt ein Anfangsgehalt von monatlich 2 800 € aus.

b) Mit welchem monatlichen Gehalt kann Herr Merzel nach dem ersten Jahr rechnen?

c) Wie viel Geld wird er nach dem 3. Jahr verdienen?

Frau Müntefink erhält ebenfalls eine Stelle bei dieser Firma. Sie verdient nach dem ersten Jahr 3 331,25 € monatlich.

d) Mit welchem Anfangsgehalt hat sie bei dem Unternehmen begonnen?

Herr Großkotz behauptet: „Bei meinem Startgehalt werde ich nach dem 3. Jahr über 4 000 € monatlich verdienen!"

e) Begründe, dass Herr Großkotz die Unwahrheit sagt.

f) Frau Grün, Expertin für Internetportale handelt mit dem Unternehmen einen eigenen Vertrag aus, der ihr bei einem Anfangsgehalt von 3 200 € nach dem 5. Jahr ein Gehalt von 4 000 € garantiert.

Hat sie eine durchschnittliche jährliche Gehaltssteigerung von etwa

☐ 3 %   ☐ 3,5 %   ☐ 4 %   ☐ 4,5 %   ☐ 5 %?

Kreuze an!

Prüfungsteil 2 – Aufgabe 4

Tagesmitteltemperaturen

Die Tagesmitteltemperatur wurde noch bis zum Jahr 2001 so festgelegt, dass sich die mittlere Temperatur der Luft T_L aus den Temperaturablesungen T_7 um 7 Uhr, T_{14} um 14 Uhr und T_{21} um 21 Uhr nach folgender Formel berechnet:

$$T_L = \frac{1}{4} \cdot (T_7 + T_{14} + 2 \cdot T_{21})$$

Seit dem Jahr 2001 wird für die Berechnung der Tagesmitteltemperatur der Mittelwert aller zur vollen Stunde (0 h – 23 h) gemessenen Temperaturwerte genutzt.

a) Überprüfe mit dem Taschenrechner, ob die „Tagesmitteltemperatur früher" richtig berechnet wurde.

b) Mit welcher Formel lässt sich die „Tagesmitteltemperatur heute" in Zelle B28 berechnen?

c) Verändere die Temperaturen in Spalte B so, dass die „Tagesmitteltemperatur früher" auf 9 °C steigt.

c') *Variierte Aufgabenstellung zum Üben mit PC:*
Verändere die Temperaturwerte in Spalte B so, dass die „Tagesmitteltemperatur früher" auf 9 °C steigt, die „Tagesmitteltemperatur heute" aber bei 8 °C bleibt.

	A	B
1	Zeitpunkt [h]:	Temperatur [°C]
2	0	3
3	1	3
4	2	2
5	3	2
6	4	2
7	5	3
8	6	4
9	7	6
10	8	7
11	9	9
12	10	10
13	11	12
14	12	14
15	13	15
16	14	15
17	15	15
18	16	13
19	17	11
20	18	10
21	19	8
22	20	6
23	21	6
24	22	7
25	23	9
26		
27	Tagesmitteltemperatur früher	8,25
28	Tagesmitteltemperatur heute	8

Vorschlag 4

Prüfungsteil 1 – Aufgabe 1

a) Gib eine Zahl an, die zwischen $\frac{1}{6}$ und $\frac{1}{5}$ liegt.

   Die Zahl _____ liegt zwischen $\frac{1}{6}$ und $\frac{1}{5}$.

b) Wie viel Prozent der Fläche sind grau gefärbt? Kreuze an.

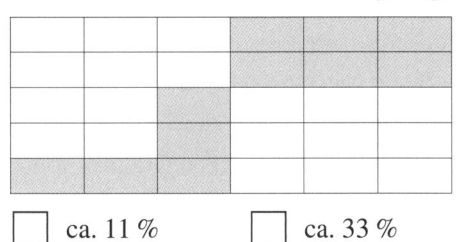

   ☐ ca. 11 %   ☐ ca. 33 %   ☐ ca. 37 %   ☐ ca. 50 %

c) Welcher Term entspricht $3a \cdot (4 + 5b)$?

   ☐ $12a + 5b$ ☐ $12a + 15$ ☐ $12ab + 15ab$ ☐ $12a + 15ab$

d) Für den Transport dieser 7 000 kg schweren Glocke muss eine würfelförmige Transportkiste gebaut werden. Durchmesser und Höhe der Glocke sind nahezu gleich. An der breitesten Stelle hat die Glocke einen Umfang von 6,70 m.
   Welches Volumen muss die würfelförmige Transportkiste mindestens haben? Notiere deine Rechnung.

e) Bestimme den Inhalt der nebenstehenden Fläche. Beschreibe, wie du vorgegangen bist.

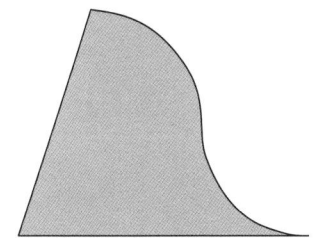

f) Frederik erhält nach einer Lohnerhöhung eine Ausbildungsvergütung von 641,04 €. Berechne seine Vergütung vor der Erhöhung um 2,8 %.

g) Herr Terbeck ist Mitglied in einem Saunaclub und hat einen Vertrag zu folgenden Bedingungen abgeschlossen: Pro Jahr bezahlt er eine Grundgebühr von 240 € und für jeden Saunabesuch einen festen Betrag y. Im vergangenen Jahr hat Herr Terbeck 87-mal die Sauna besucht und musste insgesamt für das Jahr 544,50 € bezahlen.

   g_1) Welchen festen Betrag y musste er für einen einzelnen Saunabesuch bezahlen?

   g_2) Mit welcher Gleichung lassen sich die Gesamtkosten z eines Jahres für Herrn Terbeck berechnen, wenn y die Kosten für einen Besuch darstellt?

   ☐ $z = 240 + 87 \cdot y$ ☐ $z = 240 \cdot y + 87$

   ☐ $z = y \cdot 87 + 240 \cdot y$ ☐ $z = (240 + 87) \cdot y$

h) Sind nachfolgende Aussagen richtig? Kreuze an und gib ggf. ein Gegenbeispiel an.

	richtig	falsch (mindestens ein Gegenbeispiel)	Gegenbeispiel
Wenn $x = 2$, dann ist $x^2 = 4$.	☐	☐	
Wenn $x^2 = 4$, dann ist $x = 2$.	☐	☐	

Prüfungsteil 2 – Aufgabe 2

Supermarkt

In Köln sollen drei neue Groß-Supermärkte an den Standorten A, B und C errichtet werden (siehe Stadtplan-Skizze). Weiterhin sind folgende Größen bekannt:
$\overline{BC} = a = 1\,345$ m; $\beta = 61°$; $\gamma = 55°$

Aus städtebaulichen und versorgungstechnischen Gründen sollen Groß-Supermärkte mindestens 1 200 m voneinander entfernt sein.

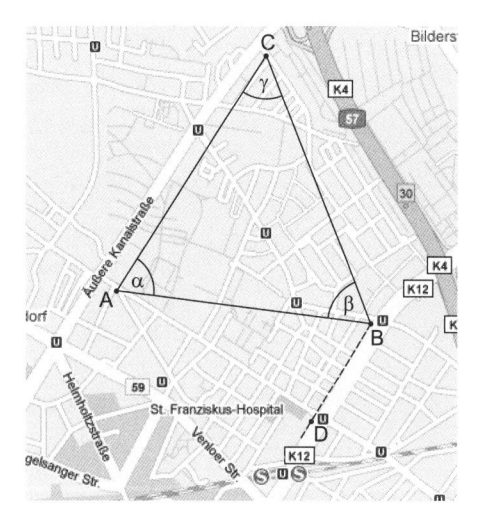

a) Entscheide durch eine Rechnung, ob bei den geplanten Standorten die geforderten Mindestabstände berücksichtigt sind.

b) Der Standort B ist noch nicht endgültig festgelegt. Entlang des Ehrenfeldgürtels in Richtung S-Bahn-Station sind auch andere Standorte denkbar. Diese liegen alle auf der gestrichelten Linie, die parallel zu $\overline{CA}$ verläuft.
Welche Größen (Seitenlängen und Winkel) im Dreieck ABC verändern sich, wenn der Standort B entlang der gestrichelten Linie verschoben wird? Gib alle an.

c) Der alternative Standort D hätte den Vorteil, dass der Supermarkt wie im Fall von Standort B direkt an einer U-Bahn-Station liegt. Von den Punkten auf der gestrichelten Linie ist D der nächste zum Standort A.
Ist bei Standort D aber der geforderte Mindestabstand noch eingehalten?

d) In kleineren Städten sollte ein Supermarkt einen kreisförmigen „Einzugsbereich" mit einem Radius von $r = 400$ m haben.

  d_1) Welchen Mindestabstand sollten Supermarktstandorte voneinander haben?

  d_2) Welche Fläche wird durch den Einzugsbereich eines Supermarktes abgedeckt?

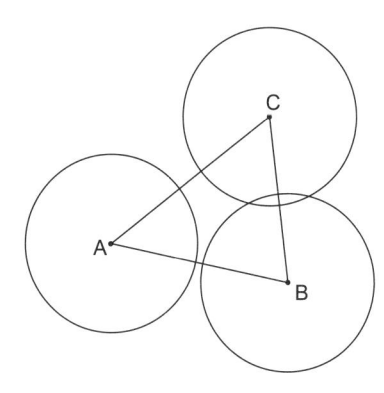

Prüfungsteil 2 – Aufgabe 3

Wasserspeier

Der Wasserstrahl eines Wasserspeiers verläuft in Form der unten gezeichneten Parabel. Die Wasseraustrittsdüse befindet sich direkt auf der Wasseroberfläche.

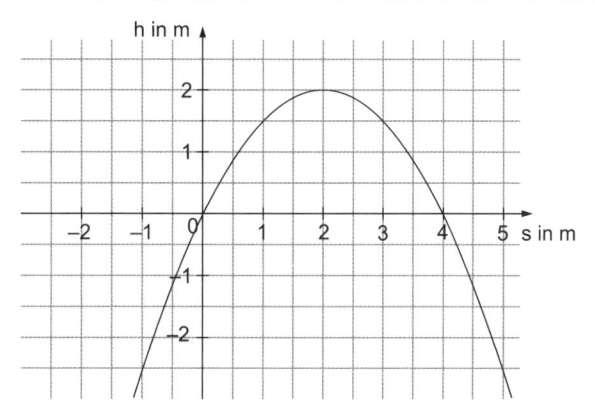

a) Gib die maximale Höhe des Wasserstrahls an.

b) Ist es sinnvoll einen solchen Wasserspeier in einen Gartenteich mit einem Durchmesser von 3 m einzusetzen?

c) Welche quadratische Funktion beschreibt den Wasserstrahl dieses Wasserspeiers, wenn gilt $a > 0$, $b > 0$ und $c > 0$?

   I $y = a \cdot x^2$
   II $y = -a \cdot x^2$
   III $y = -a \cdot x^2 + b \cdot x + c$
   IV $y = -a \cdot x^2 + b \cdot x$

Begründe, warum die anderen quadratischen Funktionen den Wasserstrahl nicht beschreiben.

d) Ermittle die Funktionsgleichung für diesen schrägen Wasserstrahl.

e) Für zwei andere Wasserstrahlen gelten folgende Funktionsgleichungen:
   Wasserstrahl 2: $y = -4 \cdot x^2 + 4 \cdot x$
   Wasserstrahl 3: $y = -1,5 \cdot (x - 1)^2 + 1,50$
   Welcher der beiden Wasserstrahlen erreicht eine größere Höhe? Begründe.

Prüfungsteil 2 – Aufgabe 4

Pflasterung

Heutzutage wird bei Pflasterungen (Terrassen, Hofeinfahrten usw.) meist eine 15–20 cm dicke Schotterschicht, sowie eine 5 cm dicke Splitschicht aufgetragen, ehe die Pflastersteine verlegt werden.

Schichtaufbau Terrasse
Pflasterstein (8 cm)
Split (5 cm)
Schotter (15 cm – 20 cm)

a) Welche Fläche lässt sich mit 12 m³ Schotter maximal pflastern?

Zur Auflockerung einer Fläche wird ein Pflasterkreis eingebaut. Der innere Kreis hat einen Durchmesser von 12 cm, der äußere Radius des mittleren Kreisrings beträgt 22 cm, der gesamte Pflasterkreis hat einen Durchmesser von 76 cm.

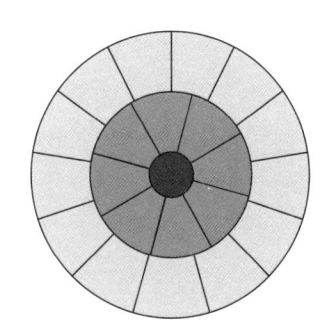

b) Welche Kreisfläche hat der gesamte Pflasterkreis?

c) Berechne das Volumen eines Steines (Höhe: 8 cm) aus dem mittleren Ring.

d) Zeichne einen Stein aus dem mittleren Ring maßstabsgetreu als Kreisausschnitt (nur die Draufsicht).

e) Jeder weitere Kreisring vergrößert den Radius des gesamten Pflasterkreises um 16 cm. Prüfe folgende Aussage:
„Legt man einen dritten Kreisring verdoppelt sich die Fläche."

▶ **Zentrale Prüfung**

Zentrale Prüfung 2015
NRW – Mathematik

Prüfungsteil 1

Aufgabe 1

Ordne folgende Zahlen der Größe nach:

10^8; 2^{-1}; $\frac{1}{3}$; 10^{-1}; 2^8

Aufgabe 2

Claude wirft mit einem besonderen Spielwürfel.
Hier siehst du das Netz des Würfels.

a) Begründe, dass die Wahrscheinlichkeit für die Augenzahl „2" bei einem Wurf mit dem Würfel $\frac{1}{3}$ beträgt.

b) Der Würfel wird zweimal geworfen. Ergänze in dem Baumdiagramm die fehlenden Wahrscheinlichkeiten und Ereignisse.

c) Berechne die Wahrscheinlichkeit, zweimal eine „2" zu würfeln.

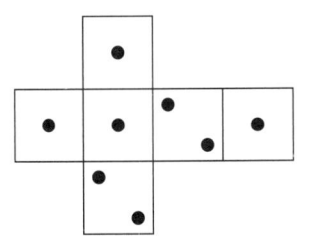

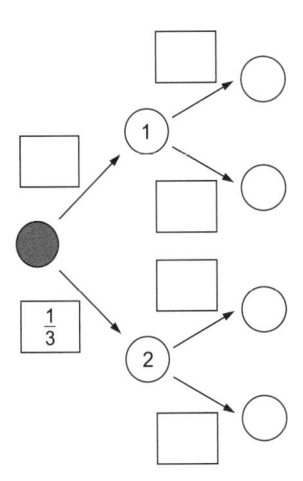

Aufgabe 3

Eine zylinderförmige Getränkedose enthält 0,33 ℓ Mineralwasser und hat einen Durchmesser von 67 mm. Wie hoch ist die Getränkedose mindestens?

Aufgabe 4

Löse folgendes Gleichungssystem mit einem geeigneten Verfahren:
(I) $2x + y = 2$
(II) $x - 0{,}5y = 2$

Aufgabe 5

Bei einem Dreieck ABC ist die Seite $\overline{AB}$ 4 cm lang (vgl. Abbildung rechts). Der Winkel α bei dem Punkt A ist 40° groß.

a) Bestimme rechnerisch die Länge der Seite $\overline{AC}$.

b) Bestimme rechnerisch die Länge der Seite $\overline{BC}$.

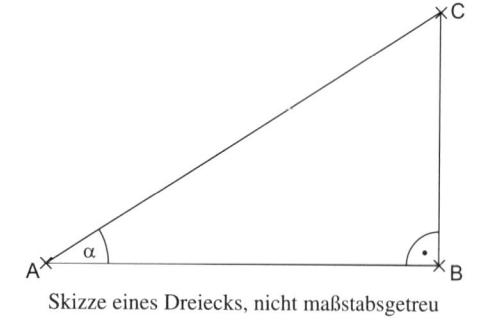

Skizze eines Dreiecks, nicht maßstabsgetreu

Aufgabe 6

Mit einer dynamischen Geometriesoftware werden zwei Geraden durch die Punkte A und B bzw. C und D erzeugt. Die beiden Geraden haben den gemeinsamen Schnittpunkt S (vgl. Abbildung unten).

Was verändert sich, wenn du den Punkt A auf die Koordinaten (2|8) verschiebst? Begründe.

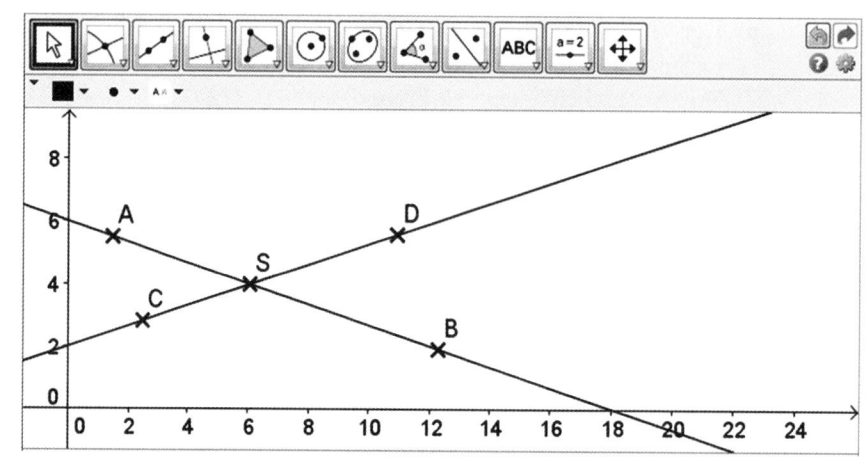

Bildschirmfoto aus einer dynamischen Geometriesoftware

Prüfungsteil 2

Aufgabe 1: Wandern und Routenplanung

Karla macht Wanderurlaub am Bodensee. Sie plant eine Wanderung in zwei Etappen von Lindau bis Bregenz und von Bregenz zum Brüggelekopf.

Auf der Karte ist die erste Etappe der Wanderung zu sehen: Die Route von Lindau bis nach Bregenz.

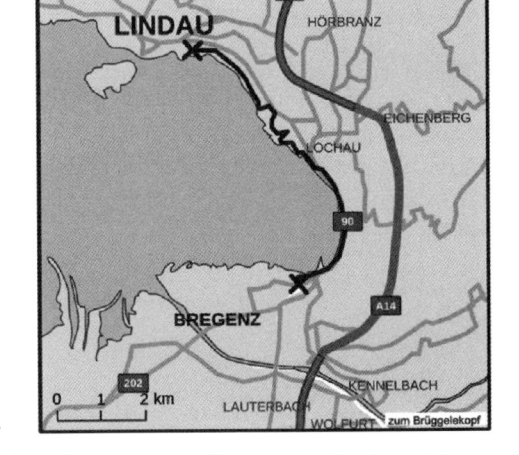

Abbildung 1:
Ausschnitt der Wanderkarte.
Die erste Etappe startet in Lindau und führt bis zur markierten Stelle in Bregenz.

a) Schätze anhand der Karte die Länge der Strecke der ersten Etappe ab. Notiere dein Vorgehen.

Die zweite Etappe der Wanderung von Bregenz bis zum Brüggelekopf plant Karla mithilfe eines *Höhenprofils* (siehe Abbildung unten). Sie möchte wissen, welche Auf- und Abstiege sie bei ihrer Wanderung bewältigen muss. Das Höhenprofil ordnet jedem Punkt des Weges auf der Karte seine Höhe über dem Meeresspiegel zu.

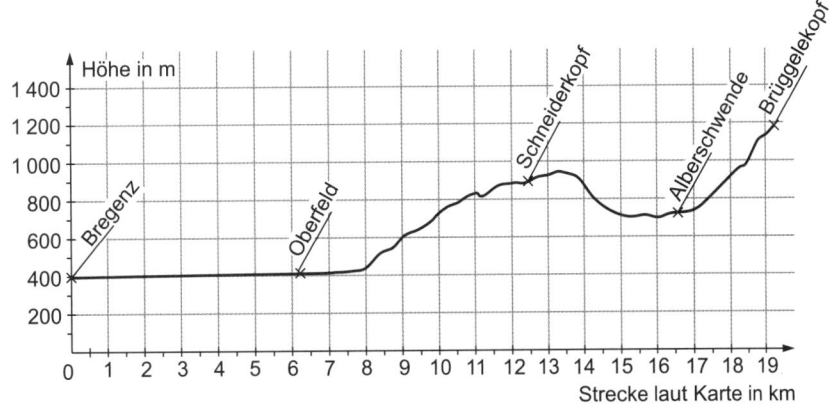

Abbildung 2: Höhenprofil von Bregenz bis zum Brüggelekopf

Karlas Höhenprofil zeigt von Bregenz aus die *Strecke laut Karte in km* und die jeweilige *Höhe in m* an. Der tatsächlich zurückgelegte Weg kann über die Länge des Höhenprofils bestimmt werden.

b) In Oberfeld will Karla ihre erste Pause machen. Entnimm der Abbildung 2 die Länge der Strecke von Bregenz bis Oberfeld.

c) Auf wie viele Meter genau kannst du die Höhe eines Ortes aus der Abbildung 2 ablesen?

d) Das letzte Stück des Weges zwischen Alberschwende und dem Brüggelekopf ist ziemlich steil.
   Wie viele Meter liegt der Brüggelekopf höher als der Ort Alberschwende?

Auf den letzten 2 km vor dem Brüggelekopf müssen noch 400 m Höhe überwunden werden.

e) Karlas kleiner Bruder behauptet: „Die Strecke, die du wandern musst, ist länger als 2 km." Hat Karlas kleiner Bruder recht? Begründe deine Entscheidung.

f) Steigungen im Gelände werden üblicherweise in Prozent angegeben.
   Berechne die ungefähre Steigung in Prozent für die letzten 2 km.

Karla möchte abschätzen, wie lange sie ohne Pausen unterwegs sein wird. Sie findet im Internet für die Wanderung von Bregenz zum Brüggelekopf die folgenden Informationen:

Länge der Strecke: 19,2 km
Höhenunterschiede insgesamt:
   Aufstieg: 1 019 m
   Abstieg: 251 m
„Du gehst auf einer ebenen Strecke mit einer Durchschnittsgeschwindigkeit von ca. 4,2 km pro Stunde. Sowohl beim Aufstieg als auch beim Abstieg benötigst du mehr Zeit: Du rechnest für jeden Höhenunterschied von 300 m eine zusätzliche Stunde dazu."

g) Berechne mithilfe der Informationen die ungefähre Wanderzeit (ohne Pausen) von Bregenz bis zum Brüggelekopf.

Aufgabe 2: Fallschirmsprung

Andreas möchte einen Fallschirmsprung durchführen. Er informiert sich vorher und findet eine Abbildung, die den Verlauf eines typischen Sprunges annähernd beschreibt. Bei diesem Sprung öffnet sich der Fallschirm in etwa 1 500 m.

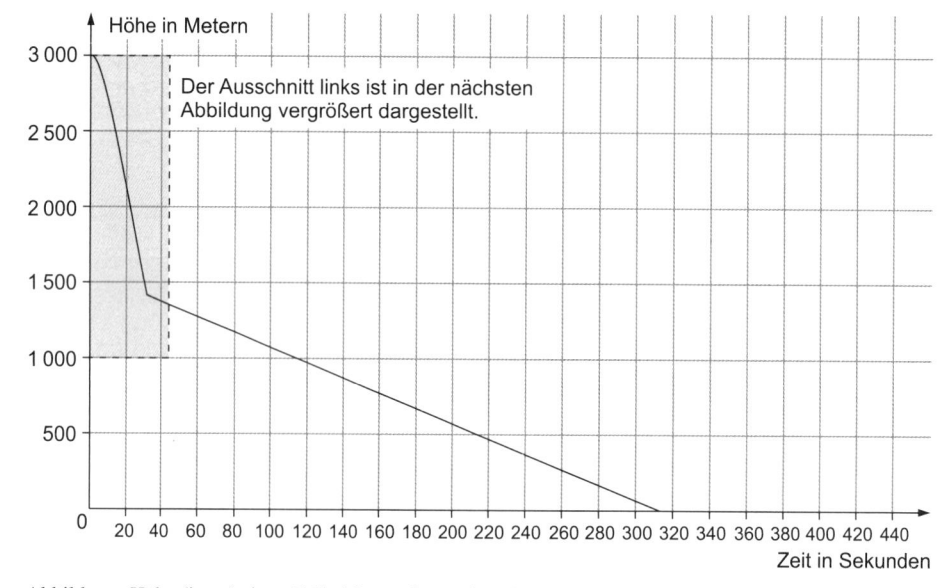

Abbildung: Höhe (in m) eines Fallschirmspringers in Abhängigkeit von der Zeit (in s)

a) Wie lange dauert der Sprung ungefähr? Gib die Zeitdauer in Minuten an.

b) Andreas überlegt, wie sich der Sprung verändert, wenn er den Fallschirm bereits in 2 000 m Höhe öffnet.
Skizziere den Verlauf des geänderten Fallschirmsprungs im vorhandenen Koordinatensystem.

In einer weiteren Abbildung ist ein Ausschnitt des vorher abgebildeten Sprunges detaillierter dargestellt. Darin sind nur die ersten 45 Sekunden des Sprunges in der Höhe von 3 000 m bis 1 000 m dargestellt.

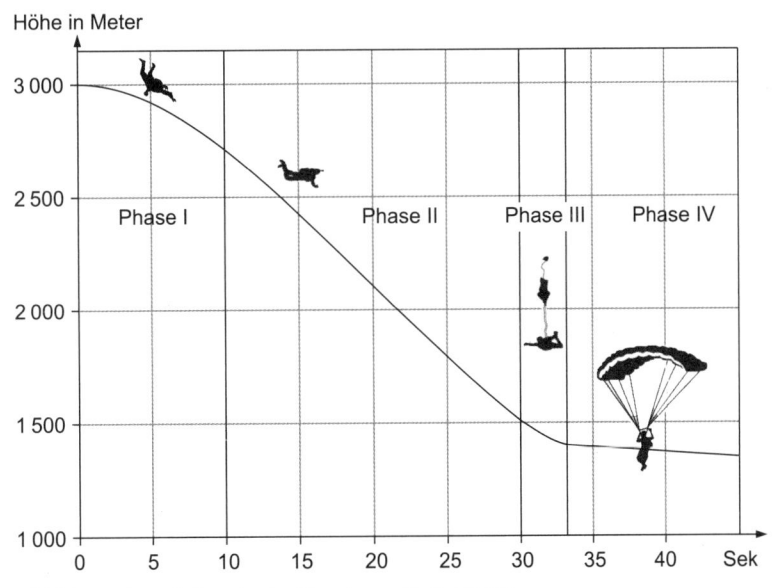

Abbildung: Ausschnitt mit vier Flugphasen (I, II, III, IV)

c) Welche Aussage passt zu welcher Flugphase? Mache für jede Phase ein Kreuz. Eine Aussage kann auch zu mehreren Phasen passen.

	Phase I	Phase II	Phase III	Phase IV
Der Springer fällt in dieser Phase immer schneller: Die Geschwindigkeit steigt.				
Der Springer fällt in dieser Phase immer langsamer: Die Geschwindigkeit sinkt.				
Der Springer fällt in dieser Phase immer gleich schnell: Die Geschwindigkeit bleibt gleich.				

Der Springer ist am Ende der Phase I nach 10 Sekunden in 2 700 Metern Höhe.

Die Höhe des Springers wird in der Phase I durch folgende Funktion beschrieben:
$h(t) = 3\,000 - 3t^2$
t ist die Zeit in Sekunden, h(t) gibt die Höhe in Metern an.

d) Begründe, dass die Funktion h(t) den Graphen aus Phase I beschreibt.

e) Berechne, wie viele Sekunden der Springer vom Absprung aus braucht, bis er 100 m gefallen ist.

f) Bestimme die Geschwindigkeit des Springers in der Phase II in $\frac{m}{s}$.

Aufgabe 3: Tetraeder in Bottrop

Der „Tetraeder" ist ein begehbarer Aussichtsturm in Bottrop. Die äußeren Kanten des Stahlgerüstes des Tetraeders haben jeweils die Länge von ca. 60 m (vgl. Abbildung rechts).

Luca baut ein verkleinertes Modell des Tetraeders mit der Kantenlänge von 60 cm aus Holzstäben.

a) In welchem Maßstab baut Luca das Modell?

b) Die Seitenflächen sind jeweils gleichseitige Dreiecke.
Berechne die Höhe einer Seitenfläche des Modells.

Abbildung: Der Tetraeder in Bottrop

Zur Bestimmung der Oberfläche einer Pyramide müssen die Inhalte der Grundfläche und der Seitenflächen addiert werden. Luca findet in einer Formelsammlung jedoch:
$O = 2 \cdot a \cdot h_S$, wobei a die Kantenlänge und h_S die Höhe der Seitenfläche bezeichnen.

c) Begründe, wie die Oberflächenformel des Tetraeders zustande gekommen ist.

Dem Tetraeder in Bottrop liegt eine mathematische Struktur zugrunde. In jedem Schritt entstehen aus jedem Tetraeder vier kleinere Tetraeder. Die Kantenlänge der neuen Tetraeder wird dabei in jedem Schritt halbiert (vgl. Abbildungen unten).

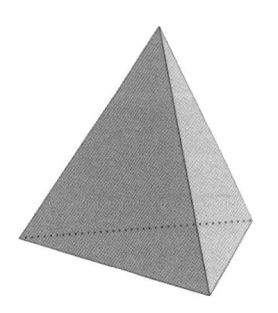

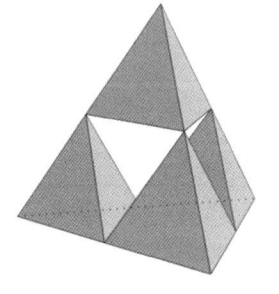

Schritt 0 (Ausgangsfigur) Schritt 1 Schritt 2

d) Ergänze die folgende Tabelle:

	Schritt 0	Schritt 1	Schritt 2	Schritt 3
Anzahl der Tetraeder	1	4		64
Kantenlänge eines Tetraeders (cm)	60	30		

e) Gib einen Term an, mit dem du die Anzahl der Tetraeder für jeden beliebigen Schritt s berechnen kannst.

Luca fährt mit seiner Klasse zum Tetraeder nach Bottrop, um dort am „Tetraeder Treppenlauf" teilzunehmen. Bei dem 5 km langen Lauf müssen die Jugendlichen 387 Treppenstufen und 128 Höhenmeter überwinden.

Die Klasse teilt sich in zwei Gruppen (A und B). Die Veranstalter veröffentlichen von jedem Teilnehmer die Ergebnisse. Luca stellt für die Gruppe A und die Gruppe B die Ergebnisse in zwei Boxplots dar.

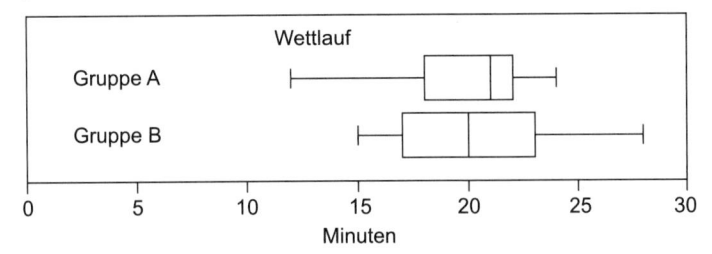

Abbildung: Die Boxplots zeigen die Laufzeiten in Minuten. Der Median der Laufzeiten aus Gruppe B beträgt ca. 20 Minuten.

f) Kreuze an, welche Aussagen zutreffen:

	trifft zu	trifft nicht zu	nicht entscheidbar
Aus einem der Boxplots kann man die durchschnittliche Laufzeit ablesen.			
Die meisten Läufer haben weniger als 22 Minuten gebraucht.			
Die Läufer sind in kleinen Gruppen gelaufen.			

Leider hat sich die Klasse vor dem Lauf nicht darauf geeinigt, wie die Siegergruppe ermittelt wird.

g) Gib ein Argument anhand der Boxplots dafür an, dass die Gruppe A gewonnen hat.

h) Gib ein Argument anhand der Boxplots dafür an, dass die Gruppe B gewonnen hat.

TRAINING 2016
Zentrale Prüfung
Formelsammlung

Mathematik 10. Klasse

Realschule · Gesamtschule EK
Nordrhein-Westfalen

STARK

Formelsammlung

n-Eck

Dreieck

$A = \dfrac{g \cdot h}{2}$

$u = a + b + c$

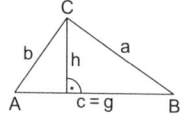

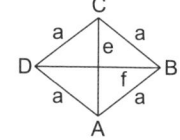

Rechtwinkliges Dreieck

$A = \dfrac{c \cdot h_c}{2}$

$u = a + b + c$

$b = h_c$

Gleichseitiges Dreieck

$A = \dfrac{a^2}{4} \cdot \sqrt{3}$

$h = \dfrac{a}{2} \cdot \sqrt{3}$

$u = 3 \cdot a$

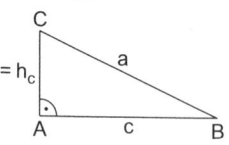

Quadrat

$A = a^2$

$u = 4 \cdot a$

$e^2 = 2 \cdot a^2$

$e = a\sqrt{2}$

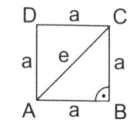

Rechteck

$A = a \cdot b$

$u = 2 \cdot a + 2 \cdot b$

$e^2 = a^2 + b^2$

$e = \sqrt{a^2 + b^2}$

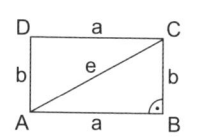

Trapez

$A = \dfrac{a + c}{2} \cdot h = m \cdot h$

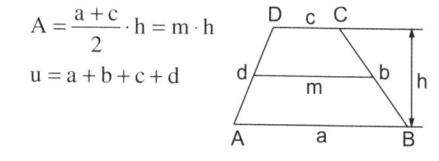

$u = a + b + c + d$

Parallelogramm

$A = g \cdot h$

$u = 2 \cdot a + 2 \cdot b$

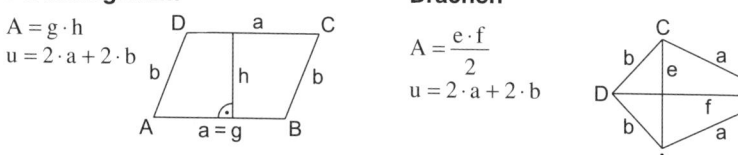

Drachen

$A = \dfrac{e \cdot f}{2}$

$u = 2 \cdot a + 2 \cdot b$

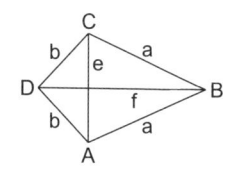

Raute

$A = \dfrac{e \cdot f}{2}$

$u = 4 \cdot a$

Kreis

Vollkreis

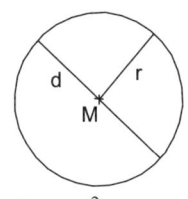

$A = \pi \cdot r^2$
$u = 2 \cdot \pi \cdot r$ oder: $u = \pi \cdot d$

Kreisring

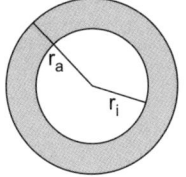

$A = \pi \cdot (r_a^2 - r_i^2)$

Kreissektor

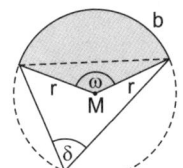

b: Kreisbogenabschnitt
ω: Mittelpunktswinkel
δ: Umfangswinkel

$A = \pi \cdot r^2 \cdot \dfrac{\omega}{360°}$

$b = 2 \cdot \pi \cdot r \cdot \dfrac{\omega}{360°}$

Sonderfall:

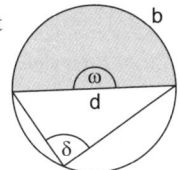

Satz des Thales:
Der Umfangswinkel δ über dem Durchmesser ($\omega = 180°$) eines Kreises hat $90°$.

Kreisgeraden und Kreistrecken

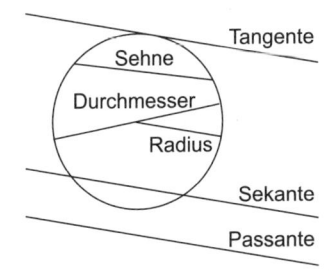

Tangente
Sehne
Durchmesser
Radius
Sekante
Passante

Ähnlichkeit

Ähnliche Figuren (ABC und A'B'C') stimmen in den Maßen entsprechender Winkel überein. Sie stimmen auch im Verhältnis (Verhältnisfaktor k) entsprechender Seitenlängen überein.

$\alpha = \alpha' \quad \beta = \beta' \quad \gamma = \gamma'$

$$\frac{\overline{A'B'}}{\overline{AB}} = \frac{\overline{B'C'}}{\overline{BC}} = \frac{\overline{C'A'}}{\overline{CA}} = k$$

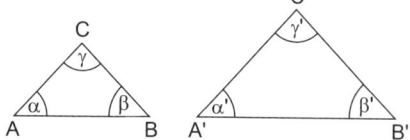

Zentrische Streckung

Zu jedem Punkt P der Originalfigur erhält man den entsprechenden Bildpunkt P', indem man die Strecke $\overline{ZP}$ mit einem Faktor $|k| > 0$ multipliziert.
Original- und Bildfigur sind zueinander ähnlich.
Beispiel:
$\overline{ZA'} = |k| \cdot \overline{ZA}$

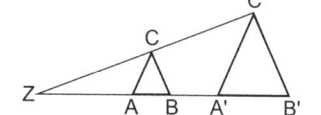

Strahlensätze

Werden zwei sich schneidende Geraden von einem Parallelenpaar geschnitten, gilt:

1. Strahlensatz

Die Strecken auf der einen Geraden verhalten sich wie die entsprechenden Strecken auf der anderen Geraden.
Beispiele:

$$\frac{\overline{ZA}}{\overline{ZA'}} = \frac{\overline{ZB}}{\overline{ZB'}} \qquad \frac{\overline{ZA}}{\overline{AA'}} = \frac{\overline{ZB}}{\overline{BB'}}$$

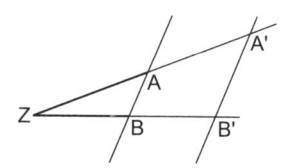

2. Strahlensatz

Die Strecken auf den parallelen Geraden verhalten sich wie die entsprechenden Strecken auf einer der sich schneidenden Geraden.
Beispiel:

$$\frac{\overline{ZA}}{\overline{ZA'}} = \frac{\overline{AB}}{\overline{A'B'}}$$

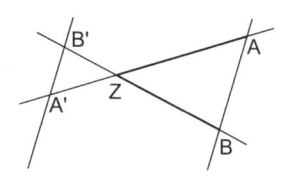

(Hinweis: 1. und 2. Strahlensatz gelten jeweils in beiden Figuren.)

Körper

Würfel

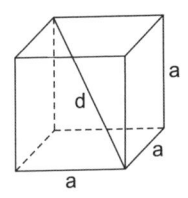

$V = a^3$
$G = a^2$
$O = 6 \cdot a^2$
$d = a\sqrt{3}$

Netzbild:

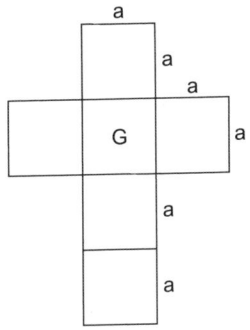

(Es gibt auch noch andere Darstellungsmöglichkeiten.)

Quader

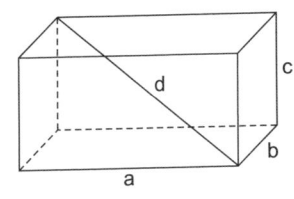

$V = a \cdot b \cdot c$
$G = a \cdot b$
$O = 2 \cdot (ab + ac + bc)$
$d = \sqrt{a^2 + b^2 + c^2}$

Netzbild:

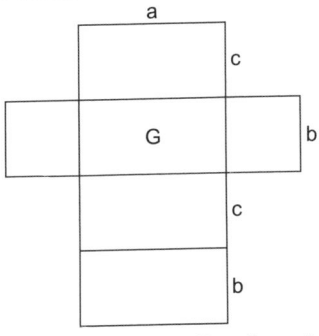

(Es gibt auch noch andere Darstellungsmöglichkeiten.)

Gerades Prisma

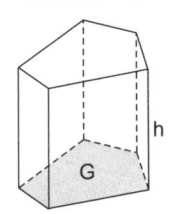

$V = G \cdot h$
$G =$ Flächenformeln für n-Ecke
$M = u_G \cdot h$ (u_G: Umfang Grundfläche)
$O = 2 \cdot G + M$

Netzbild:

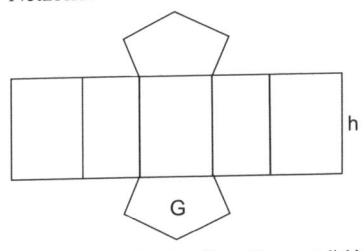

(Es gibt auch noch andere Darstellungsmöglichkeiten.)

Zylinder

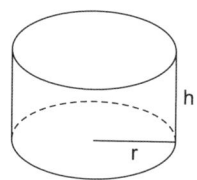

$V = \pi \cdot r^2 \cdot h$
$G = \pi \cdot r^2$
$M = 2 \cdot \pi \cdot r \cdot h$
$O = 2 \cdot G + M = 2 \cdot \pi \cdot r^2 + 2 \cdot \pi \cdot r \cdot h$
$ = 2 \cdot \pi \cdot r \cdot (r + h)$

Netzbild:

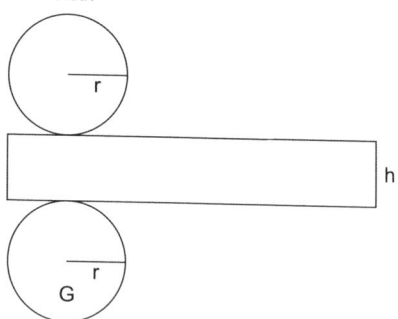

(Es gibt auch noch andere Darstellungsmöglichkeiten.)

Hohlzylinder

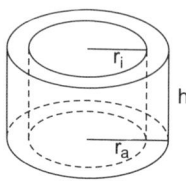

$V = \pi \cdot (r_a^2 - r_i^2) \cdot h$
$G = \pi \cdot (r_a^2 - r_i^2)$
$M_a = 2 \cdot \pi \cdot r_a \cdot h$
$M_i = 2 \cdot \pi \cdot r_i \cdot h$
$O = 2 \cdot G + M_a + M_i$
$ = 2 \cdot \pi \cdot (r_a^2 - r_i^2) + 2 \cdot \pi \cdot r_a \cdot h + 2 \cdot \pi \cdot r_i \cdot h$
$ = 2 \cdot \pi \cdot (r_a^2 - r_i^2 + r_a \cdot h + r_i \cdot h)$

Netzbild:

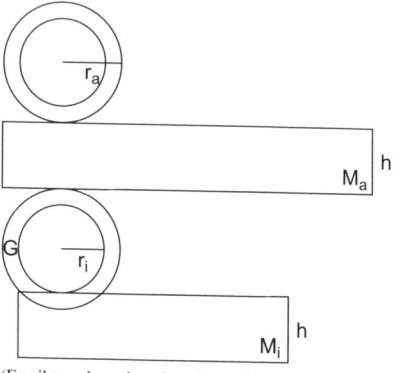

(Es gibt auch noch andere Darstellungsmöglichkeiten.)

Allgemeine Pyramide

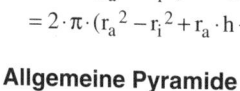

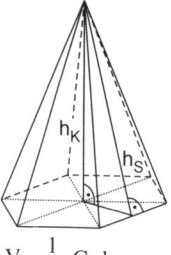

$V = \dfrac{1}{3} \cdot G \cdot h_K$

G = Flächenformel der Grundfläche
M = Flächenformel der Mantelfläche
O = G + M

Netzbild:

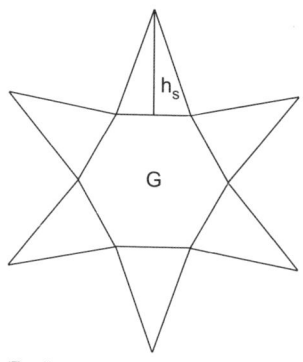

(Es gibt auch noch andere Darstellungsmöglichkeiten.)

Quadratische Pyramide

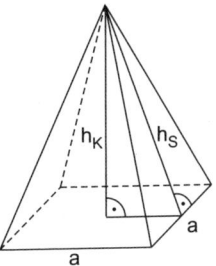

Netzbild:

$V = \frac{1}{3} \cdot a^2 \cdot h_K$

$G = a^2$

$M = 2 \cdot a \cdot h_S$

$O = G + M = a^2 + 2 \cdot a \cdot h_S$

$h_S = \sqrt{\left(\frac{a}{2}\right)^2 + h_K^2}$

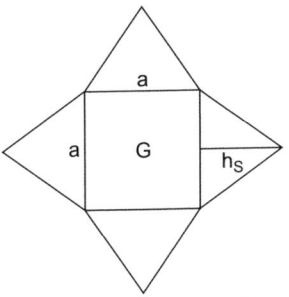

(Es gibt auch noch andere Darstellungsmöglichkeiten.)

Tetraeder

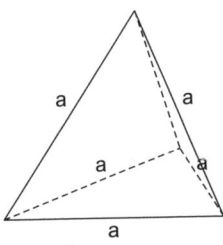

Netzbild:

$V = \frac{a^3}{12} \cdot \sqrt{2}$

$G = \frac{a^2}{4} \cdot \sqrt{3}$

$M = \frac{3a^2}{4} \cdot \sqrt{3}$

$O = G + M = a^2 \sqrt{3}$

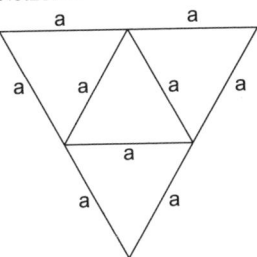

(Es gibt auch noch andere Darstellungsmöglichkeiten.)

Kegel

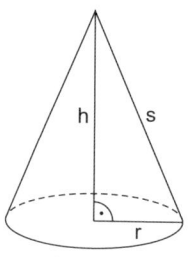

Netzbild:

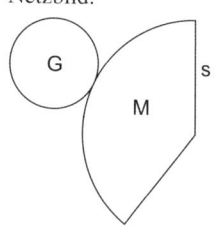

(Es gibt auch noch andere Darstellungsmöglichkeiten.)

$V = \frac{1}{3} \cdot \pi \cdot r^2 \cdot h$

$G = \pi \cdot r^2$

$M = \pi \cdot r \cdot s$

$O = G + M = \pi \cdot r^2 + \pi \cdot r \cdot s = \pi \cdot r \cdot (r + s)$

Kugel

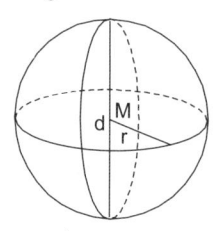

$V = \frac{4}{3} \cdot \pi \cdot r^3$

$O = 4 \cdot \pi \cdot r^2$

Maßeinheiten

Länge
1 km = 1 000 m
1 m = 10 dm
1 dm = 10 cm
1 cm = 10 mm

Masse
1 t = 1 000 kg
1 kg = 1 000 g
1 g = 1 000 mg

Fläche
1 km^2 = 100 ha
1 ha = 100 a
1 a = 100 m^2
1 m^2 = 100 dm^2
1 dm^2 = 100 cm^2
1 cm^2 = 100 mm^2

1 km^2 = 1 000 000 m^2
1 km^2 = 100 ha
1 ha = 10 000 m^2

Raum (Volumen)
1 m^3 = 1 000 dm^3
1 dm^3 = 1 000 cm^3
1 cm^3 = 1 000 mm^3
Litermaße:
1 dm^3 = 1 ℓ
1 cm^3 = 1 $m\ell$ = 1 Milliliter

Zeit
1 Jahr = 365 d
1 d = 24 h
1 h = 60 min
1 min = 60 s
1 d = 1 Tag   1 h = 1 Stunde
1 min = 1 Minute   1 s = 1 Sekunde

Binomische Formeln

1. $(a+b)^2 = a^2 + 2ab + b^2$
2. $(a-b)^2 = a^2 - 2ab + b^2$
3. $(a+b) \cdot (a-b) = a^2 - b^2$

Potenzgesetze

Für $a, b \in \mathbb{R}^+$ und $m, n \in \mathbb{R}$ gilt:

$a^m \cdot a^n = a^{m+n}$ $\dfrac{a^m}{a^n} = a^{m-n}$ (gleiche Basis)

$a^n \cdot b^n = (a \cdot b)^n$ $\dfrac{a^n}{b^n} = \left(\dfrac{a}{b}\right)^n$ (gleicher Exponent)

$(a^m)^n = a^{m \cdot n}$ $a^{-n} = \dfrac{1}{a^n}$ $a^0 = 1$

Wurzelgesetze

Für $a, b \in \mathbb{R}^+$ gilt:

$\sqrt[n]{a} \cdot \sqrt[n]{b} = \sqrt[n]{a \cdot b}$ $\qquad \dfrac{\sqrt[n]{a}}{\sqrt[n]{b}} = \sqrt[n]{\dfrac{a}{b}}$ $\qquad$ (gleicher Wurzelexponent)

$\sqrt[n]{\sqrt[m]{a}} = \sqrt[m]{\sqrt[n]{a}} = \sqrt[m \cdot n]{a}$ $\qquad \left(\sqrt[n]{a}\right)^m = \sqrt[n]{a^m}$ $\qquad \sqrt[n]{a^m} = a^{\frac{m}{n}}$

Prozentrechnung

G   Grundwert (100 %)
P   Prozentwert
p   Prozentsatz

Prozentformel:

$P = \dfrac{G \cdot p}{100}$

Zinsrechnung

K   Kapital (100 %)
Z   Zinsen
p   Zinssatz
t   Zeit (in Tagen)

Zinsformel:

$Z = \dfrac{K \cdot p \cdot t}{100 \cdot 360}$ (Tageszinsen)

$\begin{pmatrix} 1 \text{ Monat} \triangleq 30 \text{ Tage} \\ 1 \text{ Jahr} \triangleq 12 \text{ Monate} \triangleq 360 \text{ Tage} \end{pmatrix}$

Zinseszinsrechnung (Exponentialfunktion)

K_0 Kapital am Anfang
K_n Kapital nach n Jahren
p   Zinssatz
q   Zinsfaktor $q = 1 + \dfrac{p}{100}$
n   Zeit in Jahren

Zinseszinsformel:

$K_n = K_0 \cdot q^n$

Lineare Funktionen

Normalform: $y = m \cdot x + t$

m: Steigung $m = \dfrac{y_2 - y_1}{x_2 - x_1} = \dfrac{\Delta y}{\Delta x}$ $(x_2 \neq x_1)$

t: y-Achsenabschnitt

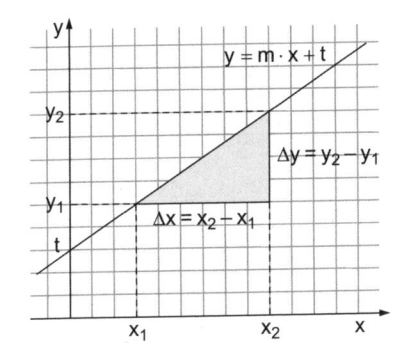

Quadratische Funktionen

Normalform: $y = a \cdot x^2 + b \cdot x + c$
Streckung für $a < -1$ oder $a > 1$
Stauchung für $-1 < a < 1$:

Scheitelform: $y = a \cdot (x - m)^2 + n$
Scheitel: $S(m | n)$
m: Verschiebung auf der x-Achse
n: Verschiebung auf der y-Achse

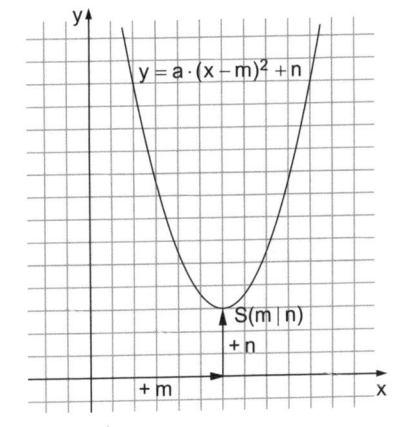

Quadratische Gleichungen

p-q-Formel zur Lösung von $x^2 + p \cdot x + q = 0$:

$$x_{1/2} = -\dfrac{p}{2} \pm \sqrt{\left(\dfrac{p}{2}\right)^2 - q}$$

Diskriminante $D = \left(\dfrac{p}{2}\right)^2 - q$

$D > 0$: 2 Lösungen
$D = 0$: 1 Lösung
$D < 0$: keine Lösung

Exponentialfunktionen

$y = c \cdot a^x$

c: Anfangswert
y: Endwert
a: Wachstumsfaktor $\left(a = 1 + \dfrac{p}{100} > 0\right)$
x: Wachstumsschritte

$a > 1$:   exponentielle Zunahme
→ Graf steigt

$0 < a < 1$:   exponentielle Abnahme
→ Graf fällt

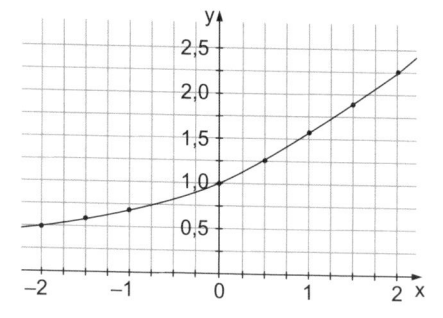

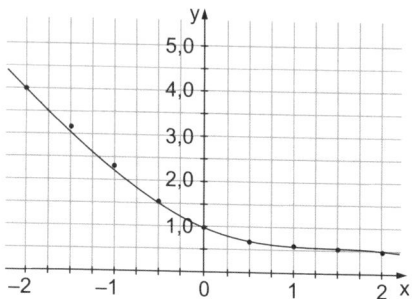

Sätze am rechtwinkligen Dreieck

Satz des Pythagoras:
$c^2 = a^2 + b^2$
$c = \sqrt{a^2 + b^2}$

Höhensatz:
$h^2 = p \cdot q$

Kathetensatz:
$a^2 = c \cdot p$
$b^2 = c \cdot q$

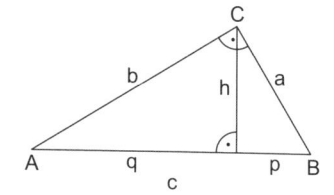

Trigonometrie

Winkelfunktionen an rechtwinkeligen Dreiecken

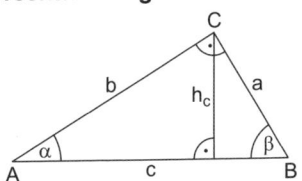

$\sin\alpha = \dfrac{\text{Gegenkathete}}{\text{Hypotenuse}}$ $\sin\alpha = \dfrac{a}{c}$

$\cos\alpha = \dfrac{\text{Ankathete}}{\text{Hypotenuse}}$ $\cos\alpha = \dfrac{b}{c}$

$\tan\alpha = \dfrac{\text{Gegenkathete}}{\text{Ankathete}}$ $\tan\alpha = \dfrac{a}{b}$

$\cot\alpha = \dfrac{\text{Ankathete}}{\text{Gegenkathete}}$ $\cot\alpha = \dfrac{b}{a}$

Ferner gilt:

$\sin\alpha = \dfrac{\text{Gegenkathete}}{\text{Hypotenuse}}$ $\sin\alpha = \dfrac{h_c}{b}$

$\sin\beta = \dfrac{\text{Gegenkathete}}{\text{Hypotenuse}}$ $\sin\beta = \dfrac{h_c}{a}$

Winkelfunktionen an beliebigen Dreiecken

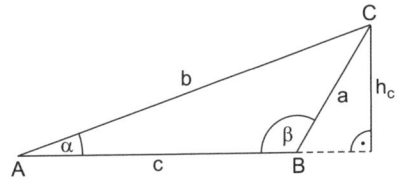

Sinussatz:
$$\frac{a}{\sin\alpha} = \frac{b}{\sin\beta} = \frac{c}{\sin\gamma}$$

Kosinussatz:
$$a^2 = b^2 + c^2 - 2\cdot b\cdot c\cdot\cos\alpha$$
$$b^2 = a^2 + c^2 - 2\cdot a\cdot c\cdot\cos\beta$$
$$c^2 = a^2 + b^2 - 2\cdot a\cdot b\cdot\cos\gamma$$

Höhen:
$$h_a = b\cdot\sin\gamma = c\cdot\sin\beta$$
$$h_b = a\cdot\sin\gamma = c\cdot\sin\alpha$$
$$h_c = b\cdot\sin\alpha = a\cdot\sin\beta$$

Fläche eines allgemeinen Dreiecks:
$$A = \frac{1}{2}\cdot b\cdot c\cdot\sin\alpha$$
$$A = \frac{1}{2}\cdot a\cdot c\cdot\sin\beta$$
$$A = \frac{1}{2}\cdot a\cdot b\cdot\sin\gamma$$

Begriffe der beschreibenden Statistik

Stichprobe
Wird ein Teil einer Gesamtheit befragt, dann spricht man bei der Datenerhebung von einer Stichprobe.

Urliste
Das Ergebnis einer Stichprobe wird in einer Urliste festgehalten.

Rohdaten
Alle in der Urliste enthaltenen Daten.

Erhebungsumfang
Anzahl der untersuchten Objekte.

Merkmale
Eigenschaften der untersuchten Objekte (z. B. Geschlecht, Körpergröße, Gewicht, Raucher, Sportart ...).

Merkmalsausprägung
Man unterscheidet zwischen quantitativen (z. B. Körpergröße) und qualitativen Merkmalen (z. B. Geschlecht).

Statistische Kennwerte

Grundgesamtheit n
Anzahl aller erfassten Daten

Absolute Häufigkeit H
Anzahl der Merkmalsträger

Relative Häufigkeit h
Quotient aus absoluter Häufigkeit und Grundgesamtheit: $h = \dfrac{H}{n}$

Arithmetisches Mittel $\overline{m}$
Mittelwert einer Datenreihe
$$\overline{m} = \frac{a_1 + a_2 + \ldots + a_n}{n}$$

Median / Zentralwert Z
Datenwert, der in der Mitte einer der Größe nach geordneten Datenmenge liegt.
ungerade Datenmenge: in der Mitte stehender Wert
gerade Datenmenge: arithmetisches Mittel der beiden mittleren Werte

Modalwert m
Am häufigsten vorkommender Wert in einer Datenreihe.

Spannweite w
Differenz zwischen dem größten und dem kleinsten Datenwert.

Quartile Q

Quartile unterteilen eine geordnete Datenmenge in vier gleiche Teile.

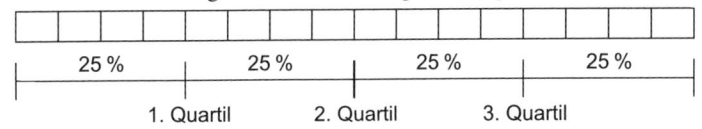

| 25 % | 25 % | 25 % | 25 % |

1. Quartil 2. Quartil 3. Quartil

Boxplot

Grafische Darstellung einer statistischen Datenerhebung.
50 % der Daten befinden sich innerhalb der Box, je 25 % in den Fühlern.

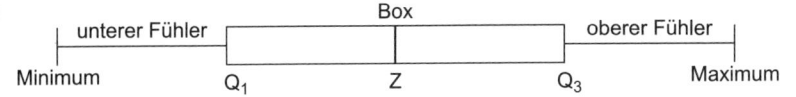

Minimum — unterer Fühler — Q_1 — Box — Z — Q_3 — oberer Fühler — Maximum

Zufallsexperimente

Laplace-Experiment

Zufallsexperiment, bei dem alle möglichen Elementarereignisse (Ergebnisse) gleich wahrscheinlich sind (z. B. idealer Würfel, idealer Münzwurf, ideales Glücksrad).
Die Wahrscheinlichkeit eines Ereignisses E berechnet sich durch:

$$p(E) = \frac{\text{Anzahl der für das Ereignis E günstigen Ergebnisse}}{\text{Anzahl aller möglichen Ergebnisse}}$$

Mehrstufige Zufallsexperimente

Mehrstufige Zufallsexperimente können mithilfe eines Baumdiagramms dargestellt werden. Ein Ergebnis kann als Pfad entlang der Äste des Diagramms verdeutlicht werden. Mithilfe von Produkt- und Summenregel lassen sich die Wahrscheinlichkeiten von Ereignissen berechnen.

Produktregel

Die Wahrscheinlichkeit eines Ereignisses ergibt sich aus dem Produkt der Wahrscheinlichkeiten:

$p(E) = p_1 \cdot p_2$

Baumdiagramm

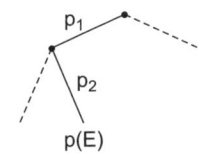

Summenregel

Die Wahrscheinlichkeit eines zusammengesetzten Ereignisses ergibt sich aus der Summe der Einzelwahrscheinlichkeiten:

$p(E) = p(E_1) + p(E_2)$
$p(E) = p_1 \cdot p_2 + q_1 \cdot q_2$

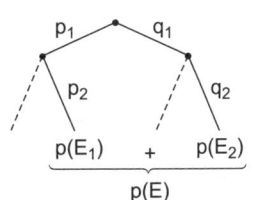

Formelsammlung zu 51500/51500ML